1. 1741年6月25日，奥地利女大公玛丽娅·特蕾莎来到普雷斯堡（今布拉迪斯拉发），加冕为匈牙利女王（C. Hirsch the Younger, 1747）

2. 玛丽娅·特蕾莎和她的家人，图中手扶椅子者为约瑟夫二世（Heinrich Füger, 1776）

3. 无所不在的国王：普鲁士国王腓特烈二世查看土豆收获情况（Robert Müller, 1886）

4. 普鲁士国王腓特烈二世在无忧宫演奏长笛（Adolph von Menzel, 1852）

5. 俄国女沙皇叶卡捷琳娜二世的加冕礼（Stefano Torelli, 1777）

6. 俄国女沙皇叶卡捷琳娜二世出席帝国艺术学院开幕式（Valery Jacobi, 1889）

7. 1745 年 6 月，奥地利王位继承战争中的重要一役——霍亨弗里德堡战役——爆发，普鲁士战胜以奥地利为首的联军。图中描绘的是普军追击萨克森军队时的情形（Carl Röchling, 1920）

8. 1758 年 8 月，七年战争中最惨烈的一役——曹恩道夫战役——爆发，普鲁士战胜俄国。图中描绘的是普鲁士国王腓特烈二世率军前进的情形（Carl Röchling , 1911）

9. 1760 年，奥地利和俄国联军短暂占领柏林（Alexander Kotzebue, 1849）

10. 1760 年，英国战胜法国，夺取了蒙特利尔（佚名，1760）

11. 1773 年，奥地利、俄罗斯、普鲁士三大帝国召集波兰国家议会开会，将三国对波兰的瓜分合法化。图中描绘的是波兰贵族塔德乌什·雷伊坦（坐在地上者）为了阻止国家被瓜分，试图扰乱议会开会的场景（Jan Matejko, 1866）

12. 1773 年，俄国爆发普加乔夫起义，图中描绘的是普加乔夫正在审问被起义军俘获的贵族（Vasily Perov, 1879）

13. 孟德斯鸠（佚名，1728）

14. 伏尔泰（Maurice Quentin de La Tour，创作于约 1737 年）

15. 卢梭（Maurice Quentin de La Tour，创作于 18 世纪后半叶）

16. 狄德罗（Michel van Loo, 1767）

17. 1738 年左右出版的伏尔泰《牛顿哲学原理》一书的卷首插图。图中正在伏案写作的是伏尔泰，伏尔泰的手稿被来自牛顿本人、经镜子反射过来的光照亮，持镜子者是伏尔泰的情妇沙特莱侯爵夫人，而沙特莱侯爵夫人正是牛顿《自然哲学的数学原理》一书的法文译者（Louis Laguerre，创作于约 1738 年）

18. 1772 年版《百科全书》的一幅插图。图中央被光环绕的女神象征真理，图右边两个正在揭开真理女神面纱的分别象征着理性和哲学（Charles-Nicolas Cochin, 1772）

19. 宾客在玛丽·泰蕾兹·罗代·若弗兰举办的沙龙上朗读伏尔泰的悲剧《赵氏孤儿》（Anicet Charles Gabriel Lemonnier, 1812）

HISTORY OF
MODERN EUROPE

EIGHTEENTH-CENTURY
EUROPE:TRADITION
AND PROGRESS
1715-1789

现代欧洲史

18世纪的欧洲：传统与进步 1715—1789

03

[美] 伊塞·沃洛克
[美] 格雷戈里·布朗◎著
陈 蕾◎译

Isser Woloch
Gregory S. Brown

中信出版集团 | 北京

图书在版编目(CIP)数据

现代欧洲史．卷三，18世纪的欧洲：传统与进步：1715-1789 /（美）伊塞·沃洛克，（美）格雷戈里·布朗著；陈蕾译．-- 北京：中信出版社，2016.12（2021.4重印）

书名原文：Eighteenth-Century Europe: Tradition and Progress, 1715-1789

ISBN 978-7-5086-6670-9

Ⅰ．①现… Ⅱ．①伊… ②格… ③陈… Ⅲ．①欧洲－近代史－1715-1789 Ⅳ．①K5

中国版本图书馆CIP数据核字(2016)第213607号

现代欧洲史．卷三，18世纪的欧洲：传统与进步：1715—1789

著　　者：[美]伊塞·沃洛克　[美]格雷戈里·布朗
译　　者：陈　蕾
出版发行：中信出版集团股份有限公司
（北京市朝阳区惠新东街甲4号富盛大厦2座　邮编 100029）
承 印 者：北京通州皇家印刷厂

开　　本：787mm×1092mm　1/32　　印　　张：17.5　　字　　数：373千字　　插　　页：8
版　　次：2016年12月第1版　　印　　次：2021年4月第11次印刷
书　　号：ISBN 978-7-5086-6670-9　　京权图字：01-2021-1452
定　　价：69.00元

服务热线：010-84849555
投稿邮箱：author@citicpub.com

目 录

第二章　战争、外交与国际竞争

第三章　社会秩序

第四章　人口与经济变化

第五章　贫困和公共秩序

第六章　启蒙运动

第七章　启蒙运动中的世界：公共领域

第八章　教会与宗教生活

再版序言

自 1982 年首次出版以来，《18 世纪的欧洲：传统与进步：1715—1789》已经成为研究欧洲历史的各级别学生的常备参考资料。无论是本科生、研究生、学者，还是普通读者，都认为本书不仅有用，而且有趣。在准备新版的过程中，我们的目标始终是保持本书的优点，均衡对十八世纪欧洲的主题研究，对重要时代人物、事件和概念的综述，以及对重大历史学问题的理性观点。

在原本的版本中，包含了两个经典话题——国家的兴起和启蒙运动思想史，和一种在当时还属于新型的研究方法，即采用最近的在重要法国历史杂志《年鉴》（*Annales*）中出现的社会和经济史史料。这个方法随着时间发展已经变得很成熟，大部分都在新版中得到保留，包括书籍的大体构架及社会和经济史的大量原有的章节（第三章、第四章和第五章）。

为了让新版展示最新的研究成果，在修改时，我们在政治史和文化史的结合方面着重创新，包括创造了公共领域和性别关系的概念。特别是在讨论政治、国际关系和革命的那几章中（第一章、第二章和第九章），我们更加广泛地加入了英国和欧洲中东部地区的材料。最明显地体现了新方法的是文化史和思想史的章节，即我们完全重新撰写的，有关启蒙运动、公共领域和宗教生活的章节（第六章、第七章和第八章）。

在上个世纪的早期和中期，研究欧洲历史的美国学者对欧洲思想史有自己的看法。现在我们所说的"新文化史"与此有很大区别。过去的研究思想史的学者努力在大师们的经典作品中找寻到连贯的系统，而新的文化史研究人员的研究方式是重现欧洲精英怎样通过了解个人对世界的体验而产生新知——是的，就是这么普通的，为个人经验寻找意义的过程。[1]在对政治文化的研究中，这两种方式合流了。研究政治文化要回答一个问题，那就是政治对普通欧洲人和欧洲精英意味着什么。在对 18 世纪法国和英国的研究中，这个问题尤其重要。因此，我们在本版中较少谈及正式的政治思想，而更多地把笔墨着于流传范围超出正式政治组织的、广泛传播的观点以及各种期待。这些观点和期待贯穿了社会中所有类型的权力关系。

在过去的二十五年中，另一个重要的史学发展是"公共领域"说法的产生。这是一种新的对 18 世纪社会的理解方式，指的是处在国家和私人或家庭领域之间的社会组织。如本书作者一样，众多 18 世纪历史研究者，都利用这个概念进行探索，研究当时各种社会背景下的个人通过多种方式结社、集会，公开、理性地开展辩论并将他们的共同看法以"公共观点"的方式展现出来。[2]这种方法强调，是公共领域将 18 世纪与现在联系在一起，原因是这种学问的发展方式部分与那些亲眼见证了20世纪80和90年代欧洲东部民主社会的重建的欧洲人和美国人的经验重合了。

我们希望，新版书中的这些话题能够像第一版中的文本一样，细节翔实。我们在组织这些话题时就方法论和解读方式进行了大量的学术讨论，同时努力避免过度强调这两点。我们最终的考虑是强调历史参与者，即团体、组织、个人，而非历史研究者。对于想要进一步探讨史料编纂法的读者，请参考我们已经更新的脚注（当然，我们已经尽量减少脚注的数量了）。

格雷戈里·布朗感谢位于拉斯韦加斯的内华达大学在2007年春天给了他研究假期。他还要感谢文学和艺术学院在2008—2009年给予他的额外休假。没有这两个单位的帮助和支持，这个新版是不可能出现的。他还要感谢他在内华达大学历史系的同事和研究生们帮助他审读章节草稿。艾米·弗罗因德（Amy Freund）通读了第七章；乔纳森·福斯特（Jonathon Foster）、阿德拉·厄尔（Adla Earl）和艾莉森·米勒（Allison Miller）协助他进行研究。两位作者都要感谢史蒂夫·弗曼（Steve Forman）和诺顿出版社的优秀编辑团队，特别是丽贝卡·查尼（Rebecca Charney）和翠丝·马克思（Trish Marx）。

格雷戈里·布朗

伊塞·沃洛克

初版前言

在18世纪开始之前，几个曾经辉煌一时的世界级大国各自衰落，其中包括位于印度次大陆的莫卧儿帝国，从北非延伸至欧洲东南部的奥斯曼帝国，以及无与伦比的中国大清帝国。相较之下，数个欧洲国家在近代早期蓬勃发展。从文艺复兴时期到17世纪晚期，西班牙和葡萄牙一马当先，荷兰和英国紧随其后，最后法国也加入其中，都通过在欧洲大陆和世界各地进行大量的商贸活动积累了巨额财富。进口原材料和出口制成品的需要促使这些国家发展了更广阔的商贸网络，亚洲和非洲（包括成为非洲奴隶贸易前哨的非洲地区）成为它们新的贸易对象，而美洲成为它们的殖民地。在18世纪初始，几个欧洲强国已经成为，或即将成为世界帝国。在18世纪期间，这种趋势将越发明显。而本书的主题之一，毫无疑问，就是解读这段欧洲主导世界的历史。

欧洲政府和欧洲人之所以能够产生这样大的影响，部分是因为这些国家的逐渐集权带来了政治和文化上的高度统一。从5世纪罗马灭亡到15世纪，欧洲各国中央政府制定和执行法律的权力一度被削弱，变得极为有限。在这个时代，统治权在很大程度上为拥有特权的贵族精英所把持，他们往往分属于敌对的阵营，效忠和保护不同对象。但是从16世纪初到我们所研究的18世纪，这种通常被称作“封建的”政治体制在一些地方让位于“新君主”的统治。这些君主们用几代人，或经几个世纪的时间用强力手段一统王朝，开始建立直接听命于他们的国家，并谋求资源支持政府的各种功能，例如国防、领土扩张、维护国内秩序，以及获取经济和外交利益。在18世纪，这些国家对内巩固政权，对外扩大欧洲影响的长期过程达到了一个新高度。不管结果如何，欧洲政治和欧洲人成为那段世界历史中最有影响力的力量。

18世纪同时也是欧洲人口总量开始在世界历史中占据更主要地位的重要转折点。在18世纪开始的几十年，欧洲的人口保持在1.05亿左右，与此同时，世界人口在17世纪中期和18世纪早期增加了大约20%，达到约6亿。但是从18世纪中期开始，欧洲每年的新生人口增速明显，大大高于死亡率。最终，在1750年至1850年间，欧洲人口翻了一番。在18世纪前，欧洲的食品供应量停滞不前，每过几年就有部分地区发生饥荒，大量欧洲人罹患慢性疾病，文化水平低下，文化期待极少。在18世纪，欧洲摆脱了这些由传统而贫困的社会带来的桎梏。虽然还没有办法完全克服这些障碍，但是西欧各国还是成为世界史上首先做到以下这几个方面的国家：生产足够的食物，提高国民健康水平，并将人均寿命提高到足以维持连续三代人口增长的水平。这个转变是随后发生的一系列事件的关键——人口总量、经济、社会关系、统治方式和文化的延续，而18世纪也因此成为欧洲和世界历史上一个极为重要的时期。

从很久以前，人们对 18 世纪历史研究的主要关注点，就是描述欧洲在世界历史中的地位变化。在思想史中，人们把理性时代看作早期现代和现代时期的分界线。近年来，对文化史和文学史的更多研究显示，这漫长的 18 世纪即便不能被称作“现代世界的创世记”，也至少是演变出现代“意识”和产生“现代自我”的关键时期。[1]外交史学家们将 18 世纪看作第一个“国际关系系统”的形成时期，[2]或者从更大范围来说，是从 1648 年的《威斯特伐利亚和约》(*Peace of Westphalia*) 到 1815 年的维也纳会议之间的时间。在这两个事件中，前者结束了三十年战争 (Thirty Years War)，后者结束了拿破仑战争。近年来，经济史学家认为，在 18 世纪，是西欧人改进使用劳动力和土地谋求价值的方式，让西欧和亚洲自此走上不同的道路的分水岭。[3]在政治史中，18 世纪最后几十年在北美、荷兰和法国发生的革命用深孚众望的民主统治和民主制度吸引了所有相关人士的兴趣。[4]

然而，所有将 18 世纪看作大变革时期的人都须了解，自近代早期变化便已经开始，随后发生的不过是这些变化的延续。对于那些生活在 18 世纪的欧洲，特别是东欧和南欧，甚至包括西欧的人来说，他们的生活重心仍旧是农业、陆上财产和拥有土地的贵族的政治权利。在这个世纪，即便是最富于变化的社会（包括英国、荷兰和法国）也显示出一些顽固不变的结构要素，如宗教行为、政治理念和领导体制，以及传统社会精英的延续不断的财富和影响。传统与进步在 18 世纪的欧洲并存，成为两股互相矛盾的推动力。

第一章

政府和政治文化

到18世纪的时候，欧洲人已经不再将他们自己看作是一个帝国的成员。以1648年《威斯特伐利亚和约》为终结的宗教和政治战争带来的影响是，欧洲大陆不可挽回地分裂成为领土面积、文化和社会组织各异、相互竞争的不同国家。在随后的几十年中，大部分（虽然不是所有）的欧洲政府表现出两个明显的倾向：在政府的权威下加强社会的一致性，以及通过新官僚体制，改革传统的代议制度和标准化法律法规，最终达到集权的目的。

在17世纪，西班牙、奥地利和法国的君主都通过合法使用武力的方式获得了专政权力。在这些国家，那些曾经大权在握的贵族们或被迫就范，或至少被并入皇家统治系统。其他欧洲国家，尤其是普鲁士和俄国，即将在18世纪上半叶的几十年内跻身强国之列，而像波兰和瑞典这些曾经叱咤风云的国家则慢慢衰落。与此截然相反的是英国和荷兰，这两个国家的君主仍旧受代议制度限制，但是即便如此，国家的权威和效率也都提高了。最后，少数几个规模小、文化同质性强的地区，例如日内瓦、威尼斯和北德意志的一些城邦，也没有选择君主制，仍旧依照传统，安于代议政府的统治，而代议政府由几个家族构成的寡头统治集团控制。因此，虽然在 18 世纪这些被称为专制君主的人既没有完全的专制权力，又没有完全占据欧洲版图，但是国家权力的集中渐渐成为常态。

这种集权的趋势表明，欧洲历史上曾经有过的一些潮流开始走向尽头。那些曾经与君主共享统治大权（有时甚至拥有完全自治权）的特权贵族发觉他们的政治权力变小了。统治者通过加强对订立法律、解释法律和执行法律的过程的控制，巩固了统治权。统治者还牢牢地控制了经济资源和税收。本章主要关注各欧洲国家在 18 世纪的前 75 年间的发展，而下一章则将注意力集中在它们之间在外交和军事方面的竞争。在第九章，我们会仔细观察在 18 世纪 70 年代和 80 年代出现的对合法政府的挑战，以及要求产生更多代表，甚至要求政府采取民主形式的运动。

治国方针的概念：君主制国家和帝国

在近代早期的欧洲，人们并不认为国王是反复无常的暴君。与此相反，王权的概念由中世纪贵族政务会或议会的遗存衍生而来。在中世纪，贵族们曾一度有权选择君主，给他建议，有些时候，还与他平起平坐地行使统治权。甚至在 17 世纪君权神授的思想得到进一步发展后，人们仍认为国王获得权力的目的是为国民服务。对于君主制的这种看法在18世纪的政治理念中仍旧随处可见。很多人引经据典，想说明君主的权力应该得到加强，例如波舒哀主教（Bishop Bossuet）就通过《从圣经原文中得到的政治理念》（*Politics Drawn from the Words of Holy Scripture*，1707）一书，宣扬基于君权神授而产生的绝对专制主义（absolutism）。在书中他建议法国君主结束宗教争论，创立一个“永恒的……影响全世界的”基督教王国。在英国，博林布鲁克子爵（Viscount Bolingbroke）在《一位爱国君主的观念》（*The Idea of Patriot King*，1738）一书中号召英国君主通过统一所有党派，与议会一起以君主立宪制统治国家。在这种“新君主制”的概念里，国王统治的是统一的领土、人民和文化，使用的是同样的法律。自17世纪晚期以来，这种理念被若干欧洲君主所采用。这些君主想要将立法权和行政权集于一身，想要军队、司法机构和内政部门都直接听命于他们。法国国王路易十四的名言“朕即国家”（L'état, c'est moi）就是这种需求的最佳总结。

然而18世纪的王国面临很强的阻碍，而且主要的阻碍并不是来自持民主理念的人，而是来自国内的中世纪政治制度残余和持旧观念的势力。比如，哈布斯堡家族治下的西班牙在单一王朝统治下统一了延续至今的领土，它是第一个做到这一点的欧洲国家，比其他国家早了几个世纪。但是在18世纪最初十年，西班牙皇权被传给波旁家族的一支时，王朝的不同省份，包括阿拉贡（Aragon）、卡斯蒂利亚（Castile）、加泰罗尼亚（Catalonia）和巴伦西亚

（Valencia）之间仍旧存在着明显的文化传统和政治制度上的差异。每个省对省内的社会关系都自有一套安排体系，各省的政治精英都觉得他们自己就是其所在省的最高统治者。在有些情况下，这种地区或文化自治为叛乱提供了土壤。比如17世纪早期，荷兰加尔文教徒就曾试图为脱离信奉天主教的西班牙建立独立国家而战。然而在18世纪，随着中央政府加强集权，权力开始逆流。在集权方面，不列颠是最有代表性的例子，两部颁布时间跨越18世纪的《联合法案》将苏格兰（于1707年）和爱尔兰（于1800年）归于英格兰和威尔士的王族和议会统治之下。

同时，我们用简短的、描述更详尽的事实深入考量英国和法国君主巩固权力的手段，看他们是如何超过大部分欧洲国家的政府，做到高度的政治一致和领土统一的。18世纪的大部分欧洲人都为某个帝国所统治，即他们所处的地区或国家属于一个松散的联盟。这个联盟早先是若干块各自存在的领土，后因某一个统治王朝的征服战争、协定或联姻而产生。统治王朝可以建立中央政府，通过行政机构和军队统治这个联盟，但是在大部分情况下，帝国的高层通过地方精英管理税收和内政，帝国政府对人民的直接控制力微乎其微。无论在中欧的神圣罗马帝国（Holy Roman Empire）、中欧偏东的哈布斯堡帝国（Habsburg Empire），还是在东南欧的奥斯曼帝国（Ottoman Empire），只有直接与中央政府接触的精英人士需要讲官方语言或者皈依帝国的国教。普通人，甚至大部分本地的精英都保持本族语言、习俗和宗教。18世纪的帝国虽然在地域上比“新式君主”的帝国大，但是其实无论在政治、文化还是在领土方面的统一程度都比较低。

神圣罗马帝国由超过300个各自为政的主权国家构成。这些位于中欧北部的国家中，很多是小王国或者公国，它们的统治者对帝国保有一定的忠诚，但是其中只有屈指可数的人对选择谁成为帝王具有影响力，或在帝王的议会——即“皇家议会”（Imperial Diet）中服务。帝国还包括超过50座自由城（free cities）、33个教会公国（ecclesiastical principalities）和数十块领地（domains），分属于单个次要贵族，如男爵、伯爵或公爵。按照教皇所宣称的中世纪统治方法（“神圣罗马”因此得名），帝王由特定的“选帝侯”选择，终身为王。选帝侯都必须是重要的、讲日耳曼语的属地的至高统治者。[1] 如此选出来的君主权威有限，权力微弱，这种集权真空给18世纪晚期普鲁士的集权程度更深的君主政治提供了条件。

这片土地以东是哈布斯堡家族的领地。在16世纪，这个家族统治着几乎所有信奉基督教的欧洲地区（除了法国和英国）。然而，此后哈布斯堡王朝一分为二，被家族的不同分支所统治，一个分支的主要势力在西班牙，另外一个在奥地利。西班牙哈布斯堡家族在17世纪失去了一部分重要的欧洲领土，之后在18世纪初又被波旁家族的一个分支赶下西班牙王位。与之相反的是，奥地利哈布斯堡王朝通过一系列的联姻、侵略和外交手段在欧洲东部和中部获得了广阔的领土，将波希米亚、匈牙利和巴尔干（Balkans）的大片土地纳入奥地利王国版图。虽然哈布斯堡家族从未试图让治下的领地成为一个单一的政体，将臣民转化为天主教徒，或强行推广德语，但是它成功地将整个帝国的资源留为己用，使得政府财政充裕，控制有力，军队强大。

在更远的东方，到1700年，莫斯科大公国（the duchy of Moscovy）发展成为俄罗斯帝国。在18世纪，王朝统治者罗曼诺夫家族（the Romanovs）尽力想要同化治下的不同文化、宗教和政治制度。彼得一世（Peter Ⅰ）和叶卡捷琳娜二世（Catherine Ⅱ）是18世纪俄国最有野心的统治者。他们分别在本世纪初和世纪末寻求建立更加集权的君主制度，促进俄国文化的统一和强力推进全国一致的法律，但是收效甚微。

虽然这两位帝王都做出了集权的努力，但是对于大部分18世纪的欧洲人来说，没有一个君主或帝王给他们留下过分压迫他们，或者即将带来急剧政治变化的印象。唯一实际上成为古代专制主义的，是以所谓“高门”（Sublime Porte）为代称的奥斯曼帝国。奥斯曼帝国从安纳托利亚（Anatolia，今天土耳其的一部分）东部起源，在近代早期迅速发展，与东邻的萨法维–波斯帝国（Safavid Persian Empire）、北邻的俄罗斯帝国和西邻的哈布斯堡帝国势均力敌。在17世纪和18世纪，奥斯曼帝国成为欧洲的政治大国，获得了欧洲东南部多山的巴尔干地区的控制权，位于亚得里亚海（Adriatic Sea）的独立城邦威尼斯在它的阴影下生活，甚至奥地利的首都，位于多瑙河（Danube River）畔的维也纳城也受到它的威胁。

国家权力和绝对专制主义君主

任何能进行有效管理的国家都必须具备四个关键的功能：1.立法：制定法律法规，管理社会；2.强制力：依法使用武力强制公民遵守法律；3.征税：按照法律规定的目的收取和支出公共资源；4.行政：建立和监督公共服务系统，包括行政和司法机构，以达到法律所规定的目的。[2]到了18世纪，大部分欧洲政府不仅已经强力控制了这些权力，而且具备了现代国家的关键特质，即独占对这些权力的依法行使权，也就是说，国家是唯一具有这种权威的主体。当然，当时的国家对立法、执法、征税和公共行政权力的统一尚未完成。比如很多地方的天主教教会就继续征收什一税，并执行重要的行政管理任务，例如强制性的出生、婚姻和死亡登记。还有另外一种情况，使得国家的权力未能得到统一，那就是在贵族的土地上——国家无法在这些土地上执行法规，征税，为贵族的臣民提供服务，进行争议裁决和惩罚违法者。对于众多的农民来说，他们的贵族领主就是国家。18世纪的国王们认为大贵族是“过于强势的臣民”。而贵族们的想法正好相反，他们认为自己拥有与生俱来的权力，应该不受皇家干涉地统治各自的领地，而且他们集中的权力就是国王君权的来源。

城镇政府是国家权力统一的第三个障碍，原因是主要城镇的掌权者普遍认为城镇自成一体，在城镇成员或称市民及国王的政府之间周旋。通常情况下，城镇政府设定和征收消费税（excise taxes），然后一次性向国库纳税。在欧洲近代早期，皇室的权威往往在城镇的门口止步。在 18 世纪，当国王的政府努力想要加强对城镇的统治时，[3] 大型城市对统一的抵抗持续了一个世纪。最终，在王国内的某些地区不仅保持了自制的体制，例如地方议会，而且存续了自制的传统或称“自由权”（liberties）。由于这种传统的存在，王国一旦干涉自制，必将引起那个地区臣民的抵抗。位于西班牙和法国边界的纳瓦拉（Navarre）地区就是一个典型的例子，当地议会宣称：“纳瓦拉是法国的一部分，但不是法国的臣属。”[4]

教会、贵族、城镇和地区议会的控制，每个问题都说明了 18 世纪的国家对单个臣民的控制弱于对社会团体，如议会（corporations）、宗教团体或社会集团的统治。在欧洲大部分地区，社会由三个社会团体组成：牧师、贵族和平民。在奥地利的一些省，人们习惯将贵族更细分为大贵族和小贵族。在其他地区，如斯堪的纳维亚，平民又被分为属于第三等级的市民和属于第四等级的小领主——又被称为农民（peasants）。从中世纪晚期开始，地区或国家代表组织就是由这些团体的代表构成。最重要的、国家级的组织是英国议会（虽然它只有两院，上议院和下议院）、波兰议会（Polish Diet）、西班牙科特法院（Spanish Cortes），以及荷兰和法国的三级会议（Dutch and French Estates-General）。这样的议会在其他欧洲王国和很多欧洲地区都存在，在其中占主导地位的是少数贵族家庭。在很多时候，皇室想要废除贵族免税权或开始政治改革，这些政治寡头就开始抵制。所有这样的团体都认为自己是在履行检查君主权力的职责，因此他们形成了这种国家传统，或称“自由权”。

绝对专制主义和法国

绝对专制主义的基本和法律定义，是君主的行政和立法权都完全来自国王个人的权威，哪怕这种权力大部分时间都通过议会或指定的官员行使。绝对专制主义的第二个基本特点是在制定和执行法律方面，皇权高于任何前后相继的办公机构、议会或法院（虽然大部分绝对专制主义君主都会咨询这些“调解团体”）。最后，一个真正的绝对专制主义君主不需要尊重仅在一个地区、社会团体或组织里适用的个人特权或特权。虽然没有几个君主得以完全清除这样的特权，在理论上，绝对专制主义认为国王执行法律和对整个社会做出改革的能力是不受任何限制的。绝对专制主义的倡导者以法国主教和法官雅克－贝尼涅·波舒哀（Jacques-Benigne Bossuet，另常译为雅克－贝尼涅·博须埃。）为首。他们认为这个理论是普适的，即它的威力适用于所有情况。随后，在与启蒙思想改革和理性思潮结合后，绝对专制主义被看作一个能够形成高效的好政府的学说。这是理论，但并非现实。虽然在法国、普鲁士、奥地利和其他地方，想要改革的君主或者他们的顾问不断努力，但是他们试图建立集权的理性国家的做法在大部分国家都遇到了抵抗。正如一位历史学家所说的，18 世纪的绝对专制主义“永远在形成，从未被建立”。[5]

在 18 世纪的欧洲，绝对专制主义国家的典范是法国。在 17 世纪，法王路易十四，即“太阳王”继承王位。波旁家族在 16 世纪末才问鼎国王宝座，在此之前，法国刚经历了一段宗教内战后的分裂时期。到了 1648 年，一群反叛的法国贵族发动了所谓的投石党运动（Fronde），表面上看起来，连法国君主都受到了压制。然而，路易十四和他的顾问们不仅保留了权力，而且在接下来的几十年中直接将法国控制在手中。路易开展了一场政治和文化的统一运动，他将之称为“忠于国王，贯彻法律，同一信仰”（“one king, one law, one faith”）。这个实力雄厚的国家的威力体现在法国军队的强大上。这支军队被称为“世纪巨人”，兵力近 40 万，横扫欧洲无敌手。在 1715 年，路易十四漫长的统治时期的晚期，法国被看作当时最强大的国家，在地域、社会团体和机构层面都有了一定程度的政治融合，远超其他君主制国家。

虽然被冠以绝对专制主义国家之名，法国仍旧保持着分裂的状态。在文化上，南方人和北方人的方言大相径庭，并且分别遵守不同的民法——南方主要应用罗马法，中部和北方则遵守习惯法。更糟糕的是，虽然路易十四的财政大臣让 – 巴普蒂斯特 · 柯尔培尔（Jean-Baptiste Colbert）做出了不少努力，但是法国仍旧有两个关税区（tariff zone）。除此之外，在重要法律系统方面，法国的法律施行于 12 个不同的管辖区，每个区的判决都由自治的法庭决定，这个法庭被称为本地区的高等法院。最严重的政治分化发生在税务管理中，原因是法国的税务区仍旧分为两种，一种被称为财政区行省，在这些区域，国家评定税额和征收税金的官员是由国王选择，或“被选举”出来的；另外一种被称为三级会议行省，在这些区域，管理地方税额的分配的代表团体或“阶层”是由当地贵族领导的。

因为历史原因，法国的这两种系统得以并存，且经历了数个世纪的发展。最基础的行政单位起初由天主教教会建立，这种行政系统将领土分为主教教区和牧区，直到 18 世纪，这些区域单位仍旧起着极为重要的作用。到 1715 年，法国只有大约三分之一的地区由国王直接统治。与此形成对比的是法国的整个南方地区，以及处在半岛西部的布列塔尼、东面的勃艮第和国土远东地区的阿图瓦。所有这些地方直到 16 世纪还都处在当地贵族的统治下，到 18 世纪仍旧保留着不同程度的区域自治。其他一些地区加入王国的时间甚至更短，例如弗朗什 – 孔泰。作为波兰王位继承战争（War of Polish Succession）后达成的协议的一部分，法国于 1678 年从西班牙占领弗朗什 – 孔泰。同样的地区还有洛林，于 1733 年从波兰划归法国。在所有这些土地上，哪怕在 18 世纪这一百年间，当地贵族都还保留了这些地区作为自治区域而留存下来的彼此迥异的法律传统、政治制度和文化。最后的例子是阿维尼翁市（the city of Avignon），它作为法国境内的教皇领地被保留下来，有着完全独立于法国国王的政府。

我们可以将 18 世纪的法国看作一座有很多侧厅的大厦。这些侧厅在不同的时期，为了不同的目的盖成，使得整个大厦缺乏建筑一致性。而法国国王路易十四（1643—1715 年在位）和他的继承者路易十五（1715—1774 年在位）及路易十六（1774—1792 年在位），没有取消那些被特定贵族家族长期霸占的政府职位，反而在旧有职位外创造了新职位。例如，有两个自古以来就有的职位，一个叫作掌玺大臣，另外一个叫作财政大臣（Exchequer），他们的职责分别是王国司法和监督王国财政。这两个人得以保留他们的头衔，但是成为被新任命的官员的下属。他们的新上司分别叫作大法官和财政总长。这些新获任命的官员与陆军大臣（secretary of state for War）、外交大臣（secretary of state for Foreign Affairs）和内政大臣（secretary of state for the Royal Household，内政部长的继任者）通过一系列政务委员会管理国家，国王则是这些委员会的主席。例如，战争和外交高级委员会（High Council for war and diplomacy）、国家财政委员会（Council of State for finances）、司法枢密院（the Privy Council for justice）、内政要事委员会（Council of Dispatches for domestic affairs）和国内贸易商贸委员会（Council of Commerce for domestic commerce）。

法国国王与这些官员、委员会和与会成员一起管理国家。他的工作地点不在巴黎，而是巴黎附近的凡尔赛（Versailles）。路易十四在凡尔赛建造了一座巨型巴洛克风格的宫殿，内有众多住所和办公场所，周围环绕着精致的法式园林和专属的猎区。国王离开难以控制的巴黎，将凡尔赛当作展示他政治和文化权力的舞台。在这里，皇室使得那些先前桀骜不驯的各省贵族俯首就范。那些想在国王的随从队伍里占有一席之地的贵族（国王的随从从贵族演变而来）不得不花大价钱在凡尔赛购买公寓，并且每年至少耗费一部分时间与家人居住在那里。大约有一万名对贵族身份怀有热望的贵族和平民在凡尔赛置业，并在宫廷中获得了职位。例如，四位公爵成了皇家内廷首席（First Gentlemen of the Royal Bedchamber），按照职位，他们不过是国王的男仆，但是实际上他们向国王提供建议，并行使重要的管理职权。审查官（Master of Requests）则由非贵族担任，他们是经过培训的专业行政管理人员。财务总长负责监控收入和支出。包括为皇室提供具体服务或商品的注册皇室用品承包商，以及为众多官员提供服务的仆从在内，路易十四的王宫内约有3.6万人工作。到18世纪后期，这个数字增长到超过5万。[6]

在各省执行王国政策的是国王的代表。自16世纪以来，国王为了增加收入，将很多职位转变为某种形式上的私人所有物进行出售。在支付特殊税后，购买者可以将这个职位再次出售或者传给子孙。这种职位被称作可购职位，购买它的人可以获得诸多利益，如威望、法律特权、不太多的一些利息收入，以及领导某项公共事务的合法权利。可购职位种类繁多，从审判职位、大城市的市长职位，到销售税费的收税员职位，应有尽有。有些职位赋予其拥有者在某一城镇或地区销售某种产品（如白兰地、皮具、假发或干草）的独家专营权。到18世纪80年代末期，支持王国财政系统的各种各样的来源中包括了5万个可购职位。国家中大约1%的成年男性拥有某个可购公共职位。总而言之，说到18世纪的法国就要说到可购职位。一位历史学家巧妙地将这些职位称作法国“奇特的制度”。[7]

欧洲强国的重要统治者

英国	法国	奥地利	普鲁士	俄国
	路易十四 （Louis XIV） （1660—1715）	利奥波德一世 （Leopold Ⅰ） （1658—1705）	腓特烈一世 （Frederick Ⅰ） （1688—1713）	彼得一世 （Peter Ⅰ） （1682—1725）
安妮女王 （Anne） （1702—1714）				
乔治一世 （George Ⅰ） （1714—1727）	摄政奥尔良大公菲利普 （Regency） （1715—1723）	查理六世 （Charles Ⅵ） （1711—1740）	腓特烈·威廉一世 （Frederick William Ⅰ） （1713—1740）	
乔治二世 （George Ⅱ） （1727—1760）	路易十五 （1723—1774）			安娜一世 （Anna） （1730—1740）
		玛丽娅·特蕾莎（Maria Theresa） （1740—1780）	腓特烈二世 （Frederick Ⅱ） （1740—1786）	伊丽莎白一世 （Elizabeth） （1741—1762）
乔治三世 （George Ⅲ） （1760—1820）				彼得三世 （Peter Ⅲ） （1762）
				叶卡捷琳娜二世 （Catherine Ⅱ） （1762—1796）
	路易十六 （1774—1792）	约瑟夫二世 （Joseph Ⅱ） （1780—1790） （神圣罗马帝国国王和摄政王之一，1765） 利奥波德二世 （Leopold Ⅱ） 1790—1792	腓特烈·威廉二世（Frederick William Ⅱ） 1786—1797	
	第一共和国 （First Republic） 1792—1804			

在17世纪晚期和18世纪早期，由于国王创造了数百个新职位，买卖这些职位的二级市场因此活跃起来。中间人利用在宫廷的政治关系购买新职位，然后再将它们卖出去。虽然在很多情况下，这些新职位本身毫无权力，或者是旧有职位的复制或分权者，这个体系却为国王带来了可观的收入，而且让中间人取得了大量收益，在法国社会形成了一个有力的利益集团。之所以造成这样的后果，是因为这些职位拥有者的物质财富、政治特权和社会地位，都取决于这些可购职位是否能够被允许持续存在，以及对再次出售这些职位的非法市场的默许。

1688年至1715年，频繁的战事使得法国的支出激增。在此期间，近700个新职位被售出，总价值超过8380万里弗，但只有3290万里弗进了国库。[8]

在1722年，为了用可购职位获得更多收入补充国库，顾问们成功地说服年幼的法国国王路易十五废除大量原有职位，然后再将它们以更高的价格出售。这是法国国王第一次以这种方式获利，但这绝不是最后一次。虽然此举为皇室带来了更多收入，但是国王的顾问们发现，想要建立更加高效有力的政府也变得更难了。在一百年间，继任的皇家财政大臣们都竭尽全力想办法减少新职位的销量和重新购买原有的职位。具有改革意识的大臣们痛恨那些只能通过花更多的钱才能赶下台的同僚（因为只有在其他人花更多钱购买了这个职位的情况下，原来的人才可能离开此职位），但是这样的位置更替方式有引发政治对抗的风险。除此之外，很多拥有可购职位的人都有权免缴各种形式的税费，能够被明显注意到的是直接税或租税。因此，虽然出售职位会产生短期收入，但代价是长期收入的损失。最后，这些职位的拥有者有正当权利通过他们购买的职位获得某些税费，于是这部分钱永远都到不了国库。

为了平衡可购职位拥有者的权力，法国发明了被称为专员的职位。专员由法国国王任命和罢免。最重要的专员是三十六督办官（Intendant），他们负责监督被称为辖区（generalités）的行政区。在各自的辖区内，督办官管理或监察——或说至少在理论上有权监察政治、征兵、军营、经济管理、审查、制定税额和收税，以及民事和刑事执法。实际情况是，督办官和他们在当地的下属，即副官们，必须要通过不懈的努力才能获得实际权力。阻挠他们执政的人来自方方面面：大权在握的强力人物和机构，从国王那里购买了或者继承了有收税权的职位的官员，贵族出身的被称为总督的地区军队司令官，立法机关议会和下属法院的地方法官，三级会议行省的高层人士和城市政府的官员。到 18 世纪早期，这种新的内政体制在很大程度上压制了上述敌对势力，原因之一是大臣们极为精明地将有能力和有魄力的人任命为督办官。

如果卖官鬻爵是法国国家体系组成的方式，另外一个推动这台国家机器的主要动力就是负债。在 18 世纪，法国税务官员人数激增，根据记录有超过 5 万人，伟大的历史学家儒勒·米什莱（Jules Michelet）将他们称作“过境飞蝗”，法国政府所收的税额也同样高涨。到 18 世纪初，从间接税，即商品销售或运输中所得的税款就差不多是几十年前的两倍了。[9] 然而，虽然到 18 世纪末期，消费税已占国库收入的四成，但是仍旧无法满足政府不断增加的支出需要，主要原因是法国每隔十几年就发动一次战争。这些战争耗资巨大，但法国既没有稳固的公共财政体系，又缺乏向其他国家借贷长期低息贷款的信用。最终，法国逐渐债台高筑。1740 年奥地利王位继承战争（War of Austrian Succession）爆发之前，"特别年度支出"（换言之，仅军费开支一项）就超过 2.56 亿里弗；此战之后，军费数字达到顶端，即每年 10 亿里弗。参与七年战争（1756—1763），加之在战争末期失去殖民地收入的打击，让法国财政背负了近 5 亿里弗的债务。在这些战事中，法国遭受了不小的损失。除此之外，法国还部分参与了美国独立战争（War of American Independence，1775—1783）。所有这些战争活动将法国的负债推升至 33 亿里弗。法国政府无法削弱大部分富裕阶层享受的免税"特权"和"自由"，因此无法从富人的财产直接税中获得更多收入，于是只好多次向神职人员（一般情况下，神职人员仅每五年向国王缴纳一次"赠金"）、各城市和地区，并最终向贵族的财产征收特别税。这样的举动遭到议会和大量公众的强烈反对。

1715 年，年幼的路易十五登基。初作为小国王的老师，后作为首席大臣（从 1726 年直到 1743 年去世）的安德烈－赫丘勒·德·弗勒里（André-Hercule de Fleury）大权在握。由于没有了强大国王的干涉，议会中的地方法官一改路易十四时期在政治上的无所作为之风，重获影响力。各地方法庭一直就有正式记录皇家法令以便在全国范围内施行的职能。但是地方法官将这个职能用于达成其他政治目的。如果地方法院强烈反对国王的某项法令，他们可以拒绝记录，并且发出正式的抗议书或者表达反对意见。在路易十四时期，这种做法被国王完全压制了，但是现在地方法官开始重新行使这种权利。由于各议会在不同区域有司法权，地方法官于是开始评判每项法令是否与当地的法律传统或“自由权”相符。结果，在皇室议会公布有争议的法令的时候，议会就成为国王权力的反抗主体。不仅如此，由于法庭的职位是可购职位，地方法官不仅拥有这些职位，而且有权通过出售或继承选择接任者。看到这种情况，忠于国王的人提议，国王应该有权罢免法官，防止他们滥用权力。

这个矛盾的源头是由罗马教皇克雷芒十一世（Pope Clement XI）在1713年发布的一则诏书，称《唯一诏书》（*Unigenitus*）。诏书谴责了信奉未经教皇认可的教义的神职人员，特别是信奉詹森教派（Jansenism）的神职人员。这个教派在法国教士中信众很多。受其影响，法国的高层神职人员都受控于法国国王。因此，议会直到1730年才不得不将这则诏书记录下来，作为法国法律，但直到18世纪50年代他们还想方设法不将其实施。由于有这个影响长远的矛盾在先，立法机关议会的地方法官在反对皇家权力时的动作越发明显。在18世纪50年代，为了承担七年战争的花费，法国国王想向包括贵族在内的土地拥有者征收二十抽一的附加税，地方法官的反抗因此达到高峰。立法机关议会拒绝记录这项税令，称它违反了法国“国家”的“自由权”（意思是违反了对贵族免税的政策）。路易十五和他的主要内阁成员，即被称为改革三巨头的大法官勒内·莫普（René Maupeou）、财政大臣泰雷神父（Abbé Terray）和外交大臣艾吉永公爵（Duke d'Aiguillon），借助国王具有巨大影响力却很少行使的权力，通过了这项措施。在1766年，路易十五召集人们进行了一个象征性的仪式——"公理御座"（"bed of justice"），自此可以无视巴黎议会。在集会中，路易十五严厉斥责了地方法官，命令他们记录他的法令，如不能做到就让他们辞去法官职位。随后在1771年，莫普大法官将这个威胁变成了现实。他放逐了所有十三个立法机关议会的地方法官，将他们的继任者换成由国王任命并可由国王罢免的皇家法官。有些人为此叫好，认为这是早应实施的举措，是减少卖官鬻爵现象和削弱地方法官过为强硬的姿态的第一步。但是包括大部分法律界人士和很多政论作家在内的其他人谴责这种独裁的暴君行为。莫普的态度坚决，然而，他改变法国政府基本结构的努力在1774年因为路易十五的突然离世而被化为乌有。新任大法官的顾问都是有名望的前任地方法官，他们说服了新国王，通过让旧立法机关议会的地方法官恢复原职达成和平。虽然这个举动在短期内为路易十六赢得了大量支持，但是也仅仅推迟了法国已经注定的清算之日。

勃兰登堡－普鲁士的兴起

在18世纪，普鲁士即将成为中欧强国。普鲁士于1611年在波罗的海（Baltic Sea）边的一小块肥沃的土地上建立，此前这块领地是属于波兰－立陶宛联邦（Polish-Lithuanian Commonwealth）的封地。这块领地的领主是显赫的霍亨索伦（Hohenzollern）家族的一位公爵，由于没有子嗣，在他去世后，他的头衔和土地传给了他的表兄弟。这位新领主将这块领地与他的几块不大的封地合并在一起，其中包括讲德语的、以小城镇柏林（Berlin）为都城的勃兰登堡，还有其他几块位于神圣罗马帝国西部的土地。霍亨索伦王族由于这次领地合并，以及可以选择神圣罗马帝国皇帝的"选帝侯"身份，一举成为少数派新教徒在中欧的领导者。在三十年战争（1618—1648）接近尾声的时候，《威斯特伐利亚和约》（*Peace of Westphalia*）让腓特烈·威廉·霍亨索伦（Frederick William Hohenzollern）的地位再度上升，成为大选帝侯（grand elector）。此外，他还被奖予几块原属于瑞典和波兰的领土，霍亨索伦家族的地位越发巩固。1655—1660年间的大北方战争（Great Northern War）延续了腓特烈·威廉的外交胜利：勃兰登堡－普鲁士得以脱离波兰自治，富饶的波美拉尼亚（Pomerania）被并入版图。1701年，大选帝侯腓特烈三世在登基13年后被神圣罗马帝国皇帝授予普鲁士国王腓特烈一世称号。虽然有了荣耀的国王头衔，腓特烈一世的领土却四散分布、文化各异，在东部领地上还有一群一贯自行其是，被称为容克（Junker）的领主。

为了使普鲁士成为统一的国家，腓特烈和他的继承者们不得不建立一个可以摆脱地方贵族议会或城镇政府限制的管理机构。如法国国王一样，腓特烈和他之后的普鲁士国王须得将收税和执法权从地方贵族手中转移到国王任命的官员那里。在腓特烈一世统治末期的1713年，为了让国王获得容克贵族的忠诚，普鲁士采取了很多重要的措施。普鲁士政府向使用德语的作家提供经济支持，并出钱赞助被称为“虔敬运动”的新教徒宗教运动。这些行动在受教育程度较高的和虔诚的贵族中形成了特色鲜明的普鲁士文化。普鲁士政府主要向商业城镇的交易征税，但不向属于贵族的土地课税，从而帮助容克贵族从领地获取了更多收入。（不过普鲁士农民却未因此免于缴税，他们所纳税额有时甚至高达每年收成的四成。）腓特烈还开始从贵族中招募皇家军官，让容克贵族可以在为普鲁士服务的同时保持自己的地位。

他的继承者腓特烈·威廉一世在位时间长达27年（1713—1740年）。在这段时间里，他加速了建立统一国家的进程。他加强了对国库的控制，建立了全国性的宗教教育系统，而最重要的是，他建立了一支训练有素的、战斗力极强的军队。与将希腊神祇阿波罗（Apollo）当作偶像的法国“太阳王”不同，腓特烈·威廉被称为“士兵国王”，因为他的榜样是斯巴达首领。他对军队的重视高于所有其他政府机构，并发展出后来被整个国家接受的普鲁士价值观：效率、纪律、服从和简朴。在他统治期间，普鲁士政府在农村地区建立了以约每5000户为单位分配服役名额的征兵体制。入伍的士兵每年必须接受12周的训练，并在政府征召时应召，但是在其他时间仍旧从事各自的农、工职业。这样的征兵体制、对军官阶层的专门训练，加上国家将收入的大部分投入军队，使得腓特烈·威廉治下的普鲁士军队得以保持8万人的规模，在欧洲仅次于法国、俄国和奥地利。不仅如此，他明智地保持军队实力，避免与其他大国联盟，以免使普鲁士陷入目的不明、花费甚巨的战争中。

为了保证给军队提供足够的财政支持，腓特烈·威廉改变了普鲁士旧有的预算体制。原本的财政制度将国家收入纳入国王的私人财政、收入总录、战争费用和内政费用；而新的财政机构的职责包括提供军需，监督土地收入和税务收入，监督公共开支，以及管理四分之一霍亨索伦家族拥有的勃兰登堡土地。大部分的国家行政职位都对非贵族申请者开放，只要他们能展示出足够的能力和对国王的忠诚。国王将决定权收入掌中，不再公开与法庭、贵族议会或其他团体因为历史上曾赋予的，以及很久以前给予特定团体或地区的特权和豁免权产生争议。由于国王可以在自己的内阁以理性、集中制的决策方式制定政策，因此这种决策方式被称为官房主义。如果君主能够接收到信息全面、公正无私的建议，并且有完全忠于他的公务员负责实施他的指令，这种决策方式是可行的。这种对忠诚的需求也解释了身为路德教徒的霍亨索伦皇室在教育那些将为国家服务的人时，为什么会强调虔敬主义的加尔文教信条。这种做法看起来矛盾，但却形成了有利于皇室统治的价值观：服从、自制和根植于心的责任感。腓特烈·威廉还通过一种被称为财政监管的内部检查监督员机制强化以上价值观，监督员负责向国王秘密汇报政府中其他人员的表现。

腓特烈·威廉着意训练儿子和继承人腓特烈完成普鲁士的绝对

专制化进程。在他的命令下，年轻的腓特烈接受了军官训练，并且以信奉加尔文教的法国难民为师，学习上面提到的价值观。然而事与愿违，腓特烈没有全盘接受节俭生活和自我否定的想法，反而对艺术、音乐、科学、文学和新思潮兴致勃勃。此外，他还公开蔑视传统基督教，倾向于更加自然的宗教信仰，即自然神论（deism）。另一方面，年轻的腓特烈在政治理论学习中完全接受了德式的重商主义（政府用理智的行为促进公共财政）和英法式的重商主义（国家通过促进出口产业发展经济）。在18岁的时候，腓特烈深感因家庭统领军政两界而带给他过多负担，于是想办法离家出走，与一个朋友偷偷去了柏林。这场反抗上一辈人压迫的行动迅速一败涂地。普鲁士国王的军队很快找到了他并将他抓获。他的朋友被处决。在遭到严惩后，腓特烈开始认清自己的命运。

腓特烈·威廉一世于1740年去世。此后普鲁士国王腓特烈二世迅速开展了一系列政治活动。他在政治上的作为使他赢得腓特烈大帝（Frederick the Great）的称号，以及英明、高效的绝对专制主义君主的美名。他向世人证明，自己不仅能带给普鲁士军事上的胜利，而且还能促进经济的繁荣、外交影响力的扩张和文化发展。军事和外交是他最早留下个人印迹的领域。在他统治的末期，普鲁士军队规模扩张到20万。腓特烈二世带领他的军队在18世纪40年代与奥地利帝国相较，赢取了与之相邻的省份西里西亚，之后又在18世纪50年代打败了他国的进犯。在普鲁士大军的威慑下，腓特烈大帝在1772年从波兰王国取得了勃兰登堡和东普鲁士之间的领土。获得的这些领土使得普

这是一幅反映腓特烈大帝在一个普鲁士城镇下车视察的绘画。他的臣民表现出对他的敬重。背景是正在进行建设和重建的工地，展示了他力图为普鲁士带去的工业化发展和繁荣。来源：艾维·克楼兹图片社（Ivy Close Images）/爱拉米图片库（Alamy）。

鲁士的领土连成一片，并将其推向欧洲一流大国的位置。

除了提高政府效率，腓特烈将提高农业经济水平，提升广大未受教育国民的素质，带他们进入繁荣发展的新纪元看得同样重要。在他的设想中，普鲁士的绝对专制主义与其他国家大相径庭。普鲁士国王也有巨大的权力，但是并不专横或出于私利使用权力。与法国的路易十六不同，他愿意成为“国家的第一公仆”。为了这个目标，他发布了一项命令，要求政府以虔诚、自制、守法和奉公作为准则。[10]不过，那些由君主任命的公务员不能永久性地占据职位，因此永远是“君主的仆人”。他们的职位完全不具备重商主义的理论研究者们所提出的、构成理智国家政府必有的特征：固定薪水、国家补贴和明确的职责。

为了展示自己对高品位的追求同建立优秀政府一样坚定，腓特烈大帝在柏林市附近的波茨坦（Potsdam）建立了一座精美的宫殿，将其称为无忧宫（Sans Souci，法语，意为“无忧”）。为了与法国的凡尔赛一较高低，他在波茨坦成立了一个管理机构，叫作管理局。管理局中都是相关专业人士（很多是从国外聘请的），负责制定规则和收取税金。这个机构的产生帮助腓特烈大帝限制了国内的进口量和进口消费，并通过国内的项目，如运河、土地改良和新作物促进出口等获取收入。在 18 世纪 70 年代晚期和 80 年代，腓特烈还进行了司法体系改革，培养了一批接受了专门培训的法官，宣布对少数派的宗教实行一定程度的宽容，禁止在审判中使用折磨刑罚，并命令普鲁士的所有省区编纂一部通行的法律。这些改革是综合法律改革的基础，由此产生的成果就是《普鲁士普通邦法》（*Prussian General Code*）。这部法典在 1791 年他的继任者上台后完成，共有 4 卷，超过 2300 页，是一部内容涵盖广泛的民法。

哈布斯堡君主国

哈布斯堡家族自 1278 年开始统治奥地利，在差不多同样长的时间里，这个家族也是神圣罗马帝国帝位的拥有者。然而，它并未能统一神圣罗马帝国的领土。直到18世纪初，哈布斯堡治下的帝国还只是一个庞大的、由四散的土地构成的集合体，这些土地上的国民民族不同，语言各异。在16世纪，哈布斯堡家族不断扩大统治范围，将波希米亚、摩拉维亚、西里西亚和匈牙利帝国及其属国，包括克罗地亚、斯拉沃尼亚和特兰西瓦尼亚纳入版图。在17世纪和18世纪初，哈布斯堡皇室又从家族的西班牙分支那里获得了位于意大利的领地，包括那不勒斯（Naples）、托斯卡纳（Tuscany）和伦巴第（Lombardy），以及尼德兰南部。神圣罗马帝国民族和文化的多样化加大了统治难度。为了保持国家为一体，哈布斯堡皇室通常采取的做法是获得当地精英的支持，共同决定当地的政治制度。因此，政府及其最重要的组成部分——军队中的一系列关键职位被各地的巨头把持，而这些人对君主的忠诚极为有限。不仅如此，在很多地区，当地的贵族议会依旧很活跃，在国王的管控之外收取税金。

哈布斯堡帝国中存在各种不同的宗教信仰。除了统治者所信仰的罗马天主教之外，还有拥有大批信徒的加尔文教和路德教，以及少部分人信仰的犹太教。此外，帝国内还明显地存在种族和语言的差异。其中，占支配地位的群体是奥地利的德意志人，其次是匈牙利的马扎尔人，然后就是民族众多的斯拉夫人，包括克罗地亚人、捷克人、斯洛伐克人和斯洛文尼亚人。最后，不同的省份有不同的政治传统。从17世纪末到18世纪，为了管理差异巨大的广大领土，哈布斯堡帝国政府一直在寻求适当的策略，同时还在寻找抵挡分裂主义倾向——特别是匈牙利境内的分裂主义的方法。在军事上，哈布斯堡帝国也面临着一系列的威胁：在东南，土耳其帝国侵袭不断；在东方，俄国日渐强大，形成威胁；而在北边，普鲁士正在崛起。

在三十年战争期间，哈布斯堡帝国军队就已经开始暴露出缺陷。1700 年，帝国皇帝利奥波德一世（Leopold Ⅰ）无法在西班牙王位问题上坚持哈布斯堡帝国的立场，再次显示出帝国的内部问题。结果，在 18 世纪的最初几年，匈牙利出现由弗伦茨 · 拉科齐（Francis Rákóczy）领导的反叛活动，哈布斯堡帝国军队不得不前往镇压。这次动乱使得那里的农村地区的士气非常低落。为了安抚该地区的国民，帝国政府在 1711 年认可了对马扎尔贵族的免除直接税政策，和位于普莱斯堡的匈牙利议会的自治权利。但是与此同时，哈布斯堡帝国被卷入了与法国和荷兰之间的漫长冲突。这次战争被称为“西班牙王位继承战争”（War of the Spanish Succession）。1713 年签订的《乌得勒支和约》宣告了战事的尘埃落定。在这场战争中，哈布斯堡帝国消耗巨大，得不偿失。在 1711 年，即战争的最后一年，查理六世登上王位，成为奥地利的君主。等待他的是面临着内忧外患的国家，以及帝国极有可能分崩离析的未来。

为了避免这种情况发生，1713 年，查理发表国事诏书，宣称：即使没有男性继承人，帝国仍然将保持统一。在接下来的几十年内，国王的预见变成现实的可能性不断增加，因为他唯一的后代是女儿，即玛丽娅 · 特蕾莎。欧洲大陆在财产和继承方面的法律传统被称为《撒利克法典》(*Salic Law*)，根据这部法典，女人不得继承政府职位。因此，玛丽娅·特蕾莎将无法成为女皇，由此一来，帝国无法维持原样，除非其他潜在的皇位竞争者向查理皇帝写下同意书，放弃他们成为皇帝的权利。在18世纪20和30年代，查理从他的兄弟们的继承人那里获得了弃权同意书，并获得了匈牙利议会(Hungarian Diet)的同意。获得这些人的支持并非易事，因为查理四世既没有能强迫对方同意的强大的军队，又没有收买他们的财富。为了确保他们同意他的要求，他只好用国王的财产与他们做交易，如部分领土(例如他在1733年将洛林大公国割让给法国)，某些交易权(例如将比利时向殖民地的出口权给予荷兰和英国)，甚至是国王的征税权(例如为了让匈牙利议会认可皇帝的诏书，他向其赋予否决土地税的权力)。

玛丽娅·特蕾莎于1740年登上帝位，她领导的不是一个强大的绝对专制主义集权的国家，而是一个面临着分裂的帝国。玛丽娅·特蕾莎登上帝位还没几个星期，普鲁士帝国的腓特烈二世趁机夺取了西里西亚这块价值连城的领土。法国、西班牙和包括巴伐利亚在内的几个较小的王国紧随其后，加入了这场争夺战。他们的目的很明确，就是要瓜分哈布斯堡帝国的土地。波希米亚省内的上层人士也抓住这次机会，举起了反抗帝国的大旗，并将巴伐利亚的查理·阿尔贝特(Charles Albert of Bavaria)推上波希米亚国王的宝座。英国国王乔治二世(同时拥有汉诺威选帝侯头衔)以前曾数次与奥地利结盟，然而此时，包括他在内的多个选帝侯威胁玛丽

玛丽娅·特蕾莎女皇在哈布斯堡。在画像中她手持权杖，目光炯炯，生气勃勃。她为自己塑造的形象，是一位投身工作、永不疲倦的统治者。虽然她以女子之身当政在当时引发了很大的争议，但是她既没有特意隐藏她的女性特质，又没有压抑她强硬的一面。她养育了10个长到成年的儿女，其中两个儿子——约瑟夫和利奥波德成为她的继承人，一个女儿玛丽·安托瓦内特成为法国皇后。（来源：艾维·克楼兹图片社/爱拉米图片库）

娅·特蕾莎，说他们要选举一个不是哈布斯堡家族成员的人做神圣罗马帝国皇帝。如果威胁成真，那将是几个世纪以来，神圣罗马帝国的帝位第一次旁落于哈布斯堡家族之外。在这个令人绝望的时候，玛丽娅·特蕾莎向马扎尔的贵族寻求帮助。她向他们许诺，如果马扎尔贵族出钱组成一支军队赶走入侵者，她将赋予马扎尔完全的独立。然而马扎尔贵族拒绝了。玛丽娅·特蕾莎再次妥协，在1748年签订《第二次亚琛和约》（*Treaty of Aix-la-Chapelle*），把西里西亚割让给了普鲁士。这个协议保住了她的王位和大部分领土，并为她的丈夫弗朗茨一世（Francis Ⅰ）重新赢得了神圣罗马帝国皇帝的头衔。

背负着面对帝国积弱的责任，玛丽娅 · 特蕾莎做出了强有力的回应。在 18 世纪 50 年代，她开始了一系列改革，通过走上绝对专制主义道路恢复奥地利帝国的元气。她让马扎尔贵族进入维也纳法庭，赋予他们与奥地利贵族平等的地位，赢得了他们的支持。在其他的省份，她以法国和普鲁士作为模板，把权力集中在皇帝手中。她把帝国分成十个行政区，向每个行政区委派一位政府官员，即行政区长官，用以取代之前的任命者和地区议会的代表。在每个行政区和行政区内的次级行政区，都有帝国官员执行覆盖所有臣民的、为期十年的财产税收政策，而负责当地收税事务的不是地方议会，而是一位受过专门训练的、从政府领取薪水的公务员。从本质上来说，哈布斯堡帝国的行政区长官与法国的督办官、普鲁士的县长一样，都是绝对专制主义重要的行政管理工具。

在欧洲大陆的事务方面，玛丽娅 · 特蕾莎也采取了一些行动来提高自己的地位。她建立了一支由 17.5 万名士兵组成国家军队和一座专门培训军官的军事院校。在外交大臣文策尔 · 安东 · 冯 · 考尼茨伯爵（Count Wenzel Anton von Kaunitz）的辅佐下，她积极寻求与其他国家建立更加紧密的联盟。经过考尼茨的谈判，哈布斯堡帝国在 1756 年收获了第一个《凡尔赛和约》（*Treaty of Versailles*）。这个合约带来了一场外交革命，使得奥地利和法国这两个百年前的宿敌成为帝国的新盟友，共同抗衡来自不断强大的俄国、普鲁士和英国的威胁（详见第二章）。

哈布斯堡帝国的绝对专制主义制度共经历了三个统治时期：玛

丽娅·特蕾莎统治时期（1740—1765）、女皇与其子约瑟夫共同执政时期（1765—1780），以及约瑟夫独立执政时期（1780—1790）。在1765年女皇的丈夫去世后，由于性别原因，女皇不能成为神圣罗马帝国皇帝。于是玛丽娅·特蕾莎让儿子约瑟夫成为她的共同执政者，以便约瑟夫能被选为帝国的皇帝。她逐渐给予她的儿子更多的参与政府事务的机会，直到1780年约瑟夫正式登基，成为神圣罗马帝国皇帝约瑟夫二世。腓特烈大帝和父亲的执政风格迥异，与此相似，约瑟夫比他的母亲更为注重那个时代的进步思想。玛丽娅·特蕾莎的价值观仍然源自对王朝的忠诚和对宗教信仰的虔诚。她认为她不是对国家这个抽象的概念负责，而是对上帝和家庭负责。即便如此，她煽动臣民们产生爱国情怀的效率足以匹敌她的劲敌——战马上的皇帝腓特烈大帝。她极为虔诚，爱国爱家，堪为民之楷模。从她的臣民的角度来看，她完全就是他们情感上的“国母”。然而在宗教宽容成为一种越来越流行的和符合现实需要的思潮时，她却很难接受这种思想。据称，腓特烈能够“平等地鄙视和保护大部分教派”，然而对玛丽娅·特蕾莎来说，容忍异教徒相当于无视宗教的存在。不过，在约瑟夫和其他人的劝诫之下，尽管很不情愿，她还是逐渐接受了这个观点：“真正的信仰是上帝所赐，而非武力强加。”因而在共同执政时期，哈布斯堡帝国踏出了走向宗教宽容的试验性的第一步。

约瑟夫受过良好的教育，对自己充满信心。他加速了母亲的改革，在政府中采取了更加理性、实用，但也更加独裁的管理方式。

为了促进经济发展，他果断地改进国家财政，降低关税。在 18 世纪 70 年代，他首先减少了农奴的劳役工作量，随后将他们的劳役转为可由金钱折算的税费，税费标准由国家统一制定和管理。在 1781 年开始独立执政后，约瑟夫马上踏出具有深远意义的一步——废除封建农奴制。由此一来，所有原本被束缚在土地上和农业中的劳动力就能够选择进行以贸易为导向的生产了（详见第三章）。尽管约瑟夫是一个天主教徒，但他显示出了启蒙文化和新教文化对他的影响。他建立了小学，解散了大量天主教修道院。在 1781 年，他还颁布了《宽容法令》（*Edict of Toleration*），大大提高了哈布斯堡帝国境内新教徒甚至是犹太教徒的地位，为他们提供了更多机会。除此之外，他进行人道主义改革，建立了公立医院、孤儿院、收容精神病人的收容所、公园和图书馆。为了推行这场涉及各个方面的改革，他以中央政府的名义废除了大多数的地区自治权和本地自治权（包括免缴土地税的特权，而土地税是帝国税收的主要来源）。在 18 世纪 90 年代，约瑟夫的部分宗教、农业和行政改革措施因遭到很多地区的反对而被他的继任者废除。即便如此，这场改革成功地使哈布斯堡帝国焕然一新，保住了它的欧洲强国地位。

俄国

即使看遍 18 世纪早期的俄国历史，也没人能说出哪一朝是君主专制政体。然而沙皇彼得一世（1682—1725 年在位）带领俄国在走向专制之路上踏出了实质性的步伐。他力图通过法律、国家财政和军队改革重塑俄国。他以普鲁士的重商主义作为范本，创造了一套行政管理制度来控制经济活动和税收，建立了军队等级体系以保证陆军和海军的可靠性，并推进制造业发展、鼓励出口以提高国家财政收入。为了监管国家，他建立了11个系统性的政府组织或部门，由专业人员而不是由贵族或者买官的公务员担任职位。不仅如此，他还初步制定了一个法典，称为《总法典》（*General Regulation*）。[11]

然而俄国的这股兴国之力没能持续多长时间。彼得的儿子阿列克谢（Alexis）暗地里积极策划阴谋以反对他。在1721年，彼得的护卫逮捕阿列克谢，把他关进监狱，最终将他折磨致死。由此一来，沙皇俄国失去了唯一的直系皇位继承人。1725年彼得去世之后，皇位被一群软弱无能的皇亲所把持，贵族或公务员们对他们毫无忠诚可言。政权的每次更迭，都伴随着贵族组成的小派系、外国势力的代理人和皇室的宠儿们之间新一轮的阴谋诡计和见不得人的伎俩。因此而产生的后果是，彼得的继任者毫无实权。他既控制不了拥有大量土地的贵族们，又左右不了城市的权贵。这导致他既没有足够的税金收入，又不能建立更有效率的国家官僚体制。在整个18世纪，俄国君主没能控制拥有土地的贵族，只好通过他们统治国家。从总体上来说，俄国贵族们不仅没有失去种种特权，反而获得了更多权利。

与普鲁士的容克贵族和法国的贵族不同，俄国的精英们没有为国家服务的责任心，俄国也没有招募和擢升效率更高的公务员的机制。即使建立了新的地区选举机制，也成立了由贵族组成的参议院向沙皇进谏。俄国的国家实力还是很弱，很难抵抗其他国家的攻击。[12] 18世纪30年代和40年代，让俄国免受敌对国家侵略的原因只有两个，其一是因为俄国在地理上与其他国家相距甚远，其二是欧洲大陆战乱不断，欧洲强国无暇对俄国下手。为了应对国防积弱的现状，同时也因为没有足够的财力与物力发展或支撑足以匹敌对手的军队，俄国君主不得不和别的国家结为联盟。它最早的盟国是普鲁士，然后是奥斯曼帝国，再往后是英国。18世纪50年代末，作为外交改革的一部分，哈布斯堡帝国决定寻找新的联盟国家。于是俄国打破与英国的联盟，转而与奥地利和法国结盟。也是因为这段历史，欧洲各国在此后很长一段时间内都认为俄国政府在外交上变化无常，是个不可信任的伙伴。

在18世纪中期的几十年间，俄国的国内政治局势加剧了国家的不稳定和国防的薄弱。1741年，禁卫军将彼得的女儿伊丽莎白推上王位。之后，伊丽莎白让俄国的政治秩序、国家财政和军队力量有了少许恢复。然而，为了赢得贵族们的支持，她不得不进一步减少他们对国家的义务，包括免除他们的领土税。此举在很大程度上让贵族们可以完全控制属于他们的土地和农奴。1762年，伊丽莎白意外去世。她的儿子彼得三世（Peter Ⅲ）仅仅统治了很短的一段时间就被禁卫军废除，由他的妻子代替他成为女皇，即女皇叶卡捷琳娜二世。在接下来的44年里，叶卡捷琳娜解决了国家政权不稳定这个难题。她和她的国家将成为欧洲大陆的一股强大势力，在18

世纪的最后几十年间大放异彩。

跟腓特烈大帝一样，叶卡捷琳娜也认为自己是一个开明的君主。她非常关注18世纪的思想发展潮流，慷慨赞助诸多艺术家和作家，并收获了他们的景仰。她的艺术品收藏足以匹敌任何欧洲宫廷，为艾尔米塔什博物馆（Hermitage Museum）* 后来的辉煌打下了坚实的基础。寻求物质资助或者政治庇护的欧洲各国作家开始将她在彼得堡（Petersburg）的宫廷视为理想的避难所。曾经有一段时期，她鼓励几个著名的政治作家为俄国的宪法和法律改革建言献策。

无论是与叶卡捷琳娜同时代的人，还是当代的历史学家，都对女皇的个人生活极为感兴趣，而他们最关注的部分，就是她有无数身份显赫的情人的传言。有关叶卡捷琳娜性欲的民间传言大部分源自彼得堡朝臣之间的宫廷阴谋。这些传言的存在，说明18世纪欧洲文化对于女性君主的观念发生了巨大改变。尽管俄国并不应用《撒利克法典》，但是在这个时期，欧洲各国都已经对女性领导人产生了强烈的文化偏见。在启蒙运动（Enlightenment）的高潮时期（详见第六章），人们普遍认为那些地位显赫的女性品位高雅、谦虚有礼、言行得体，并且严于克己。在叶卡捷琳娜开始当权的几十年，这也是公众对她的印象。但是在法国大革命爆发前的最后几十年里，掌握实权的女人变成舆论攻击的对象，越来越多的人用粗鄙下流、含沙射影的方式说她们生活放荡、精神错乱、毫不自制，因

* 艾尔米塔什博物馆，即如今的冬宫博物馆，是世界四大博物馆之一，与巴黎的卢浮宫、伦敦的大英博物馆、纽约的大都会艺术博物馆齐名。——译者注

此是对社会、文化和政治秩序的威胁。叶卡捷琳娜女皇发现，她的敌人常常把政治攻击的焦点放在她的性生活上，而这竟然成功地扭曲了她的公众形象，让她失去对自己名声的控制。奥地利的玛丽娅·特蕾莎和她的女儿，法国国王路易十四（Louis XIV）的曾孙媳玛丽·安托瓦内特皇后，也都有相似的境遇。将大权在握的女人与阴谋、操纵和滥权联系在一起并不是18世纪欧洲文化的新生产物，然而，这样的文化遗存严重抑制了后世像叶卡捷琳娜这样伟大的新的女性领导人的出现。因此，对欧洲来说，这种文化是最不幸的传统之一。

南欧

在南欧，拥有大规模封建庄园的天主教神职人员和贵族掌握着压倒性的政治权力，因此当时的市场普遍不活跃。但是该地区的各国君主仍努力想要有所作为。他们努力寻找方法巩固政治权力，统一国家，以此推动本国的文化和经济发展。其中最著名的是那不勒斯国王查理四世（Charles IV，他统治的领土还包括西西里）。查理四世出身于统治法国和西班牙的波旁王族的一支旁系。他想方设法向高级别神职人员和高等贵族课土地税，改革司法体系，废除了西西里的宗教法庭，限制世袭法官解释法律的权力，让他们无法继续为自己的个人利益而左右司法，从而为农民提供了些许法律保护。他还试图建立基础教育体系。在1759年，查理四世继承了哥哥的王位，成为西班牙国王卡洛斯三世（Carlos III）。于是，他带着这股改革之风回到西班牙。

西班牙王国曾在16世纪盛极一时。到18世纪，尽管这个国家的实力已经大不如前，贵族官员们牢牢把控着政府权力，卡洛斯还是通过削弱，强化了他对王国政府的控制。通过镇压宗教团体耶稣会的会士（Jesuit）和将宗教法庭收归王国控制，卡洛斯加强了王国对教会的影响力。1766年，面临饥荒和随之产生的社会动荡，卡洛斯制定了缓和的土地改革措施，使得生产力有所提高，国家财政收入有了增长。同时，他还削减国家财政支出，特别是减少了支付给管理西班牙殖民地的官员的财政津贴。他任命受过专业训练的督办官管理西班牙殖民地，并要求他们直接向他汇报，从而提高了从殖民地获取的财政收入。由于西班牙缺乏进行对外贸易的商人，卡洛斯想办法在西班牙和殖民地建立通商港口，与从其他欧洲国家驶来的船只交易特定的商品。

卡洛斯三世遭到了西班牙贵族和神职人员的强烈反对，因此改革的影响力受到了很大限制。由于没有代表议会帮助国王获得对改革的支持，卡洛斯只得与其他绝对专制主义君王一样，向王国任命的政府官员们寻求帮助。这些官员所提出的改革建议都不可避免地受到了地方势力的反对，例如纺织行业的工人反对纺织品贸易自由化，因为如果改革实施，工人的工资将降低，而其他商品的价格会升高。为了将改革重新提上议程，卡洛斯鼓励西班牙和意大利的新一代的政治理论家撰写关于改革的专题文章。尽管这些理论家在西班牙的影响力有限，他们写的政治改革作品还是影响了意大利北部的统治者，例如米兰公爵（Duke of Milan）和皮埃蒙特（Pietmont）的国王，使其开始了法制改革。卡洛斯还实行经济自由化，推动了贸易的发展，为了更加有效地统筹国家财政，采用更加合理的政府官僚体制。

葡萄牙是欧洲大陆南部另一个一度强大但陷入低迷的帝国。在 18 世纪的下半期，葡萄牙刚刚开始大刀阔斧的改革，然而在 1755 年，其首都里斯本（Lisbon）遭遇了大地震，整个城市毁于一旦。在 18 世纪，葡萄牙的处境比西班牙更艰难，国家的政治权力为神职人员所掌控。他们管理宗教法庭，进行镇压式的宗教活动，并且拥有王国三分之二的土地。葡萄牙帝国的财源是巴西，但是获取了大量财富的却是购买了出口权的外国商人。葡萄牙君主此前用出售出口权的收入建设皇宫，让皇室得以在议会（在 1697 年停止召集）的监管之外过上舒适的生活。灾难性的地震发生后，葡萄牙政府已经明显无法满足国家的需要，然而国王若泽一世（King José Ⅰ）对处理政务毫无兴趣，无法承担起重振帝国的责任，于是他最杰出的顾问庞巴尔侯爵（Marquis de Pombal）成为葡萄牙帝国的顶梁柱。庞巴尔以有序、合理的方式雇用了大量的建筑师、工程师、测量员和律师重建里斯本。他的行动促进了葡萄牙贸易的发展。他还修订法律，促进私人财产权而非封建财产所有权的增加。在重商主义形式下，庞巴尔建立并资助葡萄牙公司，给予他们出口葡萄牙商品的垄断权。在被垄断的商品中尤其受关注的是在英国备受欢迎的波尔图（Porto）葡萄酒。这些公司还控制了从殖民地进口原材料到葡萄牙港口的权利。所有这些行动的意图，都是将帝国殖民地的财富重新引导至国内经济的轨道上。当遭到反对时，庞巴尔使用国家权力逮捕和流放了很多批判者，同时没收了他们的财产。

庞巴尔大力反对教会干预政治。此举使得那些被称为新基督徒的人（即那些受到宗教法庭迫害但又不愿离开葡萄牙的穆斯林和犹太人，他们皈依天主教，但仍不能享有跟其他教徒一样的权利）得到了解放。耶稣会会士被驱逐出葡萄牙，他们拥有的大量土地被收归政府所有。耶稣会会士留下的财富，以及因他们中的教职人员的离去而留下的教育真空，让庞巴尔得以建立起一个全国性的教育体系。尽管政府严格限制课程的设置和课本的买卖，并长期审查众多书籍，但这仍是一个进步。庞巴尔式的绝对专制主义强调国家推动经济发展的力量，但忽视了社会改革。最终，由于庞巴尔疏远了很多有实力的贵族、商人和神职人员，1777 年，这些人迫使国王免除庞巴尔的职务。于是，葡萄牙建设专制国家之路也就此走到了尽头。

衰落与转型中的国家

北欧：瑞典与波兰的衰落

在欧洲的大北方，即被称为北欧或斯堪的纳维亚（Scandinavian）的地区，在现代早期出现了五个国家：瑞典、丹麦、挪威、冰岛和芬兰。到 17 世纪时，瑞典和丹麦发展成了主权国家，将其他几个国家置于自己的影响之下。然而到 19 世纪以后，人们基本不再将瑞典、丹麦及波罗的海旁的波兰王国看作欧洲强国，虽然在18世纪初始，这三国是处在欧洲第一梯队中的国家。随着时间的流逝，他们的近邻俄国和普鲁士冉冉上升，成为欧洲的明星，与此同时，瑞典和波兰风光不再。究其原因，是因为这两国政府从社会获取财富的能力不足，导致其在国际商业与军事方面的影响力难以为继。

三十年战争的余波让丹麦无法立即结束与瑞典的公开冲突。丹麦国王弗雷德里克三世（King Frederik Ⅲ）利用高超的政治手段使丹麦王国的君权越过贵族议会（或称 Risgråd）的权力，并在1661年让丹麦成为世袭制君主国。1665年的《皇室法》（*The Royal Law*）赋予丹麦君主不受贵族议会限制，独立发布法令的权力。弗雷德里克的儿子和继任者克里斯蒂安五世（King Christian Ⅴ）使用这项权力在1670年建立了全国性的法典。通过侵入挪威领土，丹麦获得了大量原料，国内制造业和商业活动得以兴旺发达。丹麦在冰岛、格陵兰岛（1750年后）和加勒比海地区的殖民地——圣托马斯（St. Thomas）与圣克鲁瓦（St. Croix）市场垄断性的出口贸易，更加促进了国内工商业的繁荣。丹麦政府施行改革，比如承认宗教少数派，招收受过良好教育但非贵族出身的人士在国家政府机构中担任要职。实际上，丹麦废除了贵族曾拥有的所有政治特权和特殊豁免权，并将军官中的贵族人数限制在25%以下；丹麦贵族甚至曾一度失去被提升为最高级别军官的机会。然而，到18世纪中叶，随着1766年弱势的国王克里斯蒂安七世（King Christian Ⅶ）即位，丹麦的发展势头减缓。人们期望通过扩大自由权利，包括取消政府审查制度复兴丹麦，但是结果让他们失望。在18世纪80年代，丹麦陷入了政治危机。

瑞典的情况恰恰相反。瑞典贵族拥有大量土地，而且几乎垄断了军官和国家行政官员的职位，从而掌控了政府活动。同样，国家的经济活动也是由贵族控制。贵族议会在财政和司法政策上施加了很大的影响。瑞典创立了一种与众不同的强制征兵制度，这个制度对农民和贵族一视同仁，只要他们入伍服役，就可以换取国王对其拥有的土地的自治权的承认。其结果是，至少在18世纪早期，瑞典军队成为一支强大的部队。1708年时，有超过11万人在军中服役，而当时瑞典的总人口只有200万。农民借此守住自己的土地，并获得了政治话语权。在18世纪的欧洲，瑞典是唯一一个承认农民是一个独立阶层，并在国家议会给予农民代表权的国家。但是这个制度对促进制造业和商业活动毫无用处，因此瑞典的税收基础薄弱。为了获得资金，瑞典不得不出口以铜和铁为主的矿产资源。

不仅如此，瑞典贵族与平民间的意见分歧仍然突出，因为几乎没有平民能够进入军官阶层或政府上层。在18世纪的进程中，瑞典政府在大北方战争（又称俄瑞北方战争、北方战争或第二次北方战争，1706年结束）中因败给俄国、勃兰登堡－普鲁士、丹麦和波兰而失去了领土。接着，1718年，瑞典国王查理二世（King Charles Ⅱ）* 的去世带给了瑞典一段被称为“自由时代”

* 此处原文有误，应为Charles Ⅻ，又称卡尔十二世(Karl Ⅻ)。——译者注

这幅画反映了波兰国王斯坦尼斯瓦夫二世（King Stanislaus Ⅱ）在1764年当选时的情景。波兰的国王选举在欧洲的政治生活中是独一无二的。从理论上来讲，这个制度是波兰无数贵族行使直接民主权的方式。然而在实际中，这是一场哑谜猜字游戏，结果全由幕后的外国强权和屈指可数的几个波兰大贵族决定。这个体系导致了波兰无法成为中央集权国家，虽然斯坦尼斯瓦夫做出了很多值得嘉许的努力，但最终他不得不亲眼见证波兰王国的分裂，成为波兰的末代国王。（来源：爱拉米图片库）

（Age of Liberty）的历史。在这段时期，为了获得对四级议会（four-chamber assembly）或议会的控制，礼帽党和无边帽党（Hats and Caps）相互竞争。这些相互之间矛盾不断的小集团极大地干扰了国王对国家的改革。例如，贵族们逼迫君主答应按照贵族爵位大小在政府中授予他们职位。因此，只要那些瑞典贵族家庭的子孙愿意，即便他们还只不过是在校大学生，就已经能确定将来会为政府工作；而对非贵族出身的人来说，想要依靠实力提升社会地位的希望渺茫。在1772年，古斯塔夫三世（King Gustavus Ⅲ）在法国和斯德哥尔摩市民的支持下宣布，他决定结束“贵族专制主义”，由国王直接控制政府。但是，由于缺乏有效的专业税收体制，他实际上仍旧依赖贵族管理国家。[13] 最终，一群对古斯塔夫不满的贵族在1792年刺杀了他。之后，瑞典的衰落加剧。

同瑞典一样，从18世纪后期开始，波兰逐渐处于周围的几个越发强大的邻国的威胁之下。在16世纪，波兰－立陶宛联邦曾一度是个强国，比俄国或任何德意志公国都要强大。但是波兰没有走上强国的发展之路。占全部人口十分之一的贵族控制了所有其他社会团体，将农民变为农奴，阻止工匠和商人建立独立的城镇政府。此举的后果就是，波兰没有产生本国的商人阶层。波兰贵族继续着一种被称为上等阶级共和的政体，由超过50个省级议会共同掌管权力，每个议会都能对全国性的立法提案行使自由否决权。虽然小贵族人数众多，但是一小部分富有的大权贵组成的寡头集团，不仅控制了这些省级议会，而且在两院中占主导地位。寡头们通过国家议会维护他们的免税权和特权。他们还有一项关键的特权，即选择国王。从规则上讲，所有的贵族都可以参选国王，但是，由于数以万计的贵族根本不参加这个活动，大贵族们控制了选举的过程，而城镇居民和农民完全没有代表。通过这些政治体系，波兰贵族既阻止了君主将王位传给子孙，又避免了政府被国王直接控制。不仅如此，波兰国王的常备军不得超过 2 万人，波兰的国家安全系于与其他强国，如法国、奥地利、俄国和普鲁士之间的亲善关系。而到了 18 世纪晚期，这种亲善关系将随时间消磨殆尽。

奥斯曼帝国

到 18 世纪，奥斯曼帝国距离它的鼎盛时期已经很远了。在 16 世纪早期，奥斯曼苏丹苏莱曼大帝（Sultan Suleiman the Magnificent）通过军事占领获得了欧洲东南部的大部分地区，直到在维也纳城下遭遇 1529 年围城战役（维也纳之围）的失败。在这些占领的土地上，苏莱曼设立了强有力的管理高效的政府，在被称为维齐尔（Vizier）的顾问帮助下实现统治。通过这个体系，苏莱曼创建了覆盖范围甚广的俗世法律。他支持著名神职人员和哲学家的工作，让他们得以在那个时期创造了丰富的法律和宪法理论。他还慷慨地赞助艺术家、工匠、诗人、哲学家、建筑师和城市规划师，使得位于帝国首都君士坦丁堡（Constantinople）的托普卡帕宫（Topkapi palace）成为这位伟大君主的象征。苏莱曼这位生活在 16 世纪的君主，比任何其他奥斯曼历史上的人物都更接近欧洲人理想中的 18 世纪君主。

然而，他的国家没能发展或持久强大。到 1566 年他去世时，苏莱曼将庞大的奥斯曼政府的统治权力分散到了不同的家庭成员以及皇家的近臣手中，并给予各地苏丹更大的自治权。他的继任者们渐渐沦为傀儡皇帝，无法像真正的君主那样使用权力，因为大权被主要的皇室顾问大维齐尔（Grand Vizier）所擅。在 16 世纪晚期和 17 世纪早期，数个弱势的苏丹被内乱赶下皇位，其他的几个既无能又腐败。各地官员对要求和维持自己的特权的关注度远高于行使管理职责，因此对苏丹的指示越发视而不见。即便如此，17 世纪的苏丹还是得以恢复了部分国家的权威，维持了军队的战斗力，抵御了哈布斯堡和俄国军队的侵袭。因奥斯曼的屡次胜利，欧洲人对这个国家产生了恐惧，并制造了奥斯曼是个残酷的专制国家的传言。

虽然有这样的名声，但实际上在 18 世纪，为奥斯曼帝国管理欧洲领土的数个层级的军官和政府官员享有的自治权是在不断增加的。为奥斯曼帝国统治欧洲各省的军官被称为耶尼切里（janissary），他们都是本地人，如阿尔巴尼亚人（Albanian）和波斯尼亚人（Bosnian）。奥斯曼帝国在被征服的欧洲土地上征召这些军人，将他们与原本的社区隔绝，禁止他们结婚，让他们转信伊斯兰教，用阿拉伯语和军事战术教育他们，并用各种个人所得维持他们对帝国的忠诚，如土地、对重要贸易的本地垄断权或地区的行政大权。到了 18 世纪，这些近卫步兵们大都已经从事他业，但是仍旧保持武装，并且维持了不受地区政府支配的独立意识。16—17 世纪，另外一支被称为卡普丹（Kapudan）的军队的军官们则与中央政府保持着紧密的关系。他们负责奥斯曼各省的战略军事基地。但是到了 18 世纪第一个 10 年的晚期，这些军官本身变得不易于被政府控制，他们手下的由本地基督徒组成的军队更像私人武装而非政府军队，因为士兵们对卡普丹的忠心远胜过对奥斯曼帝国的忠诚。而与西欧各国大相径庭的是，奥斯曼帝国政府的权力在 18 世纪初期明显开始衰落。不过奥斯曼政府在欧洲事务中仍保持着影响力，君士坦丁堡仍旧是外交官、商人和旅行者热衷到访的政治和文化中心。

英国政治与政府

在 18 世纪的欧洲，英国是主要的，也可以说是唯一成功的非绝对专制主义政府。进入 18 世纪后，与欧洲其他君主国相比，不列颠各岛上的三个王国处于非常不稳定的状态中。英国皇室曾经拥有不依照法律，甚至是违背法律行事的特权，但是随着 1688 年的光荣革命（Glorious Revolution）和 1689 年《权利法案》（*Bill of Rights*）的颁布，英国议会宣告国家的最高权力归于议会，剥夺了皇室拥有特权的权利。领导这次立宪革命的辉格党人（Whig）有两个极为重要的主张：其一，与众不同的英国自治政府（self-government）传统。自治政府的领导者宣称反对法国绝对专制主义制度。其二，遵从温和的英国国教（Church of England）新教教义，反对天主教的信条。辉格党人相信，他们捍卫英国自由的举动，会吸引英国社会中具有活力的成员——商人、店主、受过教育的专业人士、投资海外和殖民地贸易的人士，以及做出口生意的领主。

为了实现这种转变，辉格党人结束了斯图亚特王朝（Stuart

dynasty）。1688 年，辉格党人所主导的议会通过投票赶走了英格兰国王詹姆斯二世（King James Ⅱ），同时也是苏格兰国王詹姆斯七世（James Ⅶ），原因是议会相信他企图在英国全境恢复罗马天主教。为了保证詹姆斯二世放弃自己的权力，辉格党人邀请他的女儿玛丽与玛丽的丈夫、荷兰奥兰治亲王威廉（William of Orange）共同登上王位。辉格党之所以做出这样的选择，是因为玛丽夫妇信仰加尔文教，政治态度温和，有可能接受君主立宪制。但是，这个政治解决方案能否达到辉格党的目的尚不可知，原因有几个：首先也是最重要的，奥兰治亲王威廉（现称英国国王威廉三世）与玛丽二世虽然都是都铎一脉的直系后裔，也都乐于接受议会的认可并统治英国，但是他们在英国国内的英格兰、苏格兰或爱尔兰基本无法获得政治支持；此外，他们没有子嗣，这使得英国议会不得不在 1701 年通过《王位继承法》（*Act of Settlement*）以保证王位继承者是新教徒。詹姆斯·斯图亚特（James Stuart）和妻子都是天主教徒，但是他们的次女安妮接受的教育使她成为新教徒。于是在 1702 年，安妮继承了英国王位。

对辉格党人来说，英国政治体制成功的基础在于对君主的明确限制。皇室特权是绝对专制主义的关键，而《权利法案》不仅限制了皇室的特权，而且明确规定了非经议会批准，国王不得进行哪些活动，例如筹措政府运行资金或者设立常备军。在 17 世纪晚期，英国议会要求国王在做以下决定前寻求议会同意：任命大臣，罢免法官，发布逮捕个人或没收个人财产的命令，在一个年度内获得高

《沃波尔在下议院》。虽然那时“首相”一词尚未被使用，但是沃波尔爵士担任财政部第一大臣（first lord of the treasury）和政府领导人的漫长任期，是18世纪英国政治生活中一段异乎寻常的平衡时期。国王的其他大臣大多来自贵族阶级。（来源：爱拉米图片库）

于 60 万英镑的收入，派军队参战或宣战。最终，1701 年的《嗣位法》（*Succession Act*）* 保证了英国王位只能由新教徒继承，并声明议会有权决定谁有资格继承王位。然而，即便为这样的框架所束，威廉三世（William Ⅲ）仍旧将英国君主塑造成了一个新的、重要的角色，一个各国外交和战争事务的积极参与者。他坚信新教教义，在信仰驱动下，他反对天主教强国——法国和奥地利；他同时

* 同前文提到的《王位继承法》（*Act of Settlement*）指的是同一部法律。——译者注

还希望英、荷主导美洲贸易，于是积极地让英国参与在欧洲和北美发生的战争。

英国在这些事件中的活跃表现，预示了英国政治和欧洲关系在 18 世纪的另外一个重要的发展，即英国调动国内资源向海外输送兵力的能力日渐增强，以及英国在各大洋中崭露头角，并将控制海洋当作本国殖民战略的核心。威廉三世一手缔造了英荷联盟，而

《拉票活动》（1757）。这幅著名的版画出自一组描绘竞选运动的系列绘画作品。这组作品展示了选举的特色活动：候选人演讲、游行与旗帜、小额贿赂等。在这幅画中所表现的是零售式政治，即候选人在村镇酒馆外与他的选民接触和寒暄。虽然实际上只有极少数的议会席位是开放性竞争的，但是英国下议院仍实现了通过选举选出议会代表的理想。（来源：维基共享）

在 1714 年后汉诺威家族成员（the Hanoverian）继承英国王位则更让英国扩展了在欧洲中部的战略利益。这使得英国在国际事务中更加重要。通过乔治一世的女儿索菲亚和她的表兄腓特烈·威廉·霍亨索伦的联姻，英国终于因汉诺威皇室的入主得以与普鲁士结成联盟。但是，这个新的联盟战略的核心不再是传统的秦晋之好，而是英国的现状——它正冉冉上升为一个强大、高效、资金充足的国家，政府财政充裕，海外军事行动保障有力。英国的政治文化面临规模空前的分歧，在政府的允许下，各种新式的抗议政府的方法发展起来。即便如此，为了促进英国贸易，英国政界上下达成共识，支持侵略性外交和军事政策。

在这段值得大书特书的历史中，有一群关键人物，那就是各届担任英国国王首席大臣的人们。首先是罗伯特·沃波尔（Robert Walpole），他在 1721 年至 1742 年领导了乔治一世和乔治二世时期的英国政府。在 18 世纪后期，出现了一系列更有权力的首相，从威廉·皮特（William Pitt）——后来受封为查塔姆勋爵（Lord Chatham），到他的对手托马斯·佩勒姆（Thomas Pelham），即纽卡斯尔公爵（Duke of Newcastle），再到乔治三世时期的比特勋爵（Lord Bute）、诺斯勋爵（Lord North）和小威廉·皮特（William Pitt the Younger）。他们既是国王的首席顾问和吹捧者，又分别是各自政治思想派别的代言人。不仅如此，这些人还利用政府职位的任免权，在议会和全国各地发展广泛的政治支持网络。这种网络不仅联结共同理想，而且共享物质利益，为最早的现代政党——辉格党与托利党（Tories）的形成建立了基础。

然而，在18世纪的早期，由于没有全国性的选举系统，这些粗具雏形的政党并不能在选举活动中竞争。只有约3.2%的人口参与议会选举，下议院489个席位中的大多数是被镇议会、手工业行会或者某些特定资产的拥有者所选定的。此外，这些选区（被称为自治市）的边界数十年间未有调整，而人口却发生过大规模迁徙。这使得一些农村城镇（即所谓"腐败选区"）公然占据超出正常比

图为国王乔治二世统治时的下议院。毫无疑问，英国议会是欧洲最早的审议机构。在整个18世纪，英国议会持续地举行会议，连形式都没有发生任何改变。在议会中，下议院取代了由贵族组成的上议院成为最重要的机构。下议院不代表全体国民的意志，下议院中的多数党也没有共同的政治纲领。与建立它的意图相悖，18世纪下议院的历史是一段混合了崇高理想、特殊利益与个人对抗的复杂故事。（来源：K.A.希克尔创作/爱拉米图片库）

例的代表席位，而一些新兴工业城市，如曼彻斯特和伯明翰却没有代表。只有112个自治市的选举有超过500人参与投票，只有很少的一部分代表是由超过1000个人投票选举出来的，这其中包括了伦敦的少部分地区。英国中部约克郡的一个地区是最大的选区，那里有超过1.5万名的选民，却只能选出一个代表。

很多地区根本就没有选举。这些地区的席位经常是被议会领袖们以资助人的身份授予那些或有才或有钱，或者有才又有钱但几乎不在选区内居住的年轻人。一些代表是由几个甚至仅一个领主来选定的，这些领主们在几个世纪前因所拥有的地产被授予了议会席位。这些“口袋选区”（pocket borough）可以父子相传，如果有人获得了几块这样带有议会席位的地产，他甚至可以累积属于自己的选区。例如，纽卡斯尔公爵在权力最盛时期控制着七个这样的议会席位。由于“腐败选区”和“口袋选区”的存在，18世纪60年代的英国下议院中，有超过半数的成员是有直接关系的贵族，有超过四分之三的成员来自数代以来握有议会席位的家族。民主的基本原则之一——职位流转，在18世纪的英国议会中基本没有实行。

从1714年稳定的政治体制确立，到1760年乔治二世驾崩，议会一直在几个与皇室关系密切的领袖的掌控中，因而这个时期的皇室也被称为辉格宫廷。这种政治团体虽然还不是政党，但是已有了领导者的存在（在这个时期的大部分时间里都是沃波尔）。这个人负责分配赞助，施压说服，并树立政治观点，发挥雄辩魅力，发展个人友谊，并将其转化为政治上的支持。因而，对18世纪的英国历史，有一种观点强调议会制政府中不断变化的同盟关系和政治交易，将其作为当时政治的本质，并认为当时的政治毫无原则，全由个人野心和政治对抗驱动。[14]但是，这种解读并没有全面地反映当时的情况。很多18世纪的英国政治家，尤其是辉格宫廷的反对者们，宣称自己把原则看得比赞助金重要，把人的想法看得比人的出身重要。18世纪早期，一种独特的英式经典共和主义政治理论出现了。这种立足"联邦"或者"国家"的思想体系批评宫廷中的"寡头执政者"，认为他们在伦敦奢靡的生活中被腐化了，因而不再能忧英国人民之所忧。对"国家"的论述从总体上抨击了政府，认为不论是哪个派别掌权，都在利用公共税收作为自己的政治赞助金。持"国家"观念的演说家们还批判费用高昂的殖民和外交政策只惠及了主要城市中的富有商人。

在这些保守派爱国者中，最著名的一位是博林布鲁克子爵（Viscount Bolingbroke）。他曾是被废黜的斯图亚特皇室及詹姆斯二世的忠实支持者，在1712年的西班牙王位继承战争期间，他被任命为处理外交事务的国务大臣。当时，在议会中占多数的辉格党人想要继续战争，而博林布鲁克与他们的意见相左。通过协商，他与法国订立了条约，即为《乌得勒支和约》（1713）的一部分。有些人怀疑博林布鲁克与法国秘密联合，要对女王和英国政府不利，因此极为反对他的这个举动。结果博林布鲁克不得不终止了政治生涯，转行成为政治理论作家。他在《一个爱国君主的观念》一书中最充分地表达了自己的观点。在书中他清晰地表达了对宫廷的尖锐批评，认为宗教和政治领袖们使宫廷变得道德败坏，因为他们只追求个人和党派利益，置国家的安宁与自由于危险之中。博林布鲁克研究英国历史，认为适于英国的政治制度和价值观应源于本国的过去。他首先研究的就是人们效忠于国王却不一定效忠于议会领导的现状。于是他形成了一种十分具有说服力的思想，并将其推介给世人，那就是“忠实的反对党”（loyal opposition）。他号召人们成立一个反对宫廷政治、再次促进所有公民参与政治的国家政党。他的思想启发了18世纪下半叶托利党的产生，以及辉格党中因爱国而反对宫廷政治的人士的出现。不过博林布鲁克对辉格党的贸易政策和殖民外交政策的反对没有产生太大的影响。

1757年是一个重要的转折点。为了应对与法国的战争，乔治二世的首相威廉·皮特组建了一个“爱国者”政府，这使得托利党的支持者和与宫廷关系密切的辉格党人暂时联合了。在纽卡斯尔公爵的领导下，当时议会中的辉格党人支持英国积极参与欧洲事务和殖民地活动，从而促进英国贸易的发展，而托利党人则批评参与对外战争对民众消耗太大。皮特展现了自己作为政治家的驾驭力，将这两个对立的阵营团结在一起。他不惜斥巨资进行对外援助。其中，为与普鲁士结盟，英国向其提供了一笔高达6000万英镑的援助金（这几乎相当于英国前一年全国税收的总额）；此后，为了团结英格兰的那些快速发展的城市，确保获得代表这些城市的辉格党人的支持，英国政府向在北美与法国的战争投入了更多的资金。同时，皮特因个人的正直品性和德行获得了国家政党的支持。他用华丽的辞藻批评前任政府的公共腐败，并将法国和西班牙视为对英国自由的威胁，因此对这两国怀有敌意。以上行为为他赢得了“伟大的平民”的美誉，虽然在1766年他被擢升为贵族，即查塔姆伯爵。在18世纪50年代晚期，即七年战争的高潮期间，皮特对这个联合政府的成功领导，说明与之前英国任何参与欧洲事务的行动相比，只要是为了贸易和帝国，哪怕是战争都可以更受人们欢迎。皮特在运用军事力量促进英国贸易发展的同时，以演说的方式反对增税支付军事费用，将其看作对英国自由的威胁。在议会否决了他对西班牙宣战的提案后，新王乔治三世于1761年将他免职，但是他的做法——在侵略性海外殖民的同时坚持反对在国内征税，将长久地影响英国。

乔治三世继位时的英国政治

乔治三世随后在1762年时让辉格党政府走到了尽头。他不顾议会的反对，任命了他之前的导师、来自执政联盟之外的苏格兰人比特伯爵为首席大臣。比特此后将剩下的“辉格党遗老”免职，最终解散了这个由沃波尔建立的、拥有巨大影响力的、热衷于赞助的政府。作为回应，辉格党人攻击比特，指责他想要复辟专制暴政，抨击他是只为国王服务的皇室宠臣，不为国家尽忠，还说他是秘密的詹姆斯二世的追随者，将会重建被废黜的斯图亚特王朝。这些比特的政敌还批评他没有妥善处理七年战争的战后谈判，控诉他没有对法国施加足够的惩罚，以致英国要承受的战争支出，以及为在战争中所赢得的新殖民地的土地支付过多费用。

皮特和他的继任者们想方设法支付这些费用，却无法战胜反对在英格兰征收新税费的力量，于是将目标转向了殖民地的税收。虽然向殖民地征税的政策并没有减少国内对政府想要在本土提高税费的批评，但是却从财政上刺激了英帝国的扩张。因此在整个 18 世纪 60 和 70 年代，英国的政治与政策存在两个相互矛盾的倾向：一方面，人们批评苛捐杂税，认为这是由贵族的腐败和堕落导致的；另一方面，他们大力推进花费甚巨的“蓝海”（“blue sea”）* 政策，即将军队部署在大西洋的各个地方。通过军事力量促进英国贸易发展和国家实力提升，与反对增加国内税收并将其看作对英国人的权利的侵蚀，这两种观点虽然相互矛盾，但却都被广泛地接受了。

18 世纪 50 年代末出现的关于国内民兵的争论正是这种自相矛盾状况的体现。由于守卫美洲殖民地免遭法国占领的费用增加，很多英国人担心英国本土会又一次出现詹姆斯二世党人的起义和受到法国侵略。皮特对此的回应是恢复了国内民兵。英国民兵部队在 17 世纪英国内战后就被取消了。与皮特一样把自己描述成爱国者的那些人早就批评此前的政府取消国内民兵部队，并以此暗示汉诺威王

* 根据南京大学历史系教授计秋枫在《近代前期英国崛起的历史逻辑》（《中国社会科学》2013 年 9 期）中援引丹尼尔·鲍(Daniel A. Baugh)，*Great Britain's "Blue-Water" Policy, 1689—1815*，此政策被称为蓝水(blue water)。——译者注

朝疏于保护英国人的权利，包括1689年《权利法案》中已明确承认的民兵持有武器的权利。在整个18世纪，这些爱国者们都力主重建民兵部队，将其作为非军事国防力量和国内稳定的保障，而且认为与外国雇佣军相比，民兵部队不仅经济而且可靠。

在1757年，皮特提出《英国民兵法》(*English Militia*)，却遭到了强烈的抵制。反对者中既有亲近宫廷的辉格党人，又有自诩代表整个国家的托利党人。辉格党人反对的依据是1688年的那份华丽的宣言，反对常备军独裁的潜在可能；托利党的一位评论家则发表文章将皮特的观点视同"'强迫穷人……保卫富人'的图谋"。[15]这部《英国民兵法》规定，不服满三年兵役的人必须缴纳10英镑的罚款。托利党的平民主义批评家指责这是一种变相的税费。这笔罚款的数额相当于一个技术水平一般的工人年薪的5%，在当时食物价格不断上涨的情况下，这对平民来说无疑是一笔不小的开支。在与法国开战后不久，议会批准了《英国民兵法》，但是政府在试图实施这部法律时遭遇激烈的反对。一些人写请愿书，反对扩大国家财政向军队倾斜；还有人发起了集体性行动，比如约克郡东赖丁区(East Riding)的一群人就强迫一位治安官撕碎了他掌握的符合入伍条件者的名单。为了应对这种抵制，皮特的支持者们不仅呼吁民众应该有爱国责任感，还针对英国人的荣誉感，将在民兵部队中服役宣扬为"有男子气概"，而不愿保护自己的妻子、孩子和财产安全的行为则是"女人气"。他们将民兵宣扬为有爱国理想的人，与被皮特等人描述为被动、堕落和腐败的亲近宫廷的辉格党形成了鲜明的对比。

虽然皮特的爱国论让内阁最终支持他与法国开战，但并没能动员志愿者加入民兵部队。实施《英国民兵法》需要地方法官、皇室指派的官员和军队领导人的共同努力，有时甚至需要强制民众加入民兵部队。这样，抵制活动一直持续到18世纪60年代，致使政府认为资助战争的税费已经让“英国的普通民众精疲力竭了”。[16] 于是政府转而向殖民地征税，1762年的《税收法案》（*Revenue Act*）和1765年的《印花税法案》（*Stamp Act*）应运而生。当然，也有人反对这些措施，但是《英国民兵法》这一课教会了政府强制压下这些异议。于是，欧洲最具代议制形式的英国政府和最受宪法框架约束的英国君主发现，本国民众不断谴责他们的残暴专横。这种英国的政治文化不仅引发了美国独立战争，而且很矛盾地形成了18世纪欧洲最稳定的财政政策体系和最强大的国家。

英国政府与公共财政

18世纪欧洲政治界最具重要性的、长盛不衰的话题之一，就是英国如何用一个世纪的时间构建那样一个强大的国家。在1700年至1783年，英国一跃成为世界商业、军事和外交强国。这部分源于英国彻底改革本国的财政制度，从而能够支付18世纪战争的高额费用。尽管有限制王权的政治制度，以及反对征税与国家权力的政治文化，英国还是成为18世纪第一个现代国家。

参与西班牙王位继承战争是英国在几个世纪以来第一次卷入花费巨大的欧陆战争。到1713年这场冲突最终解决时，占政府税收

42% 的地产税已经大幅增加。然而，大多数英国人认为结束这场战争的《乌得勒支和约》（1713）给予英国的经济回报无法证明参与这场战争的合理性。从这时起，在整个 18 世纪，从沃波尔到小皮特的历届英国政治领袖都经常性地向领主们保证，他们施行的外交政策会避免将英国卷入欧洲国家联盟，以及这种联盟所引发的成本甚高的战争，因此领主们的税务负担会保持在较低水平。而现实则与政客的承诺大相径庭。英国的军费开支急剧上升，之后的每一次战斗都把军费总额推得更高：1740 年为 550 万英镑，占政府预算的三分之二（国家总收入的 9%）；到七年战争（1756—1763）时，军费开支攀升到了 827 万英镑（占总支出的 71%，总收入的 14%），而美国独立战争（1775—1783）把军费总额推高至 1100 万英镑。[17] 这些数字还不包括对盟国的资助，比如在七年战争中资助普鲁士的 60 万英镑，以及在美国独立战争中雇用 3 万名德意志雇佣兵的费用。

在整个 18 世纪下半叶，英国始终将 60% 以上的国家预算，即约八分之一的国家收入用于陆军和海军。但是英国的政治家（不论是执政党还是反对党）、英国的新闻作家、短论作家和普通民众，都持续抗议这种模式的政府支出，尤其是军事支出，认为英国政府是在走向暴政，威胁国民权利。这种表面上不能同时存在的状况既不像当时一些人所主张的，源于英国财政部在殖民地贸易上的利益，又不能像另一些人认为的那样，归因于殖民者所承担的沉重负担。实际上，与其他 18 世纪的欧洲政府相比，英国政府在公共财政中最关键的两个方面——征税和借款上的效率更高。英国政府在评估和征收税款上的成功，以及持续保持高负债的能力使它可以调动比它的对手更多的自身财富，从而使战场上的陆、海军兵源滚滚、装备优良，并且具备长期远离本土作战的能力。

到 1780 年，普通英国民众的纳税额是其收入的近四分之一；更精确地说，人均税率达到了人均收入的 23%。从这一点上可以衡量出英国税务体系的高效。英国的人均税率是法国的两倍，大多数 18 世纪的不列颠人都认为这是他们被暴虐专制的英国政府所压榨的结果。[18] 另外一个惊人的数据也可以显示英国政府在调动信贷方面的效率。在美国独立战争之后的一段时间里，政府开支的 40% 是由公债支持的。但是英国政府依然有能力以低于市场的利率借得更大数额的资金；而它的对手法国，尤其是法国国王，在 18 世纪 80 年代因负债陷入了政治瘫痪。

当时的人很难理解为什么英国能够保持财政稳定，主要是因为大部分观察者相信，由于被从商业中获利的有地贵族控制，英国议会阻止了英国国王同法国和普鲁士君主一样，建立强大的中央集权国家。但是，议会在 1688 年获取了巨大权力，并利用这种权力监控英国财政体制，使其发生重大转变。正如历史学家约翰·布鲁尔（John Brewer）所描述的那样，在查理二世的王政复辟时期，拼凑而成的官僚系统只是散漫地接受国王枢密院的指示；后来的英国政府摆脱了这种“业余主义”和“管理一致性的缺乏”，进而构建了一个组织有序的“政府官员组成的专业团体”。在财政委员会的赞助下，这些官员每周前往各个部门细致地监控政府支出，结束了包税制，统一了评价和征收税款的方式，并建立了一套高效的长期借款制度。[19]

这个转变的首要特点是让英国政府摆脱了对土地税和财产税（根据每个家庭中的壁炉的个数而征的税）的重度依赖，转而对消费品征税。向消费品征营业税是一种倒退，因为与对富人课税相比，它对需要将大部分收入花在食物上的人会产生更大的影响。即便如此，由于在 18 世纪前十年英国国内的预制食品、酒和其他消费品的消费量持续增长，这个政策仍然很好地满足了 18 世纪英国的财政需要。此外，因为营业税是向零售商而不是消费者收取的，所以这种间接税并没有引起纳税人的愤怒和因此产生的反政府行为。于是，汉诺威王朝时的消费税在国家税收中所占的比例越来越大。到 1776 年时，英国的消费税收入占到了总税收的 55%，而此时土地税和财产税只占 20%。

征收消费税的举动之所以能够成功，是因为议会建立了评定和征收税金的有效体制—— 一个由国王的财政部和九人委员会监管的消费税办公室。这个办公室机构庞大，到 1770 年时，它仅在伦敦的中央办公室就已经拥有 217 名全职雇员。除此之外，消费税办公室还管理着一个遍布全国 53 个郡的巨大网络，包括了超过 3000 名位于各地的雇员、会计、估税员和收税员，以及在伦敦的 724 名官员。到美国独立战争末期，这个专业的公务员团体规模接近 6000 人，评估了超过 10 万桩商业业务，极少出现腐败和逃税事件。与传统的包税制间接征税相反，这种征税体制不将评估和征收税金的权力卖给私人的职位拥有者（直到 1789 年法国仍将此作为基本制度），而且严格监管和定期轮换消费税办公室的收税人，从而防止他们与辖下的估税、收税对象勾结。那些拒绝缴纳应纳税金的人将会通过行政程序交由治安法官审办，且不能上诉至上级法院。这种严重依赖于强征消费税的方式确实引发了反抗，最突出的当然是发生在美洲殖民地，但它使英国得以在消耗巨大的战争时期保证了稳定的公共收入。

可靠的税收进而使英国政府的公共信贷得到了极大发展。从 17 世纪晚期直到 1720 年臭名昭著的南海泡沫事件（South Sea Bubble）* 发生，英国像其他欧洲国家一样，通过销售终生（或称 99 年）年金，以及在必要时发行短期的"国库券"来向民众借钱。其中"国库券"的兑付时限是"即后"，意思是在政府通过单次的增加收入措施后，如发行彩票后。1720 年，英国政府负债 5000 万英镑，这笔债务的利息就花费了至少三分之一的政府预算。而且，这笔借款来自名目繁多的不同债务人，偿还的条款也各不相同，以至于英国政府无法制订统一的偿还计划。于是政治评论家们和托利党的反对者们指责说公共债务不仅有悖道德，而且有可能损害国家主权。1726 年沃波尔为了还债而建立的"偿债基金"中的钱却时不时

* 南海泡沫事件是英国在 1720 年发生的一次经济泡沫，始作俑者为英国南海公司。在 1720 年年初，此公司通过不正当手段使得其股票价格飞升，吸引各界人士疯狂购买。同年 6 月，《泡沫法案》颁布，南海公司股价暴跌，投资者血本无归甚至家破人亡。南海泡沫事件与荷兰的郁金香狂热、法国的密西西比泡沫被称为欧洲早期的三大经济泡沫。——译者注

地转作其他更紧急的用途。

英国政府更精通于管理债务而不是偿还债务。它在1749年到1757年，将所有短期债务转变成利息更低、偿还期更长的债务。向英国政府提供3%利率长期贷款的是一些私人公司，这个利率远低于国际证券市场中债券和年金的利率。这些公司之所以这样做，既因为看好英国由消费税制度所保证的正常收入，又基于那些通过购买商业垄断特权获得特许金融公司地位的公司董事的政治忠诚。由于利率降低，英国政府为现有债务支付的年利息额减少了12%，这也让它有可能借到更多的钱。直到1783年，这种几乎无限循环的信贷方式和从18世纪50年代到80年代加速上升的海外战争消耗，使得英国政府的债务累积到此前的五倍。如此，支付贷款利息的支出占到了英国政府预算的三分之二。于是皮特在1786年建立了一个新的偿债基金来偿还债务。至此，公共债务已经成为英国财政一个永久的特征了。

虽然英国的政治文化公开反对征税和国家支出，但政府仍有多种财政来源。这让英国历任首相，从18世纪50年代的皮特，到60年代的乔治·格伦维尔（George Grenville），再到70年代的诺斯勋爵，得以战胜英国政治文化中的另一原则——反对建立庞大的常备军。由于18世纪下半叶接连不断的战争，在英国不仅军费开支越来越高，而且被征召、强制或哄骗入伍的人占人口的比例也越来越大。如果把被国内民兵部队吸收的人也算上的话，到18世纪末，英国每五个成年男性中就有超过一个人在军中服役。从皮特在七年战争中给予普鲁士大笔援助开始，英国政府还成为他国士兵的主要雇用者。到19世纪早期的拿破仑战争时期，英国每年支付给俄国、普鲁士、瑞典、西班牙、葡萄牙和奥地利的部队津贴高达数百万英镑。[20]

结论

到18世纪末，法国、普鲁士、哈布斯堡领地、西班牙、葡萄牙，甚至俄国的君主们，不仅稳固了权力，而且还行使这些权力，多多少少成功地在各自的国家建立了更有条理的法律和司法体系，提高了政府征税效率，加强了陆军和海军实力，建立和管理了海外殖民地，并资助了本国文化和知识的发展。为了达到这些目的，各国的专制君主们或破坏、或废除了传统的代议制机构，同时也阻止了大部分想要用更合理化、更具代表性的政治机构代替旧有机构的尝试。

与此形成对比的是，作为18世纪末在经济、军事和外交方面最成功的欧洲国家，英国恰恰是通过加强传统代议制机构的权力和限制王权，远离了绝对专制主义。因此，虽然18世纪的人们认为英国是欧洲集权程度最弱的国家，但是现在回顾起来，它却有着最成功的政治制度。我们将在接下来的章节看到，英国在国际事务和经济增长方面的成功，将会成为这种政治制度成功的基础。

第二章

战争、外交与国际竞争

从中世纪到17世纪早期，欧洲的战争与和平主要掌握在封建贵族手中。贵族们通过与其他贵族联盟，或者获得国王的准许，可自由动用和招募军队。17世纪后半叶和18世纪，这些贵族的势力逐渐受制于中央集权制，君王们采用外交手段维护本国利益，在必要的时候招募和统领军队发动战争。在很大程度上，君王招募、组织和统领军队的能力可反映出他是否能有力地巩固自我权力，并凌驾于贵族领主之上。国家权力不断集中在君王手中，他们更为有效地调配人力、武力和财力进行境外军力扩张。

随着战争的范围和影响不断扩大化，各国开始通过外交手段调解矛盾。一方面，欧洲启蒙运动时期的统治阶层比前人更为重视沟通与谈判能力；但另一方面，国与国之间外交日趋复杂化。1648年诸国签订《威斯特伐利亚和约》，象征宗教圣战的结束。欧洲各国君王们不再认为自己是世界帝国或者单一基督共和国的一部分。三十年战争结束后，欧洲各国也并未如之前那样与他国结盟，信奉同一宗教——比如天主教和新教。而到18世纪，各国出现相互竞争和联盟的局面，国家体系产生。欧洲各国以国家的身份与他国结盟，代表的不是个人，而是整个国家的利益。

18世纪欧洲的战争与和平：各国关系

用一位著名外交史学家[1]的话来说，战争与冲突是18世纪欧洲国际关系中最根本的“构成”因素。但战争从来不是无故发生的。相反，各国领导人为保持“势力均衡”参与战争，一旦一方势力威胁到竞争对手，各国便联手维持势力均衡的局面。这并不是说欧洲各国不愿意攻占他国，正如普鲁士腓特烈大帝所写的：“政府的主要职责就是扩张本国领土。”势力均衡的局面也不一定能有效抑制侵略行为，该时期盛行的最著名的语录出自普鲁士军官卡尔·冯·克劳塞维茨（Carl von Clausewitz）：“战争不过是政治以其他方式的延续。”[2]国家可以通过结成联盟对付共同的竞争对手，维护自己的利益，这一观点对18世纪欧洲各国领导人的外交策略极具指导意义，指引他们利用外交手段扩张国家领土或扩大本国影响，而不诉诸战争。这种想法认为国家遵循自然法则而产生，类似于启蒙时期的政治理论家研究主题时的做法。那些主张势力均衡的领导人，其中包括主教弗勒里（Cardinal Fleury）、法国路易十五的摄政王、弗金斯伯爵（Count Vergennes），及18世纪后期的法国外交大臣、奥地利外交大臣考尼茨伯爵（Count Kaunitz）以及腓特烈二世本人，认为欧洲大陆的权力平衡将实现一种“自然的安宁状态”[3]。

18 世纪国家体系的三大特征分别是：1. 国家之间缺乏相互信任的忠诚度，导致不断变化的盟国关系；2. 争夺殖民市场，这符合重商主义理论；3. 当一个国家的君主没有明确指定继任者，国际危机就很容易出现。外交竞争、经济竞争和政治局势不稳这些因素，更是促成国家局势紧张的原因。从 17 世纪 90 年代到 18 世纪 90 年代，几乎每十年欧洲列强之间便会发生一次大规模的军事冲突。但 18 世纪的欧洲领导人也积极采取强有力的措施避免战争，以减少支出，巩固国内政治权力，避免多国势力结盟进攻本国，等等。

《乌得勒支和约》

在 18 世纪的军事和外交关系方面，国际竞争和国内政治整合日趋明显化。西班牙王位继承战争后，参战各国于 1713 年至 1714 年在乌得勒支（荷兰）谈判并最终签订了一系列条约。这场战争展现了 18 世纪欧洲国际关系的主要特征：皇室继承危机、松散的盟国关系和为获得商业优势而展开激烈竞争。皇室继承危机爆发的原因是哈布斯堡王朝分支的西班牙统治者卡洛斯二世（Charles Ⅱ）即将离世，却无后嗣可以继承王位。当时的法国统治者路易十四（Louis XIV）向卡洛斯提出建议，将西班牙王位传给路易的孙子——安茹公爵腓力（Duke Philip of Anjou）。如果此建议被接受，西班牙与法国将极有可能联盟，成为波旁皇室控制之下的欧洲面积最大、财力最雄厚和实力最强的帝国。其他欧洲统治者认为，如果坐视此事发生，将为本国带来重大威胁。于是奥地利国王约瑟夫二世（Joseph Ⅱ，哈布斯堡王朝另一分支）立即采取对应措施，力保势力均衡。他安排弟弟查理大公（Archduke Charles，西班牙国王卡洛斯二世的表弟）夺取王位。两方力量对西班牙王位的争夺导致欧洲各方力量结成几个联盟：大联盟（Grand Alliance），包括英国、丹麦、荷兰、葡萄牙以及几个小型中欧国家的联盟，称奥格斯堡联盟（League of Augsburg），支持奥地利。他们的对手是法国、几个较小的意大利王国（包括西班牙控制下的西西里岛）和效忠于卡洛斯二世的西班牙贵族们。英国和荷兰军队借助欧洲大战的机会攻击防守变弱的法国和西班牙殖民地，特别是在加勒比海地区，从而导致欧洲各国对北美地区殖民地的抢夺变得激烈。

此战役的转折点并不是哪一方取得最终胜利，而是双方同盟国发生了巨变。1712 年，奥地利国王约瑟夫突然离世，将其王位传给查理大公。局势发生突变，哈布斯堡王朝的两个分支西班牙和法国，以及其他分支王朝将再次联盟。因此，英国和其他盟国只能撤回对奥地利的支持，并与法国签订协议。《乌得勒支和约》承认波旁皇室对西班牙王位的继承权，但前提是法国和西班牙永远不能统一。这一条约于路易十四去世那年最终达成，标志着通过皇室联盟建立“欧洲君主国”的情况将永远无法实现。

《乌得勒支和约》为欧洲外交史开启了新时代。由于没有独自称霸的力量，法国、英国、奥地利、俄国和普鲁士五国之间相互竞争，陷入无休止地结成和解散联盟的循环。外交新时代带来了欧洲大国的领导阶层和政策的转变。路易十四的继承者，其曾孙路易十五和摄政的法国枢机主教弗勒里当机立断，结束了法国称霸欧洲的计划。英格兰继续扩张其海外帝国势力，并且在1714年玛丽女王去世后，英国的王位由汉诺威皇室的乔治一世继承，他是普鲁士霍亨索伦王朝的近亲，因此英国便能更为直接地参与欧洲内陆事务。奥地利虽然失去了在西班牙地区的影响力，但随着1718年该国不断解除土耳其帝国长期以来造成的威胁，开始重建并恢复其在东欧地区的大国地位。到18世纪末，其势力范围已经延伸到巴尔干半岛地区。《乌得勒支和约》签订后，与西班牙王位继承战争同一时间发生的大北方战争于1721年结束，欧洲北方强国和中部强国停止领土纷争。《尼斯塔德条约》（*Treaty of Nystadt*）宣告沙皇俄国大胜昔日的北欧霸主瑞典，从此称霸波罗的海，成为欧洲列强之一。《乌得勒支和约》最终承认腓特烈·威廉一世为普鲁士国王，标志着普鲁士国家军事化扩张的开始。

欧洲新格局也为几个较小的欧洲国家带来新的统治者和同盟。最值得注意的是，西班牙的波旁家族依照《乌得勒支和约》的规定，被迫将属地米兰、那不勒斯、西西里岛割让后，曾再次试图挑起战争重新夺回领地。1733年，波兰又发生了继承危机，欧洲列强支持不同候选人继承王位。同时，西班牙在多年谈判无果后在意大利领土挑起一场短暂战争。1738年，这些冲突事件达到顶峰，欧洲各国重新划分领土，各王朝更迭换代。接壤法国和普鲁士领土的自治公国洛林将前波兰国王的女儿许配给法国国王，1766年现任洛林公爵弗朗茨·斯蒂芬（Francis Stephen）去世后，洛林公国毫无悬念地并入法国。作为回报，弗朗茨·斯蒂芬的妻子玛丽娅·特蕾莎（于1740年继位成为奥地利女皇）获得一小块土地，即托斯卡纳公国。1738年，波旁王朝另一个分支统治下的西班牙成功收回西西里岛和那不勒斯，并建立起两西西里王国。这种通过小国领土分配解决欧洲大国之间的争端从而维持势力均衡的方式，直到20世纪仍是欧洲外交的重要组成部分。

乔治国王的战争

《乌得勒支和约》签订大约20年后，欧洲大国之间达成了相互谅解。然而事实证明，和平只是例外，而非常态。1739年，英国和西班牙再次为殖民航运权开战。尽管《乌得勒支和约》之后，西班牙被迫将输送奴隶到美洲殖民地的许可权分给英国，但它仍然认为自己拥有控制殖民地港口运输的权力。西班牙斥责大不列颠的船只在西班牙管辖内的西印度群岛如哈瓦那，走私商品。一名西班牙船长逮住了一艘正途经西班牙殖民地前往英国殖民地牙买加的英国船只，而且割掉了该船船长的耳朵。英国议会一直想削弱西班牙帝国势力，扩张本国的商业影响力，于是借机宣战，史称詹金斯的耳朵战争（War of Jenkins' Ear）。英国军队率先袭击西班牙在新世界殖民地的多个港口，包括哈瓦那、波多贝诺（现称巴拿马）、圣地亚哥，而且在卡塔赫纳（哥伦比亚）打响了世界战争史上最戏剧化的战斗。虽然西班牙不断反击，热带气候的炎热也最终导致卡塔赫纳战役中英军败退，但是英国最终占领了哈瓦那和波多贝诺。

自此事件发生后，殖民地问题成为欧洲各国关系破裂最重要的导火索，尤其是在法国与英国之间。负责新法兰西（指北美洲的法属殖民地）守卫的法国军官早在1716年时就忧惧英国一旦时机成熟，“必会采取一切手段占领……整个北美洲”。而几十年后，法国外交大臣舒瓦瑟尔公爵（Duke de Choiseul）抱怨，法国花费太多精力捍卫其在欧洲的利益，却没有守护通向北美洲殖民地的海上通道。与之相反的是，英国殖民地马萨诸塞统治者在1749年鼓动英国政府全面投身于欧洲的军事和外交事件，因为他认为英国与法国之间的纷争“最终将决定北美殖民地花落谁家”。[4]

在商业上，为了占领更多的殖民地，英、法两国政府无论是在海战还是陆战中，都将对方视为主要竞争对手。双方都积极寻求与欧洲大国在外交和商业上的联盟，比如普鲁士和奥地利，同时防止中立的国家包括瑞典、荷兰共和国和俄国等与对手结盟。随着1740年奥地利王位继承战争全面爆发，西欧、东欧和中欧势力在争夺哈布斯堡帝国的控制权的纷争上愈演愈烈。英国此时仍未卷入中欧纷争，但与德意志汉诺威和其强大邻国普鲁士有关联的皇室都被迫卷入其中（正是由于这个原因，英国称此战为乔治国王的战争）。伴随着18世纪前半叶的主要冲突，一个王国的继承危机再次出现。当时奥利地国王查理六世不幸去世，将王位传给其女儿玛丽娅·特蕾莎。同年，普鲁士国王腓特烈·威廉去世，新国王腓特烈大帝趁机夺取西里西亚。自17世纪中期，奥地利的主要竞争对手法国，第一次在奥属尼德兰北部发起进攻，并不断逼近以德语为母语的欧洲中心地区——巴伐利亚王国。英国国王乔治担心法国有可能会控制荷兰并进攻他的家族所在的汉诺威地区，便立即遣派军队与奥地利军队联手，最终在德廷根（Dettingen）取得决定性战役的胜利。然而，欧洲领土纷争不仅没有结束，反而扩大化了，原因是法国支持了英国国内的一次起义，迫使英国在1745年召回军队。一年后，英国展开对法国的报复行为，将法国军队赶出

图为奥地利女皇玛丽娅·特蕾莎与国务大臣文策尔·安东·冯·考尼茨一同坐在桌旁。众人皆知，考尼茨是一名有才能的大臣，又是一位精明，有时甚至是无情的外交家。他主要的战略考虑就是让奥地利在中欧地区保持对普鲁士的压制。（来源：贝特曼图库/科尔比斯图库）

佛兰德斯（Flanders），并占据法属领土北美殖民地的要塞路易斯堡（Louisbourg）。

欧洲战争冲突的高潮是1748年《第二次亚琛和约》的缔结。该条约在很大程度上承认了1740年各国领土的基本现状，奥地利收回除西里西亚以外的其他领土。奥地利亟须这个机会重建军队和重新评估既有的与法国敌对的外交政策。奥地利女皇玛丽娅·特蕾莎的外交大臣考尼茨伯爵开始寻求盟友支援奥地利，并愿意一同朝着打倒普鲁士帝国、收回失地和夺取地区优势的最终目标前进。与此同时，英国远离欧洲大陆纷争，将重点转向北美殖民地，对奥地利提出的联盟一点也不感兴趣。法国正面临财政危机，亟须整合有利资源对付英国在北美殖民地的纠缠。1754年，英法在俄亥俄河河谷再度开战。

鉴于此形势，奥地利外交大臣考尼茨和法国外交大臣舒瓦瑟尔公爵联合策划了一次外交大事件，即被称为18世纪外交革命的国家联盟：从1754年至1756年间的法国、奥地利和俄国联盟。普鲁士国王腓特烈最初希望离间英法，让两国对立，因此提出帮助英国保护汉诺威地区免受法国或奥地利的入侵；然而普鲁士与英国缔结《威斯敏斯特条约》（*Convention of Westminster*）被舒瓦瑟尔当作对法国的绝对威胁，于是与普鲁士决裂。与此同时，俄国拒绝了英国的保持中立的要求，并且将矛头对准上升中的普鲁士。腓特烈面临三方包围的危机，于是向英国求助。虽然英国已在公开场合发表宣言，说自己不会再次参与花费巨大的欧洲大陆战争，但英国首相威廉·皮特仍旧向普鲁士保证会提供帮助。数月之后，欧洲长期以来的教派联盟和皇室家族关系，便被以地理战略利益为基础的联盟所取代。英国联手新盟友普鲁士帮助其争取在欧洲大陆的领土，而法国希望依靠奥地利和俄国让普鲁士忙于守卫其东方的边境。英、法两国都希望通过新联盟的帮助，让本国可以集中精力争夺北美、加勒比海地区以及印度洋的殖民地。

帝国大战：七年战争

1756年8月，腓特烈大帝抢占先机企图吞并萨克森，被法奥联军逼退。1757年11月，腓特烈大帝采取内线作战大胜法奥联军。但普鲁士这场胜利的代价是巨大的，俄国大举从东线进军勃兰登堡和波美拉尼亚，并迅速占领普鲁士首都柏林。法奥联军打败和瓜分普鲁士似乎只是时间问题。然而，王位继承危机再一次从根本上改变了欧洲各国关系。1762年1月，俄国女皇伊丽莎白去世，她的继位者彼得三世决定停战，归还东普鲁士，同时放弃支持奥地利夺回西里西亚。同样在英国，1760年乔治三世继承乔治二世的王位，新首相比特勋爵上台。比特主张极力避免参与耗费财力的欧洲大陆战争。他向法国提出优惠条件，以换取其承认普鲁士对西里西亚的主权和同意普鲁士不为已占领的萨克森地区做出任何补偿。令奥地利人和萨克森人惊愕不已的是，法国很快便同意了这些条件。普奥签订的《胡贝图斯堡条约》（*Treaty of Hubertusburg*），最终结束了这场战火燃及欧洲大部分地区的大战——七年战争。

在北美地区，英国殖民地从大西洋沿海一路向西扩张。法国的贸易殖民地主要集中在圣劳伦斯河沿岸，五大湖区和密西西比河流域。英、法双方逐渐开始接触并发生冲突。大多数法国殖民地都从事贸易而非农业，因此与英国相比，他们与五大湖区的美洲土著部落的冲突较少。因此当英、法双方发生冲突时，法国得以谋求印第安人的支持（这也是为什么英国人称此战为“法国－印第安人战争”）。18世纪50年代早期，局势不稳的俄亥俄河谷爆发了一系列对抗事件，原因是在那里新建的数个法国堡垒似乎侵犯到英国土地投资集团弗吉尼亚俄亥俄公司（Ohio Company of Virginia）的利益。1754年，英国派出年轻的军官乔治·华盛顿（George Washington）率领一队民兵出战，试图捍卫本国的土地所有权，但此战英国告负，最终没能拿下法属迪凯纳堡（French Fort Duquesne）——后来此地成为匹兹堡市（Pittsburgh）。一年后，法国再次击退由布雷多克将军（General Edward Braddock）带领的英国正规军。双方开始加强在河谷地区的驻军，并增派海军中队到北美。1756年5月，全面殖民战争宣告开始。

法国迅速主动出击，在1757年至1758年间先后占领多个英属殖民地，从印度（加尔各答）到地中海（米洛卡岛），再到五大湖区，法国获取的新领土的面积甚至超过英国的盟友——中欧霸主普鲁士。法国国王路易十五的重臣舒瓦瑟尔公爵曾计划对不列颠群岛发起直接进攻。英国新任命的首相威廉·皮特选择等待合适的时机对战法国。1759 年，法国海军接连在英吉利海峡（布雷斯特）、地中海（法国土伦港）及葡萄牙临近海岸（拉各斯湾）大胜英国舰队。但最终在 1759 年 11 月，在法国大西洋沿岸的基伯龙湾（Quiberon Bay），英国海军以压倒性的胜利击败法国海军。这一胜利为英国赢得了大西洋的控海权，不仅英国商船可以在大西洋运行无阻，而且英国运输人力和供给的船只也可以畅通无阻地到达北美基地了。法国战败后无法加强驻军，而英国则在这场帝国战争中节节胜利，其中最具戏剧化是詹姆斯 · 沃尔夫将军（General James Wolfe）在魁北克的亚伯拉罕平原打败蒙路易 - 约瑟夫 · 德 · 蒙特卡姆将军（General Louis-Joseph de Montcalm）领导的法国军队的战役。到了 1760 年 9 月，蒙特利尔已经落入英军手中，英国还掌控了圣劳伦斯河、俄亥俄河河谷和五大湖地区。英国借助战争优势，一路向前占领密西西比河和加勒比地区，抢夺了资源丰富的马提尼克岛。同时，英军击溃法军盟友西班牙的殖民地，占领了太平洋地区的马尼拉以及加勒比海的哈瓦那。英、法两国最终于 1763 年签署《巴黎条约》(*Treaty of Paris*)。英国停战的条件是获得新法兰西(加拿大)、密西西比河以东的原法属殖民地和西班牙殖民地佛罗里达（法国将密西西比河以西的土地划归西班牙作为补偿）。在北美节节败退的同时，法国又不得不同意放弃几乎所有对南亚次大陆殖民地的权利。在短短几年内，英国成功控制了所有主要殖民地战场，一时风头无二。

英国之所以能够取得决定性胜利，可以归功于英国政府有力地在国内社会煽动和利用传播甚广且不断高涨的反法情绪。相比之下，法国政府并未积极调动民众的反英情绪，并将其转化为国民在金融和政治上对本国军事、外交和商业政策的支持。直到战争结束，为了躲避国民对政府的支持急剧下滑，法国才想办法创造新法国爱国主义。英法战争和两国随后签订的《巴黎条约》大幅削弱了法国在除加勒比地区之外的大西洋地区的势力，而法国的盟国奥地利和俄国迟迟无法对普鲁士造成决定性的打击。因此，国际关系的天平向英国倾斜。尽管如此，虽然国库空虚，政治精英分歧严重，但法国还是开始不断寻找机会与英国再次开战，期待战争能带来更有利的条件。终于，法国在 18 世纪 70 年代末的美国独立战争的海战中找到了机会。

第一次瓜分波兰和东欧的战争

在东欧和中欧地区，传统霸主瑞典、波兰和奥斯曼帝国的衰落伴随着普鲁士和俄国的崛起。英、法两国企图打击普、俄这两个新兴强国以及奥地利，所有这些国家都向西欧的强国寻求支持，希望实现各自的野心。他们的野心在奥地利王位继承战争和英法七年战争后，在 1772 年瓜分波兰的第一波狂潮中显示得淋漓尽致。

自 15 世纪以来，波兰就一直与立陶宛结盟，并从 1569 年起开始成为皇室共和国。第一章曾提到，波兰通过国家议会选择国王。国王的权力有限，虽为终身制，但无权将王位传给子嗣。这是典型的欧洲中世纪后期的国家制度，但是没有强有力的中央政府最终导

《国王们的“蛋糕”》。更准确地说，应该是女皇与国王们的“蛋糕”。这幅当代作品揭露掠夺者的虚伪，因为当局者的他们假装谁都没看到无助的波兰，即使天使预示着他们繁荣时代即将来临。（来源：维基共享）

致波兰－立陶宛联邦在17世纪损失惨重。进入18世纪时，波兰－立陶宛联邦已经完全脱离欧洲一流强国的梯队。奥地利王位继承战争明确了这样的现实：任何如波兰一样被群强环伺的国家，都必须要有强大的、能够捍卫本国领土的政府。波兰东部和西部分别是野心勃勃的强国俄国和普鲁士，而其北部和南部则是仍旧不容小觑但已退居守势的瑞典和哈布斯堡帝国。由于没有权力，波兰的君主是没有可能发展可用于抵挡强敌的军队的，因此从18世纪40年代开始，波兰就通过典型的旧时代的皇室联姻与法国波旁王朝结盟，依赖法国保全本国安全。但正如我们所知，从18世纪50年代末到70年代，法国逐渐陷入与英国的战局，无法抽身。

波兰国王于1763年去世，正值英法七年战争结束之际。第二年，波兰权贵召开国民议会选举新国王。普鲁士谋划扩展欧洲中部领土已非一日，腓特烈大帝认为这是普鲁士再次采取行动，实现王国雄心的良机。早在1740年，普鲁士就已经初露扩张野心。当时玛丽娅·特蕾莎刚刚登上奥地利王位，普鲁士乘机夺取了富庶的西里西亚岛。在1756年七年战争初期，普鲁士第二次对奥地利展开攻击。这次，在1764年，腓特烈大帝联合俄国女皇叶卡捷琳娜二世对波兰国家议会施压，强迫议会选择了一个名叫斯坦尼斯瓦夫·波尼亚托夫斯基（Stanislaus Poniatowski）的贵族为王。腓特烈和叶卡捷琳娜二世本意控制新国王，但新加冕的斯坦尼斯瓦夫二世断然开始改革波兰的财政制度，加强波兰的军备。与其他同时期开展变革的君主一样，斯坦尼斯瓦夫二世面临来自贵族的阻力。大多数波兰贵族极力维护旧有的“共和”制度，他们表示反对，称未经国家议会批准，国王无权做出这些改变。不仅如此，1768年，超过60万名的俄国东正教基督徒（主要是农民）在波兰东部发起了一场大规模起义。这次起义正好给俄国干涉波兰提供了正当借口，俄国打着保护波兰教友的幌子，进而又引发被称为总联盟的波兰天主教徒的反对行动。总联盟的领导者是实力强大的有地权贵，支持者是一群自称爱国人士、聚集在波兰东南部要塞城镇巴尔（Bar）的人，他们计划镇压东正教起义。而此举必将引起俄国军队进攻波兰，置波兰于刀俎之间。

斯坦尼斯瓦夫希望通过与普鲁士和英国建立松散的联盟关系，以避免与俄国的冲突。然而，18 世纪后期各国的外交政策都极为多变，波兰的相邻列强俄国、普鲁士和奥地利也顺应此潮流，改而决定同享瓜分积弱的波兰的这场盛宴。俄国女皇叶卡捷琳娜二世与腓特烈大帝和玛丽娅 · 特蕾莎达成协议，将波兰大片领土划为三块，各自收入囊中。1772 年 8 月，俄军包围波兰国家议会，胁迫波兰签订条约，将西普鲁士分给腓特烈，波兰东北部分给俄国，波兰南部的加利西亚分给奥地利。一时之间，波兰就失去了 5 万平方英里的领土和 400 万人口——那是波兰当时总人口的三分之一[5]。

对奥地利来说，瓜分波兰代表奥地利迈出了走向终极目标，即瓜分普鲁士的第一步。1778 年，巴伐利亚选帝侯的去世在神圣罗马帝国引发了新一轮的斗争。奥地利重臣考尼茨相信，他的机会终于来了。考虑到英国被美国独立战争牵制，奥地利向法国和俄国寻求支持。但是这两国无论从财政还是地理战略位置上，都无法向奥地利提供太多帮助，而英国早在英法七年战争期间就不断为普鲁士提供高额补贴作为支持。俄国女皇叶卡捷琳娜二世不愿冒险选择任何一方作为盟友，于是在 1779 年斡旋，使奥地利和普鲁士达成和解，但这种和平状态并不稳定，也仅仅维持到了 18 世纪末。

虽然俄国倾向于与法国和奥地利结盟，但在 18 世纪的 70 和 80 年代一直对普鲁士和英国持明确的中立态度。叶卡捷琳娜之所以这样做，是因为俄国此前入侵了奥斯曼帝国的克里米亚半岛和邻近的黑海领土，以及瑞典位于北欧的波罗的海沿岸地区，她希望这种中立策略能够避免任何西方强国介入俄国与这两个国家之间的领土权利问题。在明确向其他欧洲大国表示保持中立后，叶卡捷琳娜于1768年再次与奥斯曼帝国开战，将俄罗斯帝国的版图延伸到了黑海，吞并了乌克兰（包括迅速发展的乌克兰城市敖德萨）和克里米亚。萨法维帝国（Safavid Empire，亦常被译为萨非帝国）对波斯的实际统治已在1736年瓦解。通过帮助格鲁吉亚王子赫克里斯二世（Hercules Ⅱ）实现对南方地区的入侵后，叶卡捷琳娜加强了俄国在波斯（今伊朗）的影响力。随后在18世纪70年代，叶卡捷琳娜将重心转移到中欧和西欧地区。叶卡捷琳娜利用个人魅力和家族关系成为普鲁士、英国和奥地利三国之间的调解人，并获得这三国的默许，先后吞并了瑞典和波兰的部分领土。1772年，在策划瓜分波兰完毕后，叶卡捷琳娜随后带领其他欧洲君王（包括普鲁士和法国这样的大国），拒绝在美国独立战争期间援助英国。叶卡捷琳娜对中立地位的有效利用不仅为俄国赢得利益，而且也为她赢得了开明外交实践者的美誉。通过运用高超的外交手段，叶卡捷琳娜在避免俄国参与不利于本国的战争的同时，还能不断扩张俄国领土，提高俄国的国际影响力。

英、法两国都警惕地关注着到俄国迅速大规模扩张的动向。1773年，法国外交大臣向英国首相诺斯勋爵（Lord North）提议，组成战略联盟对抗俄国。然而，由于过去20多年英国一直将法国看作威胁英国自由的势不两立的死敌，英国国王乔治三世拒绝了这一提议，这使得俄国有机会大举进发，占领更多领土。1774 年，叶卡捷琳娜与土耳其签订《库楚克－开纳吉和约》（*Treaty of Kuchuk Kainarji*），将巴尔干半岛的奥斯曼帝国领土并入俄罗斯帝国。在 1780 年，俄国吞并了克里米亚半岛。在 18 世纪 90 年代中期，俄国再次策划最后一次瓜分波兰。1796 年叶卡捷琳娜女皇去世之前，俄国已发展成为欧洲军事和外交强国。此事对欧洲的历史进程影响甚巨，因为，如果俄国没有在 19 世纪初完成扩张领土和扩大影响力的行动，拿破仑将有可能一统欧洲大陆，建立法兰西霸权。

外交文化和外交活动

1713 年《乌得勒支和约》签订后的几十年里，欧洲各国的治国之术逐渐从王朝利益转向新型的外交政策，后者注重的是为国家利益服务的长期战略。各国的领导者积极加强外交行动和发动战争的目的不再是为了皇室的荣誉，而是为了实现更为深远的战略目标。那个时代的很多欧洲人发现，在经历两个世纪几乎不间断的宗教和地缘政治战争后，从 18 世纪 10 年代后期到 30 年代，欧洲呈现一种“自然”平静状态，于是他们努力寻求延续这种和平状态的方法。完成于西班牙王位继承战争后期的两本书籍就是这种新观点存在的极佳范例。一本是法国人阿博特·卡斯特尔·圣皮埃尔（Abbé Castel de Saint-Pierre）在 1713 年出版的《争取欧洲永远和平的方案》（*Project for Perpetual Peace in Europe*）。这本书对 18 世纪的其他作家带去了重大影响，其中最有名的是伊曼努尔·康德

（Immanuel Kant）。康德在 1795 年出版的同名书籍提出了建立“国家联盟”以调解国际争端，避免一切战争的设想。然而这些文学作品也只能被归类为乌托邦思想。

其他欧洲人提出了更加实际的建议。一位法国贵族在他的书中说，他想方设法让法国的外交政策偏离过度好战的轨道。一位在德意志地区出生的法学家想要创建一所培养外交官的国际学院。弗朗索瓦·德·卡利埃（François de Callières）1716 年的著作《外交实践》（*The Practice of Diplomacy*）是现代学科国际关系学和商务谈判理论的基础教材之一。卡利埃反对将战争看作英勇的贵族们展示勇气的名誉猎场。他利用古典修辞和自然法则理论证明战争应该被看作领导者的失败，因此领导者应该避免战争，并致力于“通过谈判……赢得人们赞同和支持”。[6] 与他有同样想法的是一位斯特拉斯堡路德大学（Lutheran University of Strasbourg）历史学和修辞学教授让·丹尼尔·施普林（Jean Daniel Schöpflin）。他出生在德意志地区，在瑞士受教育。他任教的大学位于法国和德语区之间的边界城镇阿尔萨斯（Alsace）。施普林从 1720 年开始提供外交官培训课程，科目包括语言、历史、政治科学、数学和法律。由于施普林是许多欧洲顶尖的专业学会和学院的成员，而且被包括伦敦、巴黎、维也纳和莫斯科在内的众多欧洲大都市授予名誉职位，他得以与欧洲 18 世纪 20、30 和 40 年代的重要思想家和政治领袖通信和建立联系，从而形成了广阔的交际网络。广泛的人脉让他成功地在 1751 年创建了一所体制完善的外交学院，为年轻的贵族提供私人课程，让他们学会从事外交工作所需的知识。施普林教育这些年轻精英们的部分目的是让他们能够在欧洲各国的宫廷表现得体，但他寄托在他们身上更大的愿景是培育出具有共同欧洲文化归属感的下一代领导者，从而避免未来的国际冲突。[7]尽管七年战争在1756年爆发并一直持续到18世纪70年代，施普林仍旧继续宣扬以"润物细无声"的方式和通过法律途径处理国际事务。他认为，实践外交活动的应该是那些拥护启蒙运动价值观，即相信应该通过对话而非战争化解利益冲突，机敏而且没有民族偏见的外交家。

尽管施普林本人的影响力很大，但在18世纪的大部分时间里，外交官职业仍旧被人等同于文化旅游加间谍活动。双面骑士迪安（chevalier d'Eon）就是典型的例子，即便他不是唯一的外交间谍，但无疑他的故事是最引人注目的。法国贵族迪安是路易十五宫廷的一位皇室官员的秘书。在七年战争期间，做事可靠、言谈审慎的迪安接受了一项间谍任务，携带一则机密信息前往俄国。为了完成任务，他乔装打扮成一名贵族女性。《巴黎条约》签订后几年，法国外交部没有使用本部门的正式代表，反而再次派遣迪安前往英国，希望他能讨好乔治三世和他周围的宫廷人士，促使英、法两国达成谅解。迪安又一次将自己装扮成女人，并在伦敦上流社会和外交圈获得极高的知名度，因为众人都对他的真实性别十分好奇。也许迪安试图将自己的个人身份定位在女性，这也不是没有可能。[8]无论如何，他的伪装成功地掩护他获取和传送机密信息，同时也保护自己的间谍或叛徒身份不被识破。欧洲上流社会的文化惯于认为女性既行事慎重又口是心非，身着女装又有骑士头衔的迪安在生理上是男性，但这种文化让他以女性的角色生活得如鱼得水。在形势难辨的 18 世纪外交界，迪安模糊的性别有助于他获得他人情感上的认可和信任，使得他可以更有效地发挥作用。

18世纪欧洲的军事、政府和社会

在 18 世纪，建立、维护和派遣职业陆军和海军的费用急剧增加。新型武器和新战术的出现，招募和培训士兵的新模式，特殊的军官队伍的发展，以及从武装商船脱胎而来的专业海军战舰的出现，所有这些因素使得“财政军事国家”[9]的产生水到渠成。对于法国和其他欧洲主要国家来说，承担高额的军事花费是一项极大的挑战，而是否能够成功达成挑战意味着国际竞争的胜负，分化各国的未来，决定哪些国家可以从其他国家失去的影响力中获益，变得更加强大。

以法国为例，其年度军费开支从 1752 年（即英法七年战争爆发前不久）的 1.02 亿里弗（占国家总预算的 40%）骤增至 1.4 亿。拨给盟国的补贴从每年 1900 万多里弗增加到 1756 年的 5500 万。不仅如此，通货膨胀增加了粮食、武器、运输部队和征兵的成本。结果就是国家短期无担保债务的急速增加。到七年战争末期，这样的债务累积到至少 3.14 亿里弗。由于法国的公共信贷系统相比英国更为简单和高效，因此法国政府证券的利息从 18 世纪 40 年代的 3% 增加至 1761 年的 6.6%，大幅增加了债务清偿费用（在战前此项费用就已经是法国年度公共支出额的一半）。简而言之，军事建设是可以造成像法国这样的大国衰败的。英国可以从消费税中获得持续稳定的收入，而且可以通过复杂的公共借款系统获得贷款补充国库收入。[10] 而法国就没有这些优势。事实上，在 18 世纪的后五十年中，法国制定的国内政策的原动力就是偿还战争债务的需求。

战争成本增加的主要因素是军队的规模急剧增长。当法国、普鲁士、奥地利、俄国发展成为强大的中央集权制国家后，他们同时也需要使用规模更大的军队。相比之下，英国则选择组建更为精简和高效的政府，建立人数较少但战斗力更强的军事队伍。在 17 世纪初，法国国王统领的常备军是欧洲规模最大的，但军人数量也不过 2 万人。到 1688 年，法军数量是当初的十倍。

在此 68 年之后，七年战争爆发。法国迅速扩张军队，征兵超过 60 万，其中包括 20 万名士兵、7 万名雇佣兵、10 万名民兵，以及超过 24 万名的海军、海岸警卫军和其他部队力量。战争期间，法国又继续征召了 30 万名士兵。也就是说，在七年战争期间，法国派出近 100 万的士兵出战，相当于总人口的 4%。同样的，在 1660 年，普鲁士军队仅有 3000 名士兵，到 1740 年奥地利王位继承战争爆发之际，普鲁士军队人数已经增长到超过 8 万人。18 世纪 80 年代后期，尽管普鲁士在七年战争中损失惨重，但腓特烈可指挥的兵力仍超过 20 万人。军队规模的发展速度如此之快是十分不寻常的，原因不仅在于要养活这么多士兵将会产生的军队后勤、训练和供应问题，而且在于如此多的领导人都认为有必要武装和组织如此大规模的军队。相比之下，规模较小的欧洲国家，比如荷兰或瑞士，是无法跟上其他国家的步伐的。不仅因为这些国家人口较少，还因为这些国家的政治文化保持着对大规模常备军可能造成政治压制的警觉。直到法国大革命山雨欲来之时，欧洲各国才能看到让强大的军队听命于非绝对专制主义政治当局的可能性。

为了扩充军队，俄国、瑞典和普鲁士实施了一些强制性的征兵政策，最为著名的是普鲁士的“军区制”。被世人称为“士兵国王”的腓特烈·威廉一世极其重视军队的建设和指挥。他实施“军区制”军事管理，将瑞典国王查理十二世成功抽调 9 万士兵的事迹作为典范。在 1725 年，腓特烈·威廉一世在每个农业省或行政区任命一名团级军官负责监管该地的士兵招募，并将新入伍的士兵按照区编入一个军团。军官命令行政区内的所有成年男子必须报名，接受训练，加入后备军队，并在和平时期参加每年的季节性军事训练。可以不参加以上活动的只有技艺娴熟的工匠、拥有其他重要技能的工匠，以及拥有足够财力付钱找人替代的富人。这一军事系统使得腓特烈·威廉一世可操控占国内总人口 5% 以上的常备军进行作战。相比之下，当时法国仅有占总人口数 0.5% 的军队。不仅如此，如果遇到战争，普鲁士还可动用训练有素的青壮年男性迅速投入作战。1771 年，约瑟夫二世想在奥地利和波希米亚引进类似的军事管理系统，但为了促进商业和工业的发展，他免除了贫农之外的所有人的兵役，军区制也因此失败。

大多数18世纪的欧洲政府既没有监管人口的方法，又缺乏在城镇和乡村基层招募士兵的行政人员，因此无法满足军队日益增长的人员需求。因此，大多数强制征兵都会遇到高比例的逃避兵役或者入伍后做逃兵的情况。1704年，西班牙实行抽签征兵政策，征兵对象是17岁至36岁的未婚男性，但这个征兵系统从来都未曾征到足够的士兵。因此在1776年后，西班牙开始转向雇佣军，并强制要求本国乞丐、流浪汉和犯人入伍。1740年后，由于普鲁士国土增加，并且陷入更加旷日持久的战争，普鲁士征来的士兵中一半都是外国人，其中包括花钱雇来的外国雇佣军、俘虏的敌国士兵、邻近的德语国家中不想服刑的罪犯们，以及被征兵队强制抓来入伍的邻国民众（普鲁士征兵队发现周日做礼拜的教堂是一个极佳的抓壮丁地点）。那些从行政区外入伍的士兵普遍没有其他士兵训练有素，常常被派遣在作战前线阻挡最猛烈的进攻。[11]大部分18世纪的战役中，相当一部分的士兵是雇佣兵，他们是由雇佣兵团军官从一些中欧小国，比如从瑞士行政区和黑森招募入伍的。有时候整个雇佣兵团会被直接合并到常备军，不过在18世纪这样做的部队越来越少。

除了普鲁士，其他绝对专制主义国家主要依赖于招募长期入伍服役的士兵，他们的服役年限最短的是6年（法国），最长的是终身服役（俄国）。大多数在法国、奥地利和西班牙常备军队服役的士兵，既不是被正式征召入伍，又不是被强征入伍，而是由连长或者中士直接招募的。然而这种招募的方法极具掠夺性，这些军官可能会连蒙带骗，加上利益诱惑（如签约奖金），强行征召那些触犯法律、穷苦潦倒或想方设法从乡下村镇离开的人。

法国依旧是18世纪拥有最大规模军队的国家。为保持军队的规模，除了普通的征兵外，法国还用民兵补充正规部队的兵力。贵族军官向在他们的土地上生活的农民分配入伍配额，要求每个村都必须派出一定数量的农民入伍。在大多数情况下，入伍名单由抽签决定。这种做法引起农民们的强烈憎恶，导致大量逃避入伍的现象。那些有钱雇人代替自己入伍的农民只好破财免灾，没有钱的就只好在征兵的时候逃离家乡，直到征兵季结束再回家。即便如此，除了熟练的技术工人获准无须入伍，以及1715年至1726年间法国暂停招募农民入伍，这种在农村征召民兵的做法得到了大力推广，并为国家军队输送了大量士兵。1743年，由于法国处在战争期间，军队将民兵征召范围扩大到包括巴黎的城市地区。通过这个系统征召来的民兵数量在6万至8万之间，他们普遍缺乏训练，无心战斗并且充满怨气。不过在乡镇和城市地区的征兵效率却更高，在1743年至1763年间为法国补给了大量的士兵，且新兵中的市民比例高于农民。虽然参军入伍的法定最低年龄是16岁，但新兵中仅有小部分人年龄在18岁以下。在法国大革命前夕的1788年，一半以上的法国步兵的年龄在25岁以下，仅有10%左右的士兵年龄超过35岁，五分之一的士兵服役时间超过10年。简而言之，法国的征兵措施虽然专横无理，但加上外国雇佣兵，终究成功地补充了兵力。

军队生活

一旦进入军队，士兵们就需要忍耐艰苦的生活。步兵军官对下属既没有丝毫感情，又不体谅他们，只要求他们严格遵守纪律，这种纪律被一位历史学家描述为“军队奴隶体系”。[12] 大部分士兵的日常不是训练就是作战。在和平时期，士兵们通常都与平民同住，平民们对此极为不满，对这些士兵的态度也很糟糕。直到 18 世纪后半叶，首先是俄国，其次是奥地利、法国、普鲁士，以及最后的英国最终都为士兵建立了军营。但在 18 世纪的后半段，这些营地通常都十分拥挤，卫生状况很差，条件让人极为不快。士兵的军饷本来就已经很少，而且还经常被拖欠，他们还要自己负担在军营吃饭、住宿和使用设施的费用。他们的口粮极少，通常是面包，少量的奶酪、肉或动物脂肪，再加上极少的红酒或啤酒。军事审判往往很武断和粗暴（尤其在海军舰队）。军官在军营大量使用军事审判来灌输纪律观念和惩戒违反纪律者。在 18 世纪的最后几十年，统一的制服开始出现。第一支穿军装的军队是 1767 年的奥地利步兵部队。但在任何军队，士兵都不指望能穿上合身的军装或获得功能完好的装备。虽然士兵们都十分期待季节性休假，但平民们往往会避开休假的士兵，因为他们认为士兵很可能都是暴力和危险的。正如人们可以预料的那样，军队出现逃兵的概率很高，而且军官们随时准备压制哪怕是最细微的兵变的苗头。

军队生活同时也带来了一些积极的影响，尤其是在 18 世纪末。

与大部分工人不同，士兵们可以努力争取升职到下士或中士的位置。事实证明，军营里或舰船上较好的卫生状况、食物和医疗能够增加可以参加战斗的士兵和水手的数量，提高他们的战斗力。对那些经过长途航行到达热带地区的士兵尤其如此。因此军官开始重视士兵的健康和身体状况。英国首先进行了重要的创新，例如为水手提供橘汁以减少坏血病的发病概率，为西印度群岛的士兵供给新鲜饮用水和配备厕所以减少痢疾。普鲁士司令官安排军队牧师提高军队士气，为在战斗中受伤的士兵提供的医疗也有所改进。在法国，路易十四为残疾退伍军人建造了一所大型的救济院——巴黎荣军院。他的继位者路易十五开了向老兵发放养老金和伤残补助的先河。

巴黎荣军院（Hôtel des Invalides）中的教堂。这个机构可能是18世纪巴黎最著名的建筑物，这里安顿了超过3000名的年老军人和残疾退伍军人。荣军院提供统一的制服、床单、医疗服务、每天两顿饭（包括面包、肉食、蔬菜和红酒）。到18世纪中叶，还开始提供补助金。（来源：维基共享）

18 世纪也为军官队伍带来重大革新。在法国，自 17 世纪以来，如果能够向国库支付一笔费用，不是贵族出身的人也可以被任命为军官。法国国王认为这种做法是正当的，并将其看作是一次改革，可以招募有能力的非贵族出身的候选人进入军官队伍，这些人有可能更为直接地忠于国王。军队中上尉和上校的头衔可以通过买卖获得，并成为买主的财产。因此到了 18 世纪，这些头衔可以被转卖或传给继承人。随着越来越多的非贵族军官继承高级军官职位，那些出身贵族家庭的下级军官发现自己的晋升之路受阻，因此引发了贵族对非贵族出身的军官的憎恶。

传统贵族家庭批判两种人群的晋升途径：第一，财力雄厚，受过良好教育的非贵族，通过买卖军官头衔成为军官；第二，世袭贵族。传统贵族认为非贵族富人购买上级军官头衔这一行为，极有可能导致军队上级军官过多，同时打击了基层部队老资格的下级军官的积极性。法国人越来越担心本国军队的职业水准在逐渐降低，尤其是相对于普鲁士军官队伍来说，因此改革的呼声不断高涨。对于贵族军官而言，改革意味着只有那些无论是性情还是家庭背景都符合军人职业要求的人，才能获得军官头衔，而不是靠那些金融或商业致富的，希望通过购买军衔获得社会地位的人。最终，路易十六的陆军部长塞居尔元帅（Marshal Ségur）在 1781 年做出限制，要求新军官必须从纯系贵族中招募。所谓纯系贵族，是指此人的所有四位祖父母必须均出身于贵族家庭。[13]

18 世纪普鲁士严格划分了贵族军官和非贵族军官。1713 年之前，普鲁士军官队伍主要由外国雇佣军组成，他们不需要拥有贵族头衔。（18世纪初，普鲁士是仅拥有近500万国民的中等人口国家，需要招募外国士兵组建可与奥地利、法国或俄国相抗衡的军队。）在腓特烈·威廉统治期间，他大大减少了普鲁士军队对外国军队的依赖，并且几乎清除了所有军官队伍中的非贵族出身者。他的儿子腓特烈二世认为资产阶级军官的出现是“普鲁士军队走向衰落和灭亡的开始”，他的很多政策都体现了这种态度。通过禁止所有普鲁士人在外国军队服役和强迫容克贵族加入普鲁士军官队伍，他组建了一支全部由普鲁士人组成，且军官基本全是贵族的军队。他的政府近乎强迫地要求贵族家庭的青少年去柏林的新建的军事学院就读，或在军团做学徒，或成为军官的随从。（法国和奥地利采取类似的军官培训机制，但未做强制要求，而强制性则是普鲁士军官培训系统的核心所在。）战争期间伤亡人数的增加导致军官数量锐减，普鲁士不得不任命非贵族军官，普鲁士司令部下令将非贵族军官安排到行政部门或炮兵和工程兵部队这些不那么受重视的部队。不仅如此，非贵族军官不能将头衔传给下一代或其他平民。在腓特烈二世统治后期的1786年，几乎所有贵族都是军官，仅有十分之一的普鲁士军官是平民出身，上级军官中高达97%的成员都是贵族。

与军官队伍相比，普通士兵的组成截然不同。这个时代的欧洲军队反映出社会精英和普通大众之间巨大的社会地位差距。在东欧，军官们大多来自拥有土地的贵族家庭，而他们手下的普通士兵则都出自农奴或农民阶级。

策略、战术和技术

随着传统欧洲强国法国、瑞典、英国、奥地利和西班牙面临来自新兴大国普鲁士和俄国的竞争，18 世纪的欧洲生产出了历史上数量最多的武器。例如，英国在 18 世纪的前四年，即西班牙王位继承战争期间，为英国军队配发了 5.6 万支火枪。1737 年到 1778 年，俄国人平均每年生产 1.4 万支火枪，而法国在 18 世纪 60 年代每年生产超过 2.3 万支火枪，虽然在这期间法国大部分时间都没有战事。英国仅在英法七年战争的一场战役——1762 年贝勒岛攻城战（siege of Belle-Île）中，就消耗 1.7 万发步枪子弹和 1.2 万发炮弹。经过此次战役和整个世纪的其他战斗，英国军队和其他大国军队均面临弹药不足的问题，很难继续维持火枪和大炮射击。

与前几个世纪情况不同，18 世纪的军队并不满足于成为规模最大的军队或拥有最强大武器的军队。实际上，火枪的射程有限，大多数武器的精准性低，士兵常常临阵脱逃寻找避免炮火轰炸或其他威胁的庇护所，火药产生的硝烟产生的“雾中战”状况使得战场能见度和通信都极差，所有这些因素都使得军官很难在战场指挥大规模部队作战。因此 18 世纪的作战策略越来越关注精确执行，即让指挥官尽量全面和长时间地控制部队。由于大多数士兵，无论是志愿兵还是被征入伍的士兵，都不愿参军而经常成为逃兵，于是军官通过反复的军事演习训练士兵，保证每一名士兵在作战期间如机器上的齿轮一般运作。为确保士兵服从命令，军官以酷刑惩罚未严格遵守纪律的士兵，包括不准进食、残忍体罚等，最终目的是向本国的士兵灌输对军官的畏惧，让他们的服从性比敌国士兵的服从性更好。

18 世纪最为常见的武器是步兵使用的燧发枪。1689 年奥地利军队首次使用燧发枪，与旧式火枪相比，燧发枪发射更快，威力也更猛，不到 1703 年，几乎所有主要欧洲国家的军队都使用燧发枪进行作战。燧发枪的发射射程为 91.44~137.16 米（100~150 码），但其缺点在于难以填弹和射击精度低。为了更为有效地使用燧发枪

蒙哥马利将军在魁北克死亡。这幅画描绘了美国革命军将领蒙哥马利阵亡的场景。他的部队最终还是未能将英军赶出魁北克市。其死亡揭示了战术推进的危险性。即使美国人发动了两次突袭，仍未能攻破英国人的坚固防线。此外，蒙哥马利一直在前线作战，早已不再是18世纪一般意义上的军事指挥官。（来源：美国国会图书馆印刷品与相片部）

作战，士兵们必须大面积连续向敌军射击。而军官为确保持续火力，让士兵们站成三四列，并成行站好。一列士兵开火，后一列躬身来填装弹药，下一列继续开火，如此循环。如果前线士兵被敌军击中（或被战友流弹击中），后排士兵马上顶上。此类战术需要训练士兵在敌人炮火轰击下操作具备高度的精准性，确保填弹、开火和前进的速度。

精准的射击任务主要是使用步枪完成。但实际情况是大多数士

《1746年卡洛登战役中的詹姆斯党叛乱》。这幅画讽刺性地刻画了苏格兰军詹姆斯党人叛乱的最后决定性的一战。面对训练有素的英国步兵排以及指挥有力的彪悍骑兵，绝望的叛军只能做垂死挣扎，近距离地屠杀马匹。（来源：美国国会图书馆印刷品与相片部）

兵在炮火轰炸的情况下几乎无法准确射击，步枪并不适用于18世纪欧洲的近距离作战模式。（美国独立战争中，美国殖民者用步枪取得战役的胜利就是一个成功的典范，原因在于他们更为熟悉步枪，而极少训练使用标准火枪。）18世纪末，奥地利军队引入了另一种新武器，其发射速度和准确性更优于燧发枪，叫作可重复发射的枪尾装弹气枪。尽管在19世纪空气压力和后膛装弹（这也是机关枪重要的两个部分）比枪口本身取得更为重大的革新，但不得不承认18世纪步枪的耐用性不好，而且过于笨重。[14]

步枪的另一重大技术进步在于其钢底座刺刀设计，这一设计大幅提升了士兵近距离肉搏取胜机会。在奥地利王位继承战争中，一位著名的法国军官萨克斯元帅（Marshal of Saxe）重新使用矛进行作战，但这一武器令人联想到作战经验不足的士兵，比如美国和法国的革命者。相比之下，刺刀成为训练有素、纪律严明的军队的象征。在腓特烈二世的统治时期，普鲁士军队士兵以精准的刺刀刺杀水平而闻名遐迩。指挥军官可命令士兵将武器由步枪转换为刺刀，确保在快速冲击敌军的同时不进入全面激战的状态。在18世纪这又被称作游击战或小规模战役，这是实现战争机动性的至关重要的第一步。

腓特烈闻名于世的变革主要归功于其部署了训练有素、机动的轻兵部队。除了前线集中兵力刺刀攻击以外，他还创造了创新的斜线战术，当两军对峙时，将自己的一翼加强，力求在对阵敌方的一翼上突破。但在攻破敌方一翼的同时，自己的另一侧被削弱的一翼被敌方攻破也是没有意义的，所以被削弱的一翼就要后退。这种战术可以快速攻击敌军暴露的弱点，避免正面交锋，是普鲁士军队战绩斐然的重要原因。例如1756年七年战争开始之际，普鲁士战胜了实力雄厚的奥地利军队。但有一点值得注意，这类战术需要一群能够快速执行复杂行动的训练有素的士兵，只有经过高强度军事训练的士兵才能保持一致队形向前逼近，所以这种作战策略并未得到广泛使用。腓特烈二世更为注重战术的机动性，他培养了一批精英部队，允许步兵按照战争实际情况选择继续前行或撤退。传统军事教条告诫士兵禁止打破队形，但授予士兵更大的自治权后，训练有素的士兵们便可以快速组成高度机动的军队，如普鲁士的精英步兵或法国大革命期间的公民士兵。

总体来说，18世纪步兵通常在固定的一线位置作战。在战争中，步兵军官位列队首和队尾，确保士兵保持队形，轻骑兵也同时帮助军官在步兵队伍在向敌方前线前进时保持军队纪律。18世纪的前几十年，全副武装的骑兵部队主要负责攻破敌人防线，但到了18世纪40年代，连续的火枪射击和武装骑兵部队的高花费导致其战斗力日益低下。传统的骑兵冲锋是贵族荣誉理想的具体体现，为这种战法敲响丧钟的是1745年的丰特努瓦战役（Battle of Fontenoy）。当时英国火枪手坚守本国阵地，使用技术更为先进的武器将法国骑兵的冲锋击退。[15]一年过后，苏格兰高地人起义反抗英国政府。虽然在军队数量和燧发枪使用量上不占优势，但他们在近距离作战时先用火器齐射，以阻止冲锋的英军骑兵，之后挥舞长剑刺杀马匹。英军最终获得卡洛登战役的胜利，对军官来说，骑兵仍旧享有极高的声誉，主要是因为长久以来欧洲文化一直将精湛的马术与高贵的战士联系在一起。

大多数战役需要在开放的战场上精心调动大量士兵，需要快速攻打战略地点的战役相对较少，因此大多数 18 世纪的军官采取谨慎的战术，即借助有利的战略地位进攻敌军。采用此战术的原因主要有以下几点：第一，战争的高成本。相比赢得领地，高级军官更害怕损失大量作战军队。很多军事战略都包括战前准备，即占据主要道路，建立据点和在前线附近的供给仓库。第二，防御工事取得重大技术改进，变得越来越坚不可摧。这一进步促使军官指挥部队坚守强化了的阵地，或在处于攻势时，利用围攻战术，让部队围城而据，而不是开展耗费人力、物力的正面攻击。正如一位法国军事战略家对这种 18 世纪传统的围城战术所描述的，它包括了“遵守传统做法的……投降的艺术”。战场上军事行动的变化有限还与文化有关。一旦开战，军官普遍遵守行为准则，允许敌人退出战场，不会乘胜追击。因此，当时的欧洲军队很少对敌方造成毁灭性打击，或在获取支配地位后要求对方无条件投降。

随着技术革新，大炮重量降低，变得更易于移动，射击精度也更高，于是炮兵部队出现了重要的战术变化。在查理十二世的统治下，瑞典军官对火炮进行了重大革新，比如制造出能让大炮更精准射击的螺旋底座，让大炮在被牵引过程中保持炮口向前的连接器机制。这些新装置使得大炮在战场上就位后，无须再次进行旋转操作。18 世纪早期，这些革新成果被丹麦、俄国和奥地利从瑞典学

《1779年萨凡纳战役》。美国独立战争期间，英军先后攻占佐治亚的首府萨凡纳，并将此作为据点。为收回失地，美国军队与法国海军上将瓦莱瑞·德斯坦（Valerie d'Estaing）率领的海军联手利用几周时间从海陆包围了萨凡纳。首轮轰炸后，美国陆军最终发起猛烈攻击，这是历史上著名的最为血腥的战役之一。这场战争伤亡惨重，其中与美国并肩作战的波兰总司令卡齐米日·普瓦斯基（Casimir Pulaski）也不幸战亡。为保护美国军队撤退，法方从圣多明各招募士兵加入法国军队，其中包括有色人种自由民以及黑人奴隶。（来源：美国国会图书馆印刷品与相片部）

走；在18世纪40年代，在欧洲各国军队广泛使用。18世纪初，瑞士铁匠发明了新的实体浇铸方法，用来生产射击精度更高、使用寿命更长的大炮。瑞士和法国军械工人随后不断改进浇铸方法，生产的大炮质量更轻，使用更安全，因此大炮可以更迅速地进入战场，并且可以布置在与步兵队列距离更近的地方。在18世纪80年代，英国在海军舰艇上使用了重量轻、炮筒短的大口径短炮，这种武器帮助英国成为了海上霸主；舰炮还为重要的陆地战役的胜利提供了关键性的支持。

普鲁士和法国都努力开发轻便但威力强大的陆战大炮，特别是在英法七年战争中遭受失败之后。例如，普鲁士发明了一款仅 10 磅（约 4.5 千克）重而射程却达到 4000 码（约 3.6 千米）的枪。法国甚至放弃传统的使用重炮大面积炮轰的战略，这种战略在此前是最适合围城战斗的。传统战术中，炮兵将为数不多的大炮集合在一起排列成几何阵列，力求对敌军的单个目标造成最大伤害。在富有革新精神的军事工程师让 – 巴蒂斯特 · 德 · 格里博瓦尔（Jean-Baptiste de Gribeauval）的影响下，法国从 18 世纪 70 年代中期开始生产可旋转、射击精准度更高的轻型火炮。配备这种火炮后，军官可在作战时弹性调度火炮。格里博瓦尔呼吁标准化武器生产和一线军官培训，让最高指挥官可以即时重新部署火炮到需要加强火力的作战单位。在 18 世纪 60 和 70 年代，虽然军队各级都还有支持传统作战方式的人，但格里博瓦尔的改革赢得了较为年轻的、具有想象力和革新思想的年轻军官的欢迎。[16] 改革的内容包括：强调枪支和弹药技术知识，以及瞄准和发射弹道学的强化培训；标准化大规模生产火炮；机动的战场战术。所有这些都符合军官们理性化和进步的理想。然而，这样高成本和技术密集型的作战方式，给法国和此后沿袭了这种作战模式的法国革命政府带来巨大挑战。不过，轻型火炮将成为后来拿破仑的运动战的战术核心。

尽管有些军队，特别是法国陆军，为了能够在战场上布置更多可靠的强大火力，在培养炮兵部队军官方面投入甚多，贵族们普遍鄙视炮兵部队的职位，原因是炮兵没有机会展示个人勇气或炫耀贵族的精湛骑马和射击技术。不仅如此，炮兵指挥官需要掌握高级数学和弹道学知识，那些出身历史悠久的军事贵族家庭的军人认为这种技术性知识是工匠阶层才需要掌握的，尊贵的战士是不需要学习这些的。所以炮兵部队吸引了大量非贵族军官，他们极大地改进了重型火炮的铸造、部署和发射。但大部分 18 世纪军官认为，为了有效部署火炮而耗费的人力和马匹过多了。

与贵族战士的理想形象出入更大的是后勤兵。然而熟知军事的国王都非常清楚，高效的军队需要充足、稳定的食物供应（供给士兵和马匹），以及迅速高效的武器补充。在 18 世纪，军队规模扩大、行进距离加长、武器越发精密且成本升高，但后勤发展滞后；大部分士兵自备服装和被褥，自带武器，在进军敌方领土时，他们就征用当地居民的食物和住所。很多情况下，士兵的妻子和孩子与部队同行，此外还有庞大的随营人员，包括高级军官的仆役和侍从、妓女、零售商品和消耗品的小贩，以及兼职作家。[17] 普鲁士和法国军队再次引领军队后勤标准化的潮流，创建了早期的医疗队伍（提供的医疗质量极差），建造军营供士兵在和平时期居住，标准化军队制服和装备，让每个士兵都有适合自己体形和职位的统一军服和单兵装备。

欧洲绝对君主制国家安置和为规模庞大的军队保障供给的能力，革新的机动战术，以及对轻型火炮的应用，与这些国家招募、培训和供给士兵的能力息息相关。最终，在 18 世纪，这些国家的军备规模达到了欧洲历史上的顶峰。

第三章

社会秩序

中世纪欧洲社会相对简单，至少理论上是如此。社会主要由各类秩序或等级组成，每一阶层有特定的功能和阶层地位属性。神职人员位列第一社会阶层，起到精神指导作用，慰藉民众在下一个世界能得到救赎。第二阶层主要由贵族组成，他们通常也是领主和有君权的保护者。接下来的第三阶层是城镇居民，其自由和权利受到皇家宪章的约束。第三阶层主要从事贸易、制造业和专业技术行业。第四阶层占人口的大多数，包括农民和农奴，但大多数西欧国家的农民和农奴属于第三阶层，只有在欧洲北部和东部地区的农民属于第四阶层。大多数农民被束缚在土地上，以奴隶的身份为领主工作，他们生产粮食和执行其他农业任务，大部分对自己的财产无自主权，而且义务效忠领主。

几个世纪以来，在西欧，这一等级制度开始瓦解，直到 18 世纪，东欧的等级还是一如既往地分明。要全面了解 18 世纪的社会秩序，我们必须将几个区域分开进行对比分析。本章我们将讲到城镇社会的历史，但重点主要是对土地的控制，因为这是财富和地位的根本来源。最重要的是，本章将展示在 18 世纪的欧洲社会，任

《结婚的新人拜见领主》。一对俄国农奴新人在举行婚礼之前向所在土地的贵族致敬。在当时的社会，农奴必须在获得领主准许之后才能结婚。（来源：贝特曼图库/科尔比斯图库）

何个人的地位主要取决于其所属的社会团体，而社会团体中有哪些成员，大部分取决于这些人的出身。有些人一出生就拥有特权与机会，而大部分人则不得不挨过承受重担和枷锁的一生。

乡村社会

欧洲东部和中部的领主和农奴

在欧洲东部和中部盛行一种不成文的说法："任何一块土地都有领主。"这就意味着土地只可能归属于领主，而领主的身份限于贵族、君主或教会。以现代意义上的所有权来说，农民基本不可能拥有自己的土地，因为他们不能按照自己的意愿处理土地。在普鲁士和哈布斯堡帝国，虽然仅有贵族才能拥有土地的限制开始被削弱，但从法律上讲，贵族还是垄断着土地的所有权。在匈牙利、波兰和几个德意志州，土地为贵族专有的限制不仅在法律上而且在实际中都被贯彻到底，同时在俄国（理论上沙皇拥有所有土地），叶卡捷琳娜女皇于1762年明确宣布贵族垄断土地所有权。以1772年的波兰为例，土地划分如下：贵族拥有78%的土地，皇室家族拥有13%，天主教会拥有9%。

不仅如此，在中欧和东欧的大部分地区，农民都是农奴，他们被看作领主的臣属。在未得到领主同意的情况下，农奴不能结婚、迁居或改变职业，而在征求领主的同意后，农奴往往需要在获得许可的时候支付一大笔费用。这种对领主的人身依附和个人被奴役的状态，注定了农民必须为领主提供其要求的劳动或收入，保证领主家庭的繁荣兴旺。理论上，作为回报，农民可获取些许安全感，包括使用小块土地的权利（但他并不拥有这块土地），获得基本物资的供给，比如种子（当然，是需要付钱的），在艰难时期可以获得救助和慈善救济而不至于饿死。

欧洲东部的巨富之家的财产主要包括两大部分。主要的部分是私有地，包括领主留下自己直接使用的土地。当然，领主不会自己下田耕作。为了耕种自己的土地，他一般会要求自己土地上的农民进行无偿劳作。长期高强度劳作是东欧农奴制的基本特性，也是广大农民痛苦的根源。农民的工作量取决于各个国家的习惯与传统，但哪怕在那些有公共法律明文规定工作量的国家，也没有阻止领主要求农民提供额外劳作的有效方法，无论是领主要求农民在固定时间，还是在特殊情况下为他无偿工作。农民为领主工作的时间通常是一周三整天，在收获季节甚至更长。在俄国流传着一种说法："农民用半年的时间为主人工作，只有半年的时间属于自己。"农民还得用自己的牲口为领主劳作，用自家的马匹和马车运送领主的粮食，让自己的孩子们在领主家为他做家务。

私有地之外的领主的其他土地被分成若干小块，由个体农户租种。通常情况下，领主（或其代理人）以金钱或其他形式（不包括农民因租种领主土地而必须付出的免费劳务和承担的其他义务）从农民那里获取租金。有时候佃农采用以粮抵租的形式。农民拥有这些土地的惯例权利，在理论上，这些权利能够保证他们不会被驱逐。有些农民甚至因惯例获得可以世袭的土地使用权，但如经诉讼，他们可能会丧失这种对他们来说至关重要的土地租用权。领主可以命令农民去耕种另一块贫瘠的土地，如果农民出现犯罪行为、耕作不力或债台高筑的情况，领主可以将农民从他的土地上放逐。

农民明知转移到其他土地意味着举家搬迁和生活困难，但还是不得不答应领主的强制性要求，因为他们毫无选择。领主实际上掌控了在他土地上生活的农民的命运。

鉴于领主是农民和国家的中间人，领主们对农民的控制主要分为几个方面。农民们为耕作的土地支付土地税（在俄国称作人头税），同时出资维护教区教堂。领主主要负责监督农民是否上交相关费用（大部分的领主无须为自己的领土支付土地税）。同时，领主将农民上交的费用交给国家，但这种形式再次给予领主控制农民的机会。领主可以在农民上交的费用和实际上缴国家的费用中捞取一定利润。在有些国家，尤其是俄国和丹麦，领主同时负责征兵的任务，因此对其下属农民享有更大的控制权。最为重要的是，领主可作为国家和农民的中间人执行司法权。东欧领主在法庭上属于执法一方，作为法官出席或者指派他人行使权力。换句话说，即使领主是当事人，他也可以决定最终的审判结果。大部分领主和农民的关系是由惯例和从属关系所决定，这是一项巨大的权力，导致农民的命运被牢牢地掌握在领主手中。只有在国家把握对农民的直接控制权，剥夺领主对农民的控制权的情况下，农民的生活状态才有可能得到改善。[1]

中欧和东欧的领主甚至有权控制生活在人口稀少和位置偏远地区的所谓自由农民。一般来说，生活在这些地区的农民最初不归属于任何庄园领主，因此也不属于农奴。在俄国的西伯利亚和其他边境地区就有一群这样的农民，沙皇向这群有冒险精神的农民许诺给他们自由或准许他们成为国属的农民，让他们成为这些地区的开拓者。在波兰境内，有20%~30%的农民拥有自由身份，他们或者从邻国移民而来，或者从远处的领主那里逃来，或者本来就是城镇的自由民。然而，贵族逐渐宣布这些土地属于他们，并让在这些土地上生活的自由农民承担各种义务，即使这些农民仍旧拥有个人自由。在17和18世纪，波兰、普鲁士和其他欧洲地区的自由农民的生活状况由于领主扩张领地而急剧恶化。

当然，东欧农奴制的剥削程度和人身依附程度因地域不同有所差异，可以分为两种类型或两个农奴区。在俄国、波兰、匈牙利和一些面积较小的德意志国家，中世纪典型的农奴制再次流行，甚至随着18世纪的进程变得越发残酷。在这些地区，虽然农奴享有“法律上的个体身份”，但实际上与奴隶无异。波兰和俄国的农奴属于领主的动产，即可转让的资产，领主有权决定出售他们或用他们来交易，甚至可以在不告知农奴的情况下出售他们生活的土地或他们的家庭成员。在俄国的欧洲部分，大约一半的土地归国家所有，那里的农民常常被分配到（作为有工资的被强迫劳动者）矿山和工厂工作。虽然这些国属农民的生活状况相对于私人农奴较好，但他们实际上可以被送给私人所有者，在叶卡捷琳娜二世统治期间就有几万的国属农奴成为私人农奴。

无论在波兰、匈牙利、俄国，还是在某些德意志城市，领主的司法权都是不受限制的。以波兰为例，在1768年颁布改革法令命令将重要案件转交到皇室或城市法院之前，领主可直接判处他土地上的农民死刑。即使在 1768 年该法令颁布后，俄国和波兰的庄园法庭仍旧享有巨大的权力。他们可以判处农奴四十鞭的严重体罚或六个月监禁。俄国农奴可能被判流放到西伯利亚。农民们对这些判决完全没有上诉的权利。

其他地区的农民，特别是普鲁士和哈布斯堡王朝各省的农民状况各不相同，但总体来说不像上述国家的农民那样凄惨。领主不可在不出售领地的情况下出售在那块土地上的农奴。农奴可以不受干预地将所获得的所有财产传给后代；但在未经同意的情况下，他们不可离开、出售或交易他们居住的土地。从理论上来说，只要农奴已经支付了地租和承担了劳役，就不会被驱逐出他们居住的土地，但实际上他们可能被领主转移到其他土地。更重要的是，领主可以无视惯常的、甚至于法律规定的农奴地租、费用和劳务的上限，而不承担任何后果。不过在 18 世纪，管理农民事务的体系逐渐转到了更为专业的皇家法院，农民可以向其请求上诉。

在 18 世纪，无论是在俄国 – 波兰区，还是在普鲁士 – 哈布斯堡区，领主从私有地耕作中获取的利润越来越高。因此，领主们很乐意通过驱逐土地上的佃农，收回土地作为私有地，并增加仍旧在土地上的农民的劳役。例如在俄国，劳役义务并未得到普及，尤其在一些较为发达的地区，领主为了增加现金流，允许农民用支付现金的方式替换劳役。这种做法反过来为农奴提供了更多在自己生活的土地劳作的机会，或离开村子去从事非农业行业的工作。然而在 18 世纪的下半叶，很多领主在重新评估了当下情况后，决定根据市场需要直接开发自己的土地，获取更高利润。于是很多领主行使了自己的权力，终止农民用现金替代劳役的权利，强制要求农民回到他们的私有地提供劳役。就是通过这种剥夺农民选择权的方式，领主们在乌克兰创立了农业生产的种植园模式，让乌克兰逐渐成为俄国的粮仓。[2]

西欧的庄园主和农民

虽然在农奴制地区，土地所有权和农民的地位显而易见，但西欧的农业秩序却是错综复杂、各不相同的。早在16世纪，易北河以西的大部分地区，包括法国、低地国家*、意大利北部地区、西班牙、德意志地区西部、英国和瑞典，就基本都不采用农奴制了。取而代之的是更为混杂的土地所有制，贵族领主、城市地主、自由农民土地所有者、佃农和无地劳工并存。在东欧，只有贵族可以拥有土地，但在西欧，这种限制早已不复存在。瑞典是最后一个取消类似限制的西欧国家，虽然在法律上限制仍旧存在，但并未能阻止地主将土地出售给农民。最终在1789年，瑞典完全废除了贵族的专有土地所有权。

虽然在西欧农民有自由身份并且可以购买土地，但他们不一定能过上安全或富足的生活。西欧农民在乡村生活中受压迫感相对较弱，但不安全感传遍了整个农民群体。虽然农民逐渐从领主的人身

* 指荷兰、比利时、卢森堡。——译者注

奴役和沉重的劳务中解脱出来，但大部分生活在西欧（英国和荷兰除外）的农民仍处在某个领主的管辖范围之内。在法国，这种领主被称为庄园主。因此这一制度又被称作庄园制，庄园主的管辖权被称为庄园管辖权，以此将其与传统形式的、封建领主拥有土地上所有农奴的封建制区别开来。

庄园主往往并不是贵族出身，地位高的神职人员及富有的平民都可以合法地取得庄园主身份。有时一个庄园主拥有整个村庄的管辖权，但西欧更常见的情况是领主拥有面积较小且较为分散的领地。有些庄园主将土地出租给佃农或耕种农，其余的土地常常由几个农户代代相传地持续耕种。尽管如此，庄园主仍保留着对土地的某些权力和特权，并拥有最终的领地所有权。虽然西欧农民通常无须为庄园主付出劳役，但他们仍需要支付各种地租和费用。除此之外，还要支付任何属于庄园主的、虽由他们耕种但不属于他们的土地的租金。这些赋税和地租的多寡因地域差异变化极大，按照庄园主的收入的百分比和农民总义务的比例计算。在法国的一些地区，比如勃艮第，其费用比例很高。相比之下，在法国南部，人们更多地把庄园主的权力看作一种地位的象征，而非收入来源。

即使封建制度不断被削弱，但在整个西欧和北欧，庄园领主仍享有广泛的特权。因此在德意志地区西部、法国、意大利北部和荷兰南部（即现在的比利时），农民们虽然在法律上有人身自由，并且其中很多人拥有土地，但他们还是认为庄园制就是必须向庄园主缴纳赋税和地租。这其中最重要的一项义务就是有地农民每年缴纳免役租（cens 或 quitrent），除此之外，农民对他的土地是有所谓拥有权的。理论上讲，这类所有权被称为不完全保有土地所有权：本质上农民拥有使用土地和土地上产物的权利，而且可以将它们传给下一代，但不拥有土地本身。免役租或是固定数额的费用，或是收获的一小部分作物实物。如果是固定费用，几十年间由于通货膨胀，费用的价值其实已经大幅下降了。它之所以重要，主要是因为它象征着农民从属于庄园主，庄园主在心理上限制农民对土地的完全拥有权和农民的自由身份。在有些地区，直到 18 世纪末期，还要求农民每年承担一项可以用钱代替的义务，被称为田租。田租比免役租更高，大致在粮食总收成的 5%~15%，有时甚至更高。

第二种庄园赋税是农民进行土地交易的费用，即农民在交易、出售或购买一块土地时发生的售地金。由于在欧洲小块农业土地占多数，因此土地买卖和交易时常发生。售地金也象征着庄园主对土地所有权的约束，但与免役租不同，售地金常常数额很大，基本不低于土地价值的 7%，有时高达土地价值的六分之一。这是对农民尊严的公然侮辱，也让农民破费不少。

第三种庄园主特权是领主对食品加工工具的垄断使用权，如使用面粉磨、面包炉、葡萄挤压机和榨油机的权利。在中世纪时期，领主们为了领地农民的方便，为他们提供了所需的磨面、烘焙和酿酒服务。但到了 18 世纪，这些代代相继的垄断作坊开始压榨农民。他们抑制竞争，人为地使价格保持在高位。庄园制也使另一种形式的垄断得以发展，这种垄断的社会和经济重要性哪怕再强调也不为过，那就是领主的专有狩猎权。除了领主，其他人不得在他的领地狩猎，农民食肉和娱乐的权利被剥夺，这是领主拥有特权的社会地位的重要体现。第五章我们将详细介绍，农民们如何通过非法捕猎或偷猎来反抗领主的垄断。

与东欧一样，西欧庄园主的特权通过庄园法庭执行。很多领主都在自己的领地上设立庄园法庭。即使在英格兰，庄园法庭制度也持续到18世纪末。在法国，此类法庭的数量达到大约6万个，法庭所要求的费用和佣金成为当地农民的又一件烦心事。更重要的是，庄园法庭是领主的代理人，让它判决庄园权利相关的所有纷争，是完全不公正的。近期一些历史学家指出，一些领主利用他们的权力推进新想法，比如农作物多样化、畜牧业及全新的土地管理方法，这些都催生了种植经济型农作物的商业化农业的出现，即农业资本主义化。但是大部分庄园主满足于传统农业，他们的首要想法是以现有方式榨取更多的收入。不论是哪种情况，在18世纪晚期的一些地区，领主们开始对产业管理持更激进的态度。庄园主们变得越来越逐利，他们不再允许农民拖欠地租，更希望农民在欠款的情况下取消抵押品赎回权，同时更倾向于将地租提高到超出长租佃农负担能力的水平。他们乐于利用法律向农民施压，用近乎欺骗的手段从过去的合约或庄园文件中寻找增加权利或额外费用的条款。农民渴望拥有足够的土地，而且不必向庄园主缴纳地租和付出繁重的劳役。然而，无论庄园主是创新还是守旧，他们的目的都与农民的需求相冲突。[3]

农民社区

虽然庄园统治压迫农民的自由，但同时也是保持农村地区社会和谐的一大重要因素。从农民社区发展生成了另外的农民之间的相互利用性质不那么强的社交网。欧洲旧时代的农民社区不应与集体劳动的农村公社混为一谈，因为它们（在大部分情况下）既不共享可耕作的土地，村民们又不分享收获的农产品。农村公社是指一个村子的所有居民们的经济关系、义务和权利都捆绑在一起的传统体制。除此之外的社区并非公社。

18 世纪的西欧乡村地区采用三种主要的耕作方式，农民社区在不同的农村生态系统中出现了互有差异的形态。最为广大的生态系统包括开阔广袤的大欧洲平原（Great European Plain），其范围从

平原阔地村庄。这张拍摄于英国拉克斯顿（Laxton）的航拍图记录了传统的开阔生态系统，土地的分布如同一块块的棉被。在圈地运动之前，各种各样的村民们的日常生活就是在由几块那种地块组成的狭长土地上耕种。（来源：斯凯斯堪公司/科尔比斯图库）

英格兰中部地区一直延伸到法国、德意志和波兰的北部地区，以及斯堪的纳维亚半岛和俄国的部分地区。第二种生态系统主要出现在欧洲地中海地区，包括法国南部、西班牙和意大利的大部分。这些地区的地形开阔，但呈不规则形状，与欧洲北部地区的更有规则的狭长地形形成对比。最后一种出现在法国西部的部分省份、波罗的海沿岸及很多山区，在这些地区发展出了独立隔绝的生态系统。

欧洲农业生态系统

地区	类型	农业耕作特征	聚落形态
北部地区	广阔、狭长	深耕/三年轮作	村落集中
南部地区	广阔、不规则	浅耕/两年轮作	
林地和山区	封闭	土壤贫瘠、多荒地	相对分散

在以上的三个区域内，均出现了农民公有主义，但北方农业生态区的公有主义形式最复杂。典型的农村主要包括两种类型的土地：个人耕地和村庄集体所有土地。在北方广阔的农业生态区中，农村耕地根据土壤类型和地形分为不同的地块。每个农民可以在这些地块中拥有一块或几块小片土地的使用权。每个大地块中交错的狭长的小块土地分属于不同的农民，让他们可以在同一时间进行播种、耕作和收割。若非如此，农民们是没有足够体力持续进行农业耕作的。

这片区域内的土地土层较厚，地质肥沃，因此普遍需要借助大量畜力拉动重犁进行深耕。历史学家推测，就是由于这个原因，这里的土地上才会被分割成狭长的条形。在条形土地上耕作的农民在工作过程中需要回转的次数较少，因此大大节省了时间和空间。无论如何，这种土地分割方式使得圈闭土地的做法显得不实用，而且成本过高，因为圈地的围栏会阻碍农民在小块土地间往来。（在匈牙利、波兰的部分地区，特别是在俄国，公有主义的发展更进一步：村庄控制农民的土地，将土地分配给农户，并定期重新分配土地以调整各户的分配额。）

除了用统一的方式和在相同时间耕作，由于没有足够的牧草，农民们还采用“放养”方式喂养牲畜。在粮食归仓后，村里所有牲畜都可以在所有没有围栏的已收割的土地上放养，而不必被限制在每个农民的自有土地内。为了鼓励放养，农村传统是禁止农民在收割粮食时使用效率更高的长柄镰刀，鼓励农民使用更为原始的镰刀，为的是保留更长的农作物的茎秆，即更多的可供放养的牲畜食用的残茎。不仅如此，村庄还常保留一些公共的牧场和荒地，这既可以用来放养牲畜（农民收入的主要来源之一），又可以为村民们提供燃料和建筑材料，也可以租出去让人耕种，为村民们创造额外收入。以上所有的原因都可以帮助人们理解，为什么农民们会像杰出的法国农村历史学家马克·布洛赫所描述的那样“从集体的角度思考问题”。对他们来说，农民社区意味着分散的、属于不同个人的但相互之间并没有栏杆阻隔的条状土地，保留给所有村民牲畜的多余牧草和公有土地，以及所有农民全部遵循的耕种方式[4]。

在其他两个西欧农业生态区也存在着公有主义，但是没有这样复杂。在欧洲的地中海地区，由于土层较薄，降水有限，更适合使用重量轻很多的耕犁。由于不需要使用重犁深耕，南方的农民对所耕种的田地的形状有更多选择，有很多土地的形状是不规则的。不仅如此，这个地区的气候温和，适宜种植经济作物，比如用来榨油的橄榄，可以酿酒的葡萄和为养蚕提供饲料的桑树。不过，大部分的土地仍旧被用来种植粮食作物，农民们在相同的时间耕作（并遵循原始的两年一轮的轮耕制）。他们也有保留下来用作公共牧场的土地。

第三种地区的景象则截然不同。在被称为林地或树篱乡村的法国西部，土地被分隔圈闭。前面两种农业生态区的农民的住所在村庄中呈散射状，而在第三种生态区的农民们分别居住在自己的土地上，与其他农民是隔离的。不过，由于这些地区的土地高低不平，土壤贫瘠，这里的农民们也会保留共有的条状荒地，因此也是有公有主义存在的。

除了这些具体的做法，农民社区持有一些共同的态度和习惯，可以被归结为一个词——“传统主义”（traditionalism），因为农民们普遍一致反对来自外部世界的所有新事物。在选择作物种类和耕作方式方面（比如设置休耕时间以保持土壤肥力），他们坚持沿用祖先流传下来传统，哪怕结果不尽如人意，收成不断减少。农民的传统主义还体现在他们持有的一种平等主义理想。农民们相信，如果社会资产以小份额的形式广泛分布，农村家庭的福祉就可以得到保障。因此，他们反对任何人兼并土地形成大型农场，无论对方是贵族庄园主、富裕的农民，还是城市资本家。农民们也相信私人所有制，但仅限于传统的、小规模的私人所有制。他们在心理上反对庄园制度，但大部分同样对表现过于突出的邻居充满猜疑。因此，农民社区极有可能抑制那些较为有抱负的农民的发展。

农民社区也是一个政治实体，但影响有限。人们召开议会选举地方税务官员，雇用农场看守，并一同讨论如何促进农村发展和修缮教区教堂。村民集体商议如何满足庄园领主的劳务需求，或如何反对他提出的新要求，而这点变得越来越常见。由公共牧场或公有土地问题引发的法律之战变得尤为激烈，因为庄园与农民社区发生了直接的利益冲突。庄园主也有权使用公有土地。有时庄园领主利用手中权力要求获得公有土地的一部分，并在被称为优先分配的领主权的庇佑下最终获得其中最为肥沃的三分之一。尽管如此，虽然庄园领主和最富有的农民控制了村庄的事务，但农民们有时也会团结起来反抗他们。农民社区可以雇用律师，反对庄园领主行使优先分配权，用新的庄园人口统计方法榨取更高的赋税，或滥用对面粉厂或压榨酒的垄断权。

大多数欧洲农民对生活的期待并不高。他们首要的关注点仅仅是保证家人的生存，因此他们抵制创新，坚持采用已经经过时间考验的耕作方式。除了几个地区的农民外，他们还排除其他一切作物，坚持种植谷物，因为谷物是他们的主要饮食来源。除了养活家人，农民们下一步必须面对的是领主对他们的各种地租要求，因为如果他们满足不了这些要求，就会失去土地的使用权。在法国，领主对农民的地租要求可能高达土地总收成的50%，其中包括缴给教会的什一税（大约占收成的十三分之一）、皇家土地税、间接税比如盐税（gabelle），以及前文描述过的庄园赋税，租赁或作为佃农租种土地的租金和农民总是会欠下的债务利息。另外，粮食总收成的一部分还必须被保留下来作为第二年播种的种子。

当然，农民社区的情况也各不相同。农民中极少数的幸运儿可以保持自主，他们控制着足够的土地，无论外界情况如何，都能确保家庭的康乐。在法国北部，他们被称作农夫，在法国南部被称作管理人。他们虽然只占农民人口的一小部分，却控制着与人数不成比例的大量土地。以法国南部村庄卢尔马兰村（Lourmarin）为例，大约六分之一的农民属于上述人群。富裕的农民通常拥有耕地的牲畜和犁，他们不仅自己使用，而且还将这些工具出租给较为贫穷的邻居。他们经常需要其他农民帮工，并利用资产进行有息放贷。在拥有足够资本后，富裕的农民可以通过竞标成为大型庄园领主或修道院的农场主。农场主预付费用给庄园领主，然后再向农民收取什一税、租金或赋税。皮埃尔·古柏特（Pierre Goubert）在追踪研究这些从庄园制度中间受益的，有野心的农民或“农村资本家”后写道：“他们分享了那些存在于初级生产和交换之间的诱人的庄园特权，有时他们反制他们的主人，甚至成为这些庄园主的债主……他们缓慢但又稳步地控制了那些属于挥霍无度的贵族和负债累累的农民的土地，将其并入自己的土地（并出租），但同时保持附属于他人的农场主的身份。”[5]

绝大多数的农民就没有这么幸运了。他们的命运取决于每年的收成。无论是小自耕农、交租金的佃农、交地租的佃农，还是（通常情况下）具备上述多重身份的农民，他们大多数都没有掌握足够的土地来保障他们的生存或支付领主要求劳役地租的能力。以 1770 年的卢尔马兰村为例，巴特尔米·雷蒙（Barthélemy Reymond）是一位有地的中农，他“拥有九块不相连的土地，其中三英亩的土地种植谷物，一块作为葡萄园使用，一块是荒地，还有六分之一英亩果园……但是拥有这些土地只能让他勉强维持家庭生活；而大约一半的村民拥有的土地比他更少。为了维持生计，像雷蒙这样的农民很可能不得不在其他人的土地上工作”。[6] 即便雷蒙可以年复一年地勉强生活下去，但是如果他有了两个或更多儿子，他们都有权继承他的一部分财产，之后他们又该怎么办？许多农民本来就只能艰难度日，为了将农场传给后代，他们不得不将已经很小的土地再次分割，因此产生的农场越发无法养活其拥有人。这种因为遗产继承而导致的土地无休止的分裂充分解释了为什么大多数农民是“微小型农场主”，他们所拥有的资产少到让他们无法维持生存。

如此一来，我们便可以明白农民住不好、穿得差的原因，但他们的饮食居然也不足，这还是很令人惊讶的。他们的食物只有面包和汤水，普遍缺乏肉类、乳制品，甚至蔬菜。收成好的年份，他们通过食用谷物补充足够的热量和营养，但年景不好的时候，他们可能会一连几天挨饿。由于必须从粮食收成中扣除高额地租，为了养家糊口，农民们不得不兼职赚取额外收入，或借钱买回自己生产的粮食。这样的苦苦挣扎往往以绝望告终。例如在法国西部，农民只要签订连续九年的佃农合同，就可以获得免费的种子或其他资产作为启动资本。但在对某地的研究中发现，至少一半的佃农无法完成合同，最终因丧失抵押品赎回权而失去了土地。

总而言之，虽然农民在法律上是自由身份，其中一些还拥有自己所耕作的土地，但大部分农民生活得没有安全感，常常挣扎在生存线边缘。为了保住自家的薄产和养活家人，他们极其艰难地背负着皇家税费、教会什一税、庄园赋税和借款利息。虽然社区公有主义为单个农民家庭提供了些许保障，但同样也再次加深了他们的狭隘思想和对于陈旧农耕技术的依赖。在农民们看来，要抵抗生活中充斥的不安全感，抓着传统不放是最佳的策略。

土地改革：一个时代的失败

处在庄园制度统治下的西欧农民生活得很不容易，但无法否认的是，东欧农民的处境更为艰难。他们地位低下和缺乏个人自由，与在18世纪蓬勃发展的人文主义思想形成鲜明对比。终于，几位受人尊敬的作家开始用同情的笔触描写农民，将他们看作被农奴制度不公平地役使，终身遭受无尽折磨的人类。在不触及领主地位，不计划给予农民社会和经济的独立权利的前提下，一群中欧的政治改革家开始鼓吹土地改革的最低纲领，即减少对农民的严重剥削，保证他们获得些许安全感。他们特别提出，建议对领主要求农民服劳役的时间做出限制，以保障农民有足够的时间耕种自己的土地。

他们还建议保护农民对所租赁土地的租种权，以免他们在领主想要合并庄园土地时被强制驱逐。

除了人道主义的考虑之外，改革家的目的是激励农民在自己的土地上更为有效地工作。如果改革可以促使农民提高生产力，这样自然就能增加国家的税收。更重要的是，土地改革能让农民更加直接地接受国家管理，从而加强君主的实力，而为此付出代价的是贵族领主们。作为回应，许多贵族抵制土地改革，加重农民封建劳役地租，提高税金，阻止农民获得土地，并通过提高租金和赋税榨取农民所有增加的产量。

虽然在中欧和东欧的绝对专制主义国家，统治者有权代表广大农民颁布改革法令，但他们却迟迟未行动，主要原因在于这一做法意味着挑战领主们，而君主的社会和政治的地位却还需要这些贵族的忠诚作为保障。不过，君主们可以在不直接侵害领主利益的情况下寻求土地改革，那就是在他们自己的大片领地（尤其是那些君主们刚刚获得的土地，比如奥地利在 18 世纪 60 年代从天主教会获得的土地）中实施改革。一些皇家领地成为土地改革的榜样，向世人证明，激励农民追求个人利益比剥削他们能产生更大的生产力。但是在俄国，女皇叶卡捷琳娜二世急于安抚贵族和与他们建立和睦的关系，以至于错过了这个大好的改革机会。叶卡捷琳娜不但没有采取措施削弱沙俄的农奴制度，反而将数以万计的国属农奴售卖或赠送给私人奴隶主，导致这些农奴的生活状况变得更加艰苦。对于俄国的农奴而言，国家对他们的悲惨处境的干预相当于给他们警告，让他们“一声不吭地服从”主人。在普鲁士，腓特烈大帝确实将自己的领地当作了进步措施的试验区，在他的命令下，那里发生了一系列改变：结束体罚，保障农民对其土地的租用权，规范劳役服务。但他并未做出真正的努力在私人庄园推行这些改革。不仅如此，他颁布的其他土地法令都有助于维护领主在乡村的地位。同样地，他正式加强了禁止将贵族土地转让给平民的禁令（尽管由于经济原因这种买卖禁而不止）；他还专门为贵族建立了信贷银行，帮助他们进行七年战争后的战后重建。

欧洲强国中，只有哈布斯堡皇室的领地成为大规模土地改革的舞台。这个案例值得后人仔细研究，原因在于其中凸显了中欧和东欧的土地问题、可能的改革方向，以及最终导致约瑟夫二世改革失败的各种障碍。哈布斯堡皇室的土地改革分为两个阶段。在第一阶段，玛丽娅·特蕾莎采取了一些温和的改革措施。针对国内农民起义和提高税收的迫切需求，政府试图限制劳役时间最多一个星期三天。为了达到这个目的，政府颁布了多个法令，却没有什么可以强制执行这些法令的方法。到了18世纪60年代，皇室直接任命地方官员监督限时法令的实施。但是，由于这些官员大多出身当地贵族，所以不太可能对那些贵族同乡过于严厉。第一阶段土地改革的第二个方针是税收均衡。事实上玛丽娅·特蕾莎成功地完成了历代法国君王均未完成的创举：让所有贵族（除匈牙利的贵族以外）同意定期上缴土地税，以此减轻农民的负担。

玛丽娅·特蕾莎不打算触及农村社会的基本结构。但是她在面积广大的皇家领地范围内，特别是在波希米亚地区批准了意义深远的变革。以第一任行政官命名的“拉布体系”（Raab system）寻求在西欧模式中创造一种让农民基本免费使用小块土地的体系。这个体系涉及的两大主要变化是在皇室领地上的农民和农场主经过协商后达成一致的。第一，农民可以用金钱或粮食替代劳役，那样他们就能够把所有时间花在耕作自己的土地上；第二，领主将私有土地分成小块租赁给已经有租约的农民以获取相应租金。这个体系的初衷是希望农民可以世代沿袭在他们所租赁的土地上工作，甚至在积累足够的资金后可以购买这片土地。君主也希望此项改革能够让私有领地的领主亲眼看到这样的做法是有回报的——通过让在他们的土地上工作的农民以金钱代替劳役，以用租金承租他们的私有土地代替义务劳动，他们自己也会受益。然而却只有极少数贵族支持这个新体系。绝大部分贵族牢牢守护自己手中的固有特权，于是对国家的干预愤恨不已。

奥地利的领主们一直拖延土地改革直至约瑟夫二世于 1780 年继承其母亲的王位。同其他 18 世纪的统治者一样，约瑟夫二世将国家的利益放在首位。但与本国的其他贵族不同，约瑟夫欣然接受进步观念，认为必须将农民从被剥削的低等地位中解放出来，让他们成为自由的、生产力强的公民。约瑟夫相信，国家的实力取决于经济增长，而经济的增长只能从提高农民的生产积极性来着手。约瑟夫下定决心进行大刀阔斧的改革，哪怕面前有重重阻力——贵族的反对、农民们的质疑，以及缺乏能够推行政令的政府官员的现状。约瑟夫激进的土地改革政策遭遇了顽强的抵抗。

作为改革的第一步，约瑟夫在1781年废除私属农奴制，取消对农奴迁徙、转行或结婚权利的限制。虽然农奴获得了人身自由，但是他们的经济地位并未发生任何改变。约瑟夫紧接着将枪口转向庄园的司法制度，并开始着手组建一个由国家任命的法官组成的司法体系解决地方土地争端。他的下一个举措延续了玛丽娅·特蕾莎在税收领域的创新做法。他下令全面调查奥地利统治下的所有领土。调查结束后，约瑟夫便下令制定九种税率，无论谁是土地的持有者，必须按照其中一种税率（取决于土壤质量）缴纳税费。此项政策将大部分的税费压力转移到了领主身上。在其他国家中，没有任何一个国家将税收均衡推行得如此彻底。约瑟夫预料到领主们会采取措施抵消税费，比如加重农民劳役或加收地租。为了预防这种现象的发生，贯彻早先发布的减少劳役的政策，约瑟夫颁布了他执政期间最为激进的措施。他要求领主不得向农民索取超过其总收入30%以上的费用，用以代替领地劳役和国家税费。土地税的平均水平维持在大约12%。领主最多可向农民收取18%的劳役代替费和庄园地租费。其他还需要农民支出的费用仅剩下向村庄缴纳的税费和教会费用。

凭借大笔一挥，心怀惠及贫苦农民的无数期待，约瑟夫废除了劳役，下令农民只需支付有限的金钱代替劳役，这让农民有可能保留大量劳动果实。欧洲最为先进的思想家们的土地改革计划的所有部分几乎都在奥地利实现了，只有一个部分，即把贵族的私有土地分成小块直接租给农民使用的除外。如果命令得到贯彻，那么在约瑟夫的计划中，农民将获得自由身份，不用服劳役，因此可以把所有时间投入在耕种自己的土地上。他们这样才有真正的动力提高生产力，因为他们可以至少获得粮食总收入的 50%。在约瑟夫看来，领主的权利也丝毫没有损失。他们仍旧保有土地的所有权，而且现在每年都可以获得相当可观的收入。另外，在没有劳役后，领主可能会想方设法变革，采取效率更高的劳动方式和资产管理方法。

约瑟夫的改革措施意料之中地遭到了大批贵族的强烈反对，尤其是匈牙利贵族，因为此前玛丽娅·特蕾莎改革时并没有将匈牙利纳入改革范围之内。很多农民对此也持怀疑态度，甚至产生敌意。一些人期待皇帝废除所有的土地地租和劳役。一些村民对土地变革中的细节争执不休，而另一些则无法理解或者满足新的现金代替劳役要求。无论是农民还是领主的头脑都很传统，无法领会约瑟夫新政的意图。不仅如此，贵族和农民们早就已对约瑟夫简单粗暴的宗教改革不满。与此同时，在维也纳，约瑟夫急需那些开明官员支持他的政策，但是部分官员因他的独断方式离他而去。而约瑟夫对奥斯曼帝国的外交政策也以不愉快告终，这进一步降低了他的声望。然而这位帝王根本无心获取民众支持，甚至赢得他自己政府的内部圈子成员的认同。1790 年 2 月约瑟夫离世前，他已经不得不面对一波波的充满敌意的攻击。面对贵族叛乱的征兆和困惑的农民，约瑟夫的弟弟利奥波德只能撤销最激进的法令，其中包括统一的土地税立法和劳役改现金法令。激进的土地改革宣告流产。

经过约瑟夫统治的18世纪80年代的10年，哈布斯堡皇室治下的农民个人地位得到提高，经济地位仍原地踏步。但是从长远来看，玛丽娅·特蕾莎和约瑟夫二世开启了通向最终土地改革的大门。虽然他们同之前的君主一样尊重领主们的基本财产权，但他们积极地让国家与农民站在一边。皇家领地实施的拉布体系和约瑟夫那最终流产的法令中的激进条款，都为未来的开明政策树立了标杆。[7]

一些较小国家的统治者在争取精英支持推动土地改革方面有更大的余地，并取得了更多成功。在德意志西南部的巴登，处于法国、意大利之间的萨伏依和丹麦，这些地区的封建制度在法国大革命之前就已经遭到沉重打击。而当农奴制在西欧逐渐消失之际，丹麦却在18世纪初期允许加强这一制度。领主因为社会经济原因对此极为拥护，而丹麦政府依从领主的部分原因是因为丹麦的武装部队国民军的依仗是农奴制度中的一种政治体制——人役权，如果没有农奴制，军队的兵源就可能失去保障。根据丹麦1701年的法律，14岁至35岁的男性农民除非获得准许，否则不得离开其出生的庄园。后来这一限制扩大到更为年轻和年长的男性，事实上产生的效果就是让国内的所有人口都被纳入农奴制下。如东欧的农民一样，丹麦农民不得不每周花费三天甚至四天为领主服劳役，忍受领主的体罚（领主体罚农民是合法的），被迫同意不固定的租种土地条件。不过在18世纪末，由于丹麦农业生产力提高，农民的生活状况得以改善。伴随着丹麦大片土地被用于牲畜和奶牛养殖，丹麦人开始接受土地管理方面的革新。

丹麦政府为鼓励土地管理创新，决定资助那些将小块土地圈起和合并为紧凑、高效的家庭农场的人，无论他们是保有自由土地的农民还是在庄园内生活的佃农。建造家庭农场的过程花费不菲，为了帮助这些农民，丹麦政府为他们提供低息贷款，供他们丈量和重新利用土地。除此之外，皇室以身作则，将其直接控制的土地中的五分之一划为可用货币地租代替劳役的区域。随后在 1786 年，一个皇家委员会建议废除农民的人役权制度和规定领主可以体罚农民的法律。随着农民恢复自由身份，领主发现很难继续让农民们承担大量劳役，于是大量领主允许农民用支付金钱的方式代替服劳役。虽然这样的改变并没有在一夕之间翻天覆地，但却慢慢蔓延到整个国家。到 19 世纪早期，超过一半的丹麦农民已经通过努力购买了自己的土地，成为自由土地保有人。另一方面，那些命运不济的农民逐渐在乡村失去立足之地，汇集成为不断壮大的无土地的劳动者阶级。[8]

丹麦土地改革的成功源于国家政府和部分贵族之间所达成的一致，他们的共识基础是进步的经济观点。在那些政府的影响力微弱，而贵族大权在握的国家，比如波兰，要想完成土地改革几乎是不可能的。在普鲁士，独裁君主和强大的贵族之间的平衡状态极为脆弱，因此政府没有试图在私人领地上开展土地改革。只有哈布斯堡皇室继在其领地进行土地改革试验后，强制性地将改革推广到整个社会，但约瑟夫二世激进的、命令式的风格，使得土地改革最后以失败告终。

贵族时代

贵族精英谱

在欧洲大陆社会的等级制度中，贵族毫无疑问地处于上等阶层。不论一个人的能力或道德水平如何，只要降生在贵族家庭就会赋予他高贵的身份，让他处于社会秩序的顶层。随着上等的社会地位而来的是特权。只有在展望19世纪时，人们才能理解旧制度下的等级与特权扮演了怎样的角色。在18世纪大部分欧洲国家的社会秩序中，公民平等、机会均等和社会阶级流动这些价值观，是完全没有容身之地的。而在19世纪，来自西欧的自由主义将把这些理想推广到整个欧洲大陆。[9]

到18世纪末，欧洲大约有350万至400万的贵族，约占总人口的3%。其中三分之二的贵族人口来自四个国家：波兰、西班牙、俄国和匈牙利。这些国家贵族人口数量相当准确，他们占总人口的比例经过大致估算后得到如下数字：[10]

1770年左右的波兰	750000	占人口的10%~15%
1768年的西班牙	700000	7%~8%
1760年的俄国	550000	超过2%
1784年的匈牙利	400000	4.5%

其他西欧国家贵族人口的数量占总人口的1%~2%。德意志地区

（除哈布斯堡领地以外的神圣罗马帝国）的贵族数量达 30 万，而法国的贵族数量为 12 万。在 18 世纪，土地所有权是社会财富的基础。正如我们在上文中所见，在大多数国家，贵族是土地的主要持有团体，有时甚至是唯一拥有土地的阶级。皇室家族通常是最大的地主，并且按照定义，他们是身份超群的贵族。除了那些被授予贵族头衔的官员，贵族基本上都将土地作为他们的财富根基。但正如农民阶级产生了分化，一部分成为富裕的农场主，另一部分成为无地的佃农，贵族阶级中也产生了区别乃至巨大的鸿沟，将贵族分为各种不同的类型。

矗立在贵族阶级顶端的是直系王子、权贵、有爵位的贵族和有头衔的贵族，他们坐拥大片土地和无数为他们工作的农民。在波兰，大约有 50 个贵族家庭属于这一阶层，其中包括波托茨基家族（the Potockis），这个家族拥有 1.7 万平方千米的广袤土地，土地年收入高达 300 万波兰弗罗林（florin，一种货币单位）。拉齐维尔家族（the Radziwills，现代上流社会仍然很有名的一个家族）更胜一筹，年收入大约为 500 万波兰弗罗林。在哈布斯堡领地，尤其是在波希米亚和匈牙利，大约三分之一的土地掌控在几百个贵族家庭手中。匈牙利的封建制度一直持续到 1848 年，在那里，150 个贵族家庭拥有国家 40% 的土地，其中 5 个最为富有的家庭的地产约占匈牙利国土的 14%。匈牙利最大的权贵埃斯特哈齐王子（Prince Esterházy）控制着大约 70 万的农民。在 19 世纪中期的俄国，资产的衡量标准是拥有多少成年男性农奴，3% 的贵族家庭拥有的农奴数量占俄国农奴总量的 44%，这反映出与 18 世纪相比，俄国的资产集中化的现象越发严重。同样，在意大利南部的那不勒斯王国，84 个贵族家庭至少各控制了 1 万个佃农，附属于他们的人口超过 200 万。

贵族阶层的另一端是一群群的没落贵族，不同国家均有专门的词语代表他们，比如法语中的 *hobereaux*，更穷的西班牙语中的 *hidalgos*，波兰语中的 *szlachta*，以及匈牙利语中的 *bocskoros nemesek* 或凉鞋贵族（sandaled nobility）等。在最差的情况下，没落贵族生活得和农民没区别，因为依赖种植小块土地或权贵的慷慨维持基本生计。但即便是这些没落贵族也是不屑与农民为伍的，而认为自己拥有特殊地位，这种地位是因他们的祖辈在各自国家历史中立下战功而获得的。贵族地位是拥有特权的，哪怕这种特权不过是有权佩剑，可以坐在当地教堂的前排位置，被人们用尊称称呼，或者也许是投票选举（但不是被选择成为）当地议会会员或贵族代表，以及在一些国家无须缴纳大部分税费。

落魄贵族们津津乐道他们所拥有的特权，徒有精英的自负，但没有必需的财富或权力。因此在 18 世纪的一些地区，例如西班牙和波兰，由于落魄贵族数量众多却没有做出任何社会贡献，他们的地位越来越岌岌可危。很明显，清除这些不合乎贵族规则的潦倒者是对国家有利的，哪怕只是为了维护对贵族的定义，因为让这样的人拥有贵族身份，对所有贵族都是一种嘲讽。路易十四一马当先，下令官员审查那些身份有疑点的贵族，这一行动导致了小贵族阶层人数的减少；哈布斯堡王朝的查理六世在其治下领地实施了类似的政策。在 18 世纪后期，西班牙和波兰发起了规模更大的清除没落贵族运动。经过政府的大力推动，在18世纪80到90年代，西班牙的贵族数量从之前的膨胀数字大幅减少，70年代的波兰贵族数量也经历了类似情况。在匈牙利，没落贵族被称作“凉鞋贵族”（因为他们太穷了，人们都猜测他们买不起鞋子）。随着大规模封建式征兵制度的废除，曾充当国家军队主体的匈牙利贵族失去了往日的骄傲。现在凉鞋贵族再次失去了免税的特权，虽然他们仍然保留了对当地议会的选举权。

贵族的一端是权贵和显贵，另一端是最为贫穷的没落贵族们，而两端的中间是普通的中等贵族。在诸如普鲁士、法国和奥地利这样的国家，中等贵族往往在军中担任上尉职位（更高级别的军职普遍为最富有的阶级所据）。贵族们生活在自己位于乡下的庄园内，有大批随从和仆人侍奉。这些仆从就是彰显贵族社会地位的有形标志。处在这种地位的贵族们都有一系列明显区别于其他阶级的价值观念，包括自恃身份、鄙视赚钱活动，很多贵族对这种价值观的体现就是习惯累积巨额债务，就好像这是另外一项贵族特权。简朴和节约的美德是不符合贵族们的品位的，他们像他们的国王一样，今朝有酒今朝醉，明日债来明日愁。

出于同样的原因，贵族往往看不起贸易商人和销售商人。在西班牙、法国和其他国家，这种蔑视态度甚至体现在公共法律中，法律明文禁止贵族从事任何“不体面的”职业，比如零售业或手工制造业。欧洲的尤其是法国和西班牙的改革者在意识到这种偏见给国家利益带来的损失后，从18世纪中叶开始呼吁国王废除禁止贵族参与大规模商业活动的法令。他们提出，应该鼓励富有的贵族参与到生产性的商业活动中，而且应该将最成功的批发业商人擢升为贵族。一些政论家则反对这种“商业贵族”概念，仍然坚持传统的军事贵族观念，重申贵族地位代表的是一种美德，区区赚钱能力是无法与之比肩的。对他们来说，贵族的理想就是获得荣誉，具体表现是可以为了获得军事荣誉而表现出无私的英雄主义。即便是那些没有从军经历的贵族也将荣誉看作家族传承或代代相继的核心价值观念，这影响到了每一个贵族。虽然很多贵族跻身本阶层的时间并不长，但哪怕是思想最为开明的贵族，都倾向于认为他们拥有优越社会地位是理所应当的。[11]

虽然表面上不屑一顾，但是贵族们并不反对从商业中获利。他们的大部分财富来自土地收入和军队职务或皇室挂名职位的薪金。除此之外，一旦有机会，一些贵族便投资海上贸易。此外，作为土地的拥有者，他们拥有土地所有权延伸而来的采矿权，因此大多涉足采矿业、冶金业和玻璃制造业。比如一项在18世纪70年代进行的对法国冶铁厂的普查显示，超过一半的厂主都是贵族。同样的，法国四大煤矿中有两个为贵族矿主所有。在东欧，由于中产阶级商人极少，贵族普遍控制农业商品的市场销售。他们同时还把持着农民社区的大部分必需品的制造。

英国上层阶级：贵族和绅士

典型的英国上层阶级不必依靠出身和特权，也不必遵循贵族的荣誉行为法则。这个岛国的确有一小群世袭贵族，但这里的世袭贵族明显与欧洲大陆国家的不同。只有大约200个家庭属于贵族或有贵族头衔。在这些世袭贵族阶层以下的是成千名非世袭的骑士（被冠以爵士尊称）和准男爵（baronet）。后者是于1611年由詹姆斯一世创立的新头衔，被售卖给富有的平民以增加国家收入。骑士和准男爵均不享有法律特权，世袭贵族有些许特权，而且有权在上议院（议会的上院）拥有席位，以及在上议院接受其他贵族的审问。上议院的席位确实能让一个贵族对其他贵族产生很大的政治影

《收割者》中的乡村绅士形象。乔治·斯塔布斯因这幅描绘绅士之马的画作而闻名于世。在这幅名为《收割者》（*Reapers*）的画作中，他描绘了一个英国领主正在查收农民耕作的粮食收成。大部分绅士都会骑着马出现在他的土地上：很少有领主不频繁查看他的土地。（来源：国家信托照片库/纽约艺术资源库）

响力，但他们真正的权力来源还是他们的大片土地资产。虽然作为构成英国社会一个部分，贵族明显有别于其他阶层，但他们并不是英国拥有土地的统治阶层的全部，只是其中的上层。英国社会阶层的区分不是以贵族和平民而论，而是以“绅士”与否而定。“绅士”（gentleman）一词不是法律上的分类，而是一个非正式的社会地位。绅士阶层由贵族、准男爵、骑士和数量更多的无头衔的乡绅组成。乡绅们的相似之处在于拥有土地资产，而且是所在社区的社会精英。

英国乡村庄园。英国贵族的乡村庄园通常符合当时的建筑潮流，也是一种社会地位的象征，彰显出贵族家庭的财力和地位。此类豪宅是实用性和地位象征的结合，英国贵族坐拥丰厚的家族资产，并对附近的城镇和村庄产生极大的影响力。（来源：iStockphoto）

贵族和绅士都努力保持属于他们的土地资产完整地传承到下一代，因为土地是他们的财富和地位之源。如果将土地资产分给不同的继承人，那么这个家庭很有可能终将失去在当地的地位。对于贵族来说，情况尤其如此。世袭贵族头衔一般都会随着庞大的财产传给下一代继承人，资产收入足以让他们维持适度奢华的生活。为保证土地资产的完整，贵族和绅士都采用长子继承制和严格定序授产制。长子继承制指的是仅允许最年长的儿子继承家庭财产的做法。为了阻止贵族阶层的形成，美国第三任总统托马斯·杰斐逊在《弗吉尼亚州权利法案》（*Virginia Bill of Rights*）中禁止了长子继承制。严格定序授产制的作用是以法律手段让家庭至少两代的最年长的男性继承人牢牢控制庄园，使财产不会被债权人或其他家庭成员分割。通常情况下，施行严格定序授产制的家庭会向其他子女提供年金或嫁妆，但是庄园的土地和主要住所或庄园大宅只能由长子继承。作为回报，继承人在庄园大宅内维持侍从如云、四邻艳羡的舒适生活，以此稳定家族的地位。贵族家庭通常雇用30个或更多仆人，从等级最高的男管家和女管家到最底层的清洁女仆和杂役，这些人形成了金字塔式的社会阶层。那些身着精美制服的杂役又被称为侍从，他们几乎没有实质性工作，完全是主人身份的象征。普通的没有头衔的乡村绅士通常雇用六七个仆人，所有仆人都需承担繁重的工作。

不同于法国或普鲁士的贵族们，英国上层阶级自愿缴税。英国土地税源自绅士们收入的主要来源——土地租金。在战争期间，土地税临时上涨为土地估定价值的二十五分之一。在18世纪后期，土地估定价值应该被提高，但实际上一直维持不变。拥有土地的上层阶级还承担大部分本地政府征收的贫民救济税，用以进行公共救助。另外，一些上流社会精英还履行当地政府的职责，义务担任社会治安官员。当然这对他们来说是有利的，因为这意味着没有政府官员对他们指手画脚，而且他们可以更加方便地控制在他们的土地上生活的佃农和村民。不过，他们这样做也需要承担义务和责任。

英国上流社会区别于欧洲大陆贵族阶层的另一个地方是，英国人更为开明，愿意接纳新成员。英国绅士形成的团体不像欧洲大陆贵族阶层那样具有排他性或等级分明。通过银行业、贸易或制造

在印度的英国精英。本图取自查尔斯·迪欧力的画作，这幅用凹板腐蚀法制版的着色画首次以画册合集的方式问世。它告诉读者英国贵族对于社会阶层的态度，以及这种态度如何帮助英国从一个乡村发展成为世界著名的殖民帝国。这幅画名为《欧洲人在印度》，他描绘了一对英国夫妇在途经印度殖民地时，细心照顾当地婴童的事件。整本画册描绘的是南亚人民为英国访客提供服务，文字记载了英国人的仁慈善良和印度人的热切感激。（来源：哈尔顿－德意志收藏/科尔比斯图库）

业发家的人们发现，与欧洲大陆相比，在英国他们能更顺利地退休、购买庄园，以及被接纳成为乡村绅士的一员。有些富人被授予骑士甚至是贵族头衔，但与欧洲大陆不同，英国人并不特别看重贵族身份。很多英国绅士自己就是某个行业的商人。一些使用最新的管理办法管理庄园，一些在自己的土地上利用采矿权发展矿业或铸造业，还有一些建造收费公路和运河以发展商业。贵族和富有的绅士普遍在伦敦和乡村庄园都有住处，这样能让他们确保自己不切断

英国乡村的济贫活动。这幅油画的名字是《一名淑女和她的孩子们救济村民》，绘于1781年。它表明了贵族阶级将社会关系看作一种和谐的家长式统治模式。庄园的女主人带着穿着讲究的女儿出门，身边跟着身着整齐制服的黑人仆人和宠物狗。她们正给路边一名抱着病快快孩子的母亲施舍钱币。（来源：费城美术馆/纽约艺术资源库）

与商业、政府和文化中心的联系。可以肯定的是，英国绅士和他们的妻子完全不需要花时间工作。向佃农或农民出租土地得到的收入可以保证他们一生衣食无忧，放手追求公共和个人兴趣，无论是狩猎、阅读、管理财产，还是旅游。成为悠闲的绅士是许多中产阶层梦寐以求的，他们无疑也很尊崇这种生活方式。而这种景仰并没有将所有的上流社会的子孙变成游手好闲之徒。除了长子和其继承人之外的所有男孩，都必须学会独立生存。尽管他们通常能从父母那里获得收入，他们既不会获得家族头衔和特权，也又不会继承大笔遗产。因此，在英国不仅有新人加入拥有土地的上等阶级，同时也有贵族成为社会的其他阶层。较为年轻的绅士子孙们常常进入所谓的中等阶层，即教会、各种专门职业、军队，有时是贸易或银行业，但他们还是被社会认可为“绅士”阶层。

英国绅士的女儿、妻子和姐妹们的情况如何呢？历史学家经常将 18 世纪精英、拥有土地的英国家庭划为两大组成部分，一个部分是由男性组成的公共部分（家庭外的经济关系和政治活动），另一个部分是由女性组成的家庭部分（婚姻、家庭、儿女和情感关系）。但很多证据表明，一群有教养的女性同样积极参与公共活动。她们接受良好的教育，管理家庭资产和仆人，主持社交、知识分子和政治聚会，资助文化和慈善项目。英格兰北部的伊丽莎白·谢克尔顿（Elizabeth Shackleton）就是这样一位女性，大量信件和日记记载了她活跃的生活，告诉我们她的活动和感情并不仅仅局限在家庭和私人范围内。文字记载内容广泛，从对丈夫和儿子们的爱和责任感，到面对悲剧时的情感力量和个人勇气；从充满激情地追求个人满足，到谨慎处理家庭资产以及精明地为儿子们谋求事业和社会地位。伊丽莎白出生于约克郡的一个绅士家庭，她的父亲是一位成功的伦敦亚麻贸易商人，后来继承了一座大型农场和乡村住宅。伊丽莎白嫁给了比她年长许多的远房表哥约翰·帕克，并搬到了邻近的兰开夏郡的一所较小的庄园艾尔金蔻茨（Alkincoats）。1758 年，伊丽莎白已经是三个儿子的母亲，却成为了寡妇，在接下来的七年，她自己管理家庭资产，直到与 21 岁的当地羊毛商人私奔。伊丽莎白帮助新任丈夫约翰·谢克尔顿在纺织行业迅猛发展，买下大片农村土地并租给佃农获得大量收益。最终，他们在兰开夏郡建造了一栋时髦的豪宅。在没办法让儿子接受成为牧师的教育或大学教育的时候，她帮助两个儿子成功地建立了批发袜子的生意，同时通过法律手段让小儿子继承了远房亲戚的遗产，成为一名拥有土地的绅士。伊丽莎白的一生展现了英国乔治王时代的男女精英们如何在土地所有权和贸易，乡村与城市，以及公共和私人领域中有条不紊地穿梭。[12]

总体来说，英国上流社会是一个具有重要影响力却又相对开明的团体，其社会地位主要取决于土地资产。他们与社会的其他阶层通过财富、社会活动和生活方式等方面建立联系，而不是依靠世袭头衔或特权之类。每一个乡村贵族家庭都与其亲戚、朋友或从属（比如租户、仆人和工匠）建立了私人联系。这些相互支持和依存的关系使得各个不同社会阶层融合在一起，形成相对稳定的社会。此外，英国上层阶级部分通过履行责任感和家长式作风维护本阶级的地位。作为交换，他们希望下层阶级尊重和顺从“上等人”。

贵族和国家

在 17 世纪晚期和 18 世纪的绝对专制主义国家，统治者都面临着同一个难题：如何在不让贵族产生敌意和引发起义的前提下削弱贵族的势力？根据不同情况，贵族既有可能是加强绝对专制主义的障碍，又有可能是助力。不管是何种情况，君主们必须全面考虑到本国贵族的传统和要求。路易十四果断地拒绝了上层贵族对政治力量的要求，同时提高了他们的社会威望。他在凡尔赛宫的舞厅和宴会厅招待上层贵族们，却不邀请在议事厅任职的法国贵族官员们。路易十四让大批新人担任关键的政府职位，增加售卖给富有平民的带爵位的可售职位，与此同时，他向高级贵族提供了大量各个省份的荣誉职位和法院、养老委员会和军委会的挂名职位。这位“太阳王”剥夺了法国贵族的实际权力，但是用给予贵族们象征性的显赫名声和非正式的影响力的方式抚慰了他们。在剥夺立法机关议会和各省级政府的实际政治权力的同时，路易十四克制住了自己，没有攻击贵族的基本特权。因此，他要求贵族们缴纳特殊税费满足战争时期的军费需求，但并未强迫那些一贯拥有免税特权的贵族缴纳基本土地税。

路易十四离世时，膝下并无成年继承人。于是路易十五成年之前，法国贵族们在摄政王的领导下，组建了由高级贵族构成的议会，试图终止已建立了近百年的绝对专制主义统治。法国贵族全面推翻路易十四的统治方式的企图不过是一个插曲，在很短的时间内就全面宣告失败。这些大贵族们根本不是管理国家的材料。1723 年，路易十五全面掌权，绝对专制主义理论和实践回归正统。在 18 世纪的其余时间，贵族组织（立法机关议会和省级政府）继续与君主制争夺权力。到 18 世纪的最后几十年，这些贵族中出现了一些具有改革思想、反专制主义的领军人物，无论在法国还是在欧洲其他国家，他们都有很强的影响力。大批法国贵族在 18 世纪失去了经济优势，因此越发抵触对传统习俗、做法和权力的改变。而法国贵族中的另一个群体的财富稳步增加，对自己信心十足。他们愿意与非贵族精英们打成一片，接受精英化政治改革的进步思想，同时将自己定位为以个人荣誉和公民责任或爱国主义为信仰的特殊阶层团体，归属感进一步加强。[13]

在俄国，无论是贵族还是看似独裁的沙皇，都缺乏大部分其他国家上层社会成员所具有的安全感。沙皇统治下的社会阶级分明，分别为领主、农奴和城市居民。成为贵族的数个条件形成于不同时期和俄国广阔领土的不同地域。不仅如此，许多贵族的土地并不直接属于他们，而是由国家赐予的，因此他们对这些土地的保有权并不稳固。由于俄国没有采用长子继承制，贵族的土地资产会随着时间的推移慢慢被分散，贵族家庭只能依靠沙皇继续分配土地。与其他欧洲贵族相比，这些显赫的俄国贵族家庭，比如长期聚居在莫斯科附近的博伊尔阶层（boyar）的家族们，既强大又虚弱。一方面，他们能够选择或不选择某人成为沙皇——由于俄国的王位继承制度复杂，总有一些竞争者觊觎王位，他们可以通过宫廷政变推翻一位沙皇的统治，将另外一位推上王位。另一方面，博伊尔家族并未组成特殊议会或团体机构。他们在莫斯科运用影响力的工具是非正式的委员会。而此前在法国，路易十四不费吹灰之力就扫除了类似的委员会。

彼得大帝创造了现代行政管理机构的雏形，这在俄国是前所未有的。在此后，俄国贵族落入沙皇的掌控。他的做法与路易十四如出一辙，将博伊尔阶层贵族们从决策性职位调离，然后一视同仁地从贵族和非贵族、俄国人和外国人中挑选人才担任亲信顾问。与此同时，由于缺乏真正符合条件的备选，他实际上只好征召贵族担任军官，任命平民担任政府管理者。为巩固这种政治制度，彼得大帝颁布法令，规定自此以后贵族身份不再取决于血统和传统，而是由其对国家的贡献决定。这条法令后来化身为 1722 年的等级表制（Table of Ranks），制度中明确规定了 14 个行政机构和军队的上下等级，但是多多少少为有能力步步高升的贵族成员保留了高级职位。同样的，平民也可通过为国家服务获得贵族身份。在一个家庭在政界或军队就职的情况下（为了这样做他们不惜搬迁到莫斯科或圣彼得堡），其庄园自此可以世代相传，并且对于农奴的控制也加强了。总而言之，贵族逐渐成为身负职能的世袭勋贵，一群等级高贵、具有行政职权并且拥有土地的社会精英，在俄语中他们被称为精英贵族。当然，有一些大贵族憎恨这种等级表制，因为这个制度终将迫使他们离开莫斯科或圣彼得堡，然而一些较小的乡村贵族把这个体制当作提升其社会等级的机会。无论如何，强制服务制度持续到彼得大帝统治结束，并得以延续，直到1762年沙皇彼得三世将其彻底废除。此后，贵族们只要愿意，还可以回到在乡间庄园悠闲一世的状态。

作为政治服从和合作的交换条件，叶卡捷琳娜二世赐予俄国贵族大量的土地资产及极大的社会特权，其中包括对农奴的独有权、免于缴纳个人税和实施体罚的权利。在1785年，叶卡捷琳娜二世通过颁布《贵族特许状》(*Charter of the Nobility*)正式执行了这一政策，保障了贵族的地位。《贵族特许状》以法律形式列出和延伸了精英贵族对于属于他们的农奴的特权，免除强制性国家服务的特权，以及对某些高级职位和原本通常属于平民的商业机会的独有权。俄国历史上没有哪一个时期的贵族能够获得如此高的地位、安全感或优势。相应地，没有任何一个沙皇或女皇能像这个时期的叶卡捷琳娜二世一样拥有如此大的直接行政和政治权力。这是绝对专制主义与世袭贵族经过讨价还价而各取所需的经典案例。

在普鲁士，国王与贵族之间的关系的发展也经历了相似的过程。腓特烈大帝虽然因启蒙运动闻名，但他对社会的认识仍旧十分保守。他质疑大众的能力，认为在未来相当长的时间内民众会一直保持无知和愚昧的状态。因此贵族精英需要严密监控社会的发展状况，他们的地位必须得到提高。为了给建立中央集权政府清除道路，腓特烈的父亲腓特烈·威廉一世曾与贵族阶层展开一番较量。

自私自利的地方贵族阶级让腓特烈·威廉一世不得不与他们对立，威胁他们，并且招募平民建立新的行政体系。由于其父亲在政府建设问题上赢得了控制权，腓特烈二世可以用较为放松的态度对待贵族们。在腓特烈统治期间，普鲁士参与了历时长久的一系列战争，在此期间普鲁士的贵族阶级忠心地为国家服务，并蒙受了战争带来的重大的人员和财产损失。贵族们向世人证明，他们对于国王所珍视的祖国土地充满了个人责任感。这让腓特烈更加确信，只有依照贵族传统和贵族价值观培养的男子才能成为出色的军官。他实质上阻断了平民通过入伍而获得晋升和更高地位的职业发展道路，随后还试图在国家政府机构采取相同限制。在腓特烈·威廉一世统治时期，平民可以通过竞争性的公务员考试和择优晋升制度，获得提高自身社会地位的机会。腓特烈大帝彻底改变了这一政策。他坐视公务员系统因裙带关系和优先录用贵族阶层成员而受到削弱。政府的上层机构未能逐渐演变成贵族之外的另一个权力组织结构和各阶层向上流动的通道，反而沦为贵族阶层的另一个前哨。与法国的政府机构相比，普鲁士的政府的确更为专业，因为法国政府中充斥着不同级别上下重叠的司法管辖权、可购职位和贵族挂名职务。相比之下，普鲁士的政府机构精简有力。不仅如此，普鲁士政府更为官僚化，即更为有序和客观。腓特烈大帝和他的父亲都坚持制定详尽的法规，建立明确的责任机制和限制个人的自由裁量权。

然而随着1786年腓特烈二世的去世，普鲁士皇室对政府的控制力减弱，普鲁士王国成为实力强大、对外隔绝的世袭贵族领导的“官僚专制主义”国家，而非国王集权的绝对专制主义。在腓特烈二世执政期间，贵族阶层第一次向君主的权威低头折腰，并在向上帝和国王献身的精神鼓舞下加入为国家服务的行列。但这种因奉献精神而产生的政治上的自律在腓特烈二世离世后随之消失。在18世纪的最后十年，普鲁士贵族阶层以下制上，在国家事务中扮演了主要角色。[14]在俄国，叶卡捷琳娜制定的《贵族特许状》保障了贵族阶层的特权，普鲁士如出一辙地颁布了铭记本国贵族特权的文件《普鲁士普通邦法》(*Prussian General Code*)。法典的编纂在腓特烈大帝统治期间开始，于1791年完成。它所提供的法律框架，将普鲁士定义为法治而非人治的国家，同时也规定了普鲁士作为阶层、世袭社会的规则。虽然1789年的法国大革命宣扬“人人生而自由，权利一律平等”,《普鲁士普通邦法》却规定 :“人的权利源自出身和财产。”自然而然地，贵族阶层的权力尤其大。除了通常有的特殊司法权和贵族土地独有权，法典明确规定“贵族天生享有可以获得政府荣誉职位的特殊权利”。俄国特许状给予俄国贵族极为有价值的商业特权，普鲁士邦法则不同，它将普鲁士贵族阶层与中产阶层隔离，禁止贵族从事贸易或与工会往来，因为传统观念认为这些活动都是给贵族地位抹黑的、不体面的。

哈布斯堡的统治者起初采取同样的措施，他们收回贵族阶层的政治自治权，征召他们为国家服务，同时维护贵族的社会地位。但约瑟夫二世并未如腓特烈二世那样严格遵守对贵族们的承诺。受到维也纳的国际都市氛围的影响，他在推广社会流动观念上比所有其他主要欧洲国家的统治者都走得更远。约瑟夫二世在18世纪80年代颁布的法令与叶卡捷琳娜和腓特烈所颁布的法令截然相反。约瑟夫没有像叶卡捷琳娜和腓特烈那样加强阶层区分，反而模糊贵族与平民之间的界线。例如在司法领域，约瑟夫颁布法令规定，贵族在刑事审判或处罚上不享有特殊待遇或“贵族审判”特权。贵族甚至有可能被判与招认卖淫的妓女一同清扫维也纳的大街。叶卡捷琳娜和腓特烈扩大贵族领主的特权，而约瑟夫则采取激进措施以提高农民的地位，并强硬地将玛丽娅·特蕾莎的向贵族课税的政策推到了一个新高度，唯一重现这种政策的只有法国大革命期间所立法律。但约瑟夫最终的继承者弗朗茨二世全盘否定了他的社会政策，于是哈布斯堡王朝以与腓特烈统治下的普鲁士相似的政治体制进入19世纪。约瑟夫的统治经历了激进的对传统的背离，但最终被证明是一次失败的尝试，而非真正的转折点。在18世纪，公民平等和平民的社会流动的出现，并不是在绝对专制主义体制内从上而下创造的，而是在革命中产生的。

城市社会

虽然大量欧洲人口居住在乡村，但到18世纪末，在数个国家中，有20多个城市的人口已经跨越了10万大关。伦敦是欧洲规模最大、发展最为迅速的城市，其居住人口接近100万，英国人口的十分之一居住于此。巴黎是排名第二的欧洲大都市，城市发展相对缓慢，人口数量在 55 万至 60 万之间。城市规模紧随其后的是那不勒斯、里斯本、莫斯科、圣彼得堡、维也纳、阿姆斯特丹、柏林、罗马、都柏林和马德里。柏林和圣彼得堡是新兴城市，伴随着本国统治阶层的政府和军事需求的增长而发展。首都之外的城市的规模可以借助城市等级体系判断。比如，在法国，超过 80% 的人口居住在农村地区，除了巴黎以外的两个人口超 10 万的城市是地中海港口城市马赛（法国南部首府）和以丝织业闻名的里昂。大西洋港口城市波尔多、南特、鲁昂、里尔、斯特拉斯堡和图卢兹（Toulouse）的人口均超过 5 万，但除此之外的其他法国城市的规模普遍很小，生活丰富程度也骤然降低。大约 100 个城镇的人口超过 1 万，200 个城镇的居民数量徘徊在 5000 到 1 万之间。这些城镇普遍乏善可陈，对外面的世界毫不关心，或者是港口，或者是制造中心，又或者是行政、司法中心或天主教堂所在地。很多这种城镇严重依赖乡村，其中规模较小的城镇的氛围与大型村庄基本没有差别。

城市精英

大部分贵族居住在农村地区的庄园中，但是较为富有的贵族在城市，特别是在皇室所在地的首都也有住所。那些有权直接面见皇室首脑的贵族被称为宫廷贵族。他们熟知如何消费才能引人注目，身边总是围着一群仆人和侍从。无论在凡尔赛、马德里、维也纳和圣彼得堡，还是在较小的德意志地区和意大利的公国的首都，这些贵族都同样地在歌舞、赌博、大吃大喝和竞相攀比中度日。这种奢靡的生活方式意味着大笔支出和大额短期债务，毁掉了不止一个受人尊敬的贵族家庭，但是贵族们仍认为这是在为未来投资。在当时的社会，最上层贵族的常规生活是谋得一份闲职，领取津贴，然后结一门门当户对、惠及子女的有利亲事。宫廷贵族普遍游手好闲甚至生活放荡，在他们的生活中，外表和礼仪高于一切。不过，与教会的高级神职人员一样，他们是最能承担支持艺术的时间和金钱成本的人了。他们购买书籍，虽然不总是会读；观看歌剧、音乐会和戏剧；委托艺术家为他们创作画作，谱写室内乐；造建豪华的庄园大宅或城市住宅——那些得以幸存至今的已成为珍贵的国家文物。这种奢侈消费、高雅文化和炫耀之风，深刻地影响了欧洲各国首都的社会风气。

东欧各国首都之外的城市文明发展相对落后。波兰、俄国和斯堪的纳维亚半岛的大片区域几乎没有任何大规模的城镇，与当时处处皆是滩涂地带的弗吉尼亚相似，弗吉尼亚几乎没有城镇，当地文明是从各个种植园孕育出来的。但是在西欧和中欧，社会发展经历了又一个漫长而辉煌的过程。一些城市吹嘘当地宪章的历史与最古老的贵族家庭的家谱历史一般久远，并由此产生一种自豪感。某些城市因当地有名的贵族统治家庭而闻名，所以这些家庭被称为城市贵族阶级。荷兰和瑞士的城市、德意志北部汉萨同盟城市，以及意大利古老城市热那亚和威尼斯，都是贵族商业活动的聚集地。他们现在成立了自治的寡头政治体制，就如普鲁士的容克领主和法国的上层贵族。城市贵族的生活方式与领主贵族截然不同。例如在荷兰，大约2000个统治阶层的家族主管地方议会，并利用议会获得地方土地资产的使用权。面对社会上关于荷兰贵族导致曾经一度辉煌的国家走向经济和政治的衰落的广泛传言，所谓的城市“资产阶级绅士们”开始倡导有序、节约和体面的家庭生活方式，将自己与那些懒惰放纵的领主贵族区分开。[15]

在西班牙、法国和德意志的大部分地区以及意大利北部，上层贵族家庭站在城市社会金字塔的顶端。上层贵族的一个重要标志就是分别在城市和乡村地区拥有两套房产。贵族们骄奢淫逸的生活方式大大地帮助了在奢侈品、食品和家居服务等领域工作的工人们。法国北部城市巴约（Bayeux）是一座以大教堂闻名的城市，同时也是当地农业地区的小型行政中心，据统计，当地贵族家庭多达100多个，其贵族总人数接近1.3万。这其中包括了当地最大富豪和重要皇家地方官员等，他们在共济会内组建了独立的社会组织。同样的情况也出现在法国南部朗格多克的地区首府图卢兹，议会的贵族行政官是当地有名的富豪之一，拥有该地区44%的宝贵土地。他们构成独有的文化和社会圈，并形成一条不成文的规定：只与其他家族的贵族阶层通婚。在西班牙，大部分贵族家庭并不常住在乡村别墅，只靠它们获取固定收入。他们在常住的城镇市议会起主要作用，并利用特权销售本家族土地生产的商品，以此获取高额利润。

非贵族精英，即资本家的主要职业为市议会的政府官员，自由职业者（比如律师、建筑师和医生），批发商和零售商，富裕的领主（他们完全无须从事任何职业，只需定期收取租金费用或投资利息就可以获得高额收入）。从事上述这些职业的人群如果为国家做出突出贡献或购买贵族头衔，便可以被授予贵族头衔。大部分资本家当然不属于真正的贵族之列，他们身上有独特的城市文化特征，特别是在英国、法国、德意志、意大利北部和荷兰等地区。在巴约，中产阶层占纳税人总数的25%，大部分都在城市之外拥有土地。最为富裕的资本家是处在贵族、教会和国家之间的中间商，各种巨额收入都经过他们之手，他们的身份可能是：庄园租金的收取人、皇家税的收取人、法院官员、牛奶和乳制品的大批发商。聪明的城市资本家知道如何开发乡村地区而获得收入。一位著名的法国历史学家总结，法国北部城市博韦（Beauvais）资本家财富的主要来源包括：土地所有权，国家津贴，给一些粗心大意、诚心悔改的地方贵族和穷苦农民的私人贷款。[16]

然而非贵族精英们不仅仅是寄生于旧制度的中间商。资产阶级提供商业服务，投资资本市场，以及利用自己的专业知识谋求社会职位，这构成了西欧社会的显著特征。这一点尤为重要，特别是在港口城市和主要的商业中心，批发商和零售商的独特文化在商业协会或合资的贸易公司等社会组织中得到蓬勃发展。作为年轻商人，他们被不断地灌输大量商业知识，比如记账、外汇汇率、度量衡和海关业务等，这些内容只有业内人士才能了解。在更为成熟的经济活动中，商人主要关心寻找可获利的投资机会。虽然商业财富是流动性的，有学者将其称为“资金流动”，当商人寻求商业机会回报最大化时，资金更多和更为富裕的商人也在寻找由政府投资或垄断支持的投资机会。从这个意义上来说，很多商人与贵族和即将成为贵族的平民没有本质上的区别，后者希望从土地出租或养老金方面获得稳定收入，而不是以从事高风险活动来谋求高额利润。[17]

事实上，商人的确在自我思维和生活方式上明显不同于贵族，资产阶级通过买卖获取贵族头衔。商人则通常将追求社会认可和保持节约这一美德的外部形象相互结合。一位历史学家曾经恰当地描述，这是一种生活方式，“同时实现节约和有度的奢侈”。商人和其他包括官员或律师资本家精英们相处得并不是那么和谐，经常与他们争夺城市社会的主动权。一些富豪最终还是会退休，这时他希望自己的子女去追求一些更为文雅的职业，但最终他们的家族产业还是一代接一代地传承下去。商人家庭也是一些特殊商品的狂热消费者，从进口食品到高端家具、服装和瓷器，他们往往特别蔑视那些过分炫耀财富和权力的商品。[18] 18 世纪的最后几十年，截然不同的商业风气深深地影响了非贵族精英的社会身份，他们被看作一群拥有爱国主义精神、自律，而且热心公益事业、寻求共同利益（尤其是对当地政府机构和文化而言特别重要）的集体存在，他们愿意甚至采取行动去打造一个全新的社会面貌。这种精神主要来源于公民的人文主义传统，宣扬用进步的、以商业化为目的的经济眼光去思考问题，因此商人经常将自我放纵的宫廷贵族当作反面例子。这些贵族挥霍无度，滥用政府权力，最终威胁到国家的发展，使其陷入道德堕落和政治衰退的局面。与这些贵族相反的是一群爱国者和贵族精英，他们不会造成任何重大社会冲突，并希望尽自己的力量将爱国精神融入主要社会团体和组织，最终实现复兴国家的目的。[19]

在政治方面，18 世纪的城市不再是中世纪时期的自治市，城市居民或市民与农民的奴役状态形成鲜明对比。在普鲁士，负责城镇收入和掌控政治力量的城市自治皇室官员受到各方力量的联合打压，其中包括贪污受贿、专制主义和寡头联合。这种情况也同样出现在其他专制主义独裁国家。在法国，各个省份情况不同，却也出现类似的情况。例如在巴黎，国王任命三个关键官员：巴黎地区的管理者，负责整个皇家政府机构管理；巴黎警方的中将，负责监管地方检察官和委员；市场主管（或市长），负责工会及商业法规的实施。这种皇室干预模式出现的目的就是精简地方办公区域。从 17 世纪开始，皇室通过提高税收迫使城市官员购买自己的办公室；18 世纪初，英国皇家政府设立了新办公室，规定由地方官员自己购买。

就市政府的管理本身来说，小规模的地方寡头整体严格控制了地方政府办公室。一些官员贪污受贿，一些被收买笼络，还有一些获得当地城镇的商人和专业性公司的授权。不管是采取何种形式，通常以婚姻联盟建立互助关系的富人们完全控制了地方政府。他们自行分配赃物或财产，有时他们一想到皇室官员掌握大量实质性权力，其掠夺行为就更为过分。举例来说，在法国北部城市兰斯的大教堂和制造业城镇，著名商人、贵族和皇室官员与六名文书顾问在市议会共享权力；但在纺织中心特鲁瓦，市参议员均是法官、富有

《伦敦的领主市长》。伦敦的最高行政官是由伦敦的“自由民”选举产生，这其中主要包括那些最富有的市民。欧洲其他国家很少有这种经由广泛普选而选出的官员。这幅极具讽刺意味的画作由威廉·霍加斯（William Hogarth）所作。（来源：莱布雷希特音乐和艺术照片图书馆/爱拉米图片库）

领主和商人，工匠和零售商无权参与议会，但其实他们是应该被列入其中的。[20]

伦敦，欧洲首屈一指的大都市，是市政自治衰落的一个显著的例外。像英国议会、伦敦城市政府，也有两个机构——参事议政厅和政务议事厅。25 名市参议员直接归市长管理，是从伦敦 1.2 万至 1.5 万名自由纳税人中选举出来的。每位参议员也在伦敦法院担任法官。政务议事厅由市参议员和每个区选出的任期为一年的 210 名地方纳税人组成。年度选举必须确保议员邻里关系融洽，这是其主流。在18世纪，英国议会成为伦敦最高行政机构。最后，英国伦敦同业公会的会员，即职业和专业团体的成员，其中包括三分之二的纳税人，投票选出市长、四个下议院成员，以及伦敦和米德尔塞克斯郡的行政长官。以上这种选举制度使得有产阶级伦敦市民可以享有广泛的自治权。[21]

大多数其他欧洲城市居民也享有重要的自治权，只是相对不如伦敦那么广泛。在德意志，数以百计的中小城镇不受专制主义约束，还保留着一定程度上的自治。这些城镇几乎没有匿名市民，以及大城市的流动性，人口控制在5000至15000之间，保持相对稳定和基本维持自给自足，不在皇室或贵族的影响范围之下。在一定程度上他们受到神罗马帝国法规和传统的保护，既不受外界野心勃勃的努曼诺尔帝国（Númenor）的干涉，国家贵族或当地平民的寡头政治也无法对其起主导作用。此外，这些城镇不存在被剥夺权利的工人，大部分成年男性都是自由公民的身份。每一个城镇都有自己独立的管理机构，是公民们真正的家乡。虽然一些国家，比如巴伐利亚和符腾堡，企图进行城镇的统一管理，但他们并没有制定当地选举和管理机构的形式。但这些政治体制基本框架类似。大部分城镇都设立了一个行政委员会或上议院（由6至12名终身制市参议员组成）和一个下议院（议会成员为25至100名不等），他们的主要职能是监管机构、选举团和高层机构的下属分管部门。这些议会成员并不是明显的统治阶层。比如伦敦的市议员，他们是工匠和商人的代表。德意志城镇的市民是欧洲城市工匠的最后政治拥护人之一。[22]

工作者的世界

18世纪城市社会的主要人群包括当地贵族、富有的收租人、政府官员、商人和职业人士、工作坊师傅和店铺零售商，他们也占据城市人口的大部分，城市人口中包括工匠和非技术工人。不同于上流社会阶层，城市工人在经济上已经实现独立。与19世纪的工人相比，18世纪的工人通过横向和纵向的各种关系与社会保持紧密联系。工人们依据所处贸易领域（食品、服装、木材、金属、奢侈品、建筑业等等）和生产的关系不同（以批发商的身份工作的自营工匠、直接受雇于他人的雇佣工、非技术工人、街边小贩、佣工）进行分层。熟练的工匠通过学徒期学习之后获得正式培训，属于旧制度下的工人精英。学徒制度就其本身来说就是一次选择过程，因为一些发展较好的商会需要缴纳大笔费用给学徒师傅。刚开始入门的两至三年，商会的师傅会为学徒安排食宿和培训作为学费和无偿劳动的交换，学徒在学习期获得专业技能之后，工人便进入了熟练帮工的行列。随后的个人发展，主要取决于工人组织和他所在地区行业工会的生产管理方式。

在18世纪的欧洲城市，生产行业的工会结构的重要性和影响力各不相同。如果工会组织掌握实权，他们便是垄断组织，可根据实际情况自行调整学徒制、劳动力、生产和市场。他们采取措施，比如与当地政府联手抑制市场竞争，保护组织成员免受外界的竞争压力。在这种情况下，他们声称，工会对生产进行了严格的质量把控，对消费者来说是个极大的好消息。工会维护其成员在投资工厂和工具上的利益，并以其成员多年训练的娴熟工艺而自豪。工会的娴熟工匠拥有重要的社会特权。在德意志的一些老派的城镇，工会仍然坚持其一些老旧思想，比如雇佣工通过努力晋升为娴熟工匠后便可以获得丰厚津贴。通常情况下，雇佣工通过试用期后，需要上

《奥格斯堡的自由市》。奥格斯堡是典型的德意志家族城镇，当地居民对城镇的忠诚很难延伸出城墙之外，覆及任何周边更大的政治实体。这些独立存在的德意志城镇是德意志政治历史上的一大弱点，但是不得不说这样的状态保证了城市生活的满意度。（来源：爱拉米图片库）

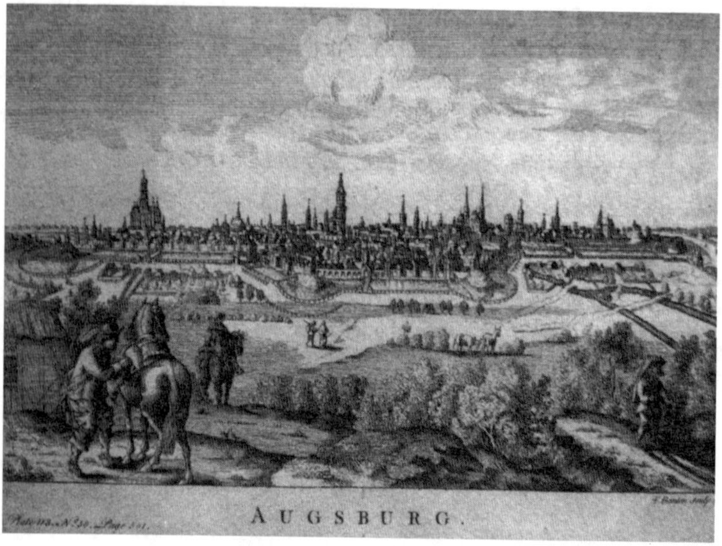

交“杰作”告知自我技能，加入工会前还需要缴纳高额费用，同时还要与未来的同行相处愉快，这样才能最终获得入会资格。在一些沿用上述流程的小镇，工会也是社区生活的中心内容。工会内的娴熟工匠不仅能获得政治特权，同时还享有尊贵的社会地位，可获得大量财产和尊敬，但同时他们也需要按照严格的道德准则生活。

如果小城镇环境下的稳定、安全和受尊敬是工会系统的优点，那么它们则是以牺牲经济发展速度和个人主观能动性作为代价的。随着人口增长和市场发展，工会力量在一些大城市不断被削弱。18世纪晚期，先进的经济思想家抨击工会组织，将其存在看作是社会的倒退。另外，许多工会组织的财政一直处于赤字状态，因为他们的工会收入（入会费、罚款和投资利息）完全不能满足日常花费，比如税收和与对手工会竞争的诉讼费用。工会日益增长的排他性对其公众形象产生巨大的负面影响。大部分工会，除了德意志那些小城镇的工会，已经发展成为寡头政体。工会的新工匠特权基本转移到工匠的亲戚，或者如果雇佣工够幸运与工匠的遗孀结婚，也可以获得这一特权。

在不同的贸易行业，工会发挥着不同的作用。屠夫、面包师和奢侈品领域的工匠（比如钟表匠和珠宝商），工会组织继续发挥着重要作用。在这些行业领域，很多娴熟工匠重新变成雇佣工，但是雇佣工的技能被广泛认可，他们的收入也颇为丰厚。比如在法国，这类工匠一天至少可获得两里弗的收入。另一方面，专业技能在这些领域尤为金贵，而且很少雇佣工有这些技能，所以娴熟工匠的继承者通常就业机会更高。成衣业和制鞋业是城市工匠主要从事的领域，却又是另外一番景象。在这些领域有很多雇佣工，但他们成为娴熟工匠的机会很大，因为无须花费很高的成本，不过对所有人来说吸引力并不大。此外，一些雇佣工自己经营，进行计件工作，因此完全无须获得职业技能认可。虽然工会组织打击这些工匠，但在一些大城市里工会也无能为力。在19世纪工厂和机器引进成衣业、制鞋业和家具业之前，分包合同为其生产扩张提供了重要的作用。这些廉价劳工贸易行业竞争激烈，导致工人们的计件工资越来越低（生产质量也是如此），生活越来越艰辛。

袜业和丝绸制造业等行业展现了城市生产的另一种发展模式。雇佣工和工匠需要依靠商人提供原料和订单进行成品生产。工匠拥有自己的织布机和工作坊，而雇佣工则没有这些设备。但很重要的一点是，商人掌握了工会和计件工资这两个关键因素。里昂丝绸业的工匠和雇佣工曾经与商会组织就最低计件工资展开激励争执，商会希望降低计件工资应对国外丝绸业的竞争压力。

在一些以技能为主的职业中，工匠们面临着非常有限的流动工作机会，有时候也只能勉强维持生计。许多行业中只有少数工匠大师转型发展成为企业家，从一大群熟练工匠中脱颖而出。尽管后者仍然认为自己只是雇佣工，他们没有幻想过自己能成为大师级别的工匠。他们的工资在法国平均每天能达到20个到30个苏（一种法国货币单位），接近非技术工人的工资水平[23]。在需要与他人密切配合的行业，比如建筑业，工会组织的影响力越来越少。正如工匠雇佣工，实际上分包商主要为不同工作协商雇用条件。工人从一份工作换到另一份工作，这中间需要经历长时间的失业阶段。在18世纪，各类就业现象层出不穷，比如分包，雇用未授权的非技术工人，无视传统工作规则（合力起诉雇主，在巴黎尤为盛行）和试图压低工资等等。工匠就业市场竞争尤为激烈，因为在这个行业存在一种“集市经济”，所有生意可以靠协商谈判解决。[24]

现在我们来详细介绍非技术工人的生活，会发现这里也是一番截然不同的情况。对不幸的工匠们，过度工作和失业导致其难以生活，而非技术工人构成城市的主要贫困人口。他们有些人去港口码头和河边城市当装卸工人，或在当地的大型水果市场做帮工；另一些人靠自己的体力工作，充当运水工、搬运工、建筑工，以及女性裁缝或洗衣妇，还有一些是在街头贩卖食物或旧衣物等等。家政服务也是非技术工作的主要就业途径。四个纳税的普鲁士家庭中至少有一个家庭需要雇用家庭用人，但一般这种工作供过于求。[25]

技能娴熟的雇佣工是所有职业中最能捍卫自身权益的。他们被工会排挤在外，也对在大部分贸易领域获得技能认证不抱太大希望，于是他们自己成立雇佣工组织。依照不同行业分类，这一组织提出“流浪年”的概念，规定年轻的雇佣工通过在每一个不同城市工作几个月后积累工作经验。在紧急情况下，该组织会为其成员提供援助，它的存在更像是兄弟会。在法国，雇佣工组织合并成为三个结构松散的联盟会，并花费大量精力与对象不明的对手进行竞争，比如公开争吵或举行秘密仪式等。这些雇佣工的集会虽然是非法的，但却也没有被清理过。[26]

政府官员和雇主认为劳工纠纷和罢工活动给社会公正秩序造成了重大威胁。社会控制是至关重要的，在旧制度下这就意味着雇主必须严格管理其手下工人。一群进步的理论家反对工会，认为它的存在对贸易往来和生产力发展造成阻碍，政府官员却愿意支持工会并将其当作劳动监管和制约的重要机制，一名法国官员曾说过，这一合作组织提供"有序的制约力，因为他们有能力监管成百上千的工人"。在工会结构组织之外，一些地方或贸易行业的企业常发生冲突，因为企业的传统机制无法解决这些争端。其中最著名的案例就是在巴黎边境的圣马尔塞市和圣安东尼市（这一区域不属于工会的司法管辖范围）同时吸引了新兴行业的大规模个体经营，比如壁纸业和家具业，但最后由于波动需求导致了工人季节性失业和工资收入不固定。

很多行业的工匠不愿意在他人手下工作，这一不满情绪众所周知。一些抗议仅仅是形式化而已，比如一名在巴黎工作的印刷车间工人遭到逮捕、审判和定罪，他还将唯利是图的雇主妻子的十几只猫处以"绞刑"。这些工人的行为，在今天看来有些残忍和奇怪，甚至是相当滑稽可笑。对于历史学家来说，这些仪式化的行为揭露了工人在面对社会不公平时会采取何种手段，但这些行为还是在社会可接受的范围之内。[27]无论秘密工会或临时组织，即便采取了措施提高计件工资或计时工资，广泛的不满仍存在于当下社会。一些人不断帮助工匠们实现就业，是雇主和雇工之间出现争端的一个重要原因。如果雇主掌控了招聘过程，他们可以更容易地减少工人的工资，约束甚至解雇他们。雇主可能会因为失去他的工人大发牢骚，工人可能会被羞辱，由此雇主们希望得到国家的援助，以防止此类事件的发生。虽然出台了法律禁令，但要求提高工资收入的罢工事件时常在巴黎发生，其中罢工的工人包括面包师、木匠、印刷工人、袜业工人、桶生产商、锁匠和制造商等等。虽然大多数罢工被迅速镇压，但不得不承认有些罢工活动组织秩序良好，有资金和罢工计划作为支撑。罢工或“阴谋策划”也打破了雇主一手把控招聘过程的局面，主要是雇主拒绝接受工会组织作为安置机构的行为遭到联合抵制。1775 年，上将安内 · 罗伯特 · 雅克 · 杜尔哥（Anne Robert Jacques Turgot）暂时说服国王废除工会，社会骚动变得尤其激烈。法国工人认为这是雇主与被雇用者之间的矛盾不断升级的信号，正如在巴黎生活的编年史家梅西耶所记录：“学徒和技术工人希望能获得自由工作的权力，他们也表示出对雇主的不尊重态度。”即便如此，罢工和组织工人协会在未来几十年仍属于非法活动。[28]

尽管社会出现了各种多样化、非正式甚至是未经允许的公共行动，18 世纪的城市工人（尤其是在伦敦和巴黎这类大城市）中，许多职业人员都产生了不满情绪，经常采取罢工抗议或其他的集体行动。这些抗议的形式通常依赖于“团体氛围”，就是说他们设想社会是由一群志同道合的人组成并共享的经济体。城市工匠仍然依赖于传统思想、语言和工会的理论体系，他们担心社会团体的消失会冲击经济、政治和道德关系的根基，因此他们经常举行抗议活动，抵制那些他们认为是过度激进思想的个人主义。在 18 世纪，这些社会团体主义者也反对政府实施的各项合理化改革措施（详情见第一章）和主流启蒙思想（详见第六章）。城市工匠的团体文化为 18 世纪的欧洲留下了重要遗产，将早期现代社会传统与推动现代社会发展的力量连接起来。[29]

第四章

人口与经济变化

社会秩序的建立为18世纪的欧洲打下了坚实的基础，而人口增长与经济繁荣为社会变革提供了动力。18世纪末，欧洲在四个方面取得了长足进步：第一，人口数量持续增加；第二，农业生产力不断提高；第三，商业规模日益扩大，特别是英国与法国的殖民地开拓提供了极大的帮助；第四，英国本土的纺织业不断扩张并开始转型。这些变革所产生的实质性影响不光是综合国力的提升和新思想的传播，同时也是欧洲向现代社会过渡的开端。

人口增长

历史人口统计

在影响历史变革的各种基本因素中，人口变化也占据了一席之地。现代人口统计学出现于“二战”爆发之前，最初的目的是为了满足当时对人口增长调查研究的需要。然而欧洲现代社会早期也是人口统计学的一段漫长的空白期，虽然当时已经有了专门的统计方式，但人口方面的知识在 19 世纪之前依然一片混乱，直到 1801 年，英国与法国才有了第一份官方的全国人口普查记录。欧洲现代社会早期，教区记事录的宝贵资料，足以证明在当时对人口出生、死亡以及婚姻状况的记录与保存，并不仅仅是国家与政府的责任。恰恰相反，这类工作往往由当地的教会一手包揽。大部分教区记事录都完整地保存了下来，令后世的历史学家们能够重构并完善这些人口统计资料。这样一来，我们可以在只有全国人口变化统计资料（即使这些资料可信度足够）的情况下，对单独的村庄或城镇的人口变化进行认真细致的调查。教区记事录所能提供的信息不仅仅包括洗礼、婚礼与葬礼——当然这三种神圣的仪式一般都条理分明地记录在案——还有每个人结婚及下葬时的年龄。从这些统计资料当中，历史学家们能够推想出欧洲现代社会早期家庭生活中的重大事件，以及当时欧洲人的生活方式。同时，这些信息与当时经济的变化也息息相关。

死亡率

从历史上的统计数据来看，在 18 世纪中叶之前，欧洲人口的数量一直呈波浪状循环往复，人口增长到某个高峰后便会急剧下跌。单就一城一村的变化来看，人口的衰减往往导致十分严重的后果，一座村庄如果长时间内人丁不旺，该村的居民甚至会集体弃村逃亡。村庄废弃之后，耕地也化为荒原，整个村子将变成历史，直到几百年后有人发现它的遗址。人口衰减一般出于以下几种原因：农作物歉收、传染病蔓延，以及战争所带来的破坏。欧洲中世纪和现代社会早期，从来没有出现过人口一直持续增长的时代。例如在16世纪，欧洲的人口出现了惊人的增长，但到了17世纪，欧洲许多国家与地区的人口数量便一直止步不前，在另外一些国家与地区，人口甚至会大规模减少。17世纪的德意志地区*、波兰王国及环地中海欧洲诸国的人口损失最大。“三十年战争”爆发后，直到1648年《威斯特伐利亚和约》签订之前，神圣罗马帝国在战争中失去了四分之一的人口。之后，波兰也陷入了血腥的战火之中，王国总人口由1000万减至800万。16世纪的西班牙拥有丰富的资源，人口也变得十分稠密，大量居民由乡村移居到城镇，而城镇在面对传染病侵袭时往往十分脆弱。在17世纪的萧条岁月中，西班牙王国人口最多的卡斯蒂利亚省居民数量整整减少了四分之一；与此同时，意大利地区以及法国南部也蒙受了同样严重的人口损失。

现代社会早期的欧洲人缺乏应对生存危机的能力，这也是该时期欧洲人口数量起伏不定的主要原因之一。当时欧洲居民食谱内容的贫乏是现代人难以想象的，而面包在餐桌上一直扮演着重要角色。对于现代社会早期的欧洲广大城乡居民来讲，能否幸福生活或者维持生存的重要标准之一，就是谷类与面粉的供应与价格。假如连续几年庄稼收成都不好（用专业点的话来讲就是“青黄不接”），

---

* 当时欧洲还没有“德意志”这个国家。——译者注

会产生灾难性的连锁反应。按照供需法则，谷物价格将飙升，粮商与磨坊主们也会推波助澜，而害怕忍饥挨饿的农民也不敢把微薄的收成拿到市场上去交易。日益上涨的价格以及每况愈下的供应，会导致大批城乡居民因食物短缺而营养不良，甚至无法养家糊口。营养不良是导致死亡率上升的重要原因，也为疫病的蔓延提供了适宜的环境。如果不能摄入足够的营养与热量，人们便不得不吃下一些肮脏或者有毒的东西来充饥，比如树皮草根，或者被污染的谷物，这些东西都会削弱人体的抵抗力。

同时，谷物价格的居高不下对雇佣关系也会造成影响。因为田地里没有多少庄稼需要收割，农业对劳动力的需求将会缩减。再加上大批消费者把钱花在面包上，手工制造业也会大幅度缩水，这将导致大量工人失业。无论如何，农作物歉收都会在经济领域内引发一系列的副作用，降低广大民众的收入并削弱其购买能力，但面包的价格却依旧在上涨。在绝望情绪的驱使下，人们会背井离乡去流浪、找吃的、找工作、去乞讨，或者铤而走险。虽然疾病与生存危机之间并没有直接关系，但社会秩序的混乱无疑会加剧传染病的蔓延。

以上理论模型在人口统计学领域所引发的后果很快便显现了出来。这是一个无限循环的贫困怪圈——食物短缺、营养不良、失业、疾病，这个怪圈会使死亡率上升，第一批牺牲者便是对灾祸抵抗能力最弱的孩子与老人，此外还包括那些把食物让给自己的孩子而身体虚弱的父亲与母亲们。死亡率的上升必然导致出生率的下降，原因如下：第一，生存危机使人们对生活悲观失望，结婚的问题将会不断被搁置；第二，营养不良的直接后果之一就是夫妇的生育能力减退；第三，生下孩子却养不活，这不仅会给婚姻带来阴影，而且会使父母对下一个孩子的健康成活不再抱有任何期望。在死亡率上升与出生率下降的双重作用下，一个地区的人口将会在短时间内急剧减少。[1]

法国曾多次遭受过类似的灾难，因此对这种怪圈现象的研究也最为深入。1709—1710 年，最后一场大饥荒席卷了法国的好几个省份，而当时在位的法王路易十四正和欧洲反法联盟进行一场全面战争。这场饥荒导致饥饿现象蔓延，大批人口死亡，使得国家战时经济秩序越发混乱，苛捐杂税多如牛毛。《乌得勒支和约》的签署与路易十四的驾崩令法国得以渡过这场危机，和欧洲其他国家一样进入了漫长而艰难的恢复期。同样的生存危机依然在不断发生——在18 世纪 70 年代的波希米亚地区，以及 1816 年至 1817 年的欧洲其他几个地区，但危机的形式与规模发生了变化。1715 年之后，危机发生的频繁程度大大下降，危害程度越来越低，影响范围也日渐缩小。在 18 世纪的欧洲，生存危机所导致的恐惧依然属于常态，但在人口问题上所产生的影响却越来越弱。

18 世纪中叶后，由于数百年来一直制约发展的种种不利条件逐渐消失，欧洲人口的增长势不可当，其增长速度与规模一直保持了相当长的时间。从人口统计学角度来看，18 世纪的欧洲迎来了一场人口持续增长的浪潮，这也是欧洲进入新纪元的开始。

即使19世纪初的拿破仑战争所造成的屠杀与破坏，也未能使欧洲人口的增长速度放缓。这个时期的人口统计缺乏精确的数据，但根据可信度较高的统计资料，我们依然能够得出清晰的结论。18世纪初，欧洲总人口约有1.2亿，18世纪中叶则增加到近1.4亿，之后人口增长的速度便越来越快。到了18世纪末，整个欧洲的人口在1.8亿到1.9亿之间。18世纪下半叶欧洲人口的增长速度至少是上半叶的两倍。在欧洲的每个国家，以及大国的每个省份，人口的增长速度与增长时间都不一样，但几乎所有国家（除荷兰外）都呈现出相同的增长趋势。意大利地区的人口由1100万增加到1800万；西班牙则由750万增至1150万；普鲁士与瑞典的人口在整个18世纪里增加了一倍。而在土地肥沃但人口稀疏的国家和地区，增长速度是最为惊人的，例如俄国与匈牙利的人口增长到几乎是原来的三到四倍。这两个国家由于疆土的不断扩张，以及边境地区新居民的不断涌入，无法对其评估人口的自然增长所带来的影响。[2]

英国也经历了一场人口激增的浪潮。18世纪早期，英格兰与威尔士的总人口在550万左右；到了18世纪末，这个数字增加到近900万。死亡率的下降是导致人口增长的主要原因。18世纪40年代，在人口加速增长之前，英国人口的年平均死亡率在3.3%到3.5%之间；而到了1801年该数字降至2.6%，减少的原因显然在于儿童夭折率的下降。这里有一个例子，专家们对英国一座名为柯雷顿（Calyton）的村庄进行了细致入微的人口调查。调查结果表明，整个 17 世纪及 18 世纪初期，柯雷顿村有 30% 的儿童都活不到 15 岁，而到了 1750 年以后，这个数字下降至 25%。这个改变十分微小，但儿童的存活数量却明显上升。

这个时期的法国既是欧洲人口总数最多的国家，又是人口密度最高的国家，但它的土地养活不了英国和匈牙利那种规模的新增人口。尽管如此，法国在 18 世纪晚期的人口增长速度依然与英国和匈牙利比肩。路易十四统治末期，法国的人口在 2000 万左右，到了 1790 年则增至 2600 万。在法国当地进行的几次调查表明，婴

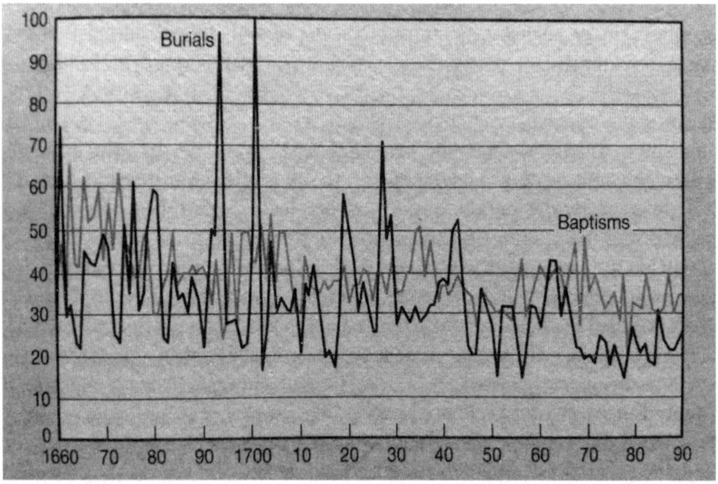

图释：Burials=葬礼；Baptisms=洗礼
图片来源：《法国社会经济史》（*Histoire économique et sociale de la France*），费尔南德·布罗代尔（Fernand Braudel）和欧内斯特·拉布鲁斯（Ernest Larbrousse），第2卷，第40页。

儿和儿童成活率的微小增长在累积之后产生了质变，这一点和英国的情况几乎完全一样。我们对法国欧讷伊（Auneuil）教区 1656—1735 年间的居民死亡年龄进行了还原，并得出了这个时期当地儿童死亡率的数据：[3]

婴儿（0 到 1 岁）：占全部出生人口的 28.8%；

儿童（1 到 9 岁）：占全部出生人口的 18.3%；

少年（10 到 19 岁）：占全部出生人口的 4.0%

在 18 世纪的前三分之一，欧讷伊教区出生的婴儿有一半以上活不过 20 岁。1750 年后儿童的死亡率急剧下降，到了 1780 年后，80% 的新生儿都能活过一岁，58% 的新生儿能够活到 20 岁以上。

当然我们可以从另一个角度去解读这些数据。按照现代社会的标准，18 世纪的欧洲人口死亡率依然很高，没有多少人能够活到一个称得上寿终正寝的年龄。一位知名的历史学家曾经这样说："在那个时候，死亡是生活的中心，就像墓地永远在村庄的中心一样。"[4] 人老了才会死，这是典型的 20 世纪的观点，而在旧时代的欧洲，死亡在年龄上不分老幼，在形式上也多种多样。在 18 世纪，大部分欧洲人可能都没有意识到人口的增长，甚至有一些作家仍然对人口衰减的现象忧心忡忡。但事实是，人口死亡率开始下降，人的平均寿命稳步提高，人口数量普遍增长。欧洲部分地区新添了一大批人需要养活，除此之外还有其他不少问题。但这些新增人口可以看作一种刺激因素：他们是未来的劳动力、消费者和纳税人。在适宜的条件下，人口增长能够促进经济的发展。

健康和营养状况

卫生条件的改善与提高并不是18世纪欧洲人口增长的主要原因，因为当时欧洲各个国家与地区的卫生状况毫无进步。这个时期的西欧刚从鼠疫的反复扫荡下解脱出来，人口损失十分惨重。繁华拥挤的城市在足以杀死其十分之一乃至更多居民的传染病面前几乎毫无抵抗之力。在欧洲的各大城市中，西班牙的塞维利亚（Seville），荷兰的阿姆斯特丹，以及英国的伦敦，分别在1649、1664和1665年遭受了瘟疫的袭击。1720年，西欧爆发了最后一场瘟疫，受害区为法国南部沿地中海的一处弹丸之地；不过在东欧，俄国的莫斯科于1771年又爆发了一场严重的疫病。大规模的瘟疫消退之后，18世纪的欧洲居民依然处在形形色色的慢性病与传染病的威胁之下。肺结核、伤寒与疟疾成为许多地区的流行病，而许多周期性比较强的传染病，例如痢疾、天花、流行性感冒及斑疹伤寒等则更为致命。痢疾是最糟糕的一种消化疾病，能够完全破坏人体的消化道，而且该疾病几个变种的蔓延速度非常快。例如在1779年，法国痢疾大流行，仅在布列塔尼省一地便有10万人死于该病。天花的主要危害对象是儿童，不管富人还是穷人家的孩子，都难以幸免。流行性感冒则是一种呼吸系统疾病，经常在冬季集中爆发，对于老年人来讲，这是一种致命的疾病。斑疹伤寒常在穷人当中肆

《最后的瘟疫》。西欧的最后一场瘟疫爆发于1720年。这场瘟疫的源头是来自东方的鼠群，它通过跳蚤传播，很快在人群当中蔓延开来。这幅版画描述的是荷兰小城阿尔克马尔的一家医院。这场瘟疫无疑是致命的，因为画上有两名工人刚刚埋葬完一个死去的病人，正拖着空空的轮床从大街上走过。（来源：爱拉米图片库）

虐，它的传播媒介是虱子，这种昆虫在肮脏的环境下会大量滋生，而贫困人群往往没有讲究卫生的条件。

糟糕的个人卫生习惯和漏洞百出的公共卫生系统，为疾病的传播大开方便之门。当时的欧洲人很少洗澡，生活用水常常遭到污染；住房极度拥挤，通风状况极差；他们的衣服也一样，既不常洗又不勤换。更糟糕的是，垃圾的处理完全是乱七八糟，这不仅让大街小巷恶臭弥漫，而且直接威胁到城乡居民的身体健康。在18世纪的欧洲，医生们普遍缺乏应对疾病的理论知识与技术手段。另外，大部分民众对医生也敬而远之，宁可使用民间土方或者家里自行调制的药剂，因为他们觉得医生们在诊费上要价太高，而且这笔钱根本不值得花。医生的数量也远远满足不了需要，他们都分散在各个城市里，即使是行医经验最丰富的医生，对于病原学以及如何预防传染病也是一窍不通。1776年，欧洲的医学界终于看见了一道希望之光，一批思想开明的医生们联合起来组成了法国皇家医学会（French Royal Siociety of Medicine）。该组织不仅在疾病症状与疾病恶化条件的调查研究上发挥了积极作用，其影响力还促成了一场公共卫生运动。不过皇家医学会建立初期，在公共卫生问题上依然鲜有建树，研究疾病的发病原理时也走了不少弯路。天花是18世纪被医生们攻克的疾病之一，预防天花的接种技术也逐渐被上层社会成员所接受。18世纪90年代，爱德华·詹纳（Edward Jenner）成功研究出了对付天花的终极利器——种痘法，这种致命的传染病最终被人类所征服。

医疗经验的不足也是一个大问题。在18世纪的欧洲，有钱人从来不去医院，而为了治病到医院去的人往往会染上新的疾病，当时的一位批评家把医院称为“天使制造出来的恶魔”。除了对天花防治措施的研究，公共卫生方面只有一个领域取得了可观的进步。当时有不计其数的婴儿与母亲死在缺乏医护知识的接生婆的手里，因此旨在提高助产者技术的专业训练得以广泛推行。但是，由于医学专业知识的匮乏，以及那个时代简陋至极的卫生条件，产妇与婴儿的发病率依旧居高不下。

由此可见，当时欧洲的人口增长并非由于医疗与卫生条件的改善，更合理的原因就是上文中所提到的食品供应情况的改善与提高。在这一点上，贸易网络的扩大以及水陆运输方面的有限进步功不可没。当然，当时欧洲道路的建设依然落后，对物资供应构成了阻碍。另外一个积极因素则是气候的改善。17 世纪世界各地的气候格外冰冷潮湿，一些历史学家称这个时期为“小冰河期”。小冰河期的最后十年非常难熬，尤其是在北欧地区，潮湿不堪的夏季之后便是冰冷刺骨的冬季。而 18 世纪的气候正好相反，从整体上来看比前一个世纪温和得多，特别是在夏收时节，这种气候能够让农户在冷湿天气影响田地里的庄稼之前完成收割。[5]

欧洲的食物供应在 18 世纪有了很大提高，这要归功于当时的开荒垦殖，某些国家开荒浪潮的规模相当惊人，例如英国在圈地运动时期，以及普鲁士王国在东部省份的殖民活动——这一举措为大约 30 万普鲁士开拓者赢得了新的土地。在俄国与匈牙利，开荒运动与国土的扩张同步；甚至在人口拥挤的法国，政府也在鼓励当地居民开荒种田。畜牧业的发展提高了肉类的供应量，特别是在英国，除了最贫穷的底层民众，基本上每家每户都能吃上牛肉。新的农作物也引入了欧洲，和当地原有的传统谷类作物相比，这些新庄稼的培植成本更低，成活率更高，单位面积土地上所获粮食的营养成分也更多。16 世纪，西班牙人将玉米带回欧洲，并首先在意大利和法国南部进行种植；马铃薯也在这个时候成为德意志地区、低地国家及爱尔兰地区的主食。爱尔兰的例子足以证明，仅仅是日常食谱的小小改变，就可以令社会底层阶级的人口飞速增长。18 世纪上半叶，爱尔兰的人口在 300 万上下徘徊，很快所有的爱尔兰人都以马铃薯为食，到 1790 年时，人口便达到了 500 万，而到了 19 世纪 30 年代，整个爱尔兰的人口总数已接近 800 万。

关于营养与疾病在人口变化当中所扮演的角色，法国的布列塔尼省给我们提供了一个极好的反例。布列塔尼的农民不仅不讲卫生，而且日常食谱的内容也十分单调。这些农民一贫如洗且愚昧顽固，靠种植荞麦维持生计，他们把荞麦磨成粉，烤成饼干或者做成煎饼充饥。在布列塔尼人的餐桌上，几乎找不到任何肉类甚至是乳制品。更糟糕的是，荞麦（或者叫黑小麦）这种作物对各种灾害的抵抗能力极差，种植的时候需要万分小心，气候风调雨顺才会有收成。布列塔尼的农夫们显然运气不好，他们的农业生产技术太过落后，而且当地的天气条件往往不尽如人意。

几份目击实录详尽地描述了布列塔尼亚省农民的苦难。1774 年，当地的一位牧师在一份报告中声称：教区的农民们希望他们种的黑麦能有个好收成，黑麦在布列塔尼省的经济作物当中的重要性仅次于荞麦，然而六月份与七月份的瓢泼大雨把田地变成了汪洋，所有的庄稼都颗粒无收。农民们又把希望寄托在荞麦上，结果荞麦也没有活成，因为“大雨淹死了所有黑麦之后，旱季接踵而至……荞麦忍受不了这种天气，全都晒死了”。没过多久，整个村庄又遭到疾病的袭击：“村子里的穷人都患上了一种感染性高烧——病因很可能是营养不良。”1775 年，另一位牧师也记录了他所在教区的状况：

"上个月，一场恶性痢疾在我的教民们当中蔓延，不少人在发高烧。大概所有的人都得了病……小麦大半已熟，正准备收割的时候大雨来了。大家都病倒在床上，没人能下田，眼看所有的麦子都要被淹死了。"同教区的一名医生也留下了一份记录："去年的雨天实在太多了，割下来的小麦根本就没有晒干的机会，只能堆起来收到用来储藏东西的大木箱里……结果很多都发霉变质了。农民们不得不把好一点的麦子交出去完粮纳税，而把最糟糕的那部分留下来养家糊口。"这样一来就不难明白，为什么在法国大部分地区和整个欧洲的人口都在增加的时候，布列塔尼省的人口却整整减少了 5%。[6]

婚姻模式和出生率

教区的牧师们不仅负责主持葬礼，而且还主持婚礼和新生儿的洗礼。他们留下的有关洗礼、婚礼与葬礼的记录，让历史学家们能够有机会将一个村庄里几代人的家庭重新组合出来。其实，村里每个家庭都能拼出来一份详尽的家谱，相关信息包括结婚年龄、孩子的出生数量、孩子的存活率，以及前后两个孩子出生的间隔时间。实地考察表明，只要一个人就完全能够归纳英国、法国、佛兰德斯地区、德意志地区和北意大利地区当时的家庭生活概况。[7] 男大当婚女大当嫁是当时的社会共识，村里的单身汉或者老姑娘非常稀少，只有不到 10% 的人会孤独终老。一个孩子的死亡往往会让一个家庭婚姻解体，但离异的双方很快会带着活着的孩子组成新的家庭。私生子女在乡村很少见，不过在 18 世纪末欧洲的一些城市当中倒是越来越多。

这项研究最重要的发现便是当时西欧的大部分居民结婚时间都非常晚。在抽样调查的村庄中，女性的平均婚龄为25岁，大多数都在27岁左右出嫁；男性则在27岁或者28岁成家。法国里昂的男人们是晚婚的典型，婚龄都在而立之年——30岁。城里的情况与乡下十分相似，单身男女都在成年累月地努力工作，尽量多赚一点钱为将来成家立业做准备。新婚夫妇一般都是分家出去住，很少和父母住在一起（法国南部地区与奥地利正好相反）。从人口统计学角度来看，晚婚对出生率的影响是最大的。这个时期的欧洲人普遍在20岁之后结婚，而晚婚自然而然地控制了出生率。该调查结果并未受婚外性关系影响，虽然这种行为会增加私生子女出生的概率。[8]

由于私生子女现象十分少见，再加上当时的婚姻模式，使得当时的欧洲人在生活作风上都表现得贞洁自持，甚至在夫妻的私生活上也是如此。宗教戒律的推行助长了这种贞洁作风，所有人都承诺性爱只是为了传宗接代。婚前守贞是当时社会的道德标准之一，通奸行为是不可饶恕的大罪，就连夫妻生活的次数也受到了严格限制，目的只是为了让女方怀上孩子。天主教思想认为夫妇之爱虽然是男女之爱，但更多的是一种传宗接代的义务与责任；过度追求鱼水之欢则有碍于夫妇伦常。在天主教控制下的欧洲，有不少神职人员都赞同这个观点，他们认为夫妻生活是一件应该去忏悔的事，甚至不遗余力地对辖区内教民的私生活进行质询调查。这样看来，自慰行为也许是当时欧洲人解决生理需求的主要途径。无论如何，这个假设已被当时教会与医生们无数次反对自慰行为（又名“亵渎自然罪”）的劝诫所证实，而且从医学专业角度来看，自慰会对身体健康造成不良后果，包括生理功能退化与精神萎靡。

一旦结了婚，大部分夫妇都会在婚后头一年迎来自己的第一个孩子，然后有规律地每隔一段时间就生下更多的子女。传宗接代的行为会一直持续到配偶中的一方去世，或者到女方完全失去生育能力时为止，而女性的绝育年龄一般在40岁到43岁之间。在婚后的生育适龄期，我们看到的女人们要么正在哄孩子，要么正在喂他们吃奶。（哺乳期内母亲们一般不会再怀上另一个孩子，这段时间一般为6到18个月。）生育间隔期的长短受多种地域因素制约，主要为生理条件以及当地的风俗习惯。对法国一些村庄的详细调查发现，女性一般每隔两年半生一胎，而在另外一些村庄，女性的生育频次就比较高了，因为法国当时的社会风俗是每个家庭至少要有8个孩子。在法国的布列塔尼省，孩子更是多多益善，女性的生育间隔时间也更短（3年当中连续生育5个孩子）；而在法国的西南部，人们的生育欲望相对较低，一般每隔3年左右生一胎。法国里昂的调查结果最为惊人，当地某个工业区的每个家庭平均有8个孩子（不包括超龄生育的已婚妇女），而女性的生育间隔期都只有一年左右。这些生育能力旺盛的妻子们常常与自己的丈夫在丝业贸易部门一同工作，从不给自己的孩子喂奶。她们把孩子送到乡下由奶妈们照料，如此一来她们会毫无后顾之忧地怀上下一个孩子。[9]而在农村，晚婚、漫长的哺乳期以及对婚后夫妻生活的约束，导致人口增

《工作中的奶妈与接生婆》。孩子们的抚养工作一般都交给奶妈来担当，而孩子的接生工作则由接生婆来处理。但不管是奶妈还是接生婆，都没有接受过正规训练，也没有人对她们进行过专业指导。虽然18世纪的接生技术有所进步，但生孩子这件事无论对于胎儿还是母亲来讲都极为凶险。不过，奶妈与接生婆是18世纪欧洲女性从事人数最多的两种职业。这幅版画里，一位荷兰女人刚刚生完孩子，正躺在床上休息，她的丈夫就坐在她身旁。房间中央坐着一位奶妈，她身边站着一位接生婆，两个女人都在忙着照顾孩子。（来源：贝特曼图库/科尔比斯图库）

长极为缓慢。人口的确在增加（这要归功于死亡率的下降），但增长幅度却不尽如人意，上文提及的各种原因都在削减新生儿的成活数量。当时的一些观察家甚至坚信法国的人口正在减少。

另外，有一些学者对人口增长可能带来的后果表示忧虑，特别是英国的政治经济学家托马斯·马尔萨斯（Thomas Malthus）。在其著作《人口论》（*Principle of Population*，1798）里，马尔萨斯认为食物产量是按照算术级增加的，而人口数量是以几何级增加的，结果所有人不得不为生存而努力，而穷人则会陷入绝望的深渊。在此基础上，马尔萨斯进一步下了结论，他认为无论用什么方法来帮助穷人都无济于事。如果给了穷人一线生存的希望，他们只会生出更多的孩子。早晚有一天，饥饿会笼罩并击垮他们。马尔萨斯的这种逻辑推理被日后的政治经济学界称为“悲观科学”。此外，马尔萨斯还提出了一个自相矛盾的观点，他认为人类历史上的大规模自然与人为灾害，如战争与瘟疫，都是“必要的邪恶”，因为这些灾害可以视为调节人口与食物之间失衡的有效手段。马尔萨斯支持将禁欲行为作为抑制人口增长的一种温和方式，但却又认为不以生育为目的，旨在满足生理需求的性交易与流产行为都是“罪恶”。

避孕的开始

马尔萨斯在人口问题上的悲观论调影响了19世纪的欧洲，他认为人口会继续以几何级数增长，而食物生产则远远跟不上人口增长的速度。两者之间的差距只能用以下方法来弥补：自然原因所导致的食物短缺令疾病发生率与人口死亡率飙升；或者因穷人无力以道德行为约束自己，所产生的一系列罪恶行为会令他们彻底毁灭。但即便是描述马尔萨斯所在的时代，这种理论也是不准确的，许多人因此认为马尔萨斯是个拙劣的历史预言家。不过在描述尚未起步发展的社会时，马尔萨斯对人口总数起伏不定的现象做出了合理的解释，包括周期性生存危机、人口损失及危机后的恢复。在马尔萨斯阐述自己的观点时，欧洲已处在新时代的前夜，农业生产力以史无前例的速度提升，但他没有发现出生率也是影响人口增长的一个重要因素。18 世纪，屏障避孕法还很少见，主要由于以羊肠为原材料的避孕套尚未推广，使用者仅限于英国上流社会家庭成员和少数

《参观保育室》。这幅油画的作者是法国美术家让-奥诺雷·弗拉戈纳尔（Jean-Honore Fragonard），这幅画反映了18世纪欧洲上流社会家庭的一对夫妇悉心照料孩子的情景。从这对夫妇的表情来看，他们之前应该失去过几个孩子。孩子成功存活下来，对夫妇俩的心态影响很大，他们之间的关系也变得更亲密了。（来源：维基共享）

富裕的农民，不过这的确是日后有计划地生育的开端。

1750 年前后，随着死亡率的下降，欧洲的人口开始飞速增长，一直到 19 世纪依然保持着强劲的势头，正像马尔萨斯曾经担心过的那样。食物数量、质量以及分配方式上的改善，降低了疾病发生率及死亡率，同时缓解了破坏力极大的周期性饥荒。计划生育最初是为了拉长每个家庭所有孩子的出生间隔，让更多的孩子能够活到成年，借此提高人口增长率。之后，许多中产阶级和上层社会成员发现，在计划生育实施后，婴幼儿时期便告夭折的孩子数量大大减少了，于是他们开始用避孕的方式减少生孩子的数量。如此一来，这些家庭就会获得更多的收入，争家产的孩子更少，留给后代的东西也更多。避孕的人群首先出现在英国上流社会家庭、瑞士日内瓦的中产阶级家庭和法国的贵族家庭。以后者为例，1650 年至 1670 年间，每个家庭的孩子数量平均为 6 个，1700 年至 1750 年间则减为不足 3 个，到了 1750 年至 1800 年间则是 2 个。由于许多法国贵族的妻子都十分年轻（这一点与普通的工人农民们完全不同），她们生育最后一个孩子的平均年龄由 31 岁降低至 25 岁。

有确凿证据表明，直到法国大革命时期，法国部分地区的居民依然保持着限制生育的习惯，而另外一些地区的证据则来自革命爆发前几年。例如在巴黎地区的几个村庄中，经深入调查发现，18 世纪每对夫妇平均生育 6.7 个孩子，但 1780 年之后这个数字减少到 5.3 个。在法国南部的卢尔马兰村，1726 年至 1755 年间每个家庭平均生育 4.9 个孩子，1786 年到 1815 年间则是 3.9 个。从法国全境来看，其人口出生率的下降是全欧洲各个国家当中最明显的。1770 年至 1790 年间，法国的全国人口出生率为 3.6%~3.7%，到了拿破仑时代（1800—1815）出生率变为 3.3%。这两种趋势——死亡率急剧下降，出生率缓慢回落——相互作用，引发了一种名为“人口转型”的现象。虽然医疗卫生条件的提高已大幅度降低了人口死亡率，但人口出生率依然不升反降，新的人口增长方式很快成为 19 世纪整个欧洲的普遍现象。人口数量将一直保持着自然增长的状态。[10]

显而易见，欧洲 18 世纪对“避孕”这一概念的普遍理解是减少发生性关系的机会。这个结论来自那些子女成活率更高的夫妇们，他们发现如果限制后代生育的数量，孩子们就有更多的机会长大成人。大革命之后，法国政府废除了长子继承权，宣布所有孩子无论男女长幼，都能分到一份遗产。这道法令让每个家庭节制生育的决心更加坚定。在家庭财产问题上，由于某种经济目的而出现的性压抑现象也是一个争论的焦点。这种自我否定倾向初期的表现形式一般是婚姻的推迟，不惜以牺牲合法的性爱关系为代价，直到配偶双方都有钱结婚为止。后来，随着子女成活率的提高，这种现象就转移到了婚后生活当中。避孕类似于婚姻推迟，受到一种本能力量的抑制，表面上是为了提高后代的成活概率，但最终目的是为了实现国家的经济目标。从女性的角度出发，女人们也要求自己的丈夫采取避孕措施，免得随随便便就生下来一大堆孩子。[11]

不管最合理的解释是哪个，法国控制人口出生率走在了人口转型国家的前列，不过这种转型所导致的结果要到 1800 年之后才会完全显现出来。18 世纪末的法国依旧是整个欧洲人口最多的国家，丰富的青壮年人力资源使得法国政府能够在大革命以及拿破仑战争期间组织起数目庞大的军队。大批青壮年入伍，缓解了人口飞涨所可能引发的种种矛盾，甚至在某种程度上推翻了马尔萨斯的人口学说。无论如何，与其邻国相比，法国在控制人口出生率的问题上具有先见之明，对人口增长速度的调节工作更加简单，调节效果也更为持久。

经济发展

持续增长

18 世纪晚期欧洲的人口增长伴随着经济的上升。不过历史经济学家们是如何组织他们手头的资料的呢？首先，他们追踪经济的长期变化趋势，比如有一份资料，其中记录了 50 年或者更长时间内经济波动变化的整个过程。但长期变化趋势并不能说明某个时间点经济情况的变化，简而言之，就是历史学家们在“事后诸葛亮”，他们更关心的是这段时期内经济的某次潮涨潮落，也就是经济的周期性通胀与紧缩，繁荣与萧条，这类研究构成了经济史的二级分析。尽管经济的长期变化总是朝着一个大方向前进，但这个时期内总有一些周期性变化与这个大方向背道而驰。一场经济萧条往往是经济复苏的前奏，而经济繁荣也常常以经济的短期崩溃为结局。历史学家们的第三种研究方式大多数人都很熟悉，即经济的短期波动。以上研究内容在18世纪的欧洲意义重大，因为该时期的经济变化依然以农业年景为基础，如前文所述，田地的收成往往难以预料，不同季节不同地区的收获情况各不相同。令农产品数量与质量大幅度下跌的季节性灾害依然是一种常见的威胁，即使一连数年风调雨顺也不能掉以轻心。在旧时代的欧洲，农业经济依然占据主导地位，并负责拉动刚刚起步的手工制造业进行发展。

农产品价格水平是国家经济增长以及人民安居乐业的关键因素。如果农产品价格过高，人民将陷入饥饿与痛苦之中；如果价格过低，经济将会停滞，失业率会上升，社会各部门的生产力发展也会受到打击。在18世纪，欧洲主要市场的谷类价格均由政府和各类社会公共机构所控制，因此物价统计是一门非常有前途的学问。历史学家们广泛研究了物价统计方面的各种理论与现象之后得出了最终结论，在18世纪的最后十年中，欧洲经济的长期发展趋势在总体上还是有利的。农产品价格的上升速度十分平稳，刺激了其他社会生产部门的经济发展。农产品价格如果能在一个较长的时期内稳步上升（该现象有时被描述为“利润通胀”），与之同步出现的便是人口膨胀。大约在1740年，法国与英国的农产品市场价格开始上涨，其涨幅在1770年达到高峰，并一直持续到19世纪20年代。农业领域的利润通胀往往会在其他各类经济变化（后文中我们会谈到这些）的参与下，进一步刺激经济增长。18世纪80年代，欧洲出现了一次周期性的经济衰退，法国当时正处在1788—1789年间政治大变革的多事之秋，一场严重的季节性灾害让人们完全忽视了经济衰退的影响。18世纪欧洲经济的长期发展态势清晰明确，仅仅是季节性灾害与周期性衰退，尚不足以对其造成重大影响。这个时期无论价格走向、贸易情况，还是人口增长，都呈现出有利的态势。[12]

农产品价格的上涨，以及之后不久土地价格的飙升，使大地主们获得了远远超过农民阶层的利润。他们把各种日用品拿到市场上进行交易，并提高土地的租金，从中获利丰厚。而从地主们手里长期租用土地的人，即使租约的时间只有9年，也能获得不菲的收入，因为租金的金额与土地自身不断上升的价值相比实在不值一提。无地的农民也得到了好处，随着经济发展，他们出去干活以养

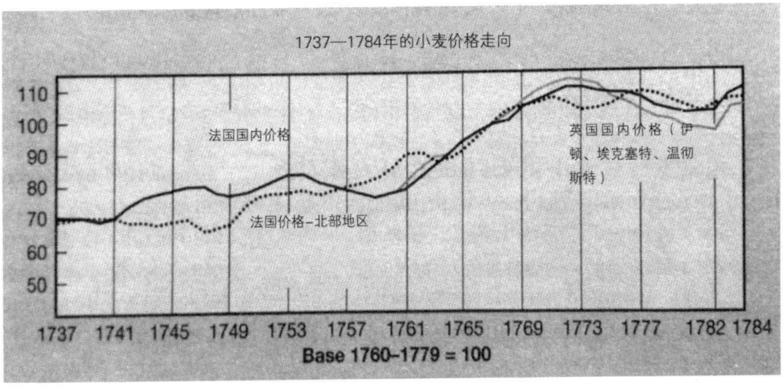

图片来源：《法国社会经济发展史》（*Histoire économique et sociale de la France*），费尔南德·布罗代尔和欧内斯特·拉布鲁斯，第2卷，第389页。

家糊口的机会变多，不过农民收入的增加无法赶上物价的上涨。同样，农业的发展如果欣欣向荣，手工制造业也会跟着受益，会有更多的消费者来购买廉价布料等手工业产品。这一点意义重大，因为当时的手工制造业基础还比较薄弱。商人们雇用工人的数量差别也比较大，特别是农村地区的纺织产品制造业，工人是多还是少，取决于商人们对当前纺织品需求量的判断。不少农村家庭都指望着纺织商们给的那点额外收入，在人手紧张的时候他们还能得到双倍的工钱。总之，粮食的长期价格推动了市场经济的发展，这是欧洲向现代社会过渡的最主要原因。

货币与信贷

在人口增长与农产品价格上涨的压力推动下，货币供应及信贷措施成为影响经济上升过程的一个重要因素。16 世纪，来自美洲的白银曾在欧洲引发了一场商业繁荣浪潮，但 1625 年后，西班牙在美洲殖民地的银矿产量暴跌。18 世纪，黄金与白银的供应有了新的来源，可从海外殖民地和欧洲本土的矿山获得，这令欧洲的货币供应量增长了一倍，为日后的经济复苏做好了准备。此外，欧洲各种货币的质量与信用度同时得到了提升。17 世纪的欧洲各国政府都比较缺钱，在铸币过程中规定了货币的面值，却削减其中的金银含量，导致货币贬值。到了 18 世纪，欧洲各国大多都不再使用这种下作手段，而是全力支持稳定货币的各种措施。

18 世纪欧洲信贷与投资领域的发展有些不尽如人意。1720 年，一群雄心勃勃的投资者从英国与法国聚集一堂，为投机者们描绘了一幅广阔的前景，说只要加入殖民地贸易公司的商业活动，就能获得难以想象的巨大财富。英国的南海公司（South Sea Company）以及法国约翰·劳（John Law）的印度公司（Company of the Indies）在投资者当中广受关注，因为这两家公司都有国家政府在幕后支持，在殖民地的生意上没有谁能当它们的竞争对手。投资者们还发现，这两家公司所发行的股票十分诱人，因为英、法两国政府通过新成立的国家银行支持这两家公司的股票。

但那些急于发一笔横财的投资者们终于明白了海外贸易投资的风险，源源不断地流入股票市场的货币及贷款的金额超出了他们的承受能力，使得稳定的国内投资环境不复存在。盲目投资的结果使南海公司与印度公司的股票价值和需求量不断走高，虽然这两家公司的资产大部分都是以纸币的形式存在，其股票价格却高得让人难以置信。但泡沫最终还是一点点地破灭了，投资者们也明白了，即使背后有英、法两国政府的大力支持，这两家公司也无法偿付用来抵消股票开销的股息。1719年至1720年间股票市场的这次大崩溃毁掉了许多投资者的未来，约翰·劳则丢尽了脸面，对股票价值的不信任（尤其在法国）达到了顶峰。但金融投资吸引力太大，没多少人能忍住金钱的诱惑，在巴黎、伦敦和阿姆斯特丹，商业、保险和水务公司的股票交易已经成为资本市场不可或缺的一部分，但对投机倒把行为的担忧依然广泛存在。

与此同时，18世纪早期银行机构的发展强化了资本本身所具有的生产潜能。意大利与荷兰阿姆斯特丹的商业银行家们早在1700年之前就发展出一套成功的银行机制，凭借这套机制，商业债务（汇票）可由债权人签字确认或转由他人承担，由此可令一部分欠款转移到新的投资当中。银行家们通过将汇票打折的方式将其全部收拢起来，去换取一笔可观的回报，这样一来也能够加速商人的资金流动，让他们得以进入下一轮商业冒险当中。银行产业对于阿姆斯特丹的居民来讲十分重要，和17世纪时的霸主地位相比，荷兰的商业面临着严重的衰败危机。荷兰放弃了充当欧洲海上中间商的策略，摇身一变成为欧洲的金融媒介，向私人企业和外国政府同时提供资金，特别是对英国的企业与政府部门。继阿姆斯特丹之后，伦敦也成了金融中心之一，1694年，英格兰国家银行成立，可以存款、可以在账户之间转账，发行货币并将贷款提供给值得信任的国家政府或者中意的公司。尽管法国政府从17世纪初开始一直到整个18世纪主动改善了国内与海外商业，这个国家在金融设备的承受能力、在商业投资方面的贷款管理依然落后。法国政府试图按照英国模式建立一家国家级银行，但在法律上却没有获得通过，法国自此越来越依赖不稳定的信贷市场，那里充斥着无数投机倒把者，只要价钱合理，他们便出卖一切可能赚钱的相关信息。

无独有偶，与好冒险的荷兰人的创意相比，法国的私人银行机构比较落后。虽然法国的商人与在瑞士日内瓦经商的新教派商人有着亲密的联系，法国与英国、荷兰两国的最大不同之处就在于国家债务由政府来解决，支付的款项来自养老金（诸多负面作用之一），这让私人企业很难积累资本，因为这笔钱必须抵消掉成本问题。法国政府的开销一向超出自己的负担能力（我们会在第九章中论及这一点），因此对放贷极度依赖，依靠债券及养老金获得资金收入。这样一来，债券的数目会上涨至 8%~10%。与之截然相反的是荷兰，早在 1640 年，荷兰债券的利率已经跌落到 5%，1670 年之后在 3% 和 4% 之间徘徊。在同时期的英国，债券利率也已经在 1715 年降至 5% 以下。[13]

全球经济

18 世纪欧洲经济发展过程中的主角既不是银行家，又不是工业企业家，而是批发商，特别是在海外贸易当中获利的那些批发商。可以肯定的是，与农业的规模类似，欧洲的商业活动发展速度平稳且传统化。大部分市场都建在当地，而且规模都不是很大，因为当时的欧洲还处在比较封闭的阶段，糟糕的道路以及纵横交错的河网将土地切割得支离破碎。此外，头脑真正灵活的商人十分罕见，他们大部分都不擅长创造新产品、引进新技术或者降低单位成本，他们所能做的就是从交易过程当中获利。无论这些商人会不会创新，他们都冒着风险将资本投入各类商品的经营当中，然后耐心地等待相当长的一段时间，直到生意成功或者血本无归。不断上升的人口与价格改变了 18 世纪的欧洲，提供了大量赚钱的机会，但商人有一点与其他有钱人明显不同，他们乐意在商业交易中牺牲金钱换取经验教训；而其余的人会选择利润较少但更为稳妥的方式，比如投资土地或债券。在商人当中，海上贸易商所承担的风险、所获得的利润都是最高的，这些商人所组成的合作企业保证了西欧在全球经济扩张过程中的主导地位。

欧洲内部贸易依然是所有商业活动的主体，但海外贸易为欧洲创造的财富也越来越多。18 世纪初期，传统的商业模式已经消失。美洲的贵金属矿产和东方的香辛料构成了西班牙与葡萄牙这两个老牌殖民帝国的支柱，但这个时期它们不得不在新兴殖民国家的围攻下努力维持着殖民地的资源经营。1670 年前后，荷兰的商船数目曾经超过英国、法国、西班牙与葡萄牙四国海军的军舰数量之和，荷兰先进的技术也曾经大幅度降低了造船业的生产成本，但在英国与法国的袭击下，最终也失去了领先地位。虽然在 18 世纪的商业交易中依然能够见到阿姆斯特丹银行家们的身影，但荷兰在公海领域面对英国与法国时只能退避三舍。

除了欧洲本土市场上的竞争之外，更多的争夺发生在以下五个地区：东印度群岛（East Indies）、西印度群岛（West Indies）、北美地区、南美地区以及西非地区，这标志着以欧洲强国为主导的全球经济演变正式拉开了序幕。在印度地区及东印度群岛，茶叶、香辛料、优质布料、奢侈品等，依然是欧洲商人们交易的核心商品，而最边远地区的竞争往往会在两个由国家政府暗中支持的贸易公司之间展开，这些公司与其说是公司，倒不如说更像一支军队，行动目标就是当地的贸易主导权。18 世纪的这场竞争最终决出了胜负，英国在欧洲列强当中一枝独秀，赢得了印度次大陆的霸权地位。随着时间的推移，英国将整个印度一步一步地纳入了自己的势力范围，到了19世纪中叶，印度被称为大英帝国“王冠上的明珠”。18世纪的西印度地区则由英、法两大殖民帝国共同支配。这些热带岛屿上可以种植一些在欧洲温带气候下难以收获的经济作物，例如烟草、棉花、咖啡豆、靛蓝，还有最重要的糖，欧洲人对糖的需求量越来越大。英国控制着西印度群岛中的巴巴多斯（Barbados）、牙买加与百慕大；而法国统治着圣多明各、马提尼克以及瓜德罗普，这些岛屿上的种植园经济不仅为海上贸易提供了支援，而且岛屿本身也是楔入西班牙与葡萄牙美洲殖民帝国心脏的一根根钉子。这些热带岛屿非常适合作为殖民地，因为岛上居民的生活物资几乎全部依赖本土的运输：例如粮食、木材、工业产品、奢侈品等。不过最重要的一点是，这些岛屿的经营需要源源不断的奴隶作为劳动力输入，这些奴隶全部由欧洲殖民国家从西非地区运送至美洲。[14]

北美洲大陆幅员辽阔，但其经济价值似乎不如西印度群岛那般重要。英、法两国对于他们的大陆殖民地在一些方面采取了不同的策略。尽管法国皇室鼓励移民，但法国很少有人移民至加拿大。法属北美洲人口稀少，实行专制管理，主要作为皮毛、鱼、木制品的贸易区。英国则占据着大西洋海岸上13个人口较为密集，经济相对繁荣的殖民地。殖民地表面上是由位于伦敦的贸易委员会、枢密院和议会管理统治，但实际上大多殖民地都有自己的立法机构。波士顿和费城等城市的商业欣欣向荣，经常不愿乖乖服从来自国外的管制。法国和英国对于殖民地所采取的移民政策和管理机制不尽相同，商业管理却十分相似。英国的《航海法》（*Navigation Acts*）、法国的《垄断法》（*Exclusif*）都是重商主义的法案，旨在为母国从殖民地贸易中获取最大化利益。通过奖励、颁布禁令、实行高额关税等方式，贸易只由母国船舶进行；殖民地所用的制成品都要从母国进口；珍贵的殖民地产品运往母国市场，进行最后的加工和消费，或再出口至欧洲其他国家。如此一来，便实现了对母国有利的贸易均衡，金银不断流入母国的国库。

西班牙和葡萄牙在北美洲建立的殖民帝国成为英法殖民地的强劲对手。伊比利亚半岛上的这两个国家早已占领广袤的领地，但他们显然已经力不从心。他们十分依赖殖民帝国的资源，以极尽严苛的重商主义政策守卫自己的利益，但来势汹汹的英法商人为他们带来了巨大的挑战。拉丁美洲表面上是由西班牙和葡萄牙两国统治，那里的财富实际上很容易就会被他国掠走。葡萄牙早就开始同英国合作开采巴西的金银矿藏，掠夺糖、烟草、棉花、可可、木材和兽皮。里斯本最感兴趣的永远是金子，从巴西开采的金子中有五分之一会直接运入帝国的国库。自 17 世纪开始，英国运用外交手段，为英国商人或“工厂”争取到在里斯本和波尔图运作生意的权力，1703 年《梅休因条约》（*Methuen Treaty*）的签订为英国带来了更多便利；从此，英国的毛织品可以免税进入葡萄牙，葡萄牙红酒在英国市场也相应地得到优惠待遇，受到英国贵族的喜爱。英国商人通过贷款形式向葡萄牙商人供应毛织品、谷物、制成品，开始更多地与葡萄牙人共同参与巴西贸易。随着英国的商务代办得到在巴西独立运营的权力，英国开始逐渐渗入西属美洲市场。[15]

西班牙同葡萄牙一样，在美洲的主要利益来源是那里的贵重金属。重商主义的西班牙希望由本国商人和货运公司控制美洲所有贸易往来。没有哪个国家拥有西班牙这样浓厚的重商主义精神，所有货物都要由护航队从一个官方港口运出。这个港口最初设于塞维利亚，到了 18 世纪初，加的斯（Cadiz）开始承担此项重任。这种垄断制度随着社会发展在逐渐松动，直到 1778 年，西班牙的商人才可以从其他港口自由进入西属美洲。政府明文规定，禁止任何外国人参与此项商业活动，但这一禁令并未真正实行。西班牙无法满足新大陆居民们对于商品的全部需求，而英国和法国正迫不及待地要填补这一缺口。《乌得勒支和约》签订之后，法国成为波旁王朝统治下西班牙的盟友和贸易伙伴，开始逐渐渗透进入西属美洲市场，而英国人得另寻他法。

英国人手中握有的一个筹码是贩奴垄断权条约。虽然葡萄牙很早就涉足西非奴隶贩卖，但西班牙并未直接参与这项贸易。为了向美洲殖民地输送奴隶，西班牙同国外贸易公司达成贩卖垄断权条约。1713 年，在乌得勒支进行的一系列谈判期间，英国从激烈的角逐中脱颖而出，拿到垄断权，最初将其授予了短命的南海公司。不过，贩奴垄断权的协议书同实际执行之间存在相当大的鸿沟。这纸条约授权英国每年向西属美洲进口 4500 名成年奴隶，允许一艘“中立国船”直接同帝国开展贸易活动。由于 4500 名奴隶根本无法满足帝国需求，这一限额不断被打破，而且奴隶船也开始装载走私货品。那艘可以自由进行贸易活动的中立国船在近海处不断从其他船舶上重装货物，轻易逃脱贸易管控。实际上，英国渗入拉丁美洲市场的策略远不止于此。它以巴西和加勒比海上的牙买加岛等地作为上家，公开进行猖獗的走私活动。西班牙从未松懈对于走私的压制，因此这一非法活动也存在很大风险。倘若西班牙海岸巡逻队抓获来犯的船舶，会毫不留情地以武力处理。西班牙和英国经常因为这样的事件发生冲突，严重时曾引发几场海战。法西联盟在七年战争中不敌英国，频发的纷争就此画上句号，英国在殖民地的贸易活动得以继续扩张。

18 世纪的全球贸易呈现出多种模式共生共存的景象，其中之一就是所谓的三角贸易。这种贸易的一种形式是从新英格兰装载朗姆酒，前往非洲换取奴隶，最后在加勒比海岛出售奴隶，换得汇票或糖浆。加勒比岛上的糖一般都是以这种方式运往各地。三角贸易的另一形式是商船装载着锅具和布匹从英国布里斯托尔出发，前去非洲海岸换取奴隶，再将奴隶运往弗吉尼亚或南北卡罗莱纳，换回烟草等商品。英国商人带着烟草回国，在国内进行加工并出口至德意志，赚取德意志商人的真金白银。更多时候，一些欧洲商人专门从事非洲奴隶贩卖，一些则在英国、法国或北美同盛产糖的加勒比海岛屿之间来回航行，或（非法）往返于欧洲和南美，赚取贸易差价。

殖民地的商业发展成为欧洲经济在全球范围内兴起的主要推动力。18 世纪的法国贸易增长了 400%，这主要都归功于殖民地

《魁北克码头》。这幅版画描绘的是新法国首都魁北克。魁北克的码头坐落在圣劳伦斯河的一处狭窄河域，连接了法国大陆（后来还有英国）和上游的北美洲殖民地及密西西比河沿岸流域。城市成为商业往来的中心，体现出18世纪世界经济的蓬勃发展。（来源：iStockphoto）

的贸易：

年份	所有外贸	殖民地贸易	进口殖民地产品
1716年	1.22亿里弗	2500万	1600万
1789年	5亿里弗	2.63亿	1.85亿

英国外贸总额从1700年的1000万英镑左右上升至1790年的4000万英镑左右，大概相当于6亿里弗。大西洋港口城市如英国的利物浦和布里斯托尔、法国的南特和波尔多的兴起，可以说是全球贸易繁荣景象的缩影。这些城市拥挤不堪的码头、仓库周边和不远

处分布着大大小小的造船厂、工厂及精炼厂，夜以继日地加工殖民地的主要产品。仓库里钉子、锅具、纸张、玻璃器具、布匹和鞋等堆积如山，等待着运往殖民地。

不过，殖民地的种植园主、殖民地商人和本国商人自然不可能平均分配巨大的利益。种植园主希望能以最低价格和最少的限制来购买奴隶和必需品，商人则渴望垄断殖民地市场，追求最大化的利润。债台高筑的种植园主多将商人看作死敌而非盟友。与享受特许政策的公司进行合作的那些享有特权的商人同局外人（也被称为“私商”）之间有着天壤之别，本国商人和殖民地商人之间亦是如此。殖民地商人不被允许同其他国家统治的殖民地开展贸易，谋取利益。苏格兰经济学家亚当·斯密（Adam Smith）后来指出，重商主义管控限制竞争，导致人为地哄抬物价，给欧洲消费者造成了巨大伤害。

欧洲大肆剥削殖民地，受益的不仅是在那里定居、投资或进行贸易的欧洲人，还有支持这些活动的国家。殖民重商主义涉及的不仅是国力，也是利益。18 世纪的帝国主义不能仅仅通过贸易数据进行衡量，还要考虑英、法两国在荷兰、西班牙和葡萄牙面前展现出的海上优势。海军为这些帝国保驾护航，也成为贸易繁荣的间接受益者。海军的发展壮大旨在保护贸易和殖民地，然而，贸易模式转变，一些殖民地衰退或摆脱殖民统治，海军的地位却未受到任何损害。七年战争结束之后，非正式帝国——一种新概念的帝国的出现，海军在它的发展过程中起到了关键性作用。英国对拉丁美洲采取的政策实际上已经阐释了这一概念。为了省去领土控制带来的巨大开销和麻烦，防止公民移民至殖民地而导致国内人口减少，英国决定以间接方式剥削拉丁美洲。北美洲的13个殖民地纷纷宣布独立，英国在这里也采用了同样的策略。1782年，英国首相谢尔本伯爵（Lord Shelburne）这样说道：“与其进行统治，不如开展贸易。”大英帝国的著名历史学家更加详细地指出，英国在18世纪末期的政策倾向于“海上贸易线路‘帝国’的概念，由海军基地提供保护，向商业仓库给予支持”。这一概念刚好迎合了棉布生产的自动化趋势。制造业产量大幅提升，需要向新的市场出售纺织品。[16]

大西洋奴隶贸易和种植园奴隶制度

18世纪时的帝国和殖民地贸易是建立在对非洲黑奴的奴役之上。当代观点都同意这一说法，基本都认为这种奴役对欧洲的经济繁荣起到了不可取代的作用。18世纪中叶的著名英国经济作家在一本小册子中写道：[17]

“非洲贸易让大英在美洲殖民地和（西印度）种植园获益丰厚：该贸易路线为种植园主源源不断地输送黑人，生产他们所来自文化本土的特产糖、烟草、大米、棉花和所有其他种植园商品。我们的船舶密集进出美洲或在美洲大陆各地间航线……主要是在交易黑人劳动力……黑人贸易及其带来的自然结果成为殖民国家取之不尽用之不竭的财富来源，大幅地促进了海军的建设。”

南特市商会（Nantes Chamber of Commerce，商会的商人每年从非洲运输 6000 多名奴隶）清楚指出，没有奴役，就没有法国殖民商业的发展。18 世纪糖工业蓬勃发展之时，大西洋奴隶贸易达到巅峰。西非历史上总共 930 万左右的奴隶被运出国，其中约 600 万是在 18 世纪。遭贩卖的奴隶离开本国之后的地理分布如下：[18]

巴西（葡萄牙殖民地）	38%（360万奴隶）
英属加勒比	17%（160万奴隶）
法属加勒比	17%（160万奴隶）
西属美洲	17%（150万奴隶）
丹麦、荷兰、瑞典殖民地	6%（55万奴隶）
13个北美殖民地 （1786年之后成为美国）	5%（45万奴隶）

奴隶贸易达到巅峰之时，每年遭到贩卖的黑人有 7.5 万至 9 万，其中英国船舶运走一半，法国运走四分之一，其余归荷兰、葡萄牙、丹麦和美洲。起初，政府特许的公司垄断着奴隶贸易，到 18 世纪，该贸易开始向一般性企业开放，不过拿到经营许可的商人只专门从事这一贸易活动，且范围仅限于几个主要港口。除了葡萄牙对安哥拉（Angola）采取殖民统治外，一般的奴隶贸易并不会将非洲国家和地区开拓为殖民地。欧洲人在海岸建立据点，方便欧洲商人同非洲中间商达成交易。这些中间商会抓获敌对部落的成员，

用他们来换取东印度群岛上的布匹、金属制品、枪支、朗姆酒和白兰地等。奴隶商人之间竞争激烈，即便欧洲人对奴隶的需求极大，但这种竞争有时也会导致殖民地市场出现奴隶冗余而价钱走低的情况。这时，一些商人就会将目标转向新的非洲区域，寻找更为低廉的奴隶。于是，更多非洲人的生活遭到破坏，使得更广范围的部落战争爆发。

奴隶航行分为三个阶段：第一，从利物浦或南特等港口出发，前往非洲海岸；第二，在海岸上停留一段时间，装载奴隶，通常这个阶

《糖料种植园》。奴工们需要种植、照料和收割甘蔗，并将其制作为糖浆，方便运输。来源：A.M.马利特（A.M. Mallet），《宇宙绘本》（l'univers），第五卷，NYPL/斯卡姆堡黑人文化研究中心/照片和版画专区。

段耗时最多；第三，穿过大西洋上的“中间通道”，到达西半球，该阶段经常需要 100 多天的时间。奴隶贸易利润丰厚，但竞争激烈，风险巨大。投资（装配船舶，配备水手）和回报往往间隔一年多的时间，中间可能会出现很多不确定因素。被贩卖的非洲人要遭受一系列的生理和心理创伤：绑架、监禁、失去自由；转移至非洲遥远的地区，遭到对其没有任何免疫力的疾病侵害；刚一抵达完全不同的新世界，就受到虐待，沦为低人一等的奴隶。然而，最为痛苦的或许是噩梦一般的旅程。300 至 450 名“货物”挤在中等吨位的船舱内，被奴隶主监禁于甲板下的窄小空间，无法站立，也没有卫生设施来缓解恶臭和炎热，整个航行期间都要忍受不堪的折磨。“紧密装载”给奴隶带来了巨大的痛苦，奴隶贸易巅峰时期，奴隶船的平均死亡人数为总人数的 11%。随着行程的增加，数字也随之上升。影响死亡率的因素很多，除了非洲同新世界间的距离长短，还有不可预测的风流和洋流。如果发生未曾预料到的延误，船上的食物和饮用水都会严重不足，死亡率可能会翻倍。如果爆发传染病，或非洲奴隶暴动而需要镇压，那就会导致更多关押于货舱的非洲人死亡。[19]

在 18 世纪的新世界，大多数奴隶都被运往种植园做苦工，加勒比种植园成为名扬四海的糖工厂。英属巴巴多斯是最早的糖料生产地之一，最初来到这里定居的英国农民带来了白人契约佣仆。1650 年，巴巴多斯岛上的白人与黑奴比例为 2∶1，2.5 万名白人中大约有 1 万为契约佣工。到 17 世纪末期，岛上的情形已经发生翻天覆地的变化。岛上总共有 1.7 万白人（其中契约佣工只有区区 2000 名），与此同时，黑奴人数达到 3.7 万，每年生产 8000 吨的糖。18 世纪 80 年代的英属牙买加岛有 1.7 万白人，20 万黑奴，他们每年要生产 5 万吨的糖。到 1808 年议会禁止奴隶贸易时，岛上奴隶人数多达 30 万。法国最大的种植园岛——法属圣多明各拥有 3000 个左右的种植园，1789 年统计时，奴隶人数为 50 万，白人 3.5 万，大约 2.8 万有色人种为自由人。这些奴隶们

《废除奴隶贸易》（*The Abolition of the Slave Trade*）。废奴运动是世界上第一个人权运动。类似上图的版画为废奴运动在英国赢得了广泛的公众支持。这幅版画由著名英国艺术家艾萨克·克鲁克闪克（Isaac Cruikshank）创作于18世纪90年代初，正值废奴运动的巅峰时期，描绘了一位遭到关押的15岁少女因拒绝奴隶船主的性要求，被倒吊起来抽打的景象。这幅作品的副标题清晰地阐释了它所要传达的信息："惨无人道的商人。"（美国国会图书馆印刷品和相片专区）

夜以继日地辛苦劳作，每人每年需要生产 10 吨的糖，死亡率居高不下，但每年都有新的奴隶被买进，弥补死亡带来的奴隶人数不足。政府为商人提供丰厚奖金，使得 18 世纪 80 年代的法国奴隶贸易呈现蓬勃发展的景象。

深入拉丁美洲、加勒比海和美国的奴隶贸易一直延续到了 19 世纪，人道主义在 18 世纪盛行，当时却鲜有人对奴隶制提出质疑。出现这种情况的原因除了种植园主和商人要保护既得利益之外，还有受教育的欧洲人普遍看轻黑人种族，导致人们普遍接受黑奴制度的延续。英国的贵格会教徒（Quaker）首先对奴隶制度进行了猛烈抨击，18 世纪 70 年代，贵格会教徒决定驱逐任何从事奴隶贸易或拥有奴隶的恶人。到 18 世纪末 19 世纪初，反对奴隶的思潮汹涌澎湃，迫使美国制宪会议和英国议会宣布禁止海外奴隶贸易，两项决议都在 1808 年生效。

法国与英、美的情形刚好相反。18 世纪 80 年代和法国革命初期，废奴主义者的思想先进，但政治力量微弱，法国商人和殖民地种植园主联合起来，成功守卫奴隶贸易和种植园奴隶制度。不过，法属圣多明各的奴隶爆发了一次规模巨大的暴力起义——新世界第一个成功的奴隶起义，打破法国立法者争执不下的僵局。1794 年，激进的革命者废除了法国的奴隶制度，这些人后来成为法国政府的执政者。后来，拿破仑又在尽可能多的地方恢复了奴隶制，但圣多明各的奴隶们抵挡住了法国入侵。当时，一场黄热病夺走了法国军队大量士兵的生命，为黑人的取胜发挥了重大作用。1804 年，这座纷争不断、经济遭到严重破坏的岛屿宣布独立，成为海地共和国。这里的奴隶起义一直激励着美洲各地的奴隶，让奴隶主们惊恐不已。[20]

奴隶起义破坏了圣多明各的糖生产业，于是古巴成为最大的糖生产地。糖如何成为古巴经济主导的过程值得我们将几个问题放在一起进行讨论：西班牙的殖民体系、英国的侵略性、糖生产的本质以及它对奴隶的依赖。在西班牙的统治之下，古巴发展出多样化的经济，建立了分层式社会结构。皇室对古巴烟草和岛上主要作物的垄断，成为人数不多的烟草农民的保护伞。皇室政府在一定程度上抑制了腐败官员和自封贵族组成的寡头执政者。这些人希冀通过糖工业谋取利益，但西班牙的重商主义、奴隶劳动力的缺乏和土地不足等因素都阻挠了他们的计划。1762 年英国攻下哈瓦那（Havana）并占领长达一年的时间，帮助它在与法国和西班牙的海战中取得优势。关心糖生产的寡头执政们不再受到任何约束，英国奴隶商人带着从牙买加运来的奴隶涌入市场。有了充足的劳动力，古巴种植园主占据新的土地，大肆种植甘蔗，砍伐柴火为生产加温。那些拥有小片土地的人（他们的所有权并不稳固）逐渐屈服，接受高薪，在种植园担任技术工。工匠和小农场主纷纷离开多样化的经济领域，成为糖经济业的管理者。与此同时，古巴的奴隶人数激增，工作模式也发生巨大转变，以适应不断提高的生产力需求。一位著名的古巴历史学家说：“过度工作对奴隶劳动力的剥削令人震惊。”古巴种植园主开始从世界市场的高价格牟取暴利。[21]

英国结构性变革的开端

农业革命

英国后来之所以能够成为世界上经济最为发达的大国，是因为它的农业最早最快地实现了现代化，不过它的“新农业”直到19世纪才成为欧洲其他国家学习的榜样。欧洲的传统农业通过小规模种植，保证农民能维持温饱，给领主带来稳定收入，农田耕作由农奴、佃农或小业主完成。我们在第三章中讲过，欧洲的农村大同小异：公有土地和开阔的荒地一般用于家畜吃草，提供天然肥料。农民满足于传统的耕作技术，但这种技术并不足以生产出充裕的粮食。他们通常会每隔两三年就将某些土地闲置或休耕，这种恢复土壤肥力的方式效果并不理想。世纪之初粮食价格走低，迫使领主开始设法改革耕作方式（提高耕作效率才能从土地中获益），之后价格高涨，让他们有更多的理由提高生产效率，从中获取更多的利益。英国顺利完成改革的重要原因在于它的运输网络完善，人口不断增长，伦敦及其郊区市场需求极高，对于农村地区的农场来说有着巨大的吸引力。

英国人并没有发明出提高生产力的技术，而是学习荷兰人和佛兰德斯人（Flemish）17世纪时在人口密集区域的种植方式并加以改良。为生产出更多粮食，创新者们做出了三大改变：1. 开垦荒地，分割未经耕作的公有土地进行耕作，提高耕地面积；2. 将传统农业体系中农场主所拥有的分散的小块土地集中起来，巩固对可耕地的所有权；3. 引入新型农作物，与更为高效的家畜饲养结合起来，提升土地产量和家畜数目。这些革新都未引入新的机械，更多的是资本投资、土地管理和态度的转变。

英国新农业两大核心是轮作耕种和圈地运动。轮作耕种淘汰了每隔两三年休耕土地的做法。为恢复土壤肥力，耕种者定期在土地上种植芜菁等饲料作物或苜蓿等特种草类，将其作为草地，从而供养更多牲畜。芜菁等作物是家畜冬天时节的绝佳饲料，此前由于这些作物的匮乏，农场很难维持大量家畜。改革之后，农民可以让畜牧生产变得多样化，出售肥牛，培育品种更为优良的牛，提高乳制品产量。轮作耕种带来的好处不止在于从前休耕的土地上培育数量更多、品种更佳的牲畜这一条。将家畜融入常规农业生产，而不是单独养殖，可以产生更多肥料，提升土地肥力，对于下一阶段的粮食种植大有裨益，耕地生产力由此得到有效提高。简而言之，土地里一直生长着有用的东西，它的肥力不断提升，牲畜和谷物的产量都得以增加。除了改革土地使用之外，英国农民对于土壤质地的处理方式也在改进。对于轻质和沙质土壤，他们采取泥灰施肥的方式——用黏土类的物质提高土壤凝结力，进而改善其蓄水和蓄肥能力。对于重质和黏状土壤，他们向其中加入白垩和石灰的混合物，提高土壤的细密性，防止它在过于干燥或湿润的环境里结块。

如果村社成员坚持固有的耕作方式，新技术也就无法发挥作用。如果农场规模太小，新技术的意义也不会太大。新型农业的兴起需要对土地的控制及使用都进行深刻的改革，尤为关键的一点就是建立大型农场，议会通过的圈地法案为改革做出了不可忽视的贡献。几百年来，通过达成约定，人们逐渐分割了公共土地并进行圈地，同时重新分配小块可耕地，将这些耕地也圈起来。如果小农场主和佃户对于革新持反对态度，大领主就会利用议会所颁布的法案强制占有土地。随着农产品的价格上涨，农业收益暴增，领主们开始尽可能多地占有村庄公有土地，将农场圈起来，广泛推行新的农业技术。1760—1815 年间，议会通过了大约 3600 条圈地相关法案，主要集中在 18 世纪 60 和 70 年代，以及 18 世纪 90 年代和 19 世纪初。期间，总共有大约 600 万英亩土地被圈，大概占英国所有可耕地的四分之一，其中有 200 万 ~300 万英亩土地曾是公有土地，经过清理或排水之后用于耕作。其余为个人土地，并入集中的大型农场且隔离起来，防止其他村民在那里拾落穗或任由牲畜吃草。这样建立起来的农场面积一般在 100 至 300 英亩之间，农场主可以雇用工人，以新技术进行耕作。农作物不再由农民自己食用或使用，而是几乎全部运到市场出售。英国的改革如火如荼地进行之时，苏格兰高地的农民正在逐渐失去向大规模牧羊转型的机会。[22]

随着改革的推进，英国的土地和社会秩序呈现出不同于农奴制度下的东欧，也不同于以小农民和佃户主导的西欧的景象。大多英国乡绅都变为“逐渐上升的领主”。他们将大型农场租赁给农民，鼓励农民使用新技术，双方缔结约定，保证领主和农民都能从不断增长的生产力中获益。领主提供经过改良和扩大的土地；农民带来耕作资本、牲畜和进取精神。再无封建或传统约束会阻碍佃户卖力工作。农民和领主本着合作精神，分摊成本，分享收益。农民雇用的工人完成大部分的劳动。这些工人可能拥有一间小田舍、一个蔬菜园，但不再拥有土地，或有土地可供租赁，（由于圈地法案）没有机会使用公有土地。

农业革命为城市化和工业化社会里不断增长的人口提供了食物，拥有深远的社会影响力。20 世纪初期的经济历史学家热衷于探讨这场变革对农村人口带来的强烈危害，指出圈地运动导致小农场主、佃农和擅自占地者不复存在。进一步的研究降低了这种指控的尖锐性，但并未对其全盘否定。圈地不是突然之间征收脆弱的社会团体的土地，给他们造成灾难性的打击，不过从长远来看，它的确夺走了这些人的财产，让他们失去原有的社会地位。小农场主——英国社会的自耕农——不是突然消失的。他们及其所占有土地的数量从 18 世纪中期的约 20% 降至 19 世纪末期的近 12%。他们一般都能筹集资金为自己圈地，但却很难租到其他小块土地和扩大生产。他们面临的最大困难就是如何与资金充裕的大型专业农场竞争。农业革命开始以后，小于 25 英亩的农场很难盈利。1815 年之后，农产品价格下滑，很多小农场主不得不卖掉田地。[23]

农村地区没有土地的佃农依靠自己的村舍和使用公有土地的权利来渡过艰难时期，圈地运动对于他们的影响尤为严重。村庄里的公有土地被分割和圈起来的时候，他们也会得到一定量的分地，但往往都是边缘地带的小块田地，所以他们大多将这些土地出售。擅自占地者按照惯例占了一部分公有土地，但没有法律上的拥有权，他们最终变得一无所有。起初，佃农和擅自占地者对于就业机会的增加十分高兴，用栅栏或树篱将地圈起的过程，以及劳动密集型的新农业都需要工人。然而，随着人口激增，农村的业竞争日趋激烈，他们很快就遭遇严峻的挑战。劳动力进入了供过于求的阶段。很久以后，工业化才吸收剩余的劳动力，而在此之前，英国农村人口受到重创，贫民数量不断上升。无论小块分地或雇用机会给小农场主和劳工阶级曾带来何种短期利益，但圈地运动和农业革命彻底打乱了传统的乡村生活节奏。[24]

18 世纪，只有几个地区模仿英国和佛兰德斯进行了农业改革。从整体而言，古老的农业耕作还在继续，包括每两到三年让土地休耕这种浪费资源的做法。大多欧洲的粮食产量基本没有变化，无论是按照每份种子还是每英亩产量来计算都是如此。产量的提高主要来源于抽干湿地或开垦荒原所增加的可耕地；俄国征服乌克兰之后，乌克兰迅速成为欧洲的产粮大区。产量提升的第二来源为之前所提到的新粮食作物的传播，如玉米和土豆。在缺乏肥料的时候，它们也会耗损土地的肥力，但它们具备两个被替代作物所不具备的优势：每英亩产量的营养价值更高，提供的热量更多，比一般谷物顽强，比较能够抵御糟糕的天气和害虫。

工业化的开始

纺织业在很长的时间里都是欧洲制造业的主导产业。羊毛呢出口量占据 17 世纪和 18 世纪初期英国出口商品的四分之三。羊毛制品的主要生产国如奥利地、西班牙和普鲁士争相模仿法国，采用重商主义政策，实行严苛的关税政策，招聘外国专家，学习他们的先进技术，从而为本国的纺织品产业赢得竞争优势。从技术和组织两方面来看，17 和 18 世纪的纺织业在世纪末之前的生产方式大都极为陈旧，而英国即将要以翻天覆地的变化改变整个局面。

欧洲步入现代早期，传统纺织业有两大主要形式。在城市的纺织业中心，技艺高超的工人在车间忙着织布，产量由协会控制，以限制竞争，管控劳动环境。城市的手艺工人要在协会管控之外进一步限制产量，他们认为这是保证产品质量的唯一方式。协会对于乡村地区的管控并未能持久，在 18 世纪的很久以前，它就已经在佛兰德斯和英国消失。1762 年，法国皇室颁布法令，批准完全开放乡村的纺织制造业，而这种趋势的出现已有一定时间了。乡村的纺织生产主要是家庭式或外包式，纺织品产量从此开始不断上升。没有了协会的限制，商人或布商从直接生产者转变为资本主义组织者。他们购置大量原材料如羊毛或亚麻，将其“分包”给农村家庭完成初步准备工作，然后在纺车上纺出纱线。商人然后将纱线收集起来，送至织布工处，制作粗布，再将粗布送到制造厂、漂白工或色工处完成最后的加工程序。商人或亲自向客人出售布匹成品，或卖给布艺加工厂，交由工厂处理，布商从而收回投资并赢取收益。

在分包制度下，纺纱工和织布工都不用去车间上班，而是在自家完成工作。这种所谓的家庭式生产方式实际上就是一种典型的家庭经济，第五章将会讨论这种经济模式的影响。女人和小孩纺纱，男人织布，无数个家庭不用购买原材料，不用操心出售产品，也不用受到在外务工的纪律约束，就可以从事小规模的生产。或许最重要的一点是，他们可以在收获时节放下纺纱机和织布机，投入农业生产。他们的生计不会仅仅依靠耕地或依靠织布。商人－布商与工人形成了互惠互利的合作关系。他们不用将资金放在车间或织布机等固定财产上，在寻找工人或管理生意的时候也不会受到协会的限制。

18 世纪时纺织技术基本上没有任何改进，但羊毛和亚麻制品的产量在竞争激烈的环境中迅猛增长。家庭手工业的高度集中性导致了农业和纺织业共同发展的地区的“农村的密集”，如英国的东安格利亚（East Anglia）和约克郡西区，法国的诺曼底、佛兰德斯的威斯特伐利亚、萨克森、西里西亚和摩拉维亚（Moravia）等。这些地区可以被看作是工业的原型。没有协会限制，资本和劳动力集中，为棉布纺织业的工业化奠定了基础。

英国在很长的时间里都需要向印度进口白棉布。东印度公司对这一高价值产品的垄断曾给英国生产商造成严峻的限制。大多欧洲的棉布生产仅限于棉亚麻混纺粗布，在供应、需求和技术等多种因素的影响之下，这种情况开始得到改变。殖民地种植园的奴工辛勤劳动，大幅提升了原棉的供应量，而人们对于棉织品的需求似乎永远都无法得到满足。轻便的棉质衣物特别适合奴隶和热带地区的其他客户穿着，而国内市场的人民对此也是趋之若鹜。与羊毛或亚麻织物相比，棉布更耐用、更耐洗，用途较为广泛，价钱也较为低廉，适宜大规模消费，在英国扩张外贸和国内贸易的环境中它的前景尤为光明。[25]

英国的传统制造业中心已经无法满足不断增长的需求。家庭生产体系的组织和技术都存在着固有的限制，随着棉布市场的扩张，这种局限性就越发明显了。一方面，布商的劳动力来源仅限于自己所在地区；若去别处寻找家庭式工人的话，距离越远，运输原材料、纱线和布匹所需时间越长，也越发不便利。此外，他们不能充分控制工人。布商深受侵吞原材料、工艺不佳、延迟交货等的困扰。纺织品市场的不断扩大，对于传统劳动力安排的不满，促使英国布商开始寻求技术和组织改革。英国在机械方面的擅长让这种革新成为了现实。

1733 年，约翰·凯（John Kay）设计出一款简单的发明，既提高了在织布机上工作的效率，又让较大型手摇纺织机的制造成为可能。他的发明被称为“飞梭”，织工可以将纱线“扔”过织布机，纱线会自动弹回，省去了手动传递或来回扯动纱线的麻烦。这款设计直到 18 世纪 60 年代才得到广泛使用，而一经采用，传统纺纱工艺制作的纱线很快就跟不上织工的需求了。换言之，纱线同纺织之间出现严重的不平衡，人们必须发明新的纺纱设备来改变这种状况。很多新设备应运而生。一些是操作较为简易的手动设备，实质上就是多轮纺车；一些是体型较大，机械驱动的设备，如理查德·阿克赖特（Richard Arkwright）在 1769 年发明的水力纺纱机。这些新机器的投入使用，很快逆转了不均衡的状况，使用手摇纺织机的织工迎来黄金时代。他们技巧精湛，工作投入，辛勤纺出充裕甚至供过于求的纱线，尤其为增长迅速的棉布市场供应源源不断的产品。最终，机械化纺织机的出现，再次逆转了不均衡的情形。这个纺织机最初由埃德蒙德·卡特莱特（Edmund Cartwright）在18世纪80年代发明，经过不断改进之后，从19世纪20年代开始得到广泛使用。一个小男孩可以操作两台机械化纺织机，与使用手摇纺织机、技艺高超的织工相比，产量提高了14倍。机械纺纱机和织布机很快进入大型工厂，半熟练的工人、妇女甚至儿童受雇在里面做工，几乎没有任何技艺熟练的织工。

新技术极大地提升了棉织品的产量，英国18和19世纪的棉纺织业数据极为惊人。1760年，英国只进口价值250万磅的原棉，由纺纱工和织布工在传统的家庭作坊中加工；1787年，英国进口2200万磅原棉，由大型工厂里的水力纺纱机加工；1830年，英国进口3.66亿磅原棉。从出口、资本投资和工人数量等各方面来判断，棉纺织品成为英国最重要的工业产品。到此时，棉织品已经基本上全部由大型工厂的动力驱动机器完成。与此同时，棉线的价格与18世纪70年代相比，下降了大约5个百分点。英国的棉产品满足了国内市场、殖民地国家和欧洲市场（在那里官方禁止进口英国棉产品，但在公共需求的促使下，走私变得普遍）的需求。19世纪30年代，蒸汽发动机（以1776年詹姆斯·瓦特的发明作为原型）和机动织布机得到广泛使用，技术变革的影响开始变得显著，但改革实际上开始于18世纪70和80年代机械纺纱机出现在兰开夏郡。那里拥有充沛的水力资源，未来的工厂劳动体系在这里形成了雏形。[26]

市场因素、劳动力瓶颈及资本可用性，都推动了纺织品行业的机械化，不过个体企业也发挥了巨大的作用。机械学和发明家为创新提供了技术，而要成功将其应用于实践，离不开优秀的组织能力。英国在机械方面并未达到垄断的地步，和其他国家一样，都在不遗余力地吸引技艺娴熟的外国工人来到国内；17世纪的羊毛制品行业复兴就离不开佛兰德人的技术。布匹的漂白和染色的重大技术进展、剪毛机和提花丝绸织布机都来源于法国。不过，英国为这些创新在实际生产重大的应用上提供了极为有利的环境。数以千计的小发明者和机械工为了解决纺纱和织布的不平衡，积极设计新的设备。热衷于应用科学的人希望自己的发明能够获得实际的奖励。英国专利法并无关于有效发明如何获得收益的条款，但由于上述原因，英国18世纪的专利发明呈直线增长。这样的积极进取和勇于尝试的精神曾激励过领主和农民，现在又促进中部地区纺织品业的工匠和机械工不断尝试、不断进步。[27]

然而，组织者将新技术与已有生产因素有效结合起来，为生产力的突破性提高所做贡献超越了发明者。这些企业家愿意冒险，很多人以失败告终，包括做出新发明的约翰·凯。他试图从自己的发明中获得收益，结果却不遂人愿。埃德蒙德·卡特莱特发明了水力织布机的原型，尝试用他的新机器建立织布厂，可是这间工厂一开始的管理就存在很大问题，最后被当地愤怒的手摇纺织机工人付之一炬，卡特莱特不得已而放弃。一些人则成功将纸上的设计应用于现实，克服了创新的困难时期：选择厂址、获得合适的动力供应、招募并管理工人队伍、寻找最佳市场、筹集资金、获取收益、及时偿还亏欠债权人的债务，并且解决了新机器的小缺憾，维持了生产的顺利进行。

理查德·阿克赖特的成功故事堪称传奇。他原本的职业是理发师，看到纺织业的巨额利润之后便决定投身其中。他虽不是机械工，但经过摆弄钻研早期的纺纱设备之后，最终完善了水力纺纱机——可以用马匹或水力驱动，后来经过改善，可以使用蒸汽驱动。阿克赖特是一个极为成功的企业家，他筹集资本，连续建立数家纺织棉线、生产袜子和为织物印花的工厂。他创办了克罗姆福德工厂，是兰开夏郡规模最大的棉厂之一，雇工人数超过 2000 人。虽然他的专利被判定无效，但他充分发挥出色的创业和经营能力，成为一名百万富翁。阿克赖特成功的时间正好是工业时代的开端。

工业时代自然不能仅以纺织业来论述。实际上，进入工业时代更多依赖的是重工业的转型。19 世纪人们开始修建铁路，重工业进入令人惊叹的快速发展时代。英国重工业腾飞较早，而它早在 18 世纪就已经开始起步。英国的木头资源因稀缺而极为昂贵，因此英国的家庭和工业能源对于煤炭的使用要远高于其他国家。据估计，1660 年，英国煤矿的产量是欧洲大陆其他国家产量之和的 5 倍。随着技术不断改进——从 1709 年亚伯拉罕·达比（Abraham Darby）发明熔化矿石工艺开始——铁制造业开始以焦炭（煤炭燃烧的副产物）取代从木头中获得的木炭，作为主要的能源。为应对不断增长的人口及随之上涨的金属产品的需求，铁制造商不再在树林和河岸附近，而是在煤田周边修建铸铁厂。

技术创新为工业化提供了必备条件，不过从更广的角度研究 18 世纪经济史，会发现将这种转型看作单独的革命性事件的做法并不正确。实际上，西欧的经济转型早在这些创新出现以前就已经开始，单凭创新不能确保从工业化不可或缺的生产力提高中获得长效收益。从人口增长、资本累积或技术创新来看，英国 18 世纪初期的经济状况与法国或欧洲大陆其他国家，或中国和日本，都无明显区别。对于一般人而言，18 世纪初期的平均寿命、食物供应、耐用品或经济机会并无太大变化。实际上，英、法两国的经济状况都不容乐观，因为它们未经开垦的土地数量不多（英国尤为如此），能源供应减少（尤其是英国，森林正在迅速被消耗），工业或商业都只能提供有限的就业机会，不能有效吸收不断增加的人口。[28]

18 世纪中期，英、法取代荷兰，成为欧洲最主要的商业经济国家，不过直到 18 世纪 80 年代之前，他们的工业生产水平相当，位居欧洲之首。他们的经济增长速度基本持平，以每年 1% 或 2% 的速度稳步上升。两国各有表现抢眼的部门。法国在羊毛和亚麻制品及铸铁领域遥遥领先，而英国的造船业、煤矿开采和棉布生产则远超法国。两者从整体来看有一个明显的不同点：法国热衷于生产奢侈品或价格低廉品质不高的商品，英国（整体生活水平很可能较高）擅长生产品质较高的标准化大众市场商品。具有讽刺意味的是，法国具有英国所欠缺的优势。从技术方面来看，法国各生产因素能够保持较为均衡的水平。比如说，法国纺织业的劳动供给比较稳定，人数较多。如果它的煤矿储藏较少且较难以开采的话，它还有更为充裕的木材供应，而且法国的内陆水运系统也较为发达。

不过，法国的这些优势让传统技术得以长久地延续，导致法国缺乏创新的动力。这也就解释了为何英国采取了一系列的跳跃式创新发展，将法国及整个欧洲和亚洲远远甩在身后。英国人发现了成本效率较高的方式来开采煤炭资源，工人们愿意将煤炭资源迁至便于开采和加工的地方，以降低成本。[29]与此同时，英国不断扩张殖民地（法国也是如此，但不及英国的范围广），帮助英国拥有更多土地，提高农业产出，并提供了高收益的商业和工业市场进行投资，以及消费国内工业产品的市场。英国发达的金融业能为这种经济活动提供资本，并给予英国强大的海军经费支持，让海军很好地守卫并扩张殖民帝国。

现在看来，生产棉布和将动力从燃煤变为蒸汽的新技术显然是工业化的先驱。不过，传统经济转型，以及欧洲与世界其他地区走上不同发展道路的推动因素，早在18世纪就已经存在了。

第五章

贫困和公共秩序

在18世纪的最后几十年中，人口增加，经济发展，人们的寿命超过之前的任何年代。但他们的生活水平是否得到了提高呢？在本章中，我们把视线从人口统计数字和经济发展的大好形势，转向城镇和乡村日常生活的严峻现实。由于平民挣扎在贫困边缘，上层社会不得不面对平民的抗议和公共领域秩序的混乱。因此研究扶贫、司法压迫和各种犯罪行为的主题可以帮助我们获得大量有关旧制度社会结构的优势和弱点的信息。例如，流浪问题和非婚生子问题，说明生活在贫困线上的普通人面临着的压力；而欧洲政府解决贫困和犯罪问题的努力则让占支配地位的社会和政治团体看清了眼前的路。

挣脱贫困的艰难努力

家庭经济

大部分农民没有足够的土地或收入，保障他们的家庭能在数年的歉收后还能有足够的食物。在西欧，农奴制度已经衰落，典型的农民自己有一小块土地，同时租种或者作为佃农耕种几小块土地。仅从出产来说的话，这些土地的产物是可以让他养活家人的。但是农民肩负着种种义务——要向教会交什一税，向政府交土地税，向领主交赋税和地租，向债主交利钱，还要留有下一年买耕种用的种子的钱。经此之后，农民大部分的收入都已被蚕食殆尽，只有一少部分可由自己支配。因此，很多农民不得不想办法挣钱或者付出额外劳动换取食物，虽然实际上那些食物是他们自己生产出来的。为数不少的农民想出了各种方法养活家人。他们的努力值得钦佩。

除了耕种自己的土地以外，农民还要在收获季节到更大的农场做临时工，兼职做纺织工或木工，或者参与非法的走私或者协助盗猎等活动。特别是那些居住在环境艰苦的地区，例如阿尔卑斯山区的农民，他们不得不随着季节变换去不同的地方打工。他们每年离家大约两个月时间，或到法国和意大利南部采收橄榄和葡萄，或到法国北部的大农庄收割谷物。有些农民甚至一年里九个月都不在家。他们在外做伐木工、石匠，或在巴黎那样的大城市里做运水工，只在收获季节才回家。在收成特别不好的年份，哪怕做这些零工也无法糊口，农民们没有别的办法，只好向镇子里的放债人或者村里的有钱农民借钱。虽然这样做能让他们勉强度日，但是借款很难还清，往往导致欠债的农民或工人无法摆脱困窘的生活。

于是丈夫、妻子和孩子们不得不全部做工，想方设法延后整个家庭陷入贫困的时间。其中，农民和城市贫民家庭的妇女为家庭经济做出了尤其重要的贡献。无论在城市还是乡村，家庭成员一般都在一个地方工作，并且在同一个地方居住。家庭不仅是劳动单位，而且是消费单位。除了六七岁及更年幼的儿童以外，所有的家庭成员都对家庭这个社会经济单位做出了贡献。家庭规模取决于生产需要或消费能力。如果家庭需要儿童帮助完成田地耕作或手工劳动，孩子们就会被留在家里工作，甚至受雇成为全职的体力劳动者。而在那些不需要所有儿童作为劳动力参与生产活动的家庭中，当家庭收入不足以养活孩子们的时候，他们往往会被送到其他家庭做仆人或者学徒。（仆人，例如女仆，占劳动人口的比重约为15%。）单身的女孩们要做工养家，如果可能的话，同时攒钱作为嫁妆。很少有未婚女性独自居住。她们或者在家居住，外出务农或做纺织工，或者在其他家庭做女仆。那些被吸引到城市从事服装买卖或者成为裁缝的年轻女性大部分无父无母。妻子们的工作对家庭经济来说至关重要。在农场中，她们照顾禽畜或蔬菜园，也许还负责把牛奶、鸡蛋或蔬菜卖掉，想方设法地挣一点小钱。

无地的农业体力劳动者的妻子在其他农民的田地工作，或者在家做纺织工（如纺纱、制作蕾丝、编织）。她们的收入大约是男工的一半。在城市生活的手艺工匠的妻子常给丈夫打下手，帮他们做准备或收尾工作，或者做绣花工、制衣和缝衣妇。至于那些没有技能的体力劳动者和手艺不熟练的技术工人的妻子，由于在家中没有能够挣钱的工作，她们常常做一些临时性的工作，而正是这种“临时工作经济”才让城市社会显得活跃和忙碌。很多妇女离开家做小贩或临时工。在18世纪的很多欧洲城市都有女工劳动力市场。妇女们在别人家为有钱人做洗衣工和清洁工，或者做流动兜售食物和其他商品的小贩。由于贫穷的家庭很少能大量购买食品，而且往往买不起厨具或烹饪食物的燃料，他们就从这些女性食物小贩那儿购买少量熟食，作为日常食用的面包的配菜。同样，买不起新的日用纺织品或衣服的贫民家庭会去卖旧货的女性流动小贩那里购物。最终，除了务农、在商店做销售员或在街头兜售商品外，已婚妇女得以通过竭力操持家庭，用手中不多的钱让全家人衣食有着。[1]

这样的家庭经济极不稳定。夫妻中任何一人如罹患疾病或遭遇意外都会击溃整个家庭。在农村，另外一个可能导致家庭经济瓦解的因素是连年歉收。荒年可能意味着失去在农场做临时工的机会，或者收获的粮食不足以支付地租和欠款。更重要的是，所有这些都将导致面包的价格上涨。还有可能对农村居民家庭经济产生影响的是政府征兵，如法国的普遍义务兵役制，英国或奥地利的强征入伍的做法和普鲁士的军区制。在城市，对贫困家庭最大的威胁是失业，但是在纺织业、服装制造业和建筑业中，失业几乎是无法避免的。此外，对在城市生活的未婚女性来说，她们面临的危险还包括被诱奸和怀孕。

从贫困到赤贫

在大部分地区，农民生活的同义词就是贫困和不稳定。天主教教区要求牧师每隔一段时间就向教区汇报本区贫困人群的信息，这些牧师因此区别使用几个含义差别很小的词，用它们区分普通贫困

（poverty）和一无所有（destitution）或赤贫（indigence）。一位在法国村庄岚颂（Lanson）生活的牧师写道："虽然没有穷人挨家挨户地上门乞讨面包，但是这个村庄中只有最多两到三个家庭生活得比较舒适，且为此他们不得不像服刑的罪犯一样无休止地工作；至于其他村民，他们仅仅能够勉强活着而已。"[2] 从他的描述中我们可以推断，穷人们的情况可能会变得更糟糕。这位牧师的教区居民虽然已经非常贫困，但是还不至于沿街乞讨。但是他们从贫困到赤贫也仅有一步之遥——从害怕灾害发生到灾害真正发生。典型的农民家庭都生活在贫困中，但是一旦厄运降临，比如农作物歉收、面包价格突然上涨、因为欠债而失去家产、失业、家庭成员的严重疾病或事故，或者是夫妻任何一方亡故，都会让家庭立即陷入赤贫，终日忙碌尚且稳定的普通家庭生活模式面临瓦解。无论在农村还是城市，贫困和赤贫之间仅有一线之隔，穷人们往往顷刻间一无所有。上一刻还是有工作的穷人，下一刻可能就会面临入不敷出的窘境。赤贫者或者不得不依靠其他力量存活，或者成为社会学家所称的边缘人。他们或者成为福利机构的被监护人，或者居住在社区范围之外，成为乞丐、流浪者、妓女或罪犯。如果城市或农村中的大部分劳动者是穷人，那么赤贫者就是他们之中由于失业或厄运无法继续以正常方式存活的人群。

赤贫者中的大部分都是四处流浪的流浪者或无业游民，依靠乞讨、小偷小摸、打零工和其他不得已而为之的方式获得一点食物，勉强生存。在最坏的情况下，这些无业游民可能对社会中的其他人造成极大威胁，如抢劫农民和骚扰市民。糟糕的是，人们几乎无法分辨危险的流浪者和较为无害的无家可归者，以及那些按季节变化四处寻找工作的真正务工者。在那些流浪者常常出没的农村地区，当地居民深感不安。法国和英国是当时欧洲经济最发达、封建土地制最弱的两个国家。在 18 世纪末经济最为萧条的几十年中（法国在 18 世纪 80 年代，英国在 18 世纪 90 年代），人们估计的赤贫人口数量为总人口的 10%。这意味着大约十分之一的人口从普通贫困转为赤贫，不得不依靠福利机构和公共服务机构生存，或者露宿街头成为流浪者。虽然目前还没能对西班牙和意大利的情况做出有依据的推测，这些国家的情况很有可能比英、法更糟糕。

在信奉基督教的欧洲地区，比较富裕的公民有扶助穷人的传统，他们将帮助贫困的人当作自己的责任。因为在上帝的眼中，穷人都是基督的宠儿。如果富人帮助穷人，也就能成为基督的宠儿。他们或者直接向穷人提供救济品，或者向慈善基金会、社团和女修道会捐款扶贫。但是在 18 世纪，欧洲教徒的态度开始发生改变。一方面，富人对穷人是否具备正直品格越发存疑；另一方面，加尔文教的观点，即世俗的成功是上帝之爱的象征，在天主教世界大行其道。对那些世俗观点发生转变的人来说，贫穷是福以及通过慈善获得救赎的观念已经没什么影响力了。不仅如此，他们开始认为，无论对个人还是宗教机构的不加区别的提供救济，会让穷人变得游手好闲、懒惰和产生恶习。在法国、西班牙和意大利生活着大量牧师、僧侣和修女，他们鼓励当地居民慈善捐助。于是这几个国家的

图中旅行者的马车被乞丐拦住无法前行。旧政体时期的旅行者在几乎每次出行的时候都会遭遇苦苦哀求的乞丐。无论在城市还是乡镇，乞讨行为随处可见。大部分乞丐都是老弱，或者带着幼童的妇女。在艰难的时期，西欧人口的百分之十都依赖某种形式的慈善机构存活。（来源：贝特曼图库/科尔比斯图库）

进步作家开始攻击传统的慈善活动形式，与此同时，那些通常慷慨解囊的捐助者的态度也发生了转变。在一些居住区，人们原本很乐意给予乞丐救济品，但是后来他们对乞丐，特别是游离在社会主流文化之外的全职乞丐的态度变得厌恶、恐惧和冷酷。这些职业乞丐假装自己有丑陋的伤疤或者畸形，并且教年轻乞丐如何行乞。他们设计了各种手法和施压策略，或者赢得同情，或者恐吓居民以达到获取救济品的目的。由于职业乞丐的存在，那些因失业或患病而落难的穷人发现，想要通过乞讨渡过难关变得愈加艰难。对于生活尚可的人们来说，或伤、或残、或衣衫褴褛的人既可能是乔装打扮的盗贼，又有可能是真正处于痛苦、饥饿和绝望中的穷人；但是伪装成可怜人的职业乞丐的频繁出没，让他们对乞丐少了同情心，多了恐惧感。很多富人开始不再将行乞的穷人看作道德上的义务，而是当作令人厌恶的打扰。

如果穷人和身有残疾的人无法在农村获得救济，他们通常的做法是前往城镇，因为那里有教堂、市镇政府和慈善基金会建立的扶贫助残的机构。这些收容所或救济院是给予落难者庇护的场所，可以让那些不能照顾自己的人有避身之处。最容易进入这些场所的人是那些“应当受到帮助的穷人”，包括老人、病人、盲人、残疾人、疯子和孤儿。在法国，这样的机构是由圣文森特·德·保罗（St. Vincent de Paul）号召以及慈善修女会（Sisters of Charity）等组织在天主教改革时期创立的，全部采取修道院式管理，重视严格的日程安排、整洁和对院内居住者的道德说教。皇室公告鼓励在城镇建立新型的庇护场所，名为“综合医院”（hôpital général，虽然它并非真正的医院）。但是政府既没有给予这些机构补贴，又没有赋予它们在当地征税的权利。因此这些机构只能依赖慈善遗赠，出售年金保险和彩票，以及其他创收手段存活。总的来说，它们都囊中羞涩，因此能力有限。在欧洲其他地方的“综合医院”或类似机构有大约150家，它们大都连本地需要救助的穷人都无法全部容纳，更不用说从农村来的避难者了。同时，对无差别救济的攻击言论未曾放过这些地方。越

内克尔（Necker）一家访问慈善医院。画中描述的是路易十六政府财政大臣雅克·内克尔与妻子一起访问慈善医院。在扶贫工作方面，内克尔和其他改革家提倡开展公共工作项目，让无业者有工作，并受到道德监督。在理想状态下，这个项目将减少乞讨人口，并为那些只会管着少部分穷人但扶贫收效甚微的机构提供新选择。（来源：美术馆收藏/科尔比斯图片库）

来越多的人认为贫穷不是由于上帝的意志造成的，而是因为个人的缺点或社会经济系统的缺陷。这些救助机构的存在因此显得多余甚至有害。捐助越来越少，因此政府官员开始考虑接管这些场所。[3]

穷人和欧洲大陆各国政府

在 18 世纪后期，欧洲的流浪者和乞丐人数激增，越来越多的人开始谈论如何应对这种情况，各国官员和作家开始提出，扶贫应该是政府的责任。但是，如果流浪者和乞丐不再被看作“基督的穷苦人”，那么他们是政治问题还是社会经济问题呢？政府对此含糊其词，说法常常自相矛盾。面临如潮的贫困和失业人群，欧洲政府一方面想要压制他们，另一方面又想帮助他们，最终在摇摆不定间一无所成。

从16世纪末期开始，在欧洲大部分国家，流浪和乞讨都是违法的。但是到了18世纪，加强相关执法的力度加大了。原理非常简单。用18世纪80年代的一位法国官员的话来说：“乞讨是犯罪的前奏，因它而生的对无所事事的偏好必将导致政治上和道德上的严重犯罪。在这种状态下的乞丐……是不能长久抗拒偷窃的诱惑的。”[4]那些流浪者在社区里没有落脚之处，也没有经济来源，对警力不足的社会来说，他们看起来是非常大的威胁。随着收获季节临近，所有人都不安地等待作物成熟，流浪者这时就有了极好的敲诈方式：如果农民不给他们提供食物、衣服或居住地，他们就用烧掉作物来威胁农民。流浪者还会结成团伙，恐吓使用交通要道旅行的过路人。社会问题愈加严峻，但是欧洲政府采取回避态度，并不深究导致这种情况的原因是流浪者道德败坏、懒惰成性，还是缺乏工作机会和工资过低。政府蔑视地将流浪者和乞丐称为“不值得帮助的穷人”，对他们实行更加严厉的惩罚措施。例如在1724年，法国皇家政府命令宪兵队骑兵（gendarmerie）驱集流浪者，强制他们居住在已有的救济院。此项政策让那些没有容纳能力的机构苦不堪言，而且将流浪汉与残疾人和孤儿不加区别地混在一起，产生了极大的混乱。

在18世纪60年代，法国政府（及其他政府）再次试图解决流浪人口问题。这次，他们建立了一个新型的专门接收流浪者的机构，称为流浪者救济院（dépôt de mendicité）。这些所谓的“救济院”其实是监狱，里面关着“坏乞丐”，即那些无业的潜在罪犯，监禁期最长的达18个月。法令中说要让这些被监禁者在监视下适应工作的状态，但现实是几乎没有什么能给他们做的。从表面上看，这些流浪者救济院存在的目的是通过监禁震慑乞丐，让他们不再行乞。但是如果这些人没有足够的收入来源，震慑的效力也就可想而知了。因此这些救济院的真正目的更像是控制乞丐人口，在一段时间内把他们从人们的视野中移开。实际上对乞丐们来说，被监禁在流浪者救济院是极重的惩罚，因为其中的环境恶劣至极。院内的设施极差，里面关押的人却过多，卫生状况极其糟糕，基本就是传染病的温床，伙食仅能让人不至于饿死。仅在第一波围捕的高峰期，就有五分之一的被监禁者命丧此间。更糟糕的是，由于宪兵的奖金是按照被逮捕的流浪者数量发放的，他们只对向救济院送人感兴趣，基本不问那些衣衫褴褛的露宿者的来龙去脉。一项对普罗旺斯地区埃克斯流浪者救济院的研究显示，大约半数被驱赶到那里的可怜人根本不可能是犯罪的乞丐或违法的流浪者。

流浪者救济院对流浪者问题的处理方式完全是头疼医头脚疼医脚，因此注定失败。有太多乞丐、赤贫农民和无业工人，救济院根本无法容纳。救济院也无法起到阻止犯罪和乞讨的作用，除非政府准备好将十分之一的人口清扫进救济院，关着他们不放出来，并且在超过人口十分之一的无业、绝望的工人和他们的妻子儿女中撒网捕获潜在的犯罪分子。不仅如此，真正的犯罪流浪者很有可能擅长躲开宪兵，与无辜的进城找工作的工人或倒霉的拖家带口在路边要饭的寡妇相比，他们进救济院的可能性要小很多。

一些官员认识到，虽然有愿意成为流浪者的人，流浪有时导致犯罪，但贫穷不仅是道德或政治问题，而是一个社会经济问题，要想解决它，需要从其根源开始。于是法国政府在 18 世纪 70 年代改变政策，建立公共工作项目，在农闲季节为贫穷农民和农业工人提供临时工作。这些穷人大部分居住在偏远地区，为城市慈善机构力所不及。这些工作项目大部分是筑路或纺织工作，由来源于农村税收的小笔皇家拨款资助，通常由皇室任命的督办官协同当地上层人士管理。但是，包括这个项目在内的所有公共福利政策所接收到的资金都极为有限，仅是宫廷特别拨款的皇室津贴中很少的一部分。结果就是，在 1788—1789 年极寒的冬季，法国的各条要道上到处都是一无所有的工人和流浪者，但政府的工作项目仅仅帮助了大约 3 万人。

在其他欧洲国家也有类似状况：计划得很好，但是实施效果却差强人意；政策借救助之名行镇压之实。在西班牙，传统的救济方式和教会的收容所仍广泛为人所接受。一些像帕布罗·奥拉韦德（Pablo Olavide）进步思想家提出，应该由政府而不是教会组织慈善机构，而且应该通过提供工作，而不是给予救济帮助穷人。查理三世政府于是积极开始扶贫工作，于1766年在位于马德里之外的圣费尔南多（San Fernando）建立了国家收容所，在机构内为贫穷的妇女提供缝纫工作，为男子提供建筑工作或纺织工作。奥地利的约瑟夫二世和他的弟弟托斯卡纳大公利奥波德（Leopold in Tuscany）*都规划了一系列的国有机构满足不同的需要，例如医院、避难所，为残疾人提供家庭救济的扶贫局，能提供有组织的工作项目的贫民习艺所。针对那些身体健全却不肯定居或自食其力的穷人，他们规划了类似法国流浪者救济院的惩罚性机构，但实际上基本没有真正建立。普鲁士的腓特烈二世也支持创建全国协调的救助机构，但是同法国、西班牙和奥地利一样，这些举措收效甚微。得以兴建的贫民习艺所寥寥无几，包括一家位于柏林的可以容纳超过1000个居住者的习艺所在内，全部由当地税收支持。

所有这些都没能让普通人的生活有任何起色，绝大部分普通人无法依靠土地养活自己，只好离开家乡前往城市，不知道自己将来的命运会如何。非宗教机构的救济项目大部分都是在收容所和贫民习艺所实行的扶贫计划，但也只是偶尔才有。没有任何计划针对消除引起贫困的原因，因此政府在扶贫或控制流浪者流动方面发挥的作用仅仅等同私人和宗教慈善机构。18世纪的作家对贫困的了解囿于政治问题和社会经济问题。不过，后世出现的政

---

* 即约瑟夫二世的继任者，利奥波德二世(Leopold Ⅱ)。——译者注

策的雏形初现，虽然真正有效的公共救济的出现还将经历漫长的过程。

英国《济贫法》

英国贫民救济的综合方案与欧洲大陆各国截然不同。早在1601年伊丽莎白一世统治时期，英国政府便制定了一系列法律，推动并完成以下三个目标：1. “让穷人都有工作”，即帮助无业者及残疾者就业；2. 救助“弱势”群体，即政府出资救助盲人、残疾人、老年人、精神病人、孤儿以及慢性病患者；3. “纠正懒惰行为”，即制止并惩罚不工作的乞丐与流浪者，以及有犯罪倾向的贫困者，他们都属于不值得去救助的人。英国国家政府和各类公共机构一般不过问这些目标的执行，而是由当地教会机构负责。英国全境约有15000个教区，绝大部分教区在1572年便下令征收一项本地税种，即济贫税，教区内全体有支付能力的居民都必须按时纳税。无故拖欠税款者，由教区委员会（当地教会的管理机构）选举的监管员进行监督管理，这些监督员同时还负责税金的管理与使用。此外，当地的治安官负责审查教会的所作所为，调解并处理教区内贫困群体与监管员之间的纠纷与矛盾。

17世纪末，随着《嗣位法》的确立，英国《济贫法》也补充了新的内容。议会颁布新法令，规定所有教区必须对其辖区内出生的所有居民承担终身救济的责任，直到该居民搬迁至另一个教区为止。这一政策主要针对英国国内的流浪人口问题：它旨在抑制流浪现象的出现，并规定穷人只有留在自己出生的教区才能得到救济，如果背井离乡的话，他们将被强制遣送回出生地。这一法令也为英国的各个教区打了一针强心剂，因为一旦某个穷人在新教区获得定居许可，该教区（并非此人出生时的教区）必须对此人进行长期救济与帮助。《济贫法》的新内容令穷人们的处境雪上加霜，在法律的高压下，他们不得不离开自己期盼已久的“乐土”。对于一名未婚先孕的女性来讲，情况更加糟糕。按照新法令的要求，她将被驱逐回自己出生的教区，而她现居的教区无须为照顾她的孩子支付任何费用。由此可见，英国的政府系统在贫困群体的救济问题上，态度是积极的，方式却是无情的。一方面，穷人从政府那里得到了在特殊情况下获得社会救助的权利；另一方面，居民选择居住地的自由权却被大大削弱了，他们往往成为当地教区为实现责任最小化而随意摆布的棋子。

英国政府系统在贫困群体救济工作上最突出的优点，便是将处置权下放给地方，因地制宜，灵活应对，以满足贫民的各种需求。如果穷人有需要，当地教区可以提供“户外救济”或制度外救助：即给予孤儿、老年人和寡妇补助，一般是小额资金、生活必需品（如食物或衣物）、租金补贴、医疗补助，以及社会赞助式的工作等。在经济衰退时期，教区为贫困工人提供固定资金补助以维持其正常收入，帮助他们渡过工资下跌但面包价格飞涨的困难时期。与“户外救济”和家庭救助相反，第二种途径是“室内救济”或制度性救助。英国政府最初将其看成一种扶助关怀“弱势”群体的有效措施，利用经济优势为无法养活自己的居民提供廉价的食物、住宿和医疗。

英国济贫院与法国巴黎的救济院无异，但资金来源有所不同：英国济贫院的资金主要来源于穷人上缴的税收；而法国救济院的资金来源主要是慈善机构。但英国济贫院在某些方面与它的法国同行一模一样，对那些“无可救药的穷光蛋”或急需工作养家糊口的健全贫穷者，态度都是越来越严厉。总而言之，英国济贫院已经成为解决流浪现象的一种方法，或者督促穷人进行工作的主要手段，但无论如何，济贫院都是无法维持生计的穷人的最后庇护所。从 18 世纪末到 19 世纪初，英国经济日益恶化，济贫院变得越发拥挤，环境也更加恶劣，孤儿、盲人和粗野的乞丐住在同一屋檐下。这时英国各地的济贫院在经营管理上陷入两个极端：要么是放任自流，要么是严刑峻法。但不管是哪种管理方式，济贫院都会给纳税人造成沉重的负担。与此同时，由于越来越多的人沦落为乞丐，英国户外救济的费用也一路飙升。

18 世纪末，《济贫法》遭到越来越多的谴责，责难声主要集中在两个方面：第一，随着社会救济工作量日益增加，贫困人口的数量也在急剧上升。18 世纪 90 年代，英国物价上涨，出现严重失业现象，人口密集的农业地区不堪重负。据统计，在 1802 年英国国内的乞丐数量已经超过 100 万，有 70 万人需要长期救济以维持生存，其中包括 30 万儿童、16.5 万老年人与残疾者，以及 20 万无法自给的健全成年人，但每 9 个人当中只有 1 个能够真正获得救助。与此同时，英国已建有 3700 所济贫院（大部分规模很小，只能容纳本地的穷人)，为8.3万乞丐提供了栖身之处。随着济贫院、贫困者和失业者户外救济成本的不断攀升，英国纳税人所缴纳的税金从1776年的150万英镑上升到1802年的400万英镑。

第二，主要是社会上不断有居民沦为乞丐：也许贫穷法案的存在只能为社会创造更多的乞丐。由于穷人可以到另一个教区讨生活，有人便提出，这一法案导致居民无心工作，因为贫困家庭的孩子们总能获得社会救济，这无疑鼓励了无节制生育。简而言之，争论的焦点是自动式救济容易造成福利依赖，削弱了穷人的自我奋斗意识，导致贫困现象久久无法改善。在这种情况下，包括著名经济学家托马斯·马尔萨斯在内的许多人认为应当废除《济贫法》，支持私人慈善机构为穷人提供自主救助服务。出于各种政治考虑，这种极端的观点并不占上风，但到了19世纪，《济贫法》进行了大规模修改，将其权威与影响力推广到整个英国，并废除绝大部分户外救济政策，以维护济贫院的利益。作为回报，济贫院也会采取强硬手段，尽一切可能帮助穷人远离贫困。这种措施最终于1834年实施，标志着英国家长式教区社会责任与义务的终结。[5]

流浪儿童

在所有值得救济的穷人中，呼声最高的一个群体就是流浪儿童。少数流浪儿童是孤儿，但大部分都是被自己的母亲抛弃的，而且这些被抛弃的孩子大半都是私生子。私生子现象在这个时期的欧洲农村地区较为少见(之后显著增加)，但随着越来越多的人口由村镇涌入城市，城市私生子便成为一个日益严重的社会问题。刚刚移居到城市的外来户缺乏安全感，对未来一片迷茫，心理状态十分脆弱，年轻的单身女性尤其糟糕，她们只能从事女用或女裁缝之类的工作以维持生计。对法国城市南特私生子出生记录的研究显示，未婚女性被诱奸生子主要有以下两种情况，但无论哪种都不能证明这些私生子的母亲们作风放荡。第一种情况是社会地位较高的男性引诱或强奸地位不如他们的女性，通常是女用，她们多数都是孤儿，没有家庭可供依靠。这些私生子的父亲们当中有南特最上层的人士，从西印度贸易公司的董事委员到城镇最高法院的首席法官都有。第二种情况则是单身女性被同一社会阶层的男性所诱惑，在某些情况下，工人阶层的很多男女未婚同居，尽管男方一直承诺两人会结成夫妻，却往往在女方怀孕后把情人抛弃。有相当一部分私生子（或者说绝大部分）可能都是在男女已经订婚，但是最终未能完婚的情况下出生的。在英国，未婚母亲们向法院起诉时，在强调她们自己遵守道德、单纯无知的同时，一般并不会控告男方强暴，而是起诉对方给自己造成经济损失，或是在放弃建立家庭的问题上有欺诈行为。[6]

被遗弃的新生婴儿通常被安置在育婴堂，但随着时间的流逝，育婴堂变得越来越拥挤。法国南部的艾克斯市 18 世纪人口总数约为 3 万，1720—1760 年，平均每年都有超过 100 名婴儿被遗弃在当地的育婴堂。18 世纪 70 年代后，这一数量上升到 250 名。在 18 世纪 80 年代的法国，慈善机构每年都会被 4 万名以上的弃婴所包围，巴黎市私生子的出生率占婴儿总数的20%。由于被遗弃的婴儿数量太多，结果引发了弃儿危机。巴黎和其他城市周边农村地区的官员将村里的弃婴运进城市，结果引发了更为严重的社会问题。这些官员付钱给运送婴儿的人，将这些弃儿扔到另外一个城市或地区，但一半以上的婴儿都无法在这趟死亡之旅中幸存。从18世纪初开始，每年被转移的弃婴约有2000名。1772年法国巴黎育婴堂收留的弃婴创下年度最高纪录，共计7600名。法国市政府颁布法令，对巴黎地区的婴儿实施限制，以制止地方省份将弃婴送进首都的行为。即便如此，在18世纪80年代，巴黎育婴堂每年接收的弃婴依然高达6000名以上。

非法生育只是欧洲旧时代流浪儿童现象产生的原因之一。对于许多贫困家庭来说，每添一张嘴都意味着极大的负担。绝望之下，当父母的只能求助于育婴堂，这里不仅接收无人认养的私生子，也接收穷人夫妇们无力养育的孩子。这类弃儿通常在7岁到10岁之间便开始自食其力，但实际上这种说法只是自欺欺人，因为许多育婴堂的儿童死亡率极高。大多数婴儿在育婴堂得不到妥善照顾，只能委托给出身农村的奶妈代管，而这些奶妈往往也穷困不堪，同时受雇于其他女性帮忙照顾孩子。一般情况下，一个奶妈需要同时照顾几个婴儿，因此婴儿们无法得到足量的牛奶，相反极有可能集体感染疾病。因此，奶妈喂养现象导致18世纪婴儿的死亡率居高不下，其中超过一半的婴儿在7岁之前便会死亡。例如在18世纪的法国里昂，弃婴的数量增加了一倍，而婴儿死亡率却增加了两倍。

《伦敦济幼院》。1739年商人托马斯·克拉姆和一群慈善家筹资成立伦敦济幼院，成为当时社会第一家安置弃婴的认可机构。由于大量儿童居住在此，医院不得不限制人数，禁止贫穷家庭将健康婴儿安置进来。在这里，儿童可以得到食物、衣服，并在14岁开始受教育。而女童们被分开照顾，16岁开始成为富人家庭的女仆以维持生活。这一机构的成立受到社会认可，有序安排了社会上被弃的健康儿童。但在当时，社会弃婴现象仍然十分严重，通常原因是家庭解体和婴孩母亲的非法遗弃。（来源：爱拉米图片库）

为了不让事态继续恶化，里昂大主教为愿意自己抚养孩子的贫穷母亲提供资金补贴。但不幸的是，这些钱只够发放给 100 名妇女，这意味着每 40 位母亲当中只有 1 位可以得到这笔津贴。[7]

无论有意还是无意，将婴儿扔给育婴堂，然后由育婴堂交给奶妈照顾，在大多数情况下跟杀了他们没什么两样。可以肯定的一点是，在最好的情况下，大部分婴儿将因为自然原因而夭折。而在其他情况下，一个婴儿刚出生就死掉——比如被一块毛毯闷死，对这个不该出生的孩子来讲也许是最好的结局。堕胎在欧洲的旧时代并不流行，因为这样做对母亲身体的伤害极大，处理意外怀孕最极端的手段便是杀婴。在古代罗马或古代中国，这种做法极为寻常，在18世纪的欧洲也绝未销声匿迹。有足够的线索证明杀婴行为的存在，而许多欧洲文学作品中也有对杀婴现象的描述，人们可以从中得窥真相。1721年，暴雨袭击了法国的雷恩地区，之后当地人发现了80多具新生婴儿的遗骸。

在伦敦法院，整个18世纪有60多人因犯杀婴罪而被起诉，这些母亲多数是来自贫穷家庭的未婚女性，通常是女用。对于用人来说，怀孕意味着解雇，并被整个社会鄙视。在当时，女性的贞操是神圣的，女人一旦失去贞洁，她的家人也会站到她的对面。来自社会的羞辱和不安全感导致该女性隐瞒怀孕的事实，接着便身穿宽松的衣服，或假装生病直到婴儿出生。她会试图独自生育，然后杀死婴儿，将尸体埋在一个荒凉的地方。这些被控犯有杀婴罪的女人最终都无罪释放，因为法院很难证明婴儿是否胎死腹中，同时这些未婚母亲也极力隐瞒怀孕与生育的事实。这些现象都说明当时用人的地位极为低下。[8]

犯罪和惩罚

司法机制

在中欧和东欧地区，大多数人依然被牢牢地束缚在土地上，领主们以庄园制法律统治着一切。在地方官吏的支持下，这些领主拥有管理地区民事和刑事案件的绝对权力，但他们一般雇用代理人代行这些权力。18 世纪后期，普鲁士王国和哈布斯堡帝国的君主为了强化对所有臣民（领主与平民）的统治，建立了皇家法院以解决重大上诉案件。到 18 世纪末，这两种司法系统共存：庄园制法律主要负责一般案件，而皇家法院则处理重要的高层案件。

法国、意大利和英国的司法体系各不相同。庄园制法律依然存在，但仅限于解决民事纠纷。而在司法领域，即使是最不起眼的犯罪事件，政府也会动用权力宣布对此案接手，同时建立相应的法律机构处理各种案件。法国司法体制金字塔的基础是教区法院，虽然大部分教区法院设立在城镇，但它们的主要职能是控制农村的犯罪行为。教区法院与警察部队（即宪兵）联手，但后者通常人手不足，而且薪水太少。两者相互合作，严厉打击流浪、盗窃或谋杀等犯罪行为。一般情况下，法院会公平公正地审理这些案件，因为法官知道这些被告都是一群身无分文而且还不识字的农民和工人。倘若城镇居民和富裕农村地区的居民违反了法律，他们一般都会交给更为正式的法庭进行审理。每一个地区都设有皇家法院法官，他们需自己出钱置办办公室，而且不能随意搬迁。虽然这些法官的上任过程听起来并不怎么靠谱，但大部分法官对待自己的工作比教区法院的官员更为谨慎和认真。在巴黎这样的大城市，政府往往会采取重大措施优化刑事审判环节。[9]司法体制的最高机关是最高法院，其常规业务并非处理重大政治案件，而是负责严重刑事案件的审判，尤其是获准上诉的案件。

教区法院的即决裁判和地区法院和最高法院烦琐而又漫长的法律流程形成鲜明对比，但这两种形式都无法准确描述法国警察所拥有的权力。例如，巴黎的治安维护往往会由数以千计的皇室军人来执行，而这一情况在伦敦几乎不存在。此外，政府官员声称，警方设立间谍和告密机制以对犯罪实施有效控制。皇室官员可以直接颁布封口信件或一般的逮捕令，而国王可以在未经审判的情况下随意裁决或囚禁市民，受害者通常被关押在法国的巴士底狱或类似地牢的地方（但是富人可以用钱收买狱卒以获得相对舒适的待遇）。逮捕令不仅用来对付持有不同政见的知识分子和政治对手，同时又是上层社会人士囚禁不守规矩的亲人的手段之一。无论是哪种情况，这种贵族阶级的法外特权，或者说独断专横，都给皇室的声誉带来了抹不掉的污点。

巴士底狱和逮捕令是法国司法体制的象征，而英国司法体制主要是以陪审团而闻名于世。但实际上，陪审团只有在司法审判进入第二阶段的时候才能开始起作用。在英国，陪审团扮演的角色与欧洲大陆的庄园制法律或教区法院基本相同——英国当地的治安官在处理一些琐碎的犯罪事件时，往往不用陪审团出面。这些地方法官是英国统治阶层的典型，他们受命于那些担任领主助理的贵族（这些贵族也受到国王的正式任命），主要从当地贵族里选举产生，并且拥有相应的社会和行政权力。

治安官们各自单独处理各种案件，同时也会定期召开季度会议，一同处理各种各样的刑事起诉与法庭审判。如果遇到重大刑事案件，他们便将其转交给常年全国巡查的伦敦皇家审判法官。在每年举办的巡回审判和季度会议上，主要采取两大步骤解决重大犯罪案件。首先，已入狱或被已被保释的被告将被秘密移交给大陪审团进行审判，由其决定控诉是否有效。据统计，有七分之一的案件被大陪审团直接驳回，而其余的案件在提交给常任陪审团之前会进行公开审判。

陪审团决定案件的审判结果，并最终裁决被告是否有罪。如果有罪，法官则直接判决。直到17世纪晚期，法官审判对陪审团的

图为巴士底狱。1789年7月14日法国大革命爆发之后，虽然这里只监禁着6名债务人，巴士底狱仍成为摧毁旧政权司法滥用的象征。在本世纪，巴士底狱主要囚禁违反审查和国家图书贸易法的罪犯。然而在1789年它已经阻碍巴黎东部城市发展。图中右下方可见的巴士底狱的堡垒和历史上著名的圣安东尼门在1777年以后被废除，巴黎的皇家政府于是开始采取措施重建巴士底狱，将其改建为一个开放的广场，两旁的林荫大道分布着各种小商店。这种更为开发的规划模式彻底取代了哥特式监狱，这意味着启蒙运动影响着城市的规划与发展。（来源：维基共享）

审议意见影响重大。一旦法官认为陪审团做出了错误判决，他有权起诉他们。但这种情况在 1670 年得以终结，因为当时的陪审团在案件审判上开始拥有独立权。即便在那些当地贵族掌握大权的司法机构，也并未出现司法垄断的局面，因为当地的非贵族阶级成员组成了陪审团，负责对刑事案件进行审理。据统计，事实上有四分之一到一半以上的刑事诉讼案经陪审团审理后，直接宣布被告人无罪。一部分陪审员反对议会贵族对于财产犯罪的审判。他们认为，除非拥有强有力的证据证明罪犯的犯罪行为，否则不得对其进行过度的惩罚。

酷刑与惩罚

和欧洲大陆国家不同，英国的司法体系从很早的时候便废除了各种酷刑。18 世纪后半叶，几乎所有欧洲大陆国家都在司法审判中主张用刑，其主要目的是为了在定罪之前，特别是进行死刑判决之前收集各种证据。欧洲大多数国家的法律均沿袭罗马法，也就是说间接证据无论多么确凿，都无法满足死刑的定罪标准。当然，定罪必须有绝对的依据，例如两个目击者分别亲眼见证，或是被告直接忏悔供认。但在大多数情况下，一桩杀人案很少同时出现两个目击者，所以法官一般都要求犯罪嫌疑人直接招供。如果司法者只能从一名证人口中获得证词，或者只能从其他证据中进行推测，他们便支持对被告实施酷刑，逼其招供。在这种司法制度下，被告除了招认自己的犯罪行为之外，还要供出只有自己知晓的案件线索，这样才能够避免冤枉好人。从理论上讲，司法酷刑是为了减少法官的自由裁量权，而拇指夹、拷问台和其他令人憎恶的刑具会使审判更为客观公正，在酷刑下罪犯通常会直接坦白。

在 18 世纪早期的欧洲，司法酷刑盛行于英国之外的其他国家与地区，但之后这种现象便慢慢消失。1740—1760 年间，普鲁士废除司法酷刑；1772 年瑞典也废除了这类刑罚；之后废除此类酷刑的是 1776 年的奥地利与波兰，以及 1780 年的法国。司法酷刑的残

司法酷刑的工具。18世纪欧洲最常见的酷刑工具是拇指夹和刑架。玛丽娅·特蕾莎统治下的政府发行了一本文献，详细描述工具的规格和使用方法。（来源：维基共享）

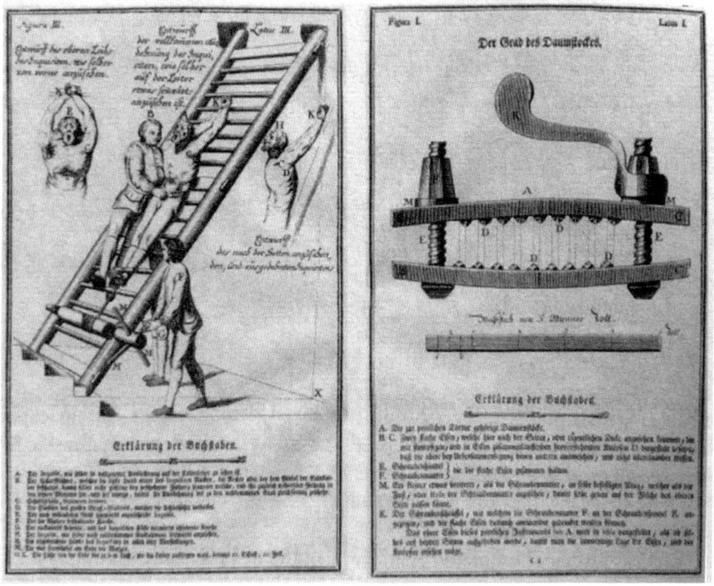

忍遭到各方的抨击，尤其是在启蒙运动改革家们的著作中。最引人瞩目的是，一名来自米兰的年轻贵族西萨尔·贝卡里亚于1764年发行了一部有名的作品《论犯罪与刑罚》，在这本书中，他主张推行更为人道的司法程序，减少极端惩罚手段。然而，司法刑罚的废除与改革派著作的关系并不大，原因在于司法制度发生变化，不再用酷刑作为获取确凿证据的必要手段。18世纪晚期的法官们不强求确凿证据，而是希望获得更多可自由支配的证据进行评估。这种司法证据的变化原因主要在于法官更愿意采取其他方式来惩罚犯人，而非一味处决。[10]

欧洲南部国家监狱主要的刑罚形式一直遭到民众谴责，比如强迫罪犯去地中海地区拉浆。随着当地帆船被浆船所取代，囚犯们被押送至船舶停靠的港口囚禁劳作，每天必须按照要求到城镇工作。在18世纪的普鲁士和奥地利，终身劳役监禁取代死刑成为主要刑罚形式，罪犯们通常被押送到矿山或是堡垒地区进行义务劳役。英国一种新的惩罚方式是将犯人集体押去修筑道路。自1660年起，尤其是到了18世纪早期，罪犯们往往被押送到弗吉尼亚和马里兰等殖民地，他们将成为契约劳工，服役满7年后即可释放。1717—1776年间，大约3万名英国罪犯接受了这一刑罚。美国独立革命之后，英国在澳大利亚博特尼湾殖民地区建立了一个新的流放地。

18世纪初，肉体折磨仍然是刑罚的本质。罪犯的肉体受苦是为了补偿其过失，而在大庭广众之中用刑的目的是恐吓世人。从整个

18世纪来看，示众型刑罚的本意是希望控制犯罪行为，以更好地确保公共秩序。[11]死刑是最高刑罚，在执行过程中由于方式不同，其残酷程度也不同。例如，斩首不但快速而且能保留尊严，通常是一名贵族的选择；普通平民如果足够幸运，会被吊死在绞刑架上。而那些犯有重大罪行的囚犯则会采取其他处决形式，比如车轮碾压或肢解等。肢解的刑罚在当时仍然盛行，在被处死和蒙受大众羞辱之前给身体增加额外的痛苦。事实上，即使罪犯能够死里逃生，其身体也将承受刑罚带来的巨大痛苦。送去浆船服役的罪犯通常先要在身体上打上烙印，而被流放到其他地区的罪犯也是如此，打烙印的过程甚至会公开展示。法官宣判罪犯需缴纳罚金的同时，会命令对其鞭打。简而言之，身体的疼痛绝不仅限于司法审议前，而是整个司法酷刑的不可缺失的一部分。罪犯的身体惩罚是公共刑罚的重要部分。

尽管陪审团成立，司法酷刑得以废除，但英国与其他欧洲大陆国家并没有太大差别，仍然将死刑作为刑罚的一种。在18世纪，一些拥有大量土地与巨额资产的贵族成为议会的主要成员，他们希望将针对个人财产所实施的犯罪列入死刑之中。到1800年，近200种不同的犯罪行为都将判处死刑。虽然英国法律越发严谨，定罪频率也不断上升，但实际执行死刑的比例却直线下降。严苛的法律与审慎的法院程序维持着司法刑罚的平衡，因此有一半以上的死刑犯将可能获得赦免与原谅。在此我们可以看到司法体系中仁慈的一面：象征绝对权威的司法体系其实是恐惧与仁慈共存。严苛的法律

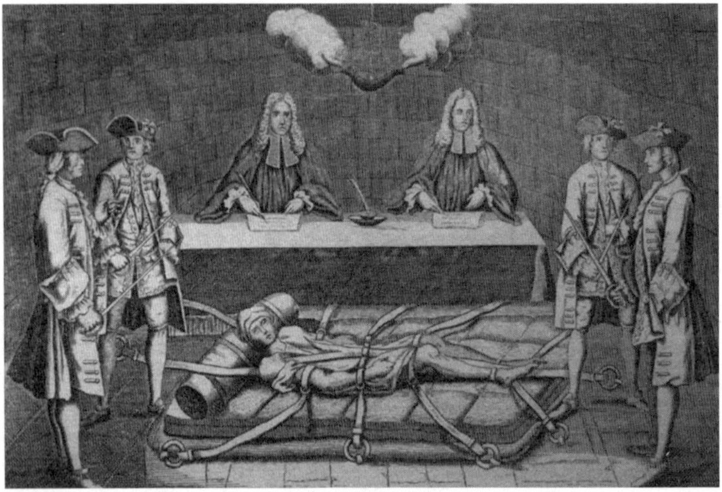

图为处决达米安。1757年达米安暗杀路易十五国王失败后饱受所有残酷的刑罚，直至接受致死的最后的致命一击。（来源：爱拉米图片库）

会引起民众的恐惧，但英国刑事诉讼的威严，以及频繁的无罪判决将有助于民众增加对法律本身的尊重。最后，司法赦免能够令民众感恩戴德，正如老板原谅犯错的员工一般，这样便能够维护整个社会秩序，实现家长式作风的管理与统治。[12]

18 世纪的绞刑吸引大批民众前来围观，他们身上的钱足以买一本便宜的小册子，例如《行为、忏悔和处死罪犯的遗言》。该作品是由一名关押在纽盖特监狱的牧师和其他非官方的民众的著作，这些大受欢迎的宣传册总结了三大主要刑罚形式：法官的死刑判决；牧师布道；绞刑，文章中还穿插一些罪犯的传记和遗言。不得不说，当时大部分社会成员都对这些内容兴趣浓厚，这无疑是一种病态的表现。还有大批民众参加了牧师布道处置犯人的集会活动。总体来说，残酷的绞刑、公共围观和政府判决是传统司法刑罚的基本组成部分。

与此同时，社会也开始出现新的刑罚形式。法国作家加百利·邦尼特认为："刑罚应该惩戒犯人的灵魂而非身体。"因此社会上出现越来越多支持改造罪犯的声音，而非惩罚其身体。贝加利亚与其他改革者提出，惩罚的目的在于阻止犯罪行为的再次发生，而不是激起惩罚对象的报复情绪，因此司法刑罚需要符合"犯罪程度"，不应过度残酷或野蛮。社会上开始出现反对死刑的声音。在腓特烈大帝统治下的普鲁士，18 世纪 70 年代处决的罪犯数量降至每年 12 个。同一时期，托斯卡纳的奥博德公爵在 1786 年废除死刑，代之以全新的刑罚形式。死刑绝非惩戒罪犯的最佳途径，因此在本世纪肉体刑罚和死刑的频率开始下降，司法酷刑的实施也逐渐减少，一种新型的刑罚模式正在诞生。米歇尔·傅科认为，欧洲刑事程序的关键变化在于监狱的出现。

欧洲社会监狱已经出现有一段历史，但其设立的初衷是为了在审判之前拘留被告，正如债务人被囚禁以免其逃债一样。监狱同时也关押被判处死刑并等待执行的罪犯们。例如伦敦的纽盖特监狱，关押期一般从 1 个星期到 3 个月，被告在监狱里静候最终判决。但值得注意的是，对于富人来说，监狱却可以是享用美食佳酿的旅馆。相比之下，如果犯罪者身无分文，监狱生活绝对是一次痛苦的经历，有时甚至会丧命，因为监狱的脏乱差环境可能会导致一种名为“监狱热”（旧时监狱里流行的斑疹伤寒）的传染性疾病。例如1726年，伦敦的纽盖特监狱总共有21名犯人被处以绞刑，但死于传染病的犯人却高达81名。总之，即使在监狱里也存在着明显的阶级与待遇差别，坐牢也许死不了人，但对于维护正义与秩序一点用处也没有。

但情况很快发生了改变，一群刑罚改革者主张以监狱惩罚代替

《泰伯恩刑场的公共绞刑》。公共处决的目的意在阻止犯罪行为的产生，但法律与秩序在此情况下并未起到任何作用。伦敦外科医生试图偷走处决尸体用于解剖课程的演示的时候，泰伯恩刑场爆发社会骚乱，因为罪犯的这些亲戚和朋友希望保留其全身并为其办一个体面的葬礼。下图雕刻作品出自威廉·贺加斯。（来源：维基共享）

野蛮残酷的肉刑，因为前者更有助于令罪犯洗心革面。新型的监狱诞生于17世纪早期，首先出现在一些北欧城市，比如根特。1779年成立的英国格洛斯特监狱和费城的胡桃街监狱的名声很快蔓延至整个欧洲。这些是最初几座比较有名的监狱，不久之后就变成了刑罚的主要形式。19世纪早期，法国的监狱系统发展成熟，逐渐取代了苦役、流放与死刑等刑罚形式。在前文所述的这些监狱里，罪犯都被单独关押在各自的牢房里，看守者通过削减饮食、限制自由等手段教犯人们学会遵守规矩。监禁这种隐形刑罚机制开始逐渐取代18世纪末的肉刑惩罚形式。

犯罪行为

18世纪欧洲社会犯罪行为可分为四种基本类型：包括暴力犯罪，如谋杀、袭击、强奸等；财产犯罪，如偷盗、入室行窃、抢劫、诈骗、偷猎等；反国家罪，如伪造假币、走私；还有宗教犯罪，城市流浪和乞讨等行为也属于犯罪。关于犯罪类型和惩罚方式的历史数据调查表明，18世纪的欧洲社会暴力犯罪相对减少，但财产犯罪却直线上升。在法国诺曼底，罪犯类型和犯罪方式都发生了巨变，开始从暴力伤人走向财产盗窃。17世纪常见的罪犯主要是一些营养不良、生活绝望的人，希望通过暴力行为实现自我解脱；而在18世纪的罪犯变得极为狡猾和富有心计。再者，17世纪的罪犯主要是以农民和工人为主，到了18世纪则是一些居无定所的流浪汉，或者试图在法律之外谋生的职业罪犯。因此，社会出现更多的团体犯罪，而盗窃案件也越发频繁和常见。当地教区法院甚至总结出流浪与犯罪行为之间的相互联系：从1773年到1790年，近4000例犯罪案件中有一半以上的主谋都是流浪汉。[13]

18世纪的犯罪行为显示，1748年囚禁在监狱的所有罪犯——都是男性，因为女性罪犯从来没有受到严厉的刑罚——大多数都属于非暴力犯罪：比如偷窃、走私盐、流浪、伪造和拒绝服兵役。不到十分之一的人则是暴力犯罪，要么处以死刑（如谋杀罪），要么轻描淡写地处罚一番（如殴打、袭击或强奸罪）。这些罪犯近一半都是30岁以下的年轻男性，其中包括逃跑的年轻士兵，而另外一半都是上了年纪的流浪者。这种情况表明流浪者这一群体早已被社会所放逐排斥。[14]当时社会出现另一种景象，在巴黎刑事法庭出现之前，开始出现许多有财产性犯罪行为的人。但实际情况，这些人并不是专业小偷，只有近二十分之一的罪犯会重复犯罪，而且仅有四分之一的罪犯参与团体犯罪。[15]通常刚进城市的年轻人容易导致城市犯罪行为的产生，因为他们在这座城市没有任何背景，很少有人能够靠着自己的本事获得一份能够养家糊口的工作。这些年轻人最容易犯的罪就是盗窃，他们希望拿到一些值钱的东西以解决当下的燃眉之急。在农村地区，值钱的东西多数情况下是指食品和衣服；而城里的罪犯通常下手的财物是珠宝、带扣或亚麻织物等，这些东西可以直接拿来典当成现金。虽然这些罪行不属于暴力犯罪，但依然会导致犯罪者被判死刑。事实上，一些法官对这些罪行给予严重惩罚，希望以儆效尤。不过实际情况却是，一些较小的犯罪行为都会导致犯罪者被处死，从偷晾衣绳到偷衣服，从盗窃食物商品到仆人在主人家里犯下的“家庭盗窃”等。入室抢劫，尤其是晚上入室偷盗都会被判处死刑。一些团体盗窃行为，比如入室抢掠，虽然属于非暴力犯罪，但总体来说是当时民众最为恐惧的一种犯罪行为，一般会给予严厉惩罚，其中就包括死刑。[16]

按照英国刑事司法系统的规定，不管城市还是农村地区，被起诉的罪犯必须在交给季度法庭和巡回法院之前进行审判。虽然这些法院在 1660 年至 1800 年间起诉比例整体上升，但农村的犯罪率 1770 年之前不断下降，之后又逐年增加。人身犯罪（包括暴力犯罪）的人数在 1730 年达到顶峰，之后财产犯罪数量开始上升，尤其是在城市地区。农村犯罪率的波动与粮食价格波动联系紧密。18 世纪的大部分时间，欧洲粮食收成情况较好，社会经济稳定，犯罪率便随之下降。而到了 1770 年以后，小麦价格一路飙升，由于粮食歉收，穷苦民众面临着各种生存问题；另一方面，大城市地区的犯罪波动与另一变量因素相关，即战争和军队遣散。战争期间，犯罪率下降，但随着战争双方敌对关系结束之后这一比率又开始攀升。战争可以将那些有犯罪倾向的人拉入社会当中，为其提供就业机会，在伦敦海军港口充当服务人员或参军作战。随着战事结束，军队遣散，依靠战争得以繁荣的产业也会随之倒台。

在 18 世纪的城市和乡村地区，男性被控财产犯罪和暴力犯罪的数量是女性的 3 倍。女性暴力犯罪大多数是采取行动反对家庭暴力或群体暴力，以保护自己或家人的安全。不论是财产犯罪还是暴力犯罪，女性最为常见的罪名是盗窃，而且基本上不会被判处死刑。城市女性犯罪行为是该市所辖农村地区的 4 倍，主要原因在于城市对女性的限制较少，但面对严苛而不确定的社会就业市场，她们往往会主动采取措施给予回击。[17]

偷猎和《狩猎法》

在 18 世纪的欧洲乡村地区，违反国家《狩猎法》属于一种特别的犯罪。虽然国家会采取非正式措施惩罚偷猎行为，但偷猎却揭示出当时社会制度的运作模式。没有哪个国家的《狩猎法》能比英国《狩猎法》更富有社会等级性。按照 1670 年英国政府所颁布的法令，规定狩猎活动（包括野兔、鹧鸪、鹿等）仅限本国贵族参加，因为贵族们拥有自己的土地资产以及使用他人土地的权力。如果想获得合法狩猎权，个人名下必须拥有巨大的不动产或同等规模资产数额的租赁权。由此可见，只有那些拥有大规模土地资产的人才能满足条件，而英国国内仅有 1% 的人拥有此"特权"。举例来说，英国斯塔福德郡总人口约为 20 万，而其中仅有 800 人能够获得合法狩猎的权利。按照《狩猎法》规定，大批农业劳动者、工匠、佃农甚至独立农户和商人都无法合法狩猎。该法律同时还规定，非法狩猎将处以 5 倍罚金（相当于农民一年工资的三分之一）或 3 个月的监禁。非法宰鹿将处以高达 30 英镑的罚款，或一年监禁，并且在某些情况下（例如夜间狩猎）将处以死刑。非法持有狩猎工具，比如枪支、罗网或者猎犬，以及持有或售卖非法猎物，都

无论是有意还是无意，汤姆斯·盖恩斯伯勒笔下的安德鲁先生和夫人的画像让人们认识到了狩猎对英国贵族阶层的重要性。（来源：维基共享）

将处以重罚。

《狩猎法》的制定与实施不断引发声讨。合法狩猎者如大领主，他们可以雇用猎场看守人（看守人在主人的授权下拥有监察当地狩猎情况的权利）监督非法狩猎和私藏狩猎工具等违法行为。这意味着他可以直接闯入工人的住所进行搜查，一旦发现猎犬便可以当场击毙。在当地法院对罪犯进行审判之前，猎场看守人负责犯人的看守工作。实际上，贵族阶层才是《狩猎法》的绝对受益方，但广大普通民众却反对这一法律。随着合法狩猎者组成联盟资助诉讼费用，起诉案件不断增加。历史研究表明，1760—1790 年间，该联盟所赞助的诉讼费金额增长了3倍。虽然处以重罚与监禁，但偷猎现象仍屡见不鲜。《狩猎法》剥夺了英国平民将狩猎作为传统娱乐或运动方式、获得肉食以及售卖猎物或皮毛获得额外收入的权力。家禽贩子和旅馆老板们急切希望能继续狩猎，并享有自己的猎物，于是支持狩猎黑市贸易的发展。虽然会面临极大风险，但狩猎者仍乐此不疲。

贵族阶层坚持捍卫《狩猎法》，声称他们希望打击社会上的懒惰者，督促他们参与工作。他们反复强调，非法狩猎导致社会犯罪率攀升，非法狩猎者必须接受义务劳役作为惩罚。实际上，偷猎与盗窃关系并不大。偷猎被视作一种社会犯罪，类似于擅自取用私人土地上的燃料，或走私以避开消费税。在当时社会极少人能原谅偷窃行为，但当地的偷猎者却被当作是挫败贵族傲气的“勇士”，因为他们敢于挑战贵族专享的狩猎权。狩猎特权象征着权力和地位，狩猎精英也是社会生活的核心。正如历史学家道格拉斯·汉所认为的，贵族沉迷于狩猎游戏不能仅仅解释为：“从狩猎野兔中获得收益，希望游手好闲的小偷们老实一点。《狩猎法》本身主要是维护农村社会的阶层差异。野鸡、野兔和鹿肉当然是社会地位的象征。贵族们骄奢淫逸，在晚餐上铺张浪费，目的仅仅在于维护其尊贵的地位，或将这种方式当成一种社交手段。”非法狩猎的主要目的在于利润，它成为当时社会最为普遍的违法行为，仅次于财产犯罪，对贵族的社会地位优势以及文化优势提出了挑战。[18]

《狩猎法》在英国引发一场大动荡，欧洲其他国家与地区也不例外。在法国，贵族阶层垄断了大多数省份的狩猎权。在英国，《狩猎法》的颁布意味着平民完全被禁止狩猎，而上议院成员可以在国内任何地方打猎，甚至践踏农民的田地。无怪乎在1789年法国大革命前夕，反抗者对贵族狩猎特权提出抗议，为农民进行申诉。在继续沿用农奴制的德意志各邦国，情况则更为严重，领主们不但拥有狩猎特权，而且农民们还经常被强迫为贵族的狩猎聚会服务，他们必须将猎物赶到开阔地带以供贵族们射击。在18世纪的欧洲，领主阶层几乎垄断了狩猎特权，并对其特别重视。与此同时，虽然偷猎行为会导致被起诉和严重的惩罚，但农民和工人们将仍然抑制不住狩猎的冲动。但对于流浪汉而言，偷猎是这个时代最惬意的游戏。

权利与骚乱

偷猎现象的日益蔓延表明，一个阶层所定义的犯罪，对另一个阶层而言便是完全合理的行为。广大民众坚信，以大领主的利益或国家利益为主的法律并非合理的存在。许多农民不认为走私是一种犯罪行为，而政府只是为了自我利益严厉打击此类行为。走私者利用国家收入获得利润，但一半消费者会认为虽然走私分子逃避缴纳关税与消费税，却帮助他们降低了一些日用品的成本，包括盐、茶和酒。

从国家和贵族精英的角度来说，最为严重的罪行是团体犯罪，主要指社会暴乱。在英国和欧洲大陆的城市与乡村地区，最为常见的社会暴乱是食物暴乱。与偷猎同理，社会各阶层对暴乱是否构成犯罪也持有很大争议。贵族阶层认为这是一种扰乱社会秩序的犯罪行为，而普通民众则认为这是一种维护个人基本生存权利的正当行为。粮食歉收，谷物和面粉的价格上涨到无法承受的水平，但消费者不能坐以待毙。与此同时，商人们履行合同义务将食物运输到其他国家，本国消费者对此更加愤恨。在粮食供应极为不稳定的年代，平民消费者希望生活物资供应充足且价格合理，而农场主、领主、谷物商人和磨坊主们则不放过任何一个获取利润的机会，两者之间便爆发了严重的利益冲突。

粮食短缺不仅威胁到民众的基本生存，而且威胁到社会的公共秩序，因此各国政府专注于解决民众的温饱问题；政府官员尽可能地干预批发市场，确保粮食供应无虞，并维持面粉和面包价格的稳定。在整个欧洲地区，政府颁布法令禁止“垄断市场”的出现，即我们今天称之为政府干预粮食市场。这些法律规定，穷人必须有机会以“合理价格”小批量地购买谷物或面粉。农民在粮食收成季节之前不能同粮商进行交易，但可以将粮食直接卖给当地市场的消费者。而在粮食短缺的时候，法官会逼迫农民以合理价格出售粮食。在一些地区，政府甚至立法规定，在粮食短缺的时候，农民必须将谷物直接出售给消费者。18 世纪的一些谷物零售商便违反了上述法律，这种情况甚至会出现在粮食短缺时期，当地消费者往往只能忍饥挨饿。

这些传统措施的背后，实际上是政府对于消费者不安全感的一种心理窥探。消费者十分清楚，谷物、面粉和面包是不可或缺的生活必需品，而不是纯粹的商品。因此，他们会认为粮食短缺或物价上涨是由于当权者的操控，他们指责那些牺牲大众最基本的生活利益以获得高额利润的投机分子。民众们希望谷物贸易是以共同利益为出发点，而非追求纯粹的个人利益，是“道德经济”而非“绝对自由的经济”。为应对这一心理，政府采取措施保证粮食供给，稳定民众。此外，政府禁止粮食短缺与物价上涨的消息在市场上蔓延，因为这很有可能会引起社会恐慌和动荡。

然而，这种传统的粮食贸易监督和干预手段，显然不合那些商业利益优先的大地主们的口味。17 世纪 60 年代，一批支持大地主商业模式的经济学家们提出解除粮食市场的监管机制，同时提出经济繁荣可以通过增加农产品的商业价值得以实现，因此极力主张放弃家长式的粮食监管。在法国，这一理论与一群重农主义者（详见第六章）有关，却遭到社会的巨大阻力。重农学派认为，价格控制的结束，将鼓励地主们种植尽可能多的粮食作物，生产出最好价格的粮食。可以肯定的是，这意味着大量的农作物产品将被运往海外，而必需的主食产量则会减少。但是他们提出，对粮食的最终需求将提高农作物价格，农民和批发商人因此不断增加粮食产量与运输量。随着时间推移，粮食生产会更加合理，供应链也越发可靠，即便此时粮食价格出现大幅提升和数量短缺也可以理解。重农主义确实对法国政策产生重大影响，皇家政府曾多次采取措施解除对粮食批发商的管控。但不管怎样，这些政策变化都会引发农民和城市消费群体的强烈反对，这些抗议者会引发社会动荡，抵制粮食批发市场贸易自由化以及反对面包价格上涨。实际上，生存问题成为新经济理论之间相互争论的重要议题，这些理论通常以利润最大化为目的，促进大规模经济农作物的种植发展，以及小规模生产者和消费者的传统道德经济发展。

在18世纪最后几十年，政府机构，尤其是法国的政府，发现自己夹在两个派别中间。新经济理论给予法国财政部长克莱门特·拉维德以启发，最终于1763年实施粮食贸易自由化政策，鼓励粮食出口；与此同时，大批民众对新政策提出抗议，但直到1770年这些政策才被废除。同年，更为谨慎的财政部长约瑟夫·泰雷反对拉维德的提议，实施更为谨慎的“国之食粮”战略储备计划，以帮助地方官员确保市场上的粮食供应充足且价格合理。虽然这些政策没有满足消费者的需求，但泰雷当时的谨慎政策显然是十分必要的，尤其是在巴黎地区，人们希望国王更加关注社会粮食供给。国王的粮食储备计划引发了社会“饥饿阴谋”的流言，传言政府不顾社会民众饥荒从中获得高额利润。1775年，法国新加冕国王路易十六任命致力改革的雅克·杜尔哥担任国家财务部长，他曾下令加大粮食贸易监管力度，但同样也遭到社会的抵制。在法国中北部城市杜尔哥，政府颁布的法令引发了一场“面粉大战”，民众对飞涨的粮食价格（面包的单位价格上涨了75%）强烈不满，最终这一社会动荡发展到其他城镇。此外，民众无法负担基本粮食的压力与皇家士兵镇压的谣言导致社会出现骚乱，许多粮食商人和面包师遭到袭击。这一动荡蔓延至巴黎，甚至到凡尔赛宫附近，路易十六不得不撤回杜尔哥的法令，并恢复早期国家干预市场的政策来降低粮食价格。政府还被迫派兵维持社会秩序，许多暴徒以破坏财产罪被起诉。但大多数民众认为，这类行动是在维护社会道德秩序，是反对那些任意哄抬价格以谋求高额利润的投机分子的正当手段。在法国历史上，政府提倡经济改革，其目的从长远来看主要为了促进经济的自由发展与繁荣，但却在短期内遭到民众的普遍反对。[19]

道德经济与理想化自由市场之间的冲突不仅存在于英国和法国，类似的争论也发生在意大利和西班牙这些国家。在 18 世纪的中欧地区，自由经济的思想尚未广泛普及，大地主与消费者之间的冲突日益严重，尤其是在波希米亚地区。1770 年至 1771 年间的暴雨毁掉了大部分地区的农作物，地主农场幸存的农作物便显得尤为珍贵。虽然奥地利政府禁止粮食出口，但波希米亚地区的地主却继续将粮食卖给萨克森和普鲁士地区的商人，以赚取高额利润。这最终导致波希米亚地区十分之一的人口将为饥荒所害。

自由经济市场改革的阻力通常以两种形式出现：封锁和粮食暴动。在粮食出口地区，农民们（包括工匠和农业工人）采取集体行动，阻止当地粮食出口或禁止劣质商品进入本地市场。如此一来，本地生产的粮食主要供给对象就变成了本地消费者。在城市里，消费者们——尤其是女性——会强行闯入当地市场的面包店，给主食制定“受欢迎的固定价格”，因为这样他们才能以公平价格购买谷物、面粉和面包，而不是按照粮食短缺导致的不合理价格。穷人的道德经济往往得到地方行政官员的支持，要求谷物、面粉和面包的价格维持在合理负担能力水平之内；在食物短缺时期，寻找粮食供应商，并将其带入公开市场；在本地粮食需求得以满足后，多余粮食便可以出口到其他地区。一名英国警长在1776年曾描述当时的社会暴动："他们拜访了农场主、面包师、磨坊主，以自己制定的价格销售面包、奶酪、黄油和培根。通常他们把钱还给了业主，表现得十分循规蹈矩，不同于以往的野蛮与暴力。"[20]

1766年，在英国南部和中部地区，数以百计的民众以暴动的方式来应对空前严重的粮食歉收。在法国也发生了一系列类似的社会暴动——同时也是1789年大革命之前，18世纪晚期法国规模最大的一起暴动——席卷了法国整个中北部地区，当时的政府正忙着放宽粮食管制政策，但面粉战争随之而来。市场动荡始于当地的一个小镇，但谣言带来的连锁反应导致其蔓延到其他地区。法国的社会动荡与英国类似，其主要表现形式是要求市场流通商品以公平的价格售卖，而非以高于正常水平的价格，这也反映了当时粮食严重短缺的情况。一些富有的大地主、谷仓主和磨坊主在农村地区遭到攻击，而在城市里，甚至在巴黎，谷物商人和面包师也遭到袭击。粮食暴动最终蔓延到凡尔赛宫，城市官员们便采取传统措施，命令面包师在"国王的名义"下以每磅两个苏的常规面包价格卖给消费者。随之在很多地区消息传开，称国王采取直接措施降低价格。无论国王态度如何，人民认为他们必须采取行动恢复基本的生存权利。

1766年英国的价格暴乱与1775年法国面粉大战情况十分相似。

历史上的这些暴动事件表明，参与粮食暴动的民众对公平价格的理解，主要建立在多年风调雨顺收成颇佳的基础之上。在粮食短缺和物价飞涨的时期，国王必须采取措施制定民众可以承受的粮食价格，但这又会与粮食生产商和批发商产生利益冲突，国家必须选择支持其中一方，反对另外一方。不管是在英国还是在法国，政府大多以武力镇压民众的集体行动，并指责这些抗议活动是违法行为。英国和法国的社会暴动最终导致大批抗议民众被起诉，数十人被处以绞刑。在 18 世纪的最后几十年间，传统抗议已经和最新的经济理论水火不容。以现代社会的观点来看，粮食暴动是一种犯罪行为而非维护个人权利。

第六章

启蒙运动

18 世纪，一些人首先掀起了一场思想运动，即“启蒙运动”。这些人自称为哲学家，取其字面意思，即知识爱好者。他们把自己视为苏格拉底的后人，因为他们也想自由地利用理性，并且在必要的时候，能够越过那些由当时的宗教和政治权威制定的限制。他们并不是想建立一套新的知识体系，而是想更多地寻求如何向大众传播实用的真理，而非学者的图书馆、牧师的书房、科学家的实验室中的那些知识。他们大多认为哲学家必须深思在自然世界中真实存在的，而非某种抽象意义的人性。

他们世界观的核心是人性中最本质的善良，其根据是人类固有的理性思考的能力和人类渴望社交的倾向性。18 世纪的哲学家用不同的方式强调人类理性所创造出的知识的重要性，以及开放社会交流来传播知识的必要性。为了解释他们的目标，他们常常把自己描述成“理性的使徒”，力求替换掉那些以传统、迷信或无知为基础的想法。由于对理性的强调，作家通常也把这个时期称为“理性时代”。此外，这些作家还常常把理性知识描写成灯光的形象，将光芒照向神学院之外的世界。“启蒙运动”（the Enlightenment）的名字由此得来。在把 18 世纪称为“理性时代”的过程中，启蒙运动不但延续了文艺复兴时期的欧洲文化（引申而言：古典风俗习惯），而且打破了从中世纪时期继承下来的传统。在启蒙运动之前的几个世纪中，有文化的欧洲人主要关心宗教救赎和如何组织基督教信仰和礼拜活动，而且智力活动主要在教会内进行，大多数高等教育机构也由教会运营，由牧师负责教学任务。中世纪末期，基督教教义认为人性本恶，人类不仅在本性上倾向于做邪恶的事情，而且如果没有神明的启示（其中牧师的教导起桥梁作用），人类就没有与生俱来的能力去取悦神。文艺复兴和改革时期出现了一种新思潮——人文主义，替代了中世纪的基督教义。人文主义赞美人类用理性思维为世界创造有用知识的能力，尤其是对自然的研究。自然哲学家主要在大学和神学院之外工作，他们追求一种探究真理的新方法，把知识建立在对自然世界的感官经验上。他们还通过印刷的刊物、书籍和信件与其他自然哲学家交流其研究成果。因此，自然哲学家发展了两种相关思想：第一，人类拥有理性思维能力，可以从感官经验中产生可靠、有价值的关于自然的知识；第二，与他进行知识交流非常重要。

这些思想为 18 世纪的启蒙运动奠定了文化基础。在某种程度上，启蒙运动是通过普通渠道展开的，例如书籍、期刊的出版和发行。18 世纪早期，大约有 1200 位准科学家通过书信往来，到了 18 世纪末期，通过书信交流的人数能达到 5000 余人。此外，启蒙运动还在社交集会中传播开来，这些集会之后发展成了稳定的文学和科学学会。虽然启蒙运动在有文化的上层人士中流行，但是只吸引了极少数有才智的人。历史学家丹尼尔·罗切（Daniel Roche）估计，截至1789年，大约只有2500个法国人，即差不多1%接受过大学教育的人口属于某一学会，而这些人并不都对“哲学”有好感。在5000多名有证书认可的科学书籍（用法文、英文和德文写成）作者中，尤其是在18世纪前中期的北欧，虽然大多数都参与了科学通信，但是很多人仍然认为自己是宗教的虔诚信徒，属于启蒙运动所反对的那种特定类型的专家。

启蒙思想家和启蒙运动

根据启蒙运动的主要参考书《百科全书》（*Encyclpédie*，这个系列书籍的一个简称），大部分人的本性都是由其情绪即情感、冲动、害怕或渴望激发的，使其变得更好或者更糟，即便是对经历过的人来说，这些情绪也是未知且不得而知的。[1]启蒙运动的主要目标之一就是准确地利用理性来思考、理解，从而掌控这些情绪。那么，培养哲学思想的关键就是首先练习评判自己。因此，这种哲学运动的核心目标就是让人类摆脱先入之见，尤其是不再让有文化的精英利用一些先入之见来剥削多数没有受过教育的人。如果所有人都能形成自己的判断，他们就能参与道德、伦理的塑造和法律的制定，不再为了少数人的利益而牺牲多数人的利益。

启蒙思想家（在法国，发起启蒙运动的人这样称呼自己）中的领导者们通过理性来摆脱基本的生理和情感冲动，力图把全人类引向最真实的本性，而不再有恐吓或者强迫他人之心。启蒙思想家选中了一些人，集体培养他们形成苏格兰哲学家大卫·休谟（David Hume）所谓的“善于交际的品质”，进而建立起一种人类交流的典型。启蒙思想家认为，任何人都没有必要成为他人的敌人，并且在理智本性的作用下，所有人都倾向于成为对他人有用同时也能被他人取悦的人。一篇关于“启蒙思想家”的文章总结说，人类不仅力图满足自己的个人需求，而且致力于为他人谋求福利和幸福，这一特征使其与动物有所区别。纵观历史以及通过对当时那个时代社会的观察，正是因为出现了这些卓越的思想，因此哲学理想必须要有一个定义，并得到维护。那些后来成为哲学家的人身上肩负着一种道德责任，不仅自己要运用理性，而且要看到其他人也能做到这一点。

参与启蒙运动需要有一种积极的学术生活方式。启蒙时期的人们几乎很少独自追求自己的学术兴趣，他们在大学（尤其是在北欧）、科学和文学学会、讨论圈中不断学习成长。那些参与了启蒙运动的人都把自己看成有文化的人，而非某一领域的专家，《百科全书》中“文人”这一词条把“有文化”定义为“博学的、爱交际的、独立自主的、实际的”。博学指的是思想具有宽广度而不是专于某一方面，博学之人应该有广泛的爱好，“从数学到诗歌，对形而上学和舞台剧方面的书籍，都能做出很好的评价”。

爱交际指的是那些想要表达和传播知识的人，这些人的思维

“更适合文雅的社会，而不是私人书房”。就这一点来说，18 世纪的文人认为自己与文艺复兴时期和古典时期的前人们相比是进步的，前人们“把自己从社会中抽离”，只跟文化圈内的人和精英受众交流。路易斯·塞巴斯蒂安·梅西耶（Louis Sébastien Mercier）是文化启蒙时期的文人代表，他描述启蒙运动的精神是用“人们的活语言”，而不是贵族“死的修辞”写作。“自主”指的是启蒙时期文化和道德的自由在追求某一兴趣时不受党派和责任的束缚。按照《百科全书》的解释，那些参与启蒙运动的人因此必须展现出“比常人更独立的思想”。最后，启蒙时期的文人必须认为知识是实用的、有用的。他们不仅会反对不理智的“迷信思想”，比如“占星家的预言”“巫师的猜测”，而且会“对可鄙的……虚假的威望、想象的奇观进行无意义的、学术的讨论”。真正的文人应该不断试图去“指导”和“培养”其读者。[2]

这种启蒙运动的概念强调理性需要不断进步，只能在未来的时期开花结果。德意志哲学家伊曼努尔·康德写道：“我们不是生活在一个已经启蒙了的时期，而是生活在一个启蒙时期。”法国启蒙运动的领袖人物安东尼·孔多塞侯爵（Marquis Antoine de Condorect）写道，他所生活的年代只是人类理性史十个时期中的第九个。孔多塞向我们说明了参与启蒙运动的人如何把自己看成凸显的少数人，同他们那个时代的主流文化相对抗的，他们团结一心想要传播知识，让人类在未来有所进步。在法国印刷最早、最犀利的反奴隶制的宣传册子中，孔多塞说哲学家是那些为最贫困、最无防卫力的人发言的人，他发问：“谁敢抱怨刑法的野蛮，剥夺宗教少数派权利的残忍，法律对穷苦人民的严酷和不公？谁敢反对奴隶制，说它对人类无用，支持正义，确保商业和工业的自由？”他的回答是：“只有哲学家。”[3]

百科全书和启蒙思想

集体创作、多卷本的参考书《百科全书》最清楚地阐述了启蒙运动的理念。《百科全书》从其创作概念和具体实施两方面对知识的运用树立了一个具体的范例：语言通俗易懂，搭配清晰的图表，按照字母排序清楚地列出文章，相关话题能互相参照。这种试图包含完整的“知识循环 / 周期”（cycle of knowledge）类型的第一本书是由一名英国印刷商于 1728 年编辑出版的，他大概是借鉴了中国 15 世纪的《永乐大典》，该书是在明朝皇帝支持下编撰的一部大型类书。《百科全书》这部英国作品的成功也启迪了其他人，其中包括一共有三卷的第一版本《大英百科全书》（*Encyclopedia Britanica*, 1768）的苏格兰编者。

法国版本的《百科全书》是由德尼·狄德罗（Denis Diderot）编辑而成的。狄德罗是一位才华横溢的年轻法国作家，他的父亲是当地的一名工匠，他成功摆脱寒门出身，步入巴黎文学圈，参与了启蒙运动。狄德罗认真观察了英国的知识和艺术发展，18 世纪 40 年代，他向一家法国出版社提议翻译伊弗雷姆·钱伯斯（Ephraim Chambers）编辑的《百科全书》。让·勒朗·达朗贝尔（Jean LeRond d’Alembert）是法国十分杰出的数学家、作家，出身名门贵族，在他的帮助下，编著工程很快就变得范围更广、意义重大：罗列出现有的全部知识领域，其中包括最先进的启蒙运动新思想，能展示出涵盖哲学家兴趣的全部范畴。正如编者们在第一卷的序言中所写，该书试图通过公开受过教育的专家的专业知识和手工艺公司严密保护的贸易机密，让大众细读，来“改变思考的一般方法……检验所有事物必须用到所有感官能力……我们必须还自由予艺术和科学”。这一目的在书的卷首插画——“知识之树”的图解中有清楚的展现，能展示出所有“眼睛能看到的人类知识”。

狄德罗和达朗贝尔邀请了140多位作者，让他们用一般读者很容易就能看懂的表述语言，编写了关于特定话题的7万多个词条。编者选择作者的依据是他们在其学科领域内的专业知识，确保了信息的可信度。此外，他们还提前确定了很重要的一部分读者群。与那个时代出版的几乎所有其他多卷书籍不同的是，《百科全书》没有资助人出资让人专门致力于书籍的编写工作，其经济支持来源于差不多4000位订购者预付的购书费，这才使得编者能展开这一项目。1751—1772年期间，21卷文本和11幅雕版插图印刷出版，这一系列书籍在商业和文化上都取得了成功。

很大一部分文章讨论的话题都是科技，大多数刻印的图表展示了机械制造的程序。这些文章和雕版插图很符合启蒙运动对有效运用知识的支持，试图通过强调生产效率和提高独创性，把工人的技艺和学者的科学知识连接起来。《百科全书》同时也采用很大篇幅来介绍知识的新领域，这些新领域就是后来人们所知的道德哲学、社会科学和政治经济学。这些文章介绍了苏格兰哲学家对启蒙时期的影响，其中著名的哲学家就是大卫·休谟，他在《人性论》（*Treaties of Human Nature*, 1739）中提出用经验法观察“人类生命的一般过程”，能产生出关于道德的有用真理。休谟及哲学的道德感学派力图发现人类道德的自然起源。道德是人天生的本能，还是如休谟、亚当·斯密等大多数苏格兰启蒙时期的作家所想，是通过社会中人与人之间的交往而习得的道德情操？如果是后者，人类的公共交流本身就能缓和个体的天性欲望，为适当的道德准则及法律

大卫·休谟，苏格兰人，哲学史上的殿堂级人物，同时也是先驱社会科学家。休谟用严谨周密的语言阐述了不能妥协的世俗世界观。虽然他倡导经验主义观察法，但是他深度怀疑，人们仅通过感官经验是难以完全了解世界的。图为他的画像。（来源：维基共享）

提供基础。这种方法自然对用宗教教条或神职人员的权威来检查人类行为的必要性提出了质疑。休谟在其《宗教的自然史》（*Natural History of Religion*, 1755）中支持那些可以被认为是从自然的人类交流中产生出的观念，以及那些能用真理来支撑的观念，例如基督教的道德教义。但是他质疑那些曾经强制施行，却不能平衡现在的道德行为的观念和方法，例如大斋期不食肉的传统。

《百科全书》：出版和抵制

1751 年，《百科全书》第一卷的出版预示着法国进入一个启蒙书籍出版繁盛的阶段，与此同时，宗教和社会正统维护者也加强了他们的公开抵制。这些维护者对《百科全书》早期书卷里的一些具体文章展开批判，1757 年，一场针对第 7 卷（尤其是达朗贝尔的一篇关于瑞士日内瓦的文章）的全面争论爆发。日内瓦是约翰·加尔文的家乡，也是他所创建教会——改革宗教会的诞生地。16 世纪和 17 世纪期间，改革宗教会在法国吸引了很多信仰者。1685 年，由于遭到路易十四的镇压，人们对改革宗教会的热度才下降。达朗贝尔在文章中称赞了日内瓦的一位加尔文教牧师，他描述这位牧师"拒绝一切被称为谜的事物，不把任何与真理背道而驰的东西作为信仰"。达朗贝尔还说这位牧师否认"启示和教条的必要性"，而传播对社会有实用价值的信仰。因此，他惹怒了正统的天主教徒，其中包括法国的大主教们，他们愤怒地斥责了整部《百科全书》。

因为这篇文章，《百科全书》的编辑和作者被告上了法庭，他们被控“宣扬物质主义，破坏宗教，鼓动思想独立，助长道德腐败”。1759 年，法国最高法庭——巴黎议会谴责了该书，下令废止，编辑没有得到法律授权，不能继续出版新的书卷。此外，皇室审查制度有了一个新的标准，“任何书籍，只要倾向于”批判“政府、宗教、道德”，都会被认定为不可出版，任何参与此类书籍流通的作者、印刷商或者发行商，都会被判刑入狱。《百科全书》的编辑们是幸运的，负责实施审查制度的巴黎图书贸易协会的会长当时已经是启蒙运动宣扬的自由理想的信仰者。他允许编辑们秘密地继续进行书籍的编著工作，在没有正规允许的情况下用“默许”的形式来出版。不管是整部书籍在早期差点被没收，还是最终取得了商业和文化上的胜利，这两方面都证明启蒙运动在 18 世纪末期的法国引发了文化和政治上的双重紧张局势。

18 世纪 60 年代，狄德罗把《百科全书》的编著工作拉回了正轨，并且推进项目于 1772 年成功完成。由于书中文章的可信度和参考价值高，也由于书籍是在几乎被禁之后出版，尽管一整套的价格高达 1500 里弗，第一版印刷时就轻松售出了 4000 册。为了满足大范围的需求，瑞士的纽沙特尔印刷协会印刷了很多小开本的版本，价格更加平民化，每套价格 200~400 里弗，一共售出 16000 本，创造了 100 多万里弗的利润。由此来看，《百科全书》也展示出了 18 世纪 70 年代，即启蒙运动的鼎盛时期，出版业的一种现象——广大读者的市场需求不断增加，他们能够并且愿意花成百上千里弗来买一套多卷书籍，其中包括注明作者的完整作品集、关于历史或自然哲学的多卷书籍，以及像《百科全书》一样的参考书籍。这些书籍的印刷出版需要大量的资金投入，同时也能为作者和印刷商带来丰厚的回报。然而书籍的成功依赖于政府对作品不进行审查或抵制，并且保护书籍版权，不能出现廉价的仿制版本。事实证明，资本主义书籍市场，在知识自由、作者和出版商的知识产权受到保护的前提条件下，成了传播自由思想的强大力量。[4]

启蒙运动的主题：理性、自然和宗教

任何关于启蒙运动中构成要素——人物、思想和活动的讨论都必须以宗教和科学这两个问题为核心，或者更准确地说，以两者的交叉点——自然为中心。17 世纪和 18 世纪，人们对自然的观察和解读有了重大的突破，出现了两种思想派别，为启蒙运动奠定了基础。勒内 · 笛卡尔（René Descartes）是法国 18 世纪一位重要的自然哲学家，他在《方法论》（*Discouse on Method*, 1637）中强调了人类理性的力量，它可以不依赖先入之见或者外界权威来分析所有命题，不管是《圣经》，还是亚里士多德的专著，或是中世纪试图把《圣经》和亚里士多德综合起来的想法（大学课程的基础）。笛卡尔阐述，理性不能依赖权威去论证一个想法，理性应该自身提供证据，采用更可能产生确定性的逻辑推理。虽然与笛卡尔同时期的人简单地称之为“新哲学”（New Philosophy），但是这种获得知识的方法为唯理主义思想学派奠定了基础。新哲学吸引了很多想要挑战占主导地位的大学课程，接受关于自然的思想的人。

然而，在英国，很多人发现笛卡尔的观点太抽象了，转而追随弗朗西斯·培根（Francis Becon）。培根的《新工具》（*Novum Organon*, or “New System”）强调，要想获得可信赖的自然知识，就需要有感官经验，用实验检测。培根重点论述了经验主义知识在了解自然方面的必要性，由此催生出经验论哲学，后来经验论在英国哲学界占据主导地位，其拥趸中产生了那个时代最具影响力的作家约翰·洛克（John Locke）和艾萨克·牛顿（Isaac Newton）。

17 世纪主流思维方式之外的其他思维方式也对启蒙运动产生了一定影响，让一些思想家批判性地阅读《圣经》和其他重要文本。在对《圣经》观点最新颖的读者中，皮埃尔·贝尔（Pierre Bayle）用通俗易懂的文风表达了他的批判精神，对启蒙运动产生了重大影响。贝尔是加尔文教徒，在路易十四对加尔文教徒实施迫害之后，他携全家逃离法国。贝尔注意到了笛卡尔的思想：所有想法都不能逃脱批判性的检验。贝尔的著作《历史与批判辞典》（*Historical and Critical Dictionary*, 1697）收获了很多读者，他在该书中并没有提出一种确定的哲学，而是对很多基督教关于《圣经》、宗教信仰、道德和历史的看法提出了质疑。就《圣经》而言，贝尔说它只是一本神话故事集，目的是恐吓、吸引那些不能或不会独立思考的人。为了证明《圣经》和基督教并不总能让基督教徒更接近上帝这一观点，贝尔强调了基督教宗教迫害的历史，以及在《圣经》中找到的道德伪善的例子。

一些天主教神学家认为任何形式的新哲学，不管是笛卡尔的唯理主义，还是贝尔的怀疑主义，都会导致无信仰。这些正统的作家谴责所有唯物主义（认为世界上没有不同于物质的灵魂或精神存在）和无神论（认为世界上没有神，一些人认为这一观点必然是唯物主义的产物）的理性–批判方法。事实上，贝尔一直都是虔诚的基督徒，坚信加尔文教的中心教义——只有上帝的恩惠和个人的虔诚才能获得救赎。他不相信文字、理性甚至是实验或观察经验能让人类了解上帝或学习道德。对贝尔来说，地球上的道德是一种不同于信仰的物质，因为道德不会引发信仰，缺乏信仰也不会使人类的行为丧失道德。因此，犹太教徒、穆斯林甚至是非信徒都能按照道德规范行事（虽然没有获得救赎，因为只能通过个人信仰和上帝的恩惠获得）。贝尔谨慎和批判的不确定性被称为“怀疑主义”，阻碍了启蒙运动朝着极度乐观方向发展的趋势。

自然神论和经验主义

启蒙运动的主流把目标锁定在未被证实的观点上。狄德罗写道，启蒙运动试图发动一场“让人类摆脱偏见的思想革命”，这里的“偏见”具体指的是教条，或天主教徒在上帝启示的翻译者牧师的权威下被要求接受的信仰。另外一个词是“狂热”，描述的是启蒙运动作家认为新教徒对宗教过度和过分地信服，这些新教徒中的一些人宣称自己从上帝那里获得了直接启示，但是他们的证据只是内在的道德感，而没有在自然世界中可以观察到的证据。启蒙运动中关于宗教的著作的主要目的是削减偏见（也被称为迷信）和狂热的影响，支持行使符合理性的宗教和政治权威。举例来说，启蒙运动作家重点说明了审判巫师的暴虐性，对巫师的审判开始通常是在没有证据的情况下对年轻妇女进行谴责，然后是用酷刑让人供认，最后是施行恐怖的处决，被怀疑的巫师被活活烧死，所有这些都是在宗教权威的监督下进行的。到了 19 世纪早期，因为理性主义者对这种行为的批判，欧洲西部对这种行为实行镇压。启蒙运动的作家还把目标锁定为西班牙和意大利的宗教法庭（被称为“宗教裁判所”），这些法庭有权审查书籍，对那些被指控宣传异教的人实行逮捕、惩罚，逼其认罪，并且对发现有罪之人（通常是没有任何物证或逻辑基础的定罪）执行严酷的身体和政治惩罚。

虔诚的信徒捍卫基督教，尤其是《圣经》，把其作为信仰的唯一基础，能提供他们认为对社会重要的道德确定性。他们争辩道，通过理性获得的知识缺乏宗教教义所提供的一致性，并且说在没有清晰指导的情况下，人性会倾向于自私和无责任感。因此，虔诚的信徒认为人性本恶是不能逃避的真相，在面对这一真相时，传统基督教能给予人们指导，确保拯救人们的灵魂。尤其是对天主教徒而言，牧师扮演了很重要的角色，通过主持圣礼节和压制异教信仰，帮助人们免除罪恶。他们认为，把对人类理性的依赖作为宗教信仰的唯一基础在上帝面前表现出了妄自尊大，这只会导致更恶劣的行为，要接受上帝更严酷的惩罚。反对启蒙运动的主要作家攻击“哲学家”是异教徒，说他们故意破坏基督教，从而可以放任他们自己的欲望和情感。即便是那些赞同自然神学和理性基督教的人，尤其是英国圣公会教士，也和他们所认为的对信仰自由的过度呼吁划清了界限。

大量受过教育的基督徒试图把新哲学的不同分支，其中包括理性主义、经验主义（Empiricism）和怀疑主义，与基督教的信仰和做法融合起来。这种试图呈现神学理性和自然的趋势最强势的群体就是英国国教圣公会的牧师，圣公会早在16世纪就减少了信仰的基本原则，让信徒们可以在很多教义问题上发表不同意见。这种寻求共同点的倾向被称为“自由主义”，既不强调《圣经》的解释，又不强调对礼拜仪式的辩论，而是关注宗教信仰的中心原则。这些中心原则，比如就像是查尔斯·布朗特（Charles Blount）在其著作《理性的神谕》（*The Oracles of Reason*，1693）中表述的一样，是所有信徒在不需要牧师教化的情况下都能同意的原则，即上帝作为整个自然界的造物主是万能的。上帝在自然界中是万能的，这是布朗特“自然神论者的宗教信仰”观点的实质。

自然神论（Deism）利用了先前在文艺复兴时期引入欧洲文化中的三大体系：柏拉图主义、人道主义和语言学。柏拉图主义认为，上帝在定义上是完美和万能的，因此上帝创造的所有事物都不会有缺陷，都不需要修正。人道主义赞美人类是上帝最伟大的受造物。语言学批判地分析了《圣经》，展示出它们在经历过翻译和编辑后随时间发生的改变。这些不同的观点综合成为一种自然的神学，被人们广泛称为“自然神学”。自然神学理论的前提条件是自然（包括人性）反映出了完美的神明启示，而不是明显有缺陷的《圣经》的真实形式。人类天生就具有上帝给予的自我决定如何有道德地做事，以及运用理性来和神明的意愿保持一致的能力。因此，自然神学的教义反对中世纪的基督教准则，即人性本恶，只有严格遵守基督教的教导才能获得救赎。

要想把自然神论的思想抛掷到神学争论之外，需要一位有约翰·洛克那样才能的作者。洛克在其著作《基督教的合理性》（*The Reasonableness of Christainty*，1695）中提出了这一论点：运用到自然中的理性能让人对上帝有所理解。洛克总结说，上帝没有报复心，不会生气，也不会惩罚人类，而是仁慈的“有耐心、安慰人……富有同情心的神”，是值得人类信赖的，因为这样做是出于理性的，并不是因为害怕或受强迫。在洛克的基础上，出生于爱尔兰的自然神论者约翰·托兰德（John Toland）创作出了《基督教并不神秘》（*Christianity Not Mysterious*，1696），书中他批判道，所有和理性不一致的思想都不值得人类相信，其中包括《圣经》中提到的神迹。虽然托兰德试图通过不具体指出哪些神迹不值得相信来避免麻烦，但是天主教会和圣公会的教士都谴责他的这本书，迫使他躲藏起来。即便如此，托兰德的著作还是影响了后来的自然神论者，让他们因为经验证据和理性逻辑的缺乏而质疑耶稣基督的神性。自然神论者试图把宗教信仰精练到只有基本要素，消除所有缺乏理性和自然世界的经验证据支撑的信仰。那些不能被理性思维理解的、不能得到实物证据支持的信仰，不管历史有多长，都不能被认为是正确的。虽然自然神论与中世纪的基督教断绝了关系，但是它与唯物主义的无神论仍保持了安全的距离。

虽然正统的基督教徒继续谴责，经验主义科学的新方法是在强行限制上帝的能力，但是很多受过教育的基督信徒开始赞同自然神论者的观点：对自然的研究，尤其是对自然科学的研究，让人类在撼动上帝地位的情况下更接近上帝。艾萨克·牛顿是一位数学家，毕业于剑桥大学，当他通过细致的观察和计算，提出能在不参考上帝的情况下准确描述实物运动的重力法则的时候，他就注定会成为自然哲学史上的一位英雄。牛顿拒绝猜测这些力量（引力）在物质世界中的来源，与此同时，他陈述了自然基督教信条的本质。因为缺乏直接的感官经验，牛顿写道，他不会“捏造任何假设”，清晰地暗示如果没有实物证据，科学就没有基础去怀疑神创论。乔治·布封（Georges Buffon）的《自然史》（*Natural History of the Earth*，36 卷，1749—1788 年出版）是另外一部否定《圣经》是对物质世界注解的主要科学专著，该书成了当时的畅销书，乔治·布封也因此成为 18 世纪中期的主要自然学家。布封提出，世界上的所有事物，从“最无形的物质”到“最完美的生物”，都是由相同的起源经历成千上万年的进化而生成的。虽然该著作甚至对虔诚的教徒也有吸引力，但是耶稣会的核心杂志总结说，基于化石等证据，布封的陈述和《圣经》并不冲突，如果按照隐喻的意思并不是按照字面意思来阅读上帝造物的七天的话。

启蒙运动的经验主义和正统的基督教在科学探索是否应该存在

限制上具有争议。在约翰·洛克关于基督教的专著出版的几年前，他发表了有着划时代意义的《人类理智论》（*Essay Concerning Human Understanding*，1690），试图解释在身体和思想与物质世界交互作用的过程中包括宗教信仰在内的人类思维的起源。批评者和支持者都提出了相似的问题：这要把灵魂（即精神）和对某个无法直接感受到的神的信仰放置在何处呢？对此给出的不同答案，从连接大脑的脊柱的纤维组织，到神经系统，再到大脑本身的中控区域，证明了洛克经验主义的关键点：不同的理性思维会有不同的感官经验，因此会产生不同的思想。对于可能没有直接感官经验的主题，例如道德或神学，就没有基础获得一个在理智上受到认同的真理。因此，理性生物的唯一诉求就是宽容意见的不一致。虽然洛克及其最强大的支持者们提倡的宽容度非常有限，但是仍然提出了启蒙运动的一条基本原则：限制人类思想对自然世界的自由探寻是没有理性依据的。因此，对传统宗教权威的挑战为启蒙思想的政治路线提供了一个根基，即没有政治统治者可以为了权力而主张某种宗教信仰的原则。

启蒙运动与更广阔的世界

启蒙运动的目标是获得包罗万象的知识，忠于这一目标，启蒙运动还望向了欧洲以外更广阔的世界，在18世纪，欧洲与外界的交往日益密切。描写外面世界的著作类别激增。地图册和公报、科幻和纪实游记、关于海外土地和人民的生物史和考古史、主要内容是对奴隶制和奴隶贸易进行坦率描述的贸易经济专著，这些都吸引并启发了启蒙运动时期的读者。在这些关于欧洲对外扩张的著作中，阅读最广泛的就是阿贝·纪尧姆·雷纳尔（Abbé Guillaume Raynal）的著作《欧洲殖民地的哲学、政治史和东西印度的贸易》(*Philosophy and Political History of the European Colonies and Commerce in the two Indies*，1770，后文简称《东西印度史》)。该书最初包含6卷，截至1789年，包括盗版在内，该书至少出现了70个版本。和《百科全书》一样，这套书也是由多位作者合著的。雷纳尔把各个部分编织在一起，在可读性之上强调作品的细节和深度。然而，在对欧洲殖民地的地理、经济、社会和土著文化的密集讨论中，作品对西班牙、英国和法国的殖民政策，尤其是关于奴隶制和奴隶贸易，进行了鞭辟入里、具有说服力的批判。读者被颇具异域特色的其他国家和地区的风土人情深深吸引，被欧洲对这些土地和人民（包括被奴役的非洲人民）的利用和压榨激怒，积极回应对殖民世界的政府、贸易和道德的理论讨论。虽然书中没有针对有组织的宗教、专制的政府、重商主义的贸易政策或奴隶贸易提出具体的改革措施，但是它激怒了天主教会，天主教会因此把它列为禁书，而事实将会证明它对反殖民争论具有持续的影响。

在其冗长杂乱的文章中，雷纳尔一共做了三个层次的表述。其中，最显著、最吸引人的层次当属情感的愤怒。在书中很多地方，雷纳尔就像是个怒气满满的人，批判欧洲的暴政、灭绝人性、暴力、不理智，尤其是谈到奴隶制和对新世界人民的压榨时。之后，他转换到一个更抽象的层面，讨论管制政府、贸易、道德等这些事情的原则。但是原则并不一定能付诸实践。最后，雷纳尔从他自己的愤怒和分析的暗含之意中退缩，只是给出一些缓和的改革提议。因此，虽然他反对奴隶制，但是并没有提出要废除奴隶制；虽然他明显在情感上是“反对殖民的”，但是他又说取消欧洲帝国的殖民统治为时太晚；虽然他感觉有组织的宗教是一种谎言，但是他没有呼吁建设一个没有宗教的社会；虽然他对专制进行了猛烈的抨击，但是他几乎没有提出法国政府应做何种有意义的改变。[5]

启蒙运动政治理论的道德基础：孟德斯鸠

如果说雷纳尔的《东西印度史》是启蒙精神繁盛的最后代表作，那么启蒙精神兴盛的最初代表作则是另外一部从外国人角度创作的著作，即夏尔·德·塞孔达·孟德斯鸠男爵（Charles de Secondat, the baron de Montesquieu）的《波斯人信札》（*Persian Letters*，1721）。该小说虽然内容不是那么详尽，但是可读性更强。

《波斯人信札》是 18 世纪出版业最早获得巨大成功的作品之一。小说最初是匿名出版的（在荷兰出版，因为荷兰的审查制度比法国宽松很多），最后达到十个版本。借鉴其他关于近东地区的游记的成功经验，例如沃特利·蒙太古夫人（Lady Wortley Montagu）的《书信集》（*Letters*，1717），讲述了她去奥斯曼帝国宫廷的旅行的故事，孟德斯鸠所创作的故事表面上似乎为法国读者们强调了显而易见的奇怪的东方民俗。但是孟德斯鸠也含蓄地描绘出在一个外国人眼中欧洲和法国习俗的怪异。通过虚构两位游历在外的波斯朝臣同家乡人的一系列通信，小说讽刺了同时期法国的社会和政治习俗、思想和个体。此外，小说中还有大量精心设计的关于道德的比喻和对政治哲学的精简概括。书中的游历者郁斯贝克（Usbek）和里加（Rica）被问到“一个人是如何成为波斯人的”？他们在书信中把家乡的宗教信仰、婚姻和家庭习俗、政府体制同他们在欧洲（虚构的，小说中两个主人公到达的欧洲）所经历的事情作比较。在另一个层面，孟德斯鸠向欧洲读者提了一个富有挑战性的问题：你们自己的习俗是如何发展出来的呢？提问的目的是让他们反思一下他们最珍视的自我信念和国家信仰，让人意识到没有哪种人类生活方式是一定不可改变的，这是事物的自然规律。同时，来自家乡女眷的回信也讲述了那里不断加剧的混乱、不安和不忠。通过这种对专制政府的不稳定性的比喻，孟德斯鸠重申了全世界对人格尊严的理想和对个人自由的渴望。

在这个君主制和贵族统治的时代里，政治权力基本上都握在根深蒂固的一小部分上层人士的手中。在这种背景下，任何让批判理性来监督权力的行使的想法都意味着颠覆。但是，现存的不同政体为在理论问题和政治优先权上存在意见分歧留有一定的余地。一大部分启蒙运动时期的政治理论家维护皇室权威，说它对有效政府起着必要作用，而一些政治作家利用上述的余地对专制的前景提出反对意见，他们害怕一个强大的国家会实施专制。在这些后来者中，孟德斯鸠是最领先的。

孟德斯鸠出身贵族，是大土地主，也是波多尔议会的成员。

1721年因《波斯人信札》获得一定程度的声誉和恶名之后，他的文学生涯便和关于人性和道德的问题关联起来，也同婚姻、性、种族、社会地位、政治权威等看似自然的社会习俗实际上是否非常易变这一问题关联起来。孟德斯鸠在小说中把基督教传授的永恒、普遍的真理，展示成文化背景的一种功能。孟德斯鸠积极参与波尔多和法兰西王国的政治事务近乎三年，之后，他出版了一本关于法律和宪法理论的专著——《论法的精神》（*The Spirit of the Laws*, 1748）。这本书的副标题是：《法律与政体、风俗习惯、自然地理环境、宗教和商贸的关系》（*The Relation that Laws should have with the constitution of each government and the customes, climates, religion and commerce of the people*）。这是政治学领域开创先河的一部作品，提出了现代政治理论的中心思想，即没有哪种单一的政体是在任何时代、任何地方都普遍有效的，适合特定时代和地方的特殊标准和特征的政治体系才是最好的。

但是孟德斯鸠的写作目标不是推崇文化或政治相对论，而是宣传亚里士多德关于平衡和节制的理想。他首先称赞了英国的君主立宪制，君主立宪制规定地主、城市居民代表、拥有土地的绅士阶层和国王共同享有管理国家的权利。他希望法国能效仿这种制度，让由地方官员组成的十三个地区议会作为人民的代表机构，限制国王的权力。但是孟德斯鸠并未对地方官员不是由人民选出这一事实进行道歉，他认为这些贵族（把他们拥有的地位当作是个人财产）的地位确保他们可以独立处理公共事务。作为富有的上层人士，他们不会因为想要获得个人利益的欲望而动摇，作为不受制于任何选举和任命的官员，他们不会因政治议程或对某个私人群体一时的感情而动摇。因此，地方官员能对政府的专制和无节制的暴民统治，起到同样的制衡作用。他们的权力能确保他们维护自由，在这里，“自由”被定义为一国之内没有人独占统治地位。

在英语国家中，孟德斯鸠最具名气的当属他提出的权力制衡原则的具体实施：把国家的权力分成不同部分，每一部分都制约其他部分的使用。在英国，这种国家分权的具体形式是上议院、下议院和国王；在其他欧洲国家，地区政治集团或法庭被用来达到分权的目的。在美国大革命爆发期间和爆发之后，创立一种分权制度成为美国人的宪法和法律理论的指导原则。甚至当新的美利坚合众国在18世纪80年代末要建立一个联邦政府的时候，孟德斯鸠的理论也成为指导原则之一。美国建立了不同政府级别的权力分配机制：联邦、国家、地方，联邦级别也分配了权力，多种权力被分配，一些权力机构由民众直接选出（比如众议院），一些被间接选出（如参议院和总统职位），还有一些不由民众选举并独立于政治战场之外（如最高法院法官和其他联邦法官）。

败类之敌：伏尔泰

如果说诸如《百科全书》和《东西印度史》等集合型书籍充分展现了时代的主旋律和社会局势，那么重要的哲学家的生活及作品则让读者窥见了那个年代的领军人物是如何为启蒙运动做出贡献的。弗朗索瓦–马利·阿鲁埃（François-Marie Arouet）是这场哲学运动当之无愧的领头人，也是启蒙运动的主流思想，即早中期阶段的上层启蒙运动（High Enlightenment）的典型代表。他还有一个我们熟知的笔名——伏尔泰（Voltaire）。阿鲁埃的父亲是巴黎的一位公证员，他希望儿子长大后成为律师，于是将他送到声誉卓著的路易大帝学院（Collège Louis-le-Grand）学习法律。那时，阿鲁埃母亲的一位校友会定期在家中举办集会，参与者有著名的巴黎贵族、法官和金融家。17 岁时，阿鲁埃也受邀到她家做客，他明白只要能给在场名流留下良好印象，他们就能帮助自己出名、升官、发财。年轻的阿鲁埃当时既没有任何头衔又不富裕，于是用上了自己仅有的资源——古典文学的知识储备。他写诗或撰写一些有关当时文学争论的短评，并在聚会时念给这些新朋友听，因此受到一位侯爵及其夫人的赏识，并在他们的安排下，有幸为皇家剧团朗读自己的著作。后来，他根据《俄狄浦斯王》（*Oedipus*）的经典主题为皇家剧团创作了一部五幕诗悲剧。虽然这部作品彰显了他的才华，但是当时几乎没人意识到这部作品中的一些对句微妙地讽刺了当时的神职人员。皇家剧团将话剧搬上了舞台，广受赞誉，也为阿鲁埃赢得了作品的出版权。作品出版后，他将书献给了当时的法国摄政王奥尔良公爵，并在签名处写下了笔名“伏尔泰”。在精英阶层的赞助下，伏尔泰通过为知名的皇家剧院撰写传统体裁的悲剧这样一种方式，踏入了文学界。虽然他开启文学之路的方式很传统，但是后来他却逐渐成为启蒙运动最知名的倡导者。

早期伏尔泰凭借悲剧和诗歌获得成功，这让他取得了那个年代作家踏上成功之路所需的关键因素——经济支持及皇家法院的一个显赫职位。虽然受到如此优厚的待遇，但伏尔泰那充满批判性的智慧丝毫未减，反而让他成为当时影响力颇大的批评家。实际上，没过多久他就触及了依然处于强势的旧制度下社会等级制度的底线。1726 年，他发表了一篇抨击罗昂伯爵（Count Rohan）的评论，语言极其严厉。罗昂伯爵于是行使贵族的暴力特权，命仆从将伏尔泰暴打了一顿。经历了短暂的牢狱之灾后，伏尔泰逃亡至英国伦敦。两年的伦敦生活对他产生了深远的影响，不仅改变了他的思想和写作风格，而且让他重新思考了自己成为作家的目的。

在伦敦，伏尔泰学习了英文，阅读了英国文学作品，探索了英国的思想和文化，了解了对其他教义更宽容的英国国教圣公会的教义，其中包括理神论和自然神论。此外，他还阅读了约翰 · 洛克的著作。约翰 · 洛克认为人的思想并没有脱离物质的范畴，它其实就是一种物质，是器官对感官经验的回应。伏尔泰还了解到，1688 年光荣革命之后，洛克及辉格党在英国实行的政策便开始存在一定程度的宗教宽容。他还在伦敦发现了更自由且更活跃的媒体。与法国媒体相比，英国媒体向更广泛的读者大众传递了新思想。他接触到了一个深受牛顿及其他主要科学家影响的文化，在这种文化中，这些科学家的物质、物理和自然理论没有受到宗教或政治的审查和压制。他看到了一个等级并不森严，且更加充满活力的社会，而更令他印象深刻的是伦敦的商业财富积累。他还了解到了一种接受文化

图为年轻时的伏尔泰。这幅画像是根据1754年伏尔泰的一幅肖像绘制而成，描画了青年伏尔泰在奥尔良公爵摄政时期首次在巴黎文学界留名时的模样。（《伏尔泰半身画像》，巴黎，1846年/来源：维基共享）

和法制限制皇权的政治体制，在这种体制下，城市和农村的土地拥有者在议会中设立代表以保护他们的权利。简而言之，在伦敦的那段日子里，伏尔泰了解到了他在后来的《哲学通信》（*Philosophical Letters*，1734）一书中所强调的英国的政治和文化特点。《哲学通信》描述了一个理想化而非现实的、开明的英国社会。

伏尔泰将英国作为现代化和启蒙运动的模板，但在这个过程中他刻意夸大了英国国民享受到的自由、宽容、社会阶层的流动性和繁荣。他试图用理想化的描述清晰又极富说服力地让广大读者认识到其他国家存在的种种缺陷。举例来说，赞扬英国的宗教宽容时，他的描述与实际情况相差甚远。实际上，在当时的英国，受到宽容的只有某些特定的基督教形式，英国国教仍然是公认的国教，每一位政府官员都必须向它宣誓效忠。虽然夸大了现实，但伏尔泰的著作依然凭借令人难忘的阐释方式受到追捧，他写道："如果在英国仅允许存在一种宗教，政府很可能会变得专横；如果只有两种宗教，国民就会割断对方的喉咙。但是，当有大量宗教共存时，大家都能幸福地生活下去、和睦相处。"同样，在称赞英国的商业精神时，他写道："在英国，世袭贵族的子弟并不会看轻商业，然而在法国，商人常常听到别人蔑视他职业的言语。"这里，他夸大了法国上层人士对商业的蔑视，却回避了英国海外殖民地的垄断贸易，包括奴隶贸易在英国商业发展中所起的重要作用。

1745 年，伏尔泰发迹，担任史官这一重要职务，并在一年后当选为受人尊敬的法兰西学院（French Academy）院士。1749 年，应普鲁士国王腓特烈二世邀请，他来到位于波茨坦的那座新建的法式无忧宫做客。1755 年，凭借从英国股市赚取的个人财富，伏尔泰在瑞士购置了两处房产，并在第一处定居下来。直到 1778 年晚年，他始终受到妥善保护，处于巴黎文学界的纷争外，没有受到宗教、政治当局和文学宿敌的迫害。处于如此崇高的地位，伏尔泰得以全身心地投入写作，创作了 18 世纪数量最为庞大的书信集。通过这数以万计的信件，他了解了重要的科学和文学发展史，为他认为受到宗教误解或政治压迫的人辩护，支持年青一代的作家，甚至还会利用他的声望和社会地位向政府施压。他的信件常常成为公文而被复制、传阅、在群体聚会中大声朗读，并在他去世后不久最终被收录进他的著作集印刷出版。在每一封致精神同盟的信中，伏尔泰都会附上一句鼓励口号："打倒败类！"意思是反对宗教和政治压迫，总结了他精神生活的态度。

伏尔泰希望自己能够说服整个欧洲的文化人及积极从事民事活动的社会人士，一起仿效英国推进文化、经济、社会和政府的渐进式改革。他明确指出，这场改革的首要目标必须是基督教会的神职人员以及基督教的传统教义：既包括天主教信条中的"迷信思想"（指的是偏见和心胸狭隘），又包括新教教义中的"狂热主义"（指的是狂热崇拜）。他将两者与自然神论的开放性和实用性作对比，将讽刺化为利器，强调了基督教礼拜仪式和宗教行为的矛盾及虚伪，称它们对理性之人而言不仅老旧而且毫无用处。伏尔泰坚持自己的信仰，自始至终都是自然神论者，反对既缺乏实证又无法支撑道德行为的无神论。他并不要求每个人都信奉自然神论，但他确实主张不同宗教信仰需要得到宽容。在之后的许多作品中，他强调褊狭正如1760年臭名昭著的卡拉斯冤案那样，会导致权力滥用。图卢兹小城法院的法官仅仅因为怀疑加尔文教教徒让·卡拉斯（Jean Calas）为阻止儿子改信天主教而将其谋杀，便在没有任何真凭实据的情况下，对他做出了死刑判决。多亏了伏尔泰的信件和著作，卡拉斯的家人才收回了财产，冤死的卡拉斯才得以洗清冤情。通过这件事，伏尔泰和其他哲学家意识到使用自己的文字和精神力量直接吸引大众，具有非凡的意义。

1778 年，在他去世前几个月，伏尔泰凯旋巴黎，在那里他成为法兰西学院院士，皇家剧院演出了他的戏剧，他本人受到了政府和媒体的优待。贵族精英为表示对他的敬重，还订购了一大批他的整套作品集。这位在启蒙运动的开端贡献力量，并用一生推动其发展的伟人，成功地进入了文学荣耀和资助的最高等级。在整个欧洲，伏尔泰作为一个活生生的典范，证明了专制政府、贵族统治与进行温和思想改革的启蒙运动，两者是共生而非对立的关系。

卢梭：道德、自然和情感

为反击伏尔泰及其他主要哲学家与社会和政治精英保持密切关系，让－雅克·卢梭（Jean-Jacques Rousseau）退出了巴黎文学界。他并不反对启蒙运动，而是试图开创另外一种有关人性和道德的思想派系。他的思想在意识形态和心理层面上都与那些哲学家存在差异。卢梭出生在日内瓦，由信奉加尔文教的工匠父亲抚养长大，自学成才的他渐渐明白人生来甚至从本能而言便是高尚的，但人性也很容易被社会腐蚀。在晚年所作的第一部回顾过去的自传《忏悔录》（*Confessions*）中，卢梭阐述了自己年幼丧母以及被一位名门贵族解雇这样的早期经历，如何令他对虚假和伪善失去了信心，而在他看来，虚假和伪善在启蒙运动的领军人物中极为普遍、猖獗。对卢梭而言，人性面临的最大威胁恰恰来自其他人眼中人性取得的最大成就——不成文的礼貌和文明规则。

卢梭首次成名是在1749年，那一年第戎文学院（Academy of Dijon）赞助举办了一场征文比赛，征文辩题是：艺术和科学的进步对改良风尚是否有益。大部分参赛者由于受到启蒙运动强调知识实用性的影响纷纷肯定该命题。然而，否定该命题的卢梭却成了征文比赛最终的获胜者。[6]这篇论文奠定了卢梭作为反对启蒙运动强调理性的实际应用，以及将社会性作为道德基础的批评家的声誉。他描述了一种先于社会形成的理想化或无政府情况下的自然状态，在这种状态下，人类离群索居，没有家产。他主张，在孤立隔绝中，人类能够享受一种自然的自由，因为他们能在不受强制规则的控制下决定自己的行为。然而，人类生来便本能地倾向于对同类产生同情和怜悯之情。人类建立社会，发明语言，创造财富，形成包括行为准则和文明政府形式的社会习俗的同时，还奠定了竞争、物质、道德和政治不公的基础。于是，卢梭穷尽一生，利用其思想和作品，致力于寻找恢复并维持包括自由在内的潜在人性之优点的方法。

卢梭在《社会契约论》（*The Social Contract*，1762）一书中表达了他最大胆也最具原创性的观点，思考了社会中独立个体的政治自由。他在世时这部鲜有人读的著作却在后来对政治理论的历史产生了巨大影响，这在一定程度上归因于19世纪初期一个普遍流传的假设，即这本书是导致法国大革命爆发的直接导火索（但这个假设没有证据支持）。在被称为《第一篇论文》《第二篇论文》的早期作品中，卢梭认为社会腐蚀了人类的德行。在《社会契约论》中，

图为让-雅克·卢梭。这幅画像是根据苏格兰画家阿兰·拉姆塞（Allan Ramsay）著名的肖像画绘制而成。画中的卢梭身着亚美尼亚人的服装。1766年游览伦敦时，他身穿这套服装以展示对主要城市中心虚假成熟的反对，以及对设想的乡村生活文化真实性的推崇。（约克项目/维基共享）

他思考了如何建立一个不会腐蚀人们德行的社会和政府，以及如何使生活在其中的人的道德和美德获得重生。卢梭借鉴了被称为公民人文主义的传统思想，将自己廉洁社会的概念建立在如斯巴达的古典世界共和国及他的故乡日内瓦那样的理想版本的基础上。卢梭认为，这样的城邦之所以能够维持国民的道德和品行，是因为它们是组织严密的群体社会，市民一般拥有相同的文化和宗教背景，并且持有共同的经济利益。这种同质性产生了一种共同的文化和道德倾向，一套共享的风俗习惯和道德态度，或者说道德观念。

卢梭认为，拥有相似道德观念的人在寻求保护其共有文化的过程中应该制定一份社会契约，而不是依靠个人捍卫私有财产来追求各自的利益。实际上，卢梭认为那些将自己的财产视为构成其自由的本质，并认为只要政府维护其私有财产他们就享受到自由的人，其实稀里糊涂地让自己失去了自由。如果一个感到自己无法积极参与政府事务，那么在这个政府的统治下，没有人能拥有自由。因此，卢梭在开篇中这样说道："人人生而自由。"接着又补充道："却处处受到束缚。"前半句的意思是说人出生于一个自然状态，因此会自然而然地善待他人，而补充的内容说的则是由于人们几乎没有积极地参与自我管理，所以并不真正拥有自由。他还指出，即使是那些将政府委托于由其选举产生的代表管理的人，实际上也是政府的奴隶，因为他们被迫服从于一个他们作为个人并不归属的政府的控制。主权必须属于所有公民，它必须是不可转让的，也就是说它是不能被其他人所代表的。同时，它还必须是不可分割的，也就是说政府的职能不能被划分成不同的机构，比如专职的警察部门、军队、司法机构或行政部门。这些职能必须全部由公民出于责任执行。

因此，卢梭追求的社会和政府中，所有的公民都会参与政府各个方面的活动。而这样一个共和国需要品德高尚的公民，他们天生愿意履行公民职责，而且愿意牺牲个人利益来服务集体。此外，由于没有指定的军事长官，也不存在常备军，整个国家在竞争对手看来会变得脆弱不堪，因此公民需要时刻准备好保家卫国。在这种情况下，公民会面临更大的诱惑，即放弃保卫同胞自由，而去追求各自的福祉。举例来说，公民可能会利用在司法机构或行政部门工作的机会扩充自己的财富，而非服务集体。为使共和国免受此诱惑，公民必须在相互之间感受到强烈的道德责任。卢梭将这种自我牺牲感称作美德，而后来许多18世纪的作家则将其称为爱国主义。

卢梭的爱国美德的观点指的并不是简单地服从于政府统治。公民要维持其责任感，必须从内心认可集体和法律是由自己制定的，而不是强加在自己身上的。唯有所有人达成共识，认为每一个人的欲望和集体的需求是同等的，这样的责任感才有可能实现。卢梭曾写道，这种共识依靠的不是数字有多庞大，甚至也不是所有个人的意愿总和，它应该是一种集体的信仰，一种普遍意志。只有拥有相同的文化习俗、在彼此的个人和工作生活中交往密切，同时受到美德或爱国主义驱动，人们才能在历史的自然进程中形成一种普遍意志。任何共和国的目的，即共和国政治机构的目的，必须是创造条件，让这种普遍意志转化成法律。这些条件包括预防严重的经济不平等以维持人们之间的道德契合，并通过民间节日和教育进行共有习俗的再创造。要确保个人不会失去对一个道德集体的归属感、就不能存在“中间体”，也不可存在可能分割公民忠诚度，将政治分块的其他可归属的社会团体。那些不接受普遍意志的人如果在对真正欲望的认知上受到蒙骗，他们将必然失去道德感。遇到此类情况，共和国不应迫使这些个人生活在由他们自己建立的法律制度之下，而是应该选择要么将他们排除在外，要么将他们带回道德集体中来，并“强迫（他们）自由”——让他们做应该做的事情，而不是随心所欲。

因此，卢梭描述了一个没有自由的民族开创这样一个共和国的具体做法。他借鉴了古典历史中的例子。在这些历史中建立共和国的有强大的英雄，比如罗马统帅辛辛纳图斯（Cincinnatus）；还有法典制定者，比如道德高尚、无所不知、完成立法工作后放弃政府中全部权利的雅典人梭伦（Solon）。轮换的执政官一上任就会提出必要的法规，人们便开始讨论并就此进行投票表决。描述这样的共和国时，卢梭做了很多自由发挥，忽略了18世纪欧洲切实存在的共和国（例如威尼斯、热那亚和日内瓦）有着财富和权力分配极度的不平等，且受到少数寡头家族操控这一事实。但是，卢梭欣然接受共和国政治理论的核心论证（第一章讨论过）：拥有相同价值观的个人通过将个人自由和对他人的感情相结合，可以对彼此保持极大限度的忠心，以维持人性的本质。

女性、性别和道德

对自然道德和品德高尚的公民集体的思考，也让卢梭开始考虑女性角色。和许多同时代的人一样，他也认为女性不具备适合享有公民政治权利的自然属性。18世纪至今，读者发现卢梭很显然对女性的性属性和社会角色（例如分娩和母乳喂养）很痴迷，在他最受欢迎的著作书信体小说《朱丽》（*Julie*，又名《新爱洛伊丝》，*Nouvelle Helöise*，1761）和介绍儿童发展的《爱弥儿》（*Émile*，

1762）中尤其明显。在这些作品中，卢梭暗指女性在身体构造上与男性之间的差异决定了她们在生理和社会上的命运。他还指出，女性因身体原因会遭到“对她性别的不断提醒”；因此，他写道，从本质上来讲，女性的思维阴柔且情感丰富，而非理性。换句话说，女性思维偏向于共情、支持和关爱。正如他在那本广受欢迎的有关儿童发展的小说《爱弥儿》中所写的那样：“女孩感觉自己生来便是要服从的；她们……不应该有自由。”相反，他声称，男孩子天生就有一种“自然状态的正义感”，这种正义感会让促使他们“反抗那些自然并不希望他们容忍的不公”。[7]

从这层意义上说，卢梭认为女性代表了人性的一种理性概念。他认为这种概念本该是人类关系和社会制度的真正基础，但事实却并非如此。他认为女性的这种本质是人类社会“道德重生的源泉”，但女性可能会将其灌输给自己的孩子，而不是社会大众。只有男性才有能力也有意愿在经济、社会和政治关系中去践行这种自然道德（他们小时候从母亲那里习得）。因此，卢梭认为要维持这种女性拥有而男性践行的真正的人性，就必须明确划分两性在生活中各自的领域。如果女性参与公共生活，如经济生活、家庭以外的社会关系和政府事务，她们可能会失去与真正的人性之间的本质联系。反过来，如果减少男性在公共生活中的参与，而是让他们履行家庭内的责任，他们会变得软弱，无力防止经济、社会和政府的堕落。

卢梭认为，自然存在的（而不是社会创造的）两性之间的差别，即身体上的差异，性情上的不同，以及对财产和能力控制上的差别，是社会道德的根基。一旦这些差别中的任何一个受到影响，整个社会就会面临失去道德根基的风险。卢梭认为，虽然难以察觉，但是实际上女性在社会中也行使权力，她们通过利用女性花招影响自己的丈夫，用母爱影响她们的孩子而行使了权力。若女性当真走出家庭参与到公众生活中，比如成为舞台上的演员或参与沙龙会话，她们会表现出天生的轻浮和不严肃。相应地，男性由于承担着照管家庭财产和利益的义务，因此并不会真正享受更大的自由。他们必须抵抗奢侈品的诱惑（女性会在一边煽风点火），因为集体的公民生活——经济、政府、治安和国防时时刻刻需要男性参与。卢梭一部并不出名的名为《卢克蕾提亚之死》（*Death of Lucretia*，1754）的戏剧阐明了这一设想。暴君塔克文（Tarquin）见到卢克蕾提亚（Lucretia）后难抵其美色的诱惑，于是将其奸杀。为了捍卫她的荣誉，卢克蕾提亚的哥哥们刺杀了暴君，解放了罗马人民，罗马人才得以成立共和国。

此外，卢梭担心这样做会混乱社会角色，因为女性天生会对男性产生他们需要抵抗的诱惑、腐朽、使其衰弱无力的影响。为避免这种风险出现，卢梭建议女性应完全沉浸在母性和居家的责任中，这样一来她们就没有时间、精力或欲望去追求家门之外的社会、经济、知识或政治活动了。在《社会契约论》中，卢梭将女性角色描述为“共和母亲”（republican motherhood），而许多学者将其解释为两性在按照严格的等级制度和职能分配形成家庭时达成的一种隐式的性契约。这些学者称，当卢梭写下“人人（只有男人）生而自由”时，表明启蒙运动时期的政治理论家在谈论性别关系时，表达的其实就是字面的意思。

玛丽·沃斯通克拉夫特和《女权辩护》

谈论女性之感性的并非全是男性学者。在18世纪后期女性文学和知识活动繁荣的时代背景下，玛丽·沃斯通克拉夫特（Mary Wollstonecraft）脱颖而出。她的《女权辩护》（*A Vindication of the Rights of Woman*，1792）以女性潜在同男性相等的能力为基础，直截了当地表达了女性应享有平等权利的主张。19岁时，沃斯通克拉夫特离开位于伦敦的专横父亲的家，在1788年用真实姓名为英国知识刊物《分析评论》（*Analytic Review*）撰文前，曾做过学校教师、家庭教师，还担任过一个激进出版人的翻译。她出版的第一本书《男权辩护》（*A Vindication of the Rights of Man*，1790）大量吸收了卢梭的观点，为法国大革命早期的理性主义和民主趋势辩护，使它们免受了包括埃德蒙·伯克（Edmund Burke）在内将其视为向暴民统治退化的评论家的抨击。两年后，法国的改革人士将女性指定为被动国民，虽然在法律面前平等，但不享有选举权，也无权担任公职。沃斯通克拉夫特挑战卢梭将女性描述为天生主内且无法完全融入公民生活的观点，以此作为回应。她认为文化之所以倾向于将女性与奢侈、情绪化和不理性联系在一起，原因在于社会拒绝为女性提供受教育的机会。沃斯通克拉夫特借鉴包括孔多塞侯爵在内的主要启蒙思想家的理性主义和平等主义的论点，对卢梭有关两性间在心理和情感能力上存在本质差异的论点做出了直接回应。她鼓励女性不要理会“女性生来是要感觉而不是思考的”这样一个盛行的观念。通过援引康德在启蒙运动时期自我解放这一主旨观点，她鼓励女性“要努力获得身心力量”，并抵制任何将“脆弱的内心、细腻的情感和优雅的品位”视为软弱和依赖象征的倾向。在众多已故的提倡承认女性平等地位的启蒙女作家中，沃斯通克拉夫特之所以脱颖而出，在于她作为女性的代表直接参与了人类社会活动，证明了女性拥有全面参与人类社会活动的必要能力。

经济人

经济理论：奢侈品和商业

对许多作家而言，女人是过度浮华的奢侈品的象征。这一观点并非在启蒙运动时期才出现。其实，从古典时期开始，对奢侈品诱惑的思考甚至是一种痴迷便成了人类传统的核心。经济增长，尤其是海外贸易的发展，将数量前所未有的奢侈品带入欧洲——印度的纺织品、中国的瓷器和漆器，以及来自拉丁美洲的珍贵金属。与此同时，包括茶叶、咖啡、糖和烟草在内的食用产品也成了日常品。这样的消费模式引发了一场有关奢侈品的哲学辩论。古典共和主义思想家和中世纪基督教信徒皆猛烈抨击这种奢侈品消费，称它们代表虚荣、罪恶和美德缺失。与此观点类似，洛克的经验主义认为无节制的消费代表冲动战胜了理性，短期满足感战胜了精心计划的长期利益。早期盛行的现代政治经济理论重商主义（mercantilism），建立在消费的产生以消耗储蓄为代价，会减少国家财富这一推断之上。卢梭在面对新论述时更新了这个传统观念，该论述为奢侈品和消费做辩护，称它们是繁荣和文明进步的象征。

启蒙运动时期奢侈品的辩卫者将奢侈品与腐败邪恶分割开来，将重点落在生产和贸易给社会带来的价值，以及为消费者带来的舒适度和便捷上。此外，启蒙作家还强调消费品鼓励社交，进而会在社会中产生一种更加强大的道德联系并改善人们的行为举止。与古典观念不同，这些作者将奢侈品视为可以提升生活质量、优化财富分配并促进社会自由的便捷工具。路易十四统治下的法国海关总署的雅克·萨瓦里（Jacques Savary）为商人编写了一本教科书，这本书在18世纪被广泛阅读。在这本书中，他指出就连神圣的天意都未曾强行管制过奢侈品的贸易，因为"它将礼物分散，这样一来人类就能一起贸易，产生互相帮助的双向需要，这种需要会在人与人之间建立友谊。这种生活便利品的持续交换过程便构成了商业……它有助于提升生活文明"。[8]

在对奢侈品的辩护中，影响最广泛的来自荷兰医生伯纳德·德·曼德维尔（Bernard de Mandeville）。在伦敦生活期间，他写了一些谈论当时的道德和社会问题的文章和诗歌，并对传统宗教训导将奢侈品视为邪恶之物表示了质疑。曼德维尔称，更加优质的食品和服装，更为整洁、受热情况更佳的生活条件，以及拥有更多功能，提供更多舒适的家具并不是不必要的奢侈品，而是现代城市生活的必需品。此外，他提出，在经济繁荣发展、社会关系瞬息万变的时代，一个人通过商业追求奢侈品不仅满足了个人的利益，而且满足了公众的利益。一个人若是有能力实现个人的利益，满足个人的理性欲望，其中包括奢侈品，就应该受到鼓励和支持，因为他的消费行为会让他与社会中的其他人产生交往，包括那些不及他富裕的人，而不是将自己孤立起来以期储备自己的财富。消费产生的交流会为穷人提供工作机会，同时满足富人对奢侈品的欲望。此外，他还提出，家境优越、受过良好教育的人与寻常大众之间的交流还有助于礼仪和礼教的传播。个人会“互相协助推进并增长社会总体的生活幸福感”。与此同时，他们也不会产生“让其他人焦虑不安的倾向”。也就是说，他们会学会避免冒犯或者触怒他人，在这个过程中与他人建立起联系。

曼德维尔对奢侈品的描写在他那本读者众多的《蜜蜂的寓言》（*Fable of the Bees*）中达到了极致。这本书的结尾句经常被其他作家援引：“个人的恶习，在技术娴熟的政治家的巧妙管理下，可以被转化为公众利益。”这种观点展现了对奢侈品的一种新态度，并对欧洲有关政府在资源分配中的角色的思考指出了一个新方向，简而言之，就是政治经济学。曼德维尔及其他商业作家将他们对奢侈品的讨论从个人行为的罪恶转移到了社会交往的益处，同时也不再将物质世界视为不足以满足人类需求的稀缺资源。

这种商业新观念结合了近代早期最重要的两项思想成就——洛

克的心理学和加尔文主义的道德观，描述了与集体相关的人类心理，同时认为物质世界的资源是充足且不断增长的。该观念汲取了卢梭的心理学观念，认为人类有能力也有意愿进行例行计算，进而将长期利益凌驾于当前喜好和本能之上。曼德维尔的故乡荷兰的加尔文派（以及法国的胡格诺派教徒和英国的持异议者如贵格会信徒）的理想主义思想认为，基督信徒能够在面对罪恶和贪婪时保持自控，在社会、商业层面上谦恭地与他人建立友好关系。此外，这种新的经济理论认为穷人不需要，实际上是不应该接受生活的命运，人们也不应将贫穷视为神告诫人类谦卑的旨意。相反，新的商业论点认为穷人在经济上并没有充分发挥作用，这也就意味着社会存在增加生产的潜力。社会不应将穷人视为外部的寄生虫，并认为他们的消费行为会削减社会的固定资源。

重农主义和自由放任主义

采取类似立场的还有那些愿意打破传统天主教教条和重商主义经济政策的其他思想家。一批被称作重农派的法国作家认为英国取得显著繁荣的关键因素是对土地的有效利用，他们希望能将这一关键因素带到欧洲大陆，这些作家中最著名的便是弗朗斯瓦·魁奈（François Quesnay）。重农派这一说法来自他们的核心观念，即所有的经济价值来源于土地，产生更多价值的唯一方式是更好地利用土地。重农主义者指出在过去的两个世纪中，欧洲经济增长的主要因素，即从拉丁美洲进口贵重金属，从东亚进口香料和茶叶，在北欧生产纺织品，并不是经久不衰的。从地下发掘的贵重金属，从野生植物和树木上收获的产品或用来生产产品的原材料都是不可再生的。唯有农业可以持续增长可用产品的总量，维持社会的繁荣。重农主义者鼓励地主通过设备改造，比如灌溉、使用粪肥，来给土地增加养料，选择能够产生更多价值且运输销售更便捷的作物来更高效地利用土地，产生更多的收益。

魁奈在《百科全书》中指出，为多种多样的经济作物设定好的价格能为领主带来更多的收益，为农业工人带来更高的报酬，还能为政府带来更高的税收。有了更多的可用资金，领主就可以提高报酬，雇用更多工人；而收到更优厚报酬的工人反过来又有能力购买更多的商品。如此一来，国家也可以结束每隔几十年便会出现的严重的周期性萧条和动荡而从中受益。政府还应该修道路、开通运河，以实现商品向市场和港口的顺畅流通（不需要累积债务或使用珍贵金属储备）。主张优良的政策可以推进经济增长，货币或其他形式的价值并不是有限的，这种观点有效地建立了经济学的现代准则。

魁奈指出，想要实现这样的增长，进行一些有风险的改变是必然的。第一点也是最重要的一点，地主首先需要获得准许，将许多用于自给农业的小块农民土地合并起来，形成更大规模、商业经营化程度更高的农场。英国政府就冒着使很多小农民及其家庭无家可归的风险，成功推行了这一政策。第二点，应该冒着造成城市面包价格短期飙升的风险而解除对粮食批发价格的管制。第三点，应该冒着触犯贵族享有的免税权和其他特权而惹怒他们的风险，将税收对象从消费品（因为这会限制国内消费）转移到领主身上来（他们象征着经济价值的真正来源）。

虽然广受异议，但是这样一个更自由、更繁荣的农业经济的提议在整个欧洲赢得了众多支持者。和曼德维尔一样，重农主义者设想了一个建立在商业、社会交往和繁荣而非资源短缺、自给自足和个人自我克制上的政治经济。他们认为，商品的商业交换并不像传统宗教和道德认为的那样，会带来一个遭个人满足感和炫耀破坏的罪恶社会。在重农主义作家看来，经济改革会带来一个进步的社会，会提高全体社会成员的物质生活水平和道德观念层次。启蒙运动中这种有关政治经济的新思想对包括休谟、格拉斯哥大学的哲学教授亚当·斯密在内的苏格兰哲学家产生了尤为重要的影响。

亚当·斯密：劳动的社会价值

凭借著作《道德情操论》(*Theory of Moral Sentiments*，1759)，斯密在苏格兰的道德哲学学派中赢得了巨大声誉，之后他到法国旅行，在那里阅读了重农主义对重商主义实行赋予个别公司贸易垄断权之政策的抨击。在他的著作《国民财富的性质和原因的研究》(*Nature and Causes of the Wealth of Nations*，1776，即《国富论》)一书中，尽管认为指望废除关税或税务是“荒唐的”，但斯密借鉴法国重农主义的习惯说法“顺其自然”，提倡仅由自然法则调控经济活动。斯密为政府明确提出一个极微小却必要的角色，即通过恰当地控制商人以确保市场自由，避免投资者做出垄断、制假、诈骗、掠夺性放贷，以及完全的“愚蠢行为”。[9]重商主义教条风靡欧洲大陆，提倡政府通过最大化出口货物来寻求贸易顺差。但是，从重商主义者的立足点看，政治经济的目标是让国家不断增加国内的硬通货币储备。他们认为商品（粮食储备和奢侈品的总和）及财富（以黄金或贵金属为主要形式）的总数是有限的，所以国内消费必然会减少国家的整体财富。因此，贯彻重商主义政策的国家会着重生产供其生存所需的产品，尽量减少进口产品的数量。

在对重商主义提出异议时，斯密对重农主义思想做出了调整。他指出，价值的增加除了通过农业，还可以通过使用资本组织劳动来实现（和重农主义者不同，斯密从英国的经验中认识到通过提高土地质量来增加产量是有限度的）。斯密借鉴了洛克有关劳动价值的观点（先于卡尔·马克思），支持“劳动价值论”，即生产、分销商品的过程中投入的劳动力总量决定了商品的价值。作坊主通过投资购买更好的劳动工具或机器可以在相同的时间内生产出比先前更多的产品。如果作坊主能在使用更少的劳动力的情况下将这些产品运至市场销售，那他就能赚取更高的利润。因此，斯密发现了那些销售产品盈利的人这样做的动机：将利润不仅用于购买更多的原材料、雇用更多的工人，还用于投资提升工人的工作效率。

斯密最大的贡献在于他是综合了各种成熟观点的集大成者。他将重农主义顺应自然的设想与劳动价值论结合起来，主张地方工会和国家政府不应对手工业者的劳动或其劳动产品的销售强加限制。

但是，斯密并不提倡个人计算并追求其利益，而不顾社会或道德问题的社会。实际上，他提倡的是与之完全相反的社会。斯密对曼德维尔的观点稍加修改，认为个人对自我利益的追求能够引领国民（对斯密而言是国家）更频繁且进行更大幅度的交往沟通，进而使公众受益。如果每个个人从事的工作就其性格和才能而言恰好是最合适的，如果每个国家涉足的产业就其气候、自然资源条件以及劳动力状况而言也是最合适的，那么每个人都能够将他们的优势最大化。因此，斯密提出了专业化和相对优势的经济概念，它们不仅是让雇主和政府可以确保产出和利益增长的简单策略，还是提高国民生活质量的途径。实际上，斯密强调了增加工人的购买力、消费选择和工作幸福感的重要性。

在他的一个强有力的论点中，斯密极力吹捧“劳动分工”在财富创造中发挥的积极作用。18 世纪的许多贸易中，手工业者的工作环境往往是封闭孤立的，在生产过程中常常需要负责工作的多个连续流程。斯密主张在慎重考虑的前提下，生产过程应被划分为多个不同的工作任务，而每个工人应全身心地负责其中一项工作。通过这样的分工，工人在其特定的工作中的“熟练度”会提高，继而产量也会随之增长，生产效率也会随之提升。除了能让工人将精力集中在生产过程的某一个特定环节之外，劳动分工还让资本家有机会在生产过程中引进新技术或新科技来进一步提高工作效率。在国际层面上，斯密同样主张，每个国家都不应受到例如关税及禁止国外竞争者进入等重商主义调控下的人为约束，每个国家都应该在自由

图为印在20英镑纸币上的亚当·斯密的头像。这版发行于2007年面值20英镑的纸币使用启蒙运动时期影响力最深远的经济理论家亚当·斯密的头像。斯密右侧是一家工厂的工人画像，标明斯密“劳动分工”（或专业化）能极大地提升“劳动的产出量”（或生产力）的观点。（来源：iStockphoto）

竞争的基础上从事其最擅长的产业。

与重农主义者一样，斯密同样认为，个人的自我利益是激励经济繁荣最基本的因素。他此前曾在其道德哲学观念中提出一只“看不见的手”的概念，这只手会协调个人利益。他又将这一比喻引申到经济领域，称“政府干预”这只沉重且可见的手必须从经济企业上拿开。虽然在《国富论》第四卷第二章中，他只提到过一次这个说法，却令人难忘：

“但是，任何人使用自有资本支持某一工业仅仅是为了获取利润……他管理产业的方式目的在于使其生产物的价值达到最大程度，他所盘算的也只是他自己的利益。但是在这种情况下，和在其他很多情况下一样，他受一只看不见的手的指导，去尽力达到一个并非他本意想要达到的目的。他追求自己的利益，往往使他能比在真正出于本意的情况下，更有效地促进社会的利益。”

虽然斯密并没有多少与工厂或18世纪70年代便被引进英国经济、用于纺织制造的重大科技发明相关的直接知识经验，但是他在作品中对劳动做了新的设想，从原来的手工业理想中一个工人能够掌握生产手工制品所需的全部技巧，转变为强调资本应用及不受工会限制的劳动分工的一种展望。工人为追求其理性的个人利益与雇主沟通时，会自然而然地形成“联合”，尽管他们有时会丧失理智参与到“抗议”和“暴行”中，简而言之，就是采取罢工来争取更高的工资。斯密还认为“主人”（作坊主）同样可能形成联合，因此他警告说作坊主可能会为了实现短期利益“参与伤害公众利益的阴谋或提高某些产品的价格”，或者降低工人的工资水平。[10]

斯密的著作在很多方面代表了启蒙思想有关人性的理论综合，

人性如洛克所描述的那样，天生理性且本能地寻求最大利益，同时它又如卢梭和苏格兰道德哲学家描述的那样，天生社会化且品德高尚。斯密对人类幸福前景的乐观（甚至有些天真），在揭示人类行为时对基督教教义的避而不谈，以及他的自我修养和公民参与，在现代世界整合成了古典理想的模型，清晰地展现了乐观且占主流地位的启蒙思想的本质。

其他启蒙思想

唯物主义：极端还是功利的启蒙思想

学者就笛卡尔和巴鲁赫·斯宾诺莎（Baruch Spinoza）的著作展开辩论时，18 世纪初的尼德兰出现了一种新思想，取代了苏格兰学者对社会性的关注。17 世纪，斯宾诺莎便运用笛卡尔的逻辑对许多主流的政治、宗教观念及制度展开攻击。但是，他在笛卡尔理论的基础上又极大地发展了新哲学，提出了唯物主义的理论。按照唯物主义，人脑完全依靠人体的生理功能产生思维。唯物主义的术语表明它是一种自然哲学，认为自然界中的一切行为都源于物质实体之间的相互作用，包括人脑中的思维（包括道德观念）的产生过程。当斯宾诺莎提出人脑和身体在本质上并无差别，是构成单一实体的“两个方面”，而这种单一实体又是自然的所有构成时，他的唯物主义观点备受争议，并激怒了正统的神学家。他们指责，这种观点否定了灵魂在人类思维和行为中的一切角色，更令他们怒不可遏的是他竟然声称上帝也是构成这种单一实体的因素。此外，斯宾诺莎认为大部分宗教组织都没有任何事实的依据作为支撑，与人类道德毫不相关。他呼吁宽容不同的宗教信仰和习俗，提出一种普遍宗教，在这种宗教下人类不需要迷信也不需要恐惧，可以仅在理性的基础上产生道德。

虽然笛卡尔、牛顿或洛克的拥护者也许会愿意争论宇宙和上帝的本质问题，但他们全都积极地抵制斯宾诺莎的思想和唯物主义，认为它们违背了人类的自由意志。批评家称唯物主义者将人视为简单的机器。因此，唯物主义似乎成了一种替代的，可以说是更激进的启蒙思想的分支。在唯物主义的批评者看来，它无异于无神论。但是，贯穿整个 18 世纪，唯物主义的影响（常常没有特别提及斯宾诺莎）越来越显著。例如，英国自然神论者约翰 · 托兰德提出，整个宇宙，包括上帝，都是由一种单一物质构成的。到了 18 世纪中期，唯物主义在一些法国启蒙哲学家中取得了重大进展；医生朱利安 · 德 · 拉美特利（Julien de la Mettrie）在《人是机器》（*Man, a Machine*，1748）一书中指出，人体和大脑的机能是一种没有灵魂的、精细而有序的机制。这本书刚出版，拉美特利便为保护普鲁士国王腓特烈而逃离了法国。

出生于德意志的霍尔巴赫男爵（Baron d’Holbach）是一位人脉深远的贵族，他定期在巴黎举行集会，邀请知识界、政界和社会上的知名人士参加，并将唯物主义的观点引进到这些集会上。他还写了一些有关自然、道德和思维的文章，谴责有组织的宗教，抨击对神力的信仰，称其为因“对自然原因无知”而产生的人为产物，显示出斯宾诺莎对他的影响。霍尔巴赫写道，过去许多领导者曾利用人类的恐惧和无知“创造了众神，并……将它们塑造为可怕的形象”，如此一来，他们的臣民就会处于“痛苦之中，因为他被告知自己需要痛苦，这是神的旨意”。霍尔巴赫反对这种奴性、“愚蠢”、“理性之丧失”，以及“对知识的贬低”，他提倡研究物质世界，包括人的肉体和精神，研究人们在社会中的交往，建立一个能够在人类中产生“永福”的新的道德和政治体系。

使用理性创造幸福的这个观点在诸多方面对后期的启蒙思想产生了重大影响。生于瑞士的克洛德·阿德里安·爱尔维修（Claude-Adrien Helvétius）是法国政府的一位官员，也是巴黎学术界的一位活跃分子。他在《论精神》（*On the Mind*，1758）一书中对这种思想做了一些改动，是一种功利主义的早期表达，认为社会制度应为“最多数之人追求最大利益”。许多人，包括一些启蒙哲学家并不赞成唯物主义者有关人类内心没有道德感的观点，他们担心这样的观点会被用来纵容不道德的行为。然而，其他人则在爱尔维修论点的基础上提出，人类能通过学会选择那些可以带来快乐、又可避免造成伤害的行为发展自己的道德判断。

这种功利主义的设想影响了许多实际的启蒙改革提议，比如贝卡利亚（Beccaria）极具影响力的专著《论犯罪与刑罚》（*On Crimes and Punishments*，1764）。爱尔维修对人类大脑的理解与埃蒂耶纳·博诺·德·孔狄亚克（Etienne Bonnot de Condillac）的《感觉论》（*Treatise on Sensation*）的论点相似，认为感性知觉不仅会让我们产生对外部世界的看法，正如洛克在《人类理解论》一书中阐述的那样，而且会让我们进行有意识的自我反省。孔狄亚克提出的人类学和心理学的问题在18世纪的法国成为众人广泛议论的问题，促进了19世纪心理学的建立。在启蒙运动的背景下，包括霍尔巴赫、爱尔维修和孔狄亚克在内的唯物主义者不仅发展了无神论，而且还为除了德意志唯心主义之外的大多数现代欧洲哲学奠定了认知基础。

唯心主义：德意志启蒙运动思想

在大部分欧洲国家，启蒙思想早期的理性主义产生了经验主义、唯物主义或功利主义思想。但是，在德语国家，它却指向了一个完全不同的方向。开始这种另类的发展轨迹的人是戈特弗里德·莱布尼茨（Gottfried Leibniz），一名普鲁士律师、外交官及哲学家，他早年曾展示了微分方程式的运用方法，实际上他才是近代微积分的真正创始人。他对笛卡尔逻辑深感兴趣，于是通过《神义论》（*Theodicy*）或称《邪恶的问题》（*Problem of Evil*，1710）和《单子论》（*Monadology*，1715）中思考人类知识和道德的起源。莱布尼茨试图形成一种宇宙神学，将自然看作由不可再分的实体即单子构成，其中单子的特性永恒不变。通过研究单子的性质，莱布尼茨提出，人类可以有逻辑地推断出包括上帝的本质在内的关于自然的一切问题。他推断上帝的品质为完美、无限的力量和仁爱。莱布尼茨认为，这样的神可以创造他想要的任何世界，但他却只是选择创造了“众多可能的世界中最好的一个”。因此，人类不必试图改变这个世界，而是应该简单地接受它；实际上，现存的世界阐明了“预定和谐”的神意。

莱布尼茨对德意志学术界影响巨大，因此阻碍了人们使用实验法来验证假设，鼓励他们使用理性逻辑来证明包括人类行为的现存世界，实际上是所有可能的世界中最好的一个这一推断。虽然在神学问题上。这一哲学思想在很多方面与理神论相似，但对知识的本质，包括在人类的自我认知的问题上，它与经验主义存在着本质差别。正因为如此，经验主义的主要倡导者伏尔泰在他的讽刺小说《老实人》（*Candide*，1759）中对莱布尼茨的乐观主义进行了无情的嘲讽。这本“哲学小说”讲述的是一个德意志青年为了寻找爱人游历欧洲的故事。在旅途中，他见证了痛苦和不幸，经历了地震和战争。但是，他愚昧的导师邦葛罗斯教授（Dr. Pangloss）受莱布尼茨启发，向甘迪德（Candide）解释说，他所遇到的每一件糟糕事都进一步证明现存世界是“所有可能的世界中最好的一个”的证据。故事最后，甘迪德抛弃了对一个支配性的神性计划的全部信仰，最终得出结论：每个人所能做的最好之事莫过于“悉心照料自家的田园”。

18 世纪中期，大卫·休谟在作品中表达了对经验主义思想批评的巨大支持，他的怀疑态度对我们能够通过感官经验理解所经历之事的原因这一观点提出了质疑。在莱布尼茨坚持的逻辑法和休谟对经验主义过于简单的尖利批判的共同启发下，年轻的神学院学生伊曼努尔·康德取得了也许是当时最重要的哲学进展。康德不再强调物质实体作为思想源泉的重要性，而是主张在物质世界中人类的思想实际上影响了我们对物体的体验。康德创建了德意志唯心主义哲学流派，与盛行于英国和法国的经验主义理论有着极为显著的差别。在他后期的著作中，康德主张人脑并非仅仅通过经验理解事物的真实性，提出哲学家不仅需要通过对事物的感官经验，而且要通过告知我们如何感受事物的抽象理念，去理解发生在我们头脑中的概念，他的这些后期作品为哲学做出了最为显著的贡献。

但是，即使在他的早期作品中，比如那篇常被引用的文章《什么是启蒙主义？》（*What Is Enlightenment*，1784）中，康德就针对一个对理性主义者、经验主义者、唯物主义者和唯心主义者都很常见的主题，提出"公众要通过摆脱无知的束缚"和"自我启蒙"来实现自由。康德绝不是提倡革命，甚至也不是提倡政治改革，但他确实呼吁同辈聚集，思考、讨论、争辩，运用"自己的理性"去追求"共同利益"。人们为了实现这一理想在18世纪何地通过何种方式采取了什么举措，则是下一章将要谈论的主题。

第七章

启蒙运动中的世界：公共领域

相比于写作和阅读，在18世纪，接受过良好教育的欧洲人参与讨论的机会更为频繁。他们在各大协会和个人住宅中聚集，不过最为常见的聚会场所还是咖啡馆等公共场所。到场的所有人可以就任何话题展开讨论。一幅反映了那个时代鲜明特征的画作，表现了十几位杰出作家和贵族赞助人聚集在乔芙兰夫人（Madame de Geoffrin）巴黎的家中，热烈讨论伏尔泰最新作品的情景，尽管这幅画的创作时间距离事件真正发生的时间已经有几十年了。[1]另一幅描绘18世纪人们交谈场景的画作将伏尔泰置于巴黎的普罗可布咖啡馆（Café Procope）。他在那里一坐就是很长时间，一天可以喝掉18杯咖啡。类似的人物还有伏尔泰的助手路易斯-塞巴斯蒂安·梅西耶。虽然他没有伏尔泰富裕，但对谈话的热衷程度却丝毫不逊于后者。梅西耶写道，他可以续一整天的热巧克力，开一张桌子，一边享受咖啡店的温暖，一边和其他人聊上一天。在意大利，典型的启蒙运动讨论小组——普尼协会（Società dei Pugni）喜欢聚集在一家米兰的咖啡馆里，谈论如何进行经济和政府改革，他们甚至创办了一种名叫《咖啡》（Il Caffè）的刊物。所有场景提醒我们，想要研究启蒙运动时期，必须将目光拓展到作家本身及构成哲学和文学的正典之外，才能理解启蒙思想是如何在社会当中传播开来的。本章要探讨18世纪欧洲知识分子社团如何形成，以及这些社团传播启蒙思想的过程，我们将这个过程称为“公共领域的崛起”。

从广义上说，公共领域指的是个体参与者聚集在其中，并试图对存在共同利益的问题达成统一共识的自愿团体。根据官方定义，科学院、文学院，阅览室、图书馆，咖啡馆和酒馆等非正式聚会场所，还有私人组织的社团，都属于公共领域。在稍后的时期，人们将此类组织统称为“公民团体”，所进行的社会活动处于国家控制之外，但不受个人或私人赞助者的控制。正如一位历史学家所解释的那样：“在18世纪，人们口中的‘公共’（public）最常见的意思是社交，与独处的意义相反，独处被称作‘私人’…… 个人住宅并不一定属于私人领域。”这是因为，沙龙等基于更为宏大的目的而进行的集体互动将人们置于公共领域当中。[2]因此，即便贵族或成功的咖啡店主在私人所有的住宅或商业建筑中举办聚会，此类聚会也应该被认为属于公共领域。原因在于，参与者出于个人意愿聚集在一起，并独立地表达了各自的观点。一般来说，这些个人相信，他们对当下文学和政治生活等领域的主要问题达成了共识，由于这些共识并不是出自某一个人的观点，因而被认为属于公共领域。

文艺复兴时期的政治理论常用“公共”来描述一个共同体，其中自治权并不像私人财产一样为王子或国王个人所有；相反，自治权属于全体人民。但是，到了18世纪，“公共”这个词最常指的并不是国家本身，而是“公共的事物”（即共和国的字面含义），人们在其中聚集并分享彼此的观点。对于历史学家来说，挑战不仅在于理解18世纪“公共”一词的概念，而且在于描述人们在实际生活当中的互动模式，并解读这些互动对当时的人来说意味着什么。在本章中，我们将探讨18世纪的公共领域。首先，我们需要厘清“公共”作为一种理念的含义。其次，我们将分析诸如沙龙、学院、中学、大学及麦逊共济会（Masonic lodge）等承载社会互动的实体形式。再次，我们将考量18世纪欧洲人参与公共生活的各种媒介，包括商业剧院和音乐、18世纪末期的“印刷革命”，以及流行文化。最后，本章将探讨一些公共团体和言论自由的障碍，比如国家审查制度。

“公共”的理念及公共领域的形式

1784年，康德在《什么是启蒙主义？》（*What is Enlightenment*?）这篇文章中，给出了“公共”的具体含义。他将“站在公众读者面前的学者”所撰写的著作称为“公共”，而那时的学者并不会试图达到某些特定的利益。在康德看来，公共行动是人们基于真才实学并为了大众福祉而采取的行动。他将这个意义上的“公共”与仅仅为了完成个人指定的任务而采取的行动进行了对比，后者主要由官僚或听命于上级的官员来执行。由于后者是为了包括自己、贵族赞助人、雇主或国家等单一个体的利益而采取的具体行动，因而被康德视为私人行动。任何属于单一个体或团体的观点只可能出自对特定环境或个体的评估，而非基于全体利益。[3]

18世纪的思想家将公告领域与免除统治和压迫联系在一起。18世纪早期的杰出思想家、作家和保守主义者沙夫茨伯里伯爵（earl of Shaftesbury）写道，人们在公共领域应该遵守“礼貌”的规则，以便使“自由交谈”成为可能。他的意思是，如果每个人都遵守礼貌的原则，那么大家便能够在自由表达思想和言论的同时，兼顾到对其他参与者表达权的尊重。沙夫茨伯里伯爵解释道，这种礼貌原则将促使个体参与者投入真诚的知识辩论当中，通过使用智慧来确保自己不会受到和造成任何冒犯。如果参与者能够在互动中坚持礼貌的规则，那么任何人都将被礼貌制约，社会约束也将变得毫无用武之地。此外，所有参与者必须都心照不宣地认同礼貌原则，而非由某个领导者将这一原则强加给大家。这样，所有成员便都可以用自己认为恰当的方式自由采取行动和表达观点，而非仅仅在不同意对方观点的情况下离开谈话。礼貌以这种方式使人民既可以在交谈中表达心声，又可以同时享受“自由”。[4]正如沙夫茨伯里伯爵所描述的那样，这种礼貌的谈论成了启蒙运动公共领域的典范。在开放性的讨论中，赢得大家一致赞同的是最具有说服力的论点，而非最具财富和社会地位的参与者所说的话。

至少从理论上看是这样的。

沙龙、文学聚会和咖啡馆

实践中的公共互动形式更为复杂多样。实际上，没有任何社会互动形式会对所有人敞开大门，其内部也不可能不包含任何形式的等级制度。事实确实如此，在18世纪，许多社团常常被描述为带有排外性和限制性、等级森严的公共领域。沙龙（salon）能比其他例子更恰当地阐明此类精英团体的特点。虽然一些历史学家将沙龙鼓吹为民主的互动形式和现代志愿团体的化身，但另一些研究显示，我们所说的沙龙其实是精英分子的社会聚会，只在少数情况下致力于实现知识分子的追求。乔芙兰夫人巴黎家中的著名聚会实际上每周只有一个下午欢迎作家参与讨论。而在其他下午，女主人只邀请丈夫的商业伙伴和达官贵人，因此这时的聚会更像是商业午餐。在某个晚上，乔芙兰夫人才会安排规模更小，也更为私密的晚餐会，参加聚会的代表人物包括皇家公使、外国大使和年轻的贵族妇女。只有在此类罕见的场合，她才会根据当时上演的剧目或宾客让－弗朗索瓦·马蒙泰尔的意愿邀请一位作家参与聚会。这些作家会被要求在现场朗读一部戏剧，或者背诵一首诗歌，接着便会离开，而不被欢迎参加接下来的谈话。[5]但是，乔芙兰夫人等举办此类聚会的女主人却从一些历史学家那里赢得了“沙龙女主人”的赞扬，还被视为建立了一套规则，使人们礼貌地交流不同观点成为了可能。[6]

一些没有扮演女主人角色的女性也积极参与到公共领域的讨论

中。最为知名的女性被称为“名媛”。在18世纪早期到中期，这些有知识和教养（至少看起来如此）的女性定期在伦敦聚会，通过相互交流提升文化水平和品味。名媛成员中既有接受过良好教育的富家女，如伊丽莎白·蒙塔古（Elizabeth Montagu），又有学者和女贵族，如伊丽莎白·卡特尔（Elizabeth Carter）和波特兰女公爵（Duchess of Portland）。她们在伦敦的私人住宅中聚会，夏季时也会在乡间屋舍聚会。英国名媛聚会不像法国的精英聚会那样严格。英国女主人没有把自己视为男性参与者之间礼貌和尊重的维护者，相反，名媛成员的活动超越了打牌和聊八卦，女性通过理性的讨论为公共利益做出贡献。汉娜·摩尔（Hannah More）的话表明了女性参加聚会获得的骄傲，尤其是参加那些有知名男性作家出席的聚会。作为一名女性，她这样写道：“我并不在意能在这样一个博学者济济一堂的大型聚会中说上多少句话。”不过，她对莎士比亚和其他英国作家作品的引用的确为聚会增色不少。[7]

巴黎、伦敦和其他文化首都的文学聚会代表了18世纪欧洲公共领域的一个类型。这不仅是因为文学聚会的开放和互惠理念，还因为它们处于独立于政府的状态。在18世纪的欧洲，自治团体有着诸多形式，但其中极少公然宣称属于知识分子团体。在它们当中，连私下表示属于知识分子团体的都非常少，更别说从政治上公开宣称了。城市中的兄弟会也包含在这类团体中，它们通常与所在教区的教会和当地的同业协会之间有着松散的联系。在大多数情况下，兄弟会领导不履行宗教或经济职能。这些兄弟会最常做的事情不过是举办宴会——实际上就是一些酒局，这些宴会成了非政治性文学聚会的典范。其中包括巴黎一家名叫“地窖”（Caveau）的供饮酒纵歌的俱乐部和伦敦的“业余爱好者社团”。后者将知识分子之间的讨论和男性社交融合在一起。伦敦绅士组成的社团都对前往意大利旅行感兴趣，集体赞助了考古学探险，之后还出版了此类探险的发现。与此同时，这个团体还以“浪荡”而闻名，正如贺拉斯·沃波尔（Horace Walpole）所描述的那样，他们在聚会上豪饮，在此期间社团成员还会坐下来相互描画讽刺肖像画。[8]普尼协会做出了更加严肃的努力，包括恺撒·贝卡里亚（Cesare Beccaria）在内的成员，会一起探讨经济和政治理论等问题。

在 18 世纪欧洲文学和政治活动中最为突出的社交性特点并不与任何党派或政府行为的特点相左，它们共享在宗教、地理和政治领域的互动。为了使这种互动成为可能，有必要采取两种实践行动：第一，坚持成员创设的规则；第二，在向任何宗教、国家和社会团体效忠之外，坚持参与到公民活动当中。在 18 世纪，这两项实践活动常被分别描述为“章程性”和“世界性”。在“章程性”上，这一时期的发展囊括了从个人身体的构成到个人的政治意义，也就是说，团体或政府的构成。“全球性”源自一个概括性的词汇，即本杰明·富兰克林所说的，一个游历世界的人不会仅仅认同本国的文化群体或政府，而会变成所谓的“世界公民”。这两项实践行动带来的影响使得人们开始将目光集中在自由的个体之上，并将个体视为政府和自愿的社会性互动的基本元素。

18世纪，城市咖啡馆常常不属于公共领域。乍一看，这些咖啡馆似乎向所有人开放，但实际上，这些场所主要吸引的还是富裕的消费者。在18世纪的欧洲，咖啡和糖的高昂价格使得咖啡馆比酒馆更加罕见，而酒馆则为最普通的公众提供了聚会的场所。在伦敦，一些著名的酒馆创办了“小猫俱乐部”（Kit Kat Club），定期举办“智者和爱国者”聚会，也即支持传播智慧、弘扬爱国精神的剧作家、辉格党政治家和记者参加的聚会。他们聚在一起讨论文学和政治。以酒馆为基地的俱乐部成员或许能在酒馆中找到认同（通过画一幅自画像并挂在酒馆里），并把酒馆当作一个喝酒、唱歌和吸引女性的好地方。在法国，露天酒馆通常坐落在市镇郊外被叫作“露天酒馆”（guingette）的地方。这种露天酒馆会吸引一大批顾客，如果不进行正式讨论的话，来自不同社会背景的男女老少都会开怀畅饮。然而，对于工人阶层的男性而言，酒馆却是个危险的场所，一杯杜松子酒下肚，他们就很容易把公民、职业和家庭责任抛诸脑后。

启蒙时期的科学和文学学会

另外一种社会互动形式发生在科学院和文学院当中，与启蒙运动的公共领域理念极为类似。在现代早期，欧洲君主和贵族会向作家，特别是科学家，赞助或补贴大笔资金。到了18世纪早期，大多数赞助者不再采取直接向作家本人拨款的形式，转而设立了学术机构。学术机构去除了权贵和作家或科学家之间直接的私人赞助或责任关系，体现了公共领域作为不受利益干扰，追求真理的理念。学院在 17 世纪出现，表达了两种在启蒙运动时期达到顶峰的倾向：对中世纪大学课程安排的拒绝（特别是在对自然的研究上）；受过良好教育的精英出于功名、欢宴和商业目的而构建社会人际关系网的欲望。在 18 世纪，欧洲最为知名的学会要属伦敦皇家学会（Royal Society of London）。虽然名称中带有“皇家”二字，但这个学会除获得了皇室许可证之外，并无任何重要的皇家赞助人。学会的资金来自成员本身，其中包括艾萨克·牛顿等大学教授和富裕的业余爱好者。牛顿等人的科学发现得以在学会中讨论和发表。作为回报，这些绅士们获得了加入他们自认为符合自身地位的社会组织的途径；实际上，这些组织就是由科学家绅士组成的俱乐部。

随着成员的知识活动越来越活跃，其他学会也因此名声大起，地位变得越发重要。1630 年，国王路易十三的大臣红衣主教黎塞留（Cardinal Richelieu）创立了最为著名的文学院——法兰西学院（French Academy）。学院的创立是出于一个特殊的目的——编纂一部促进法语标准化的字典。然而，到了 17 世纪，法兰西学院的重心从作品转向了成员：来自法国的 40 位杰出作家。对于这些作家来说，学院成员这个名号本身就非常吸引人，远超其在公共生活中行使的所有职能。这是因为，被吸纳为学院成员能够为自己赢得大量赞助，进而确立在文学上的不朽地位。经历了一代人之后，路易十四的财务总长让·巴蒂斯特·柯尔培尔（Jean-Baptiste Colbert）成立了其他一些更为专门化的学会，包括法兰西铭文与美术院

（Académie des Inscriptions）（创立于 1666 年，主要致力于史学研究）、法兰西科学院（Académie des Science）（同样创立于 1666 年）和法兰西皇家音乐学院（Académie des royale de la musique）（创立于 1669 年，致力于研究皇家歌剧）。到了 18 世纪早期，法国的这些学员，连同英国的伦敦皇家学院在内，为欧洲其他精英人士，特别是沙皇彼得（Tsar Peter）等致力于提高本国文化地位的统治者，提供了知识分子社交的楷模。彼得在 1708 年创立了俄国学院（Russian Assembly），旨在推动俄语的标准化和简化。1725 年，他又创立了圣彼得堡皇家学院（St. Petersburg Imperial Academy），希望吸引全欧洲的知名艺术家（大多为法国艺术家）前往圣彼得堡。其他资金和名气稍弱的地方和当地学院包括罗马阿克迪亚学院（Accademia dell' Arcadia）和维也纳真和谐共济会（Zur Wahren Eintracht）。这些组织为参与者提供了获得新观点的机会，他们可以在其中发表自己的著作，与志同道合、社会地位相当的同辈交流和互动，同时提高自己在科学界的可信度。最重要的是，这样可以使他们感受到自己是欧洲知识分子界的积极参与者。

学院主要为成员执行两项重要职能：认可他们的工作，并据此授予他们奖励。文学协会为新作品颁发奖项，科学协会则为新发明授予专利，两者都可以为协会成员带来政府的荣誉、财政资助和声望。像艾萨克·牛顿这样的科学家，在 1669 年被授予剑桥大学首席教授的职位。但是，由于他的全部作品均只以拉丁文出版，所以他在 1672 年成为伦敦皇家学会成员之后，才被同时代的人所熟知。

此图表现的是1666年由路易十四的财务总长让·巴蒂斯特·柯尔培尔创立的法兰西科学院。这幅画出自皇家赞助的另一位受领者亨利·泰斯特林（Henri Testelin）之手。画中描绘了柯尔培尔向赞助人，即国王，介绍科学院第一位成员的情景。他向每一位成员保证，入会之后，他们会声望大增，获得充足的财务支持；不仅可以追求自然和哲学知识，而且可以传播相关理论和“实践”（实验）知识；同时学院在所有科学问题上的观点都会被广泛接受。（来源：维基共享）

他的社会和政治关系，而非数学论文，帮助他赢得两届英国议会的席位，并在1703年被选为英国皇家学会主席。次年，他被授予骑士勋章。他成为了18世纪10年代末到20年代末的欧洲文化英雄，英国的实验科学也因为他的声望成了启蒙运动的杰出代表。牛顿的成就为后世的学院派科学家树立了榜样，赞助人不但期望科学家研究出科学发现，还希望他们能够为家乡城市和所在国家带来荣誉和经济利益。举例来说，1711年，一位博洛尼亚的科学家被授予阿卡迪亚学院会员，他的赞助人要求他发表能为意大利北部地区的物理学家争光，并能与“在阿尔卑斯山地区之外出版的著作”一较高下的论文。1747 年，伊丽莎白女皇任命一位俄国地质学家为圣彼得堡科学院首任主席，但除了他，女皇还积极招募杰出的西欧学者。在 18 世纪的最后几十年间，几乎能与牛顿和英国皇家学会比肩的科学家——法国化学家安东尼·拉瓦锡（Antoine Lavoisier），负责管理法国皇家学会的出版工作。

杰出的博物学家通过与这些学会建立联系，将自己的科学著作与大众娱乐文章区分开来。18 世纪，尤其在大型城市中，越来越多的公众热切希望购买门票，亲眼目睹炼金实验、医学治疗和热气球升空表演。在启蒙运动当中，一些经验论的倡导者认为，公共演示是实验方法的必要组成部分。英国化学家约瑟夫·普利斯特里（Joseph Priestly）将自己声望的获得归功于证明空气是由氧气和其他气体组成的公共演讲。但是，在 18 世纪最后三分之一的时间内，公共科学演示对新知识传播的贡献逐渐降低。最为著名的科学推广者要属维也纳的弗朗兹·麦斯麦（Franz Mesmer）。他开创了“催眠术”，利用古怪而未经证实的理论，开启了一场主要由城市的上流人士参与的运动。这些上流人士组成多个小团体，试图让电流通过全身来治愈自己的一些疾病。麦斯麦催眠（Mesmerism）同样缺少实证性证据的支持，但依然引发了公众的兴趣，并产生了商业价值。这在很大程度上是由于他非凡的个人领导能力和推广人员的营销能力。这类大众科学热潮主要依靠与政治权威和社会上流人士的密切联系赢得权威性，从这个方面来看，它们可以和杰出的科学学会相媲美。

一些历史学家认为，学会（尤其是由皇室赞助的学会）代表了一种知识分子组织。然而，法国 18 世纪最纯粹的外省出身历史学家丹尼尔·罗切（Daniel Roche）证实，6000 名学会成员中，有 57% 来自特权阶层。18 世纪，在被选为法兰西学院成员的人当中，半数以上直接接受贵族赞助人的资助，在国家机构挂职，或享有教堂的圣俸。

与文化和知识精英的舒适地位形成鲜明对比的是社会历史学家罗伯特·达恩顿（Robert Darnton）描述的那个时代的“地下文学”。达恩顿描绘了伦敦格拉布街（Grub Street）的形象，这种形象是被亚历山大·蒲柏（Alexander Pope）传播开的。它成为英国首都小型印刷店林立的代表地区，许多逸名或匿名出版的廉价图书均出自这里。被称为“雇佣文人”的受雇工人按照花名册上的顺序轮流在逼仄的阁楼上班，和廉价妓女无异。在研究巴黎时，达恩顿将格拉布街描绘成一个由贫困人群和挣扎求生的作家所组成的残酷雇工社区。根据他的描述，巴黎就像一块磁石，从全法国吸引雄心勃勃的年轻人前来寻找成就感和认同感。他们因为缺少经济支持，也没有赞助人，而不得不依靠翻译、编辑等雇佣工作维持生计。他们会撰写一些参考文章、政治诽谤文章，更令人不齿的是，他们甚至会撰写色情读物，或者为警方充当间谍，监视其他作家。在达恩顿的描述下，这些“可怜的恶魔”心中燃烧着“对沙龙和传播启蒙思想的学会的怒火”。他们只不过将此类组织视为一种政治权力的延伸。

这幅画描绘了1785年文森佐·卢纳尔迪（Vincenzo Lunardi）在伦敦牛津大街万神殿进行的热气球演示。在法国和意大利，热气球成了大众感兴趣的话题。画面展示了来自那不勒斯的大使秘书卢纳尔迪正在向英国民众介绍热气球升空的情景。热气球飞行、外科手术和科学实验等流行演示吸引了许多大众付费前来观看，同时也会引发媒体的热烈讨论。这表明，无论在当时还是以后，科学知识在启蒙运动时代既吸引了大众的兴趣，又不仅仅属于专家们研究的专业学科领域。（来源：维基共享）

而另一些学者则强调，这种雇佣写作的形式广泛存在，并不足以代表某一类特定作品或社会前景的特点。[9]

启蒙运动时期的科学和殖民地社会

让我们将目光从巴黎的阁楼投向更加遥远的地方，放眼法国在加勒比海的殖民地圣多米尼克（Saint Dominque），即后来的海地（Haiti）。这样，我们或许可以理解，为何成员的身份成了象征知识分子可信度的重要标志。17 世纪晚期，传教士在圣多米尼克收集动植物标本，再把发现报告给远在巴黎的皇家植物园（Royal Botanical Garden），通过这种方式开展科学活动。皇家植物园的园长利用皇室赞助派遣其他博物学传道士前往西印度收集、整理动植物标本，并手绘动植物图谱，代表人物包括植物学家查尔斯·帕鲁密尔（Charles Plumier）；最后，研究成果将集结成册，形成诸如《美洲植物图鉴》（*Description of the Plants of America*，1693）等书籍。帕鲁密尔的全部作品包括两篇拉丁语论文、6000 余幅手绘和 22 卷注释手稿。[10]

然而，到了 18 世纪中期，加勒比海地区出现了一种新的博物学家——在成熟科学团体的支持并在其尚未创造经济效益的基础上，进行航海和探险活动的启蒙绅士。在伦敦皇家学会的赞助下，英国绅士汉斯·斯隆爵士（Sir Hans Sloane）前往牙买加进行调研，并出版了两卷著作。这项工作极大地提升了他的科学声望，之后他被选为学会主席。同样，奥地利男爵尼古拉斯·约瑟夫·德·雅甘（Nicolas Joseph de Jacquin）在女皇玛丽娅·特蕾莎的赞助下前往安的列斯群岛（Antilles）调研，并出版了两本关于美洲植物的书籍，报告了自己的调研成果。随后，他因此被任命为维也纳大学的植物学教授。瑞典博物学家奥洛夫·施瓦兹（Olof Swartz）在西印度群岛停留了两年，他在那里为科学研究收集了充足的资料，之后出版了 4 本植物生活方面的著作。

对圣多米尼克等加勒比海岛屿的自然生活感兴趣的殖民者与这

些启蒙绅士不同，他们大多缺乏与欧洲大学和学术机构的关系。到了 18 世纪末期，投身于收集动植物标本、进行天文学观测和业余地图绘制的殖民者变得热衷于让自己的“知识分子活动”得到欧洲大陆著名科学家的认可。1784 年 8 月，在身为殖民地医生和贵族成员的夏斯特内·德·普伊斯哥伯爵（Count Chastenet de Puységur）的领导下，一群来自同一个麦逊共济会的当地绅士科学家在“法兰西角”（Cap françois）建立了自己的学术团体——费拉戴尔菲斯会所（Cercle des Philadelphes）。会所成员除了进行植物学讨论之外，还会相互展示论文，就法国贸易政策和美国革命等与殖民地相关的问题出版小册子。1789 年 8 月，该会所以“皇家”特许证的形式，获得了法国政府的官方认可，并更名为法兰西角的皇家科学和艺术学会（Royal Society of Science and Arts）。1792 年，该会所被解散，法国所有名称中带有“皇家”二字的协会也遭遇了同样的命运。在此之前，该会所的成员数量一度增长到了 163 人，其中包括欧洲大陆和其他法国海外殖民地的荣誉会员。正如一家当地报纸刊登的文章所说的那样，殖民者创建本地知识团体的努力表明：“殖民者擅长的事情不只是赚钱和种甘蔗。”[11]

中等和高等教育机构

包括沙龙和学会在内等目前所讨论到的团体形式，一直与知识领域更为成熟的组织之间有着鲜明的不同，比如中等和高等教育机构。虽然中等教育机构一直保持高度的非系统化状态，但 18 世纪确实见证了被称之为“预备学校”的扩展。此类学校在英国被人们称为公立学校（“公立”取自 18 世纪的含义，表示这类学校由教堂或国家独立运营）；在法国和西班牙，此类学校被称为中学；在德意志、奥地利和荷兰，被称为大学预科班。

法国拥有大约 350 所这样的学校，平均起来每一所的学术人数一度不到 200 人，每年招收的学生总数约为 5 万人，约占青少年男性人口总数的 2%。其中大多数学校坐落于居民数超过 5000 人的城市中，且大部分学生来自当地的商业、艺术精英和专门行业家庭，因为只有这样的家庭才能支付得起学费和食宿费。然而，每年大约有 3000 人在宗教团体、兄弟会、城市或皇室政府奖学金的资助下进入此类学校求学。举例而言，在让 – 弗朗索瓦 · 马蒙泰尔还未成为法兰西学院成员之前，他赢得了家乡所在乡村当地牧师的注意，依靠奖学金，获得了前往在克莱蒙（Clermont）的一所中学求学的机会。此类学校大多由宗教组织提供资金和工作人员。正如信奉天主教的欧洲其他国家和地区一样，在法国，很大比例的中学教职工是耶稣会信徒。直到 18 世纪 60 年代，这种惯例才在法国、西班牙、葡萄牙和罗马被废除。

尽管少数中学受政府支持，大多数还是由私人捐助设立的。中学和大学预科班提供经典教育，非常强调希腊语、拉丁语和经典著作的教学。课程安排则偏重修辞学和语法，很大程度上忽视了系统的数学、哲学、实证主义历史学和科学。然而，语言学技能和社会交际的结合使得这类学校成为了进入精英阶层的起点，这些学校提供了旧制度之下社会进步的难得机会。在实科学校等少数私立学校中，人们可以获得排除古典修辞学，而包括现代语言和数学的实用教育。1738年，萨克森的哈雷出现了第一所实科学校，主要教授“实用知识”。总体上说，这类私立学校迎合了地方商人和信奉少数派宗教家庭的需求，比如英国的非国教信徒和路德教派人士，或哈布斯堡王朝土地上的加尔文教信徒。私立学校是除了天主教女修道院之外唯一招收女性的教育机构。一些国王直接向几个精英学校提供财政支持，用于培养民事管理者或军官。

相比之下，18世纪的高等教育处于停滞状态。大学是自治的共有团体，几乎完全依赖全国性教堂的管理和赞助。大部分大学的学科分为4个部分：神学、哲学和文学、医学、法学。在18世纪，法律为社会进步创造了极大空间，法学也变得与神学和哲学一样吸引学生。到18世纪80年代，法国大学招收了约3500名法学专业学生（哲学和神学专业的学生人数分别为5000人和4000人）。而实际上，获得法学学位的学生当中，只有60%在毕业之后从事了法律相关工作。那些未进入大学学习的人大部分是军事贵族的儿子，他们更偏爱在“骑术学校”中学习马术和射击。

高等教育仍然沿用了建立在经院哲学之上的中世纪课程安排。倡导者认为，这种课程安排将亚里士多德哲学和《圣经》结合在了一起。实际上，在这套课程安排下，教师仅针对文本中被视为权威的“正典”进行讲演（毫不夸张地说，就是带着学生阅读），之后由学生抄写，不加评论和探讨，只复制非常有限的一部分知识。学生们为了应付考试，不得不针对具体问题进行反复练习。而设计这些问题的初衷是测试学生从相同的权威著作中逻辑推导和直接引用的能力，而非分析和阐释的能力。这种口试被称作为“辩论”——这个名字多少带有一些误导性，实际上口试几乎不允许进行公开的争论。新型公共管理应用科学的倡导者、奥地利教授约瑟夫·冯·索南费尔兹（Josef von Sonnenfels）抱怨道，欧洲大学所教授的“哲学已经落后于时代约100年，而本应该推动启蒙思想并抗击偏见的历史和自然科学却被忽视了”。他的话恰当地描述了当时的欧洲大学。[12]

在诸如维也纳大学和法国等地，人们通过创立桥梁和道路土木工程、采矿和军事工程等方面的专业教育机构，进行了一些改革课程安排和教学活动的尝试。正如我们所知，1694年，出生于巴伐利亚、在瑞典接受教育的外交家让·丹尼尔·施普林在斯特拉斯堡创建了路德大学，希望通过现代历史、语言、国家财政学或政府研究，将年轻贵族培养成外交家。在哈雷大学，克里斯蒂安·沃尔夫（Christian Wolf）等卓越的理性主义哲学家更新了哲学的教学方式，这有助于稳定地输送一批接受过良好教育的进步公务员和办事员。1734年，在哥廷根（Göttingen）新成立的大学获得了一笔来自汉诺威家族（当时统治英国的王朝）的捐助，还研发出了一套经典文本教学的新方法。该方法强调批判性阅读和评论，而非记忆和重复。

在较为传统的大学中，牛津大学和剑桥大学中古板的教职工认为，他们的声望在牛顿出现之后便一落千丈。尤其是牛津大学，它因和托利党及反自然神论的保守派神学关系过于亲近而遭到了严重的打击。亚当·斯密在规模相对较小，但知识氛围却更加活跃的格拉斯哥大学担任哲学教授，他将牛津大学和剑桥大学描述为"当已经被打破的体系和老掉牙的偏见在世界各个角落被围追堵截时，一个它们的庇护之所"。这种不活跃状态的另一个原因在于，这两所大学要求所有教职工和学生信奉英国国家，并服从其教义。改革的另一个阻力来自两级制的招生体系—— 富裕学生被允许直接进入学校学习，不需要上课便可以获得文凭。这些学生主要把时间花费在喝酒、赌博和招惹麻烦上，还出钱雇用出生寒微的同学为自己做饭、打扫房间。

法律和医学教育：对传统的坚持

更近距离地观察法律和医学学科，便会发现，18 世纪的高等教育绝非创新和创造性思维的同义词。法律和医学教育无一例外，都强调死记硬背，要求学生与现行惯例保持一致。1765 年至 1769 年，虽然威廉·布莱克斯通（Willliam Blackstone）的《英国法律评注》（*Commentaries on the Laws of England*）成了英国法律专业的标准教科书，但英国法律专业的学生在大学并不会专攻法律研究。相反，他们会和律师学院（Inns of Court）的 350 名出庭律师中的一名律师一起阅读法律文献。出庭律师是接受过更好的教育、声望更高、获得的报酬更为丰厚的专业法律人员。只有出庭律师才能在法院审理案件时出庭辩护，他们的声望取决于口才和博学。而那些被称为事务律师或辩护律师的从业者并没有接受过高等教育，也没有研读过法律文献。他们像手工业者一样，作为学徒向处理法律事务的办事员学习。英国的事务律师在整个18世纪都致力于提高本行业的社会地位，同时消除他们作为雇用劳动力的名声。1739年，绅士从业者协会（Society of Gentlemen Practitioners）成立，旨在推动确立更高的培训和职业操守标准。

在法国和欧洲大陆的大部分地区，律师必须获得大学法学专业文凭；他们接受的教育和其他专业类似，其中包括为了通过毕业时的唯一一次考试而用拉丁文反复背诵相关材料。想要获得法学学位，学生必须进行为期2年的综合学习，外加1年的专业课程学习。他们可以凭借法学专业的大学文凭，担任事务律师并接待客户。而想要成为一名受到认可的出庭律师（即有资格出庭辩论），他们还需要具备1~2年的实践经验。大部分法国的出庭律师并不需要依靠为客户辩护来谋生，他们通常是作为一名绅士凭借渊博的学识进入律师界获得认可。结果造成了律师行业一直保持高度的传统性和等级制；在大多数城市当中，当地律师行业被地位稳固的寡头政治家族统治。1771年，国王改组法庭，极大地撼动了法国律师行业。一些雄心勃勃的年轻出庭律师通过印刷诉讼案情摘要来吸引公众关注并发表意见的这种创新性的手段，获得了从边缘化的境地向杰出专业地位迈进的机会。

在某些方面，18世纪的法律行业和我们今天的状况一致。但是，那时医学行业的培训和工作状况却与现代医学行业毫无相似之处。和法律行业类似，医学行业也等级森严。外科医生必须首先获得医学专业的大学文凭，并具备一定的实践经验，才能被招收进入英国皇家医学院，或者其他类似的国家机构中。只有这样，他们才能合法行医并获得收入。在18世纪，几乎所有外科医生都集中在伦敦，而其他城镇和农村地区则是内科医生的天下。人们认为，内科医生与理发师之间有着传统的联系，他们的地位也低于外科医生。1745年，独立的内科医生行业协会成立。在此之前，内科医生和理发师一直共享着同一个行业协会。在18世纪，内科医生一直通过学徒制而非大学教育接受培训。在1745年之后，学徒培训更直接关注人体内部解剖结构，而非如何磨制刀具。在18世纪，由于法国政府提供了军事内科医生的教育，使内科医生的地位变得更加重要。内科医生从业者建立了医院网络系统，研发出了治疗战争造成的肢体残缺的新方法，在内科医学领域取得了更重要的成就。

然而，大多数病人获得治疗的渠道既不来自外科医生，又不来自内科医生，而是来自药剂师。这些药剂商人大多缺乏医学专业资质来诊断疾病，也没有充足的药剂学知识来理解药物的配方。在18世纪，虽然研究人员在解剖学、生物学和化学等领域取得了进步，但制药学依然十分传统。大部分竞争力并非来自能够生产出新型药物的科学发现，而是来自声称通过不断摸索发现了针对所有疾病均有效的药物的经验论者。这些庸医通过报纸为他们的万灵药打广告，或者在城镇中走街串巷、在露天街道市场上兜售他们的药物。实际上，他们是最低级的医疗保健服务提供者，根植于普通大众的流行

这幅讽刺画描绘了小说《唐·吉诃德》中的一个场景，其中一位外科医生正在给一位有钱的病人开膳食配方。这幅画反映出，18世纪外科医生的诊断水平相当有限，医疗方法仍建立在利用体液平衡来维护健康的中世纪医学理论之上。（来源：iStockphoto）

文化中，而远离实验室、外科手术室、医科学院和启蒙运动中的科学期刊。

共济会

在启蒙运动时代的社会和知识分子团体中，规模最大并在地理上分布最广的是被我们通俗地称作“共济会”的组织，共济会也成为欧洲18世纪在超越传统社会等级和文化差异上走得最远的组织。虽然，从严格意义上说，共济会成员的保密性将该组织排除在公共领域之外；但是，正如历史学家在最近指出的那样，共济会发出的带有平等主义的措辞和兄弟般团结友爱的组织形式，使它“成为18世纪在西欧兴起的民主政府的关键性支持”。[13] 共济会的理念一直是一个备受争议的话题，对它的意见甚至出现了两个极端。在18世纪末期，关于共济会的谣言猛增，特别是在法国革命期间和革命刚刚结束之时，反动分子指控共济会怀有不可告人的阴谋。除了保密性和与生俱来的传奇性之外，共济会的历史意义还源自其若干本质特点：它的理念、结构和成员之间的互动。对共济会成员档案的历史调研显示，共济会最重要的理念反映了启蒙运动的核心价值观——理性主义、世界主义和包容。在共济会的文化中，价值超越出身，成为社会和政治等级的基础。总的来说，共济会为推动人道主义和启蒙思想的知识潮流贡献了力量。随着18世纪的推进，共济会越来越强调他们对理性、和谐社会、团结友爱和社会进步的承诺。批评家倾向于将这些华丽的措辞解读为暗示着无神论、神秘主义或激进的社会运动，而实际上，大多数共济会成员的看法则恰恰相反。他们认为，共济会证明了绅士具有自我约束力和举止优雅的特点。“文人”和学术成员的高度参与（某历史学家推断，在18世纪，10%的作家是某一共济会的成员）使得共济会的各个分会成了启蒙运动名副其实的策源地。

共济会的世界主义理念也许能够解释它为何在18世纪的欧洲

得以快速传播和发展。共济会发端于苏格兰。当时，石匠手工业者协会逐渐将原先大部分手工业者排除在外，如果不算完全剔除的话，逐渐演变成了绅士协会。这种组织形式传播到了英国，1717年，在伦敦成立的总部将共济会的形式完全确定了下来。若干年之后，1723 年出版了被称为《宪法》（*Constitutions*）的组织化章程，为建立共济会提供了可以依据的文本。这套章程还促进了共济会的深化和发展。章程在前言中宣称，共济会源自中世纪的英格兰，创造了一段虚构的历史来强调成员对秩序和礼貌的忠诚。1738 年，一本匿名的小册子重复了这则不准确的声明，表示共济会是由奥利弗·克伦威尔（Oliver Cromwell）在英国内战时期创立的。尽管这个说法毫无根据，却强化了共济会作为政治异见派的形象，使统治者更加担心共济会成员发动破坏稳定的运动。

共济会从英国的总部向外扩散，传播欧洲。从鹿特丹和荷兰其他城市到巴黎、西班牙和意大利；从中欧的首都柏林、德累斯顿、维也纳和布拉格，到北欧；甚至远达圣彼得堡，都可以看到共济会的身影。据某历史学家推测，到 18 世纪，共济会各个分会网罗的新入会人数超过 40 万人，其中大约包括 1 万名巴黎共济会成员。虽然共济会成员既包括贵族，又包括绅士，也就是说，既包括贵族，又包括非贵族。但共济会吸引的人群几乎全部来自文人和富裕阶层，急剧上升的会费使得财产成为入会的必要条件。在普通人群中，只有 5% 的人能够支付得起英国共济会的会费。巴黎共济会要求会员缴纳 24 里弗的入会费，相当于一名熟练工人一周的工资。

除了会费，加入共济会的其他限制条件还包括性别。1740 年之后，女性被正式禁止加入法国共济会。不过，在接下来的几十年中，实际上一直有女性陆陆续续地成为正式会员。在实践中，虽然共济会成员之间口口声声说“兄弟”（在一些情况下指“姐妹”）之间相互平等，但共济会并不一定信奉平等主义。共济会的分会倾向于在构建领导制度时复制社会当中的等级制度，在位于各大首都的总部中，全国性领导阶层几乎完全复制了特权秩序。

共济会常被抨击为神秘主义或异端，其成员会参加特定的仪式，他们认为这种仪式体现了一种公民参与性，这与文艺复兴时期人文主义者传承下来的理念相一致。18 世纪 30 年代之后，共济会成员将他们的运动与启蒙主义的现世、理性价值观联系在一起，而其他人则抨击共济会成员为哲学思想上的自由派（即无神论者）、不道德的人（包括对鸡奸和其他非传统性行为的指控）和国际阴谋论者。镇压共济会的命令进一步强化了将共济会与启蒙运动的理性主义和国际主义放在一起的恶意联系。1735 年，镇压的命令首先出现在尼德兰。接着，在 1738 年罗马教皇谴责共济会之后，法国及其他天主教地区也出现了对共济会的镇压。镇压迫使共济会转入地下，同时也强化了共济会的保密性，将共济会成员与外界人员清楚地划分开来。一些人将这种不透明性解读成共济会成员构成政治上异见派运动的证据，这种运动要求参与者绝对投入，并在意识形态上保持纯粹。另一些人则将这种不透明性简单地解读为迎合潜在成员的举动，因为这样更容易使成员感到自己属于某一特定的社会团

THE
CONSTITUTIONS
OF THE
FREE-MASONS.
CONTAINING THE
History, Charges, Regulations, &c.
of that most Ancient and Right
Worshipful FRATERNITY.
For the Use of the LODGES.
LONDON Printed; Anno 5723.
Re-printed in Philadelphia by special Order, for the Use
of the Brethren in NORTH-AMERICA.
In the Year of Masonry 5734, Anno Domini 1734.

图片显示了被认为是共济会章程的小册子封面，内容包含共济会的历史、会费和规则等。虽然一些分会的确制定了书面规则，但这本小册子能够更好地说明那个时代对共济会的符号和仪式的普遍着迷，而小册子的内容则成了世界上众所周知的秘密。一个名叫“光明会”（Illuminati）的维也纳共济会尤其严肃地推行着团结友爱的普世价值观。（来源：贝特曼图库/科尔比斯图库）

体，将自己与邻居、工友或教堂长凳上的邻座区分开来。

根据警方对巴黎共济会总部的调查，共济会成员居住在城市的不同地区，从事着不同的职业。与他们的启蒙主义思想和社会多样性一致，共济会成员在内部互动中也极为强调规则的重要性，进而形成了严于律己的社会风气。对于共济会成员是否真的像他们自己认为的那样，属于“美德学派”和“自由人”的一员，共济会运动“给人们带来快乐”的宗旨是否使其成为了催生法国大革命的激进乌托邦主义的根源，历史学界尚存争议。毫无疑问的是，在18世纪的欧洲，成为某个共济会的成员为“充分接受文化教育并拥有足够社会经验的中产阶级社会成员”提供了“将自己定义为宪章和法律的遵从者”的珍贵机会。[14]

文化表达的多样性

文化批评在18世纪大量出现，从戏剧、音乐、绘画、雕塑、小说和诗歌等多个方面广泛表达了多种意见，成为18世纪公共领域的标志。我们对这些媒介感兴趣的原因，不仅在于它们是向公众传播启蒙思想的工具，还因为它们创造性的追求使18世纪所有相信启蒙思想的人都大为着迷。此外，我们还必须考虑，这些表达形式如何作为传播政治见解的媒介，并作为政府实施支持或制约措施的落脚点，与18世纪的政治产生了联系。

公共剧院和剧院的公众

在18世纪，“公众”最常见的含义也许就是剧院的观众。“公共剧院”指的是18世纪初出现在城市中的商业剧院。起初，它是一种处在只吸引少数精英观众的传统排他性剧场和更加通俗、观众大多目不识丁的马路剧场之间的一种表演场所。从17世纪开始，西班牙和英国的剧院成功地演变成了这种综合体，马德里的市府剧场（Coliseo）和环球剧场（Globe）便是我们最为熟知的代表。在18世纪，科文特花园剧院（Covent Garden）和特鲁里街剧院（Drury Lane）等伦敦的主要公共剧院由商业经理人运营，主要依靠票房收入维持运转。维也纳的城堡剧院（Burgtheater）和欧洲最著名的法兰西剧院（Comédie Francaise）虽然从国王和贵族精英赞助者那里获得了丰厚的补助，维持着独立运营，它们的经理人也力求

最开始，被俗称为“露天剧场”或“杂耍剧场”的小型商业剧场是巡回剧团在欧洲主要城市进行露天表演的场所。在18世纪早期，这些演艺公司将口语对话和歌曲融合在一起形成一种新的表演形式，定期在伦敦和巴黎进行演出。后来，这些剧目发展成了喜剧歌剧或芭蕾舞剧的艺术类型，即成了音乐喜剧的起源。这幅画表现了1786年左右圣罗兰集市（Foire St. Laurent）的尼高力剧院（Nicolet's theater）的演出场景。（来源：维基共享）

使剧院上演的剧目能够迎合全体观众的需求。但是，人们对剧院也褒贬不一，充满争议。其中的负面评价主要来自观众对剧本、表演和舞台布景的激烈争吵，这种争吵甚至会发展为肢体推搡和冲突，偶尔还会引发暴力事件。剧院和歌剧院的观众并不认为自己是在一旁默默观看的人，而将自己当成表演的一部分，以个人或团体的名义大声嚷嚷出他们所谓的对公众的评价。在伦敦，剧院以经常爆发不严重的犯罪事件而臭名昭著。实际上，在18世纪的欧洲，剧院的人群控制越来越成为当局关注的焦点，这也从侧面反映了剧院作为公共领域的活跃程度。

剧院几乎能够吸引来自所有社会阶层的观众，数量也比此前多得多。受赞助人和商业利益的驱动，大多数西欧和北欧国家都经历了剧院的扩建潮，剧院的坐席（及站席）的承载力得到了大幅提升，固定在当地演出的公司出现。17世纪的大部分剧团会一直进行巡回演出。它们每个季度会定期在露天市场、改建的建筑物或者应贵族和皇家赞助人的邀请长途前往私人舞台表演剧目。相反，在18世纪，专业的演艺公司几乎每天都会在固定的舞台上表演最新剧目和著名的经典剧目。1762年，伦敦特鲁里街剧院得到了扩建，能够容纳的观众数量从1000名扩展到了超过2300名；第二次扩建发生在1792年，使3600名观众可以同时观看一部戏剧。截止到18世纪70年代，巴黎的4所官方剧院和其他较小的剧场一起，在任何一天晚上能够容纳下超过2万名观众。

得益于富裕统治者的赞助，宫廷剧院一直保持着繁荣发展。在最为辉煌的几年当中，坐落在斯德哥尔摩郊外皇家住宅的瑞典王后岛宫剧院（Drottningholm theater）仍然名声赫赫。对于伦敦和巴黎的歌剧院，以及上演德语剧目的汉堡国家剧场（Hamburg National Theather）等公共剧院来说，国家补助也为商业演出提供了必要的支持。尽管如此，总体而言，18 世纪的皇室和贵族赞助人并不直接与公共剧场发生关系，他们通常会委托企业家、经理人或知名剧作家来管理剧场的建筑、剧团和剧目。只有法国是由演员本人管理法兰西剧院的。矛盾的是，法兰西剧院尽管接受了大量补助，却还是成为了欧洲最为商业化的公司之一。伦敦和巴黎等首都还见证了严格意义上面向通俗观众的商业剧院的兴起和扩展。这些剧场会时常上演一些传统剧目，比如被称作“拉奇”的即兴创作的喜剧片段、戏剧歌剧（类似于今天的音乐剧）和哑剧。法国大革命前夕，在巴黎被称作为“大道剧场”的地方，此类剧院发展成了形式混杂的剧种，其中混合着音乐剧（被称为杂要剧或通俗剧）和讽刺剧的元素。大道剧场通常比官方剧场吸引的观众数更多，每晚可达 1300 多名。

18 世纪的剧场公众具有极大的多样性。家产丰厚、社会地位和官职较高的男女观众基本上每天都会来观看戏剧，他们会包下一个小包间。其他定期来剧院的观众包括妓女、扒手和卖水果饮料的小贩，他们会购买二层露台较为便宜的门票。那些偶尔前来观看特定剧目或著名演员饰演特定角色的人，一般来自某个行业或经商的富裕平民，还包括一些作家，他们通常会购买剧院中区的个人坐票。观众的数量具有一定的伸缩性，也决定了新剧是否能取得商业成功。观众的评价极大地影响了报纸杂志对新剧的评论。在舞台的正前方能够俯瞰剧场各个角落的地方，设置着一个“仅供一人站立的坑位”。站在这个位置上的可能是熟练工匠、学生，也可能是剧作家的盟友派来捧场的人，或者是对手派来喝倒彩的人。这个仅供站立的“坑位”离普通观众席很远，票价约等于一名熟练工人一天的工资。尽管如此，“坑位”的观众还是经常因为和演员的互动而臭名昭著。他们不光会大声喊出台词，有时还会高声喝止整个演出。这种不安定因素可能引发斗殴事件。在巴黎，一些剧院甚至出现了全副武装的军队，然而，军队也无法阻止偶发性的骚乱。

关于应该将这种骚乱看成暴乱还是公共意见的集中表达，作家应该鼓励还是反对这种发生在观众中的骚乱，18 世纪的作家和演员进行了激烈的辩论。英国著名演员考利 · 西柏（Colley Cibber）将观众的嘘声视为一种侮辱，而为了在票房上获得商业收入，演员不得不忍受这种侮辱。以伏尔泰和他举荐的让 – 弗朗索瓦 · 马蒙泰尔为代表的若干法国领衔作家，认为“坑位”应该换成坐席。这样，观众就能从推搡等肢体冲突中解放出来，更加深入地思考之后，再做出回应。这些作家支持安排坐席，认为这样便于对观众进行社会分层，以免不受约束的群体反应左右其他人对剧作的评价。

戏剧创作的转变

符合古典戏剧标准并以韵文撰写的悲剧仍然受到尊重，至少在 18 世纪头三分之二的时间里是这样的。古典戏剧标准在伏尔泰极为成功的悲剧中体现得淋漓尽致，并促使剧院假定他们的观众对这套传承自古代、在17世纪由法兰西学院更新的戏剧创作理论有着深入的理解。古典戏剧的形式为五幕剧结构，语言采用韵文而非散文撰写而成，特征是虚构而非写实，反映的主题若悲剧注重表达遗憾和恐惧等古代理想，喜剧则强调道德教化。

在18世纪，戏剧最重要的创新来自那些反对古典概念，转而倡导"全国性"剧院概念的剧作家。这些剧作家认为，剧院公众在社会阶层上具有极大的混杂性，因而更加需要认同某个人物或某种行动来获得统一的情绪体验。倡导这个概念的剧作家和批评家力图让戏剧将观众感动得潸然泪下，以此作为情绪体验的证明。追求这种效果的代表作家包括狄德罗（Diderot）、梅西耶和戈特霍尔德·埃夫莱姆·莱辛（Gotthold Ephraim Lessing），他们的著作在18世纪50年代被称为"中产阶级悲剧"。这种严肃戏剧的剧作者创作出了容易被观众认同的人物，比如从事贸易或其他职业的普罗男女，并从家庭问题或个人道德困境中提炼出事件和冲突。狄德罗的《居家男人》（*Family Man*，1761）赞美了为了照顾孩子而牺牲个人利益的美德。剧中人物以散文的形式，用当地语言展开对话。对话风格自然、贴近生活，而不是使用韵文诗这种"死去的语言"。在中欧，这项发展尤为重要。法语戏剧直到1777年才被从维也纳城堡剧院中剔除，在此之前，法语戏剧一直在中欧占据统治地位。

此类剧作经常讲述的是基于国家历史或当代特殊时期重大事件的故事，而非从经典古书中挖掘抽象而普世的故事。这些剧作家借助剧院的“神灯”，通过描写祖辈的美德和自我牺牲精神是如何为他们的共同命运做出贡献，将著名军事或政治领袖描写成有血有肉、内心世界复杂、可以被大众接触到的人。皮埃尔·比雷特·德·贝卢瓦（Pierre Buirette de Belloy）或许创造了商业上最成功的例子。他在《加来之困》（*The Siege of Calais*，1765）中，重述了七年战争法国战败后不久，港口城市加莱的人民领导者英勇牺牲的故事。在百年战争中，人民以解除威胁整座城市的围困为交换条件，向英国军队投降。法国皇室出于在七年战争后重新激发本国人民爱国主义热情的考虑，而大力赞助这部戏剧。得益于他们，同时也得益于渴望从这个故事中获得真实情绪体验的观众，使贝卢瓦的戏剧大获成功。

即兴创作的“意大利艺术喜剧”是另一个引发观众强烈兴趣的戏剧种类，在精英阶层和普通大众中均是如此。这种戏剧的特点在于，一个小型表演剧组扮演知名的定型角色，每个角色的服饰都非常独特，观众可以轻易辨认。剧情会设置一些容易理解的桥段来公开嘲弄有钱的人、好色的人和不道德的人，同时认可普通人的欲望、技能和本领。即兴喜剧的剧本会强调下面这些易获认可的主题，比如一心寻找食物的穷人、父母守护孩子纯真和美德的愿望、青年男子不可抑止的性欲，以及接受过良好教育的精英分子不切实际的想法和滑稽可笑的行为。在现代时期，此类戏剧通过巡回剧团或商业剧团在集市和城镇市政广场的表演，而深深地扎根于普通人的文化生活当中；同时，通过英国的《潘趣和朱迪》（*Punch and*

Judy）等木偶剧，这种戏剧类型和精英喜剧发生融合，形成了我们所知的“意大利喜剧”。吕吉·瑞科伯尼（Luigi Riccoboni）和法国作家皮埃尔·德·马里沃等作者通过将“意大利艺术喜剧”的通俗元素和古典形式融合在一起，创造了巨大的商业价值和批判价值。这种融合代表了18世纪典型的公共文化。

艺术和音乐

公共剧院观众数量的增长推动了新剧种的出现，与此同时，18世纪还见证了观众和风格的变化。这些变化和戏剧一样，在法国表现得最为突出。从1737年开始，绘画雕刻院（Academy of Painting and Sculpture）每两年举办一次面向公众的展览，这种展览被称为“沙龙”。在定期举办的那些年中，沙龙成了首都最值得一看的活动。在回顾18世纪50年代到70年代的沙龙盛况时，狄德罗提到前来参观的观众“一波接着一波络绎不绝”，其中既包括接受过良好教育的艺术家，又包括富裕贵族。这些人蜂拥而至，极力想从人群中一睹名作的风采。在整个18世纪中，尽管绘画雕刻院等学会的等级制度森严，画家、雕塑家和雕刻家入会的严格制限制条件一直发挥着作用，这些公共展览仍然促使公众注意到了绘画的新风格。

包括狄德罗在内，许多评论家都指出，吸引观众的主要是情绪唤醒和作品的煽情性，而不是符合各个剧种成熟的标准。在18世纪早期，安东尼·华托（Antoine Watteau）对叫作“求偶聚会”的私人户外聚会进行了田园牧歌式的描画，不少人称赞他给绘画风格带来了创新，不过这些人主要来自受过良好教育的精英阶层。到了18世纪晚期，沙龙促使更为广泛的公众开始欣赏自然主义风格的著作，比如让－巴蒂斯·格勒兹用富于表现性的笔触描绘了普通家庭的生活。艺术家们将关注点从历史场面转移到了山间风貌、乡村田

这幅《乡村订婚仪式》使法国艺术家让–巴蒂斯·格鲁兹在向道德启迪画派迈进的新运动中确立了领导地位。画中展现了在订婚仪式中，一位农民将女儿的手交到未婚夫手中的场景，我们可以从这位农民的脸上观察到他明显的情绪。在他的右边是一位书记员，他将一份婚书放在桌上，上面应该记录着嫁妆和其他条款。1761年，这幅画在沙龙展览中备受推崇。（来源：维基共享）

园风光和家庭私人生活的亲密时刻，采用更为自然的风格和更加明亮的色彩，表现出了更具戏剧化的效果。

从公众不断上升的重要地位中获益最大的要属雅克－路易·大卫（Jacques-Louis David）。他还是一名年轻学生时，曾前往意大利，在罗马的法兰西学院学习。在那里，他放弃了过于轻佻、缺乏艺术准确性、不带有道德目的的洛可可风格，转而成为一名古典复兴运动（又称新古典主义运动）的倡导者。该运动主张从古希腊和古罗马汲取创作主题和美术理论，其作品通过颜色的使用和情绪的刻画来强调人物的严肃性、绘画的准确性和无声的自我约束。大卫等倡导者认为，这种风格朴素、真诚，体现了英雄般的自我牺牲精神和共和主义价值观。其中最著名的是描述注定毁灭的英雄人物，比如霍拉提（Horatii）、布鲁图（Brutus）的儿子们、苏格拉底。大卫还对绘画雕刻学院严格的约束进行了反抗，他借助18世纪80年代的媒体评论和公共商业领域的支持，通过收取门票获得资金的方式，展出了自己后来的著作《强暴萨宾妇女》（*The Rape of the Sabines*）。

相反，音乐上的成就主要来自说德语的国家，特别是奥地利首都维也纳。没有什么人能比约瑟夫·海顿（Josef Haydn）更好地展示维也纳的音乐文化了。海顿出生于奥地利小镇海恩堡（Hainburg），在前往维也纳学习音乐之前，在当地教区的音乐学校学习音乐。在18世纪70年代，维也纳精英阶层中终于有人愿意为他提供赞助。完美的音乐技巧为他赢得了超高的社会声望，这反过来使他在音乐界中更具影响力。从18世纪60年代中期开始，匈牙利亲王爱斯特哈才（Prince Esterhazy）连续十几年向海顿提供赞助，包括在家中提供住所，为他的音乐创作提供支持，并为他在维也纳各大歌剧院演出提供保护等。直到18世纪80年代，海顿的著作已经享誉欧洲。名声大震的海顿得以选择新的赞助人，爱斯特哈才不再享有独家赞助海顿音乐的权利。此后，海顿为多位赞助人和公众创作了许多音乐作品，包括为那不勒斯国王创作协奏曲和为西班牙的加的斯大教堂（Cathedral of Cadiz）创作灵乐。亲王爱斯特哈才去世，身在伦敦的海顿为他创作了可以公开演出和发行的交响乐。海顿的发展轨迹说明，为皇室赞助人创作音乐和为公共商业目的创作音乐在18世纪并不会相互排斥。

18世纪下半叶，海顿的音乐在欧洲展现出越来越强的商业吸引力，同时他的著作也在维也纳的哈布斯堡王朝中获得了重要地位。哈布斯堡王朝致力于推广独特的奥地利文化（与法兰西文化相对），其中包括极具文艺性的德语文化。哈布斯堡王朝采取了一系列措施，包括推广有着古典性主题和正规结构，并与木偶剧等流行娱乐剧种完全不同的歌剧和戏剧。政府对德语文学和文化的支持不仅有益于演员、作曲家和作家，而且有益于画家的创作，后者在1780年约瑟夫二世放宽审查制度的举措中进一步获利。1790年前，所有这些改变促进了维也纳文学的繁荣和音乐市场的发展，奠定了维也纳欧洲德语国家文化和商业中心的地位。同样，在维也纳，更确切地说是玛丽娅·特蕾莎王朝，创立了一张由精英阶层组成的网络，聚集在一起欣赏并促进德语音乐的发展。在维也纳的沙龙中，夏洛特·凡·葛雷娜（Charlotte von Greiner）创立的最为著名。葛雷娜是哈布斯堡军官的女儿，由皇室成员抚养长大，接受过古代语言、现代语言、文学，当然还有音乐方面的贵族教育。她可能是维也纳学问最高的女性，也是最早倡导培养女性知识和能力的人。她相信，沙龙中的礼貌交谈能够促进启蒙运动发展，并为恢复女性丧失的地位做出贡献。虽然其性别平等的设想可能未曾实现，但她的努力的确使包括海顿、沃尔夫冈·阿马多伊斯·莫扎特（Wolfgang Amadeus Mozard）、安东尼奥·萨列里（Antonio Salieri）和维也纳共济会的杰出领导者等著名作曲家聚集在了一起。[15]

音乐文化和戏剧创作一样，展示了印刷品和知识分子个人辩论的活跃程度。举例来说，关于音乐喜剧的“丑剧之争”从1752年一直持续到1754年，催生了一系列在欧洲被广泛阅读的小册子。传统法国歌剧倡导者坚持认为，音乐应该面向精英阶层，古典抒情悲剧能够在这些观众身上激发出高尚的情绪；相反，更为现代和轻松的意大利丑剧倡导者认为，音乐应该面向更为广泛的大众，认为这有助于促进各类观众的融合。18世纪70年代爆发了另一场激烈的“音乐战争”，回应了克里斯托弗·格鲁克（Christophe Gluck）等颇具影响力的维也纳作曲家。那些支持格鲁克“改革”的人称赞他的著作较少具有装饰性意味，音乐本身更加强烈，适合搭配歌词和情节。欣赏他的音乐需要接受过较为严格的音乐教育。这场辩论席卷了整个欧洲，从更为宏观的意义上讨论了启蒙运动的目标和包容性。17 世纪末，法兰西皇家音乐学院对古典音乐下了定义，古典音乐的倡导者认为，音乐和文化应该面向接受过正规高等教育的富有学识的精英群体。持相反意见的人则倡导发展亲轻音乐或格鲁克富于情绪的新风格，反对服从于权威学术机构，认为音乐应该吸引更为广泛的公共群体，他们的反应才是更为即时和动情的。莫扎特等那个时代最为成功的艺术家，将两者结合了起来，同时兼顾了两类群体的偏好。

流行文化

许多 18 世纪的欧洲人在生活中基本接触不到印刷品，他们通过口头传播的文化来认识世界，比如故事、歌曲、宗教仪式（下一章将详细讨论）和乡村节日等。然而，普通人群中流行的大众文化中包含的公共性并不亚于我们之前讨论的文化形式，大众文化基本上欢迎所有人参与其中。在为期 40 天的大斋期开始前，人们会举行狂欢，身着华服，尽情享受酒和食物，并举行一系列庆典仪式，这为树立公共道德做出了贡献。正如俗语所说，狂欢节期间“所有事都是被允许的”。社会限制、文化禁忌和日常生活中的等级观念都暂时得到了解除。人们上演“反转仪式”，吸引每个人的注意力，因而清除了这些不成文的制约。其他一些流行仪式则侧重于乡村生活的特殊情境，比如在春天庆祝播种或在早秋庆祝收获。在这些情况下，庆典会持续好几天，不仅提供了吃喝玩乐的场所，而且为村里的年轻人提供了寻找潜在配偶的机会。

在普通人的社交活动中，酒起到中心作用（工人们可能每隔几个小时就要喝一小杯白兰地）。酒也是社区存在的基础，邻里乡亲每个晚上都会聚在一起喝上一小杯。在较小的村落里，这样的聚会大多在广场上举行，寒冷季节也会转移到农舍当中。在乡村或城镇，人们会在酒馆里聚会，尤其是坐落于城镇边界之外的露天酒馆，在那里，酒和食物都不用交税。按照传统，饮品一般是一些廉价的酒，多是以水果酿造的白兰地或啤酒。在18世纪，以谷物酿造的酒，比如伏特加和杜松子酒等，也变得越来越常见。在18世纪中期，杜松子酒风靡伦敦，以至于那里的工人常常喝得酩酊大醉，政府不得不关闭了出售这些廉价杜松子酒的商店。

一般来说，这些被学者描述为“商业化娱乐”的廉价娱乐活动越来越容易获得的趋势，代表了18世纪城市生活的一项重要发展。传统上每隔二到三周举办一次的集市逐渐变得常态化，形成了固定的露天市场。这种露天市场成了人们购物、吃饭、喝酒、观看街头戏剧或音乐表演的场所，还成了交换新闻的重要场合。当然，人们只有购买才能进去，就像我们在前文中描述的那样，从社会领域来看，里面的科学实验、珍奇异兽展、光学和机械设备演示点亮灯笼的错觉表演，以及各种类型的消遣，吸引了公众的注意力。体育界也表现出了商业化娱乐的特点。农村地区组织松散的身体对抗性游戏发展成了有规则制约的正式体育竞赛，比如拳击、板球和冰壶运动。农村的体育团队偶尔会支付高额报酬雇用优秀的运动员，提高队伍水平，也依靠他们收取门票，吸引观众。与此同时，逗熊和斗鸡等在传统文化中长期存在的血腥活动在酒馆中依然十分流行。此外，那里存在一些非法的赌博活动，并出售自制的酒。

印刷品的使用：扩散和抵制

历史学家将 18 世纪晚期描述为“印刷革命”时代，而在此之前，人们认为，印刷品的广泛使用为社会背景、文化定位和地理区域不同的个体提供了相互辩论并达成共识的媒介。孔多塞将印刷机描述为“人类历史上最伟大的发明之一…… 一种与世界各地的人进行交流的工具”。[16] 早在 18 世纪以前，印刷机就在欧洲被广泛使用。在 19 世纪蒸汽驱动的印刷机出现之前，印刷机并没有在技术上取得什么显著的进步。相反，18 世纪发生的改变主要在于怎样使用、为何使用印刷机。

文学、宗教和初等教育

要理解 18 世纪欧洲印刷品的重要性，我们必须首先了解那时候有多少人具备阅读能力。测量读写能力是一件困难的事情，但是我们明白，至少具备一定读写能力的人，才会签自己的名字——在洗礼报告或注册结婚的时候。历史学家曾经指出，这种测量方式可能低估了可以阅读的女性数量（她们并没有被教会如何写自己的名字），以及可以阅读《圣经》中的段落，但没有机会签署法律文件的男性数量。尽管如此，我们通过以签名为标准来测量读写水平，得知识字率在 18 世纪显著上升，最为明显的群体是新教国家城市地区的男性。在苏格兰，成年男性的识字率从 18 世纪中期的 25% 上升到 18 世纪 50 年代的将近 50%。同一时期，英国的男性识字率上升了 1 倍，从 30% 增长到 60%；成年女性的识字率在该时期结束时达到了 35%。1750 年，在通常被认为经济和文化都较为落后德意志东普鲁士的乡村地区，只有约 10% 的成年男性可以签署自己的名字。而到了 18 世纪末，这一数字上升到 40%。此外，在城市化程度较高的地区，比如说德语的奥登堡（Oldenbourg），超过 80% 的男性（一些地区甚至超过 90%）和 84% 的女性（这一数字之前是 46%）具备识字能力。

职业、收入和社会地位是决定识字率的重要因素。在英国和德意志，几乎所有的成年男性土地所有者都识字（约为 89%），但他们的家佣仅有一半识字。同时，能够阅读文字的农民仅占三分之一。在英国，铁匠等城市中技术熟练的工匠是欧洲收入最高的手工业者，其中大约 70% 的人可以阅读。这比城市中较不熟练的手工业者如按天计薪的建筑工人高出 20%，是码头工人或流动工人等城镇中较不熟练的工人识字率的 3 倍。17 世纪末，在信奉天主教的法国，仅有 29% 的男性和 14% 的女性在教区登记时会写自己的名字。在 18 世纪 90 年代，男性和女性的识字率分别是 47% 和 27%。18 世纪，在较为贫困和贸易较不活跃的法国南部农村地区，识字率的提高出现了停滞甚至倒退。与之相比，城市居民的识字率更高。例如，在法国城市里昂，37% 的男性和 20% 的女性具备基本的读写能力。据推测，截至法国大革命爆发，巴黎成年男性的识字率是 80%，成年女性是 40%，成为欧洲识字率最高的地区之一。

法国估计识字率

	1686年	1786年
男性	29%	47%
女性	14%	27%
全体	21%	37%

尽管并不是每个新教徒都认为个人有必要学会阅读《圣经》，比如再洗礼教徒（Anabaptist）就禁止世俗人士阅读《圣经》，我们还是发现了在 18 世纪信奉新教和具备读写能力之间存在相关性。在一些新教群体中，比如英国贵格会信徒和瑞典路德教会，全体成员都会写自己的名字，据推测他们也都可以阅读。在信奉加尔文教的普鲁士地区，甚至在信奉天主教的奥地利地区，即使最贫困的人群也可以进入受赞助的学校学习，并获得发放的《圣经》及灵修书刊。这可以被视为最普及的初等教育。瑞典和苏格兰这两个新教大本营成为第一个建立普及的初等教育制度，并实现高识字率的国

家。神圣罗马帝国的新教国家鼓励发展初等教育，其中萨克森和普鲁士等国下令要求教区学校提供义务教育。然而，这项政策的落实情况并不平均。

在 18 世纪，英国尚未建立全国性的教育体系，但是，由于英国国教学校、慈善学校、为穷人设立的周末学校、私立营利性学校的共同作用，初等教育的确呈扩展之态。教会学校很少为手工艺人的孩子提供免费教育。慈善学校由私人财政支持，并由世俗教师指教，强调对《圣经》、教义问答书和道德寓言故事的阅读，力图通过反复说教向未来的劳动者灌输勤勉、服从和遵守纪律等价值观。此类学校还传授职业技术，比如教女孩如何缝纫。许多贫穷的家长宁愿孩子去工作，也不愿意送他们去上学。为了鼓励这部分家长让孩子接受教育，许多慈善学校开设了周末班。在 18 世纪，许多学校雇用独立的教师提供教学，同时雇用当地女性在家里提供非正式的教学。

在欧洲信奉天主教的地区，初等教育由地方城镇或教区负责。但是，大多数情况下，居民数超过 1000 人的社区才能维持一所学校的正常运转。在许多情况下，家长直接向校长支付学费。贵族和许多精英平民会为儿子请家庭教师，送女儿去修道院学校学习。只在奥地利的哈布斯堡王朝，信奉天主教的国家才通过向耶稣学校提供补助的方式推动教育。1773 年，耶稣学校被废止，特蕾莎女皇下发《学校总法令》(*General School Ordinance*)，允许通过国家补助支持每个社区建立自己的大众学校（volkschulen，意为“人民的学校”)。法令规定：儿童必须接受义务教育；教师由国家选择，以确保将新教徒从教师团队中彻底清除；同时，帝国内所有地区必须使用德语教学。教学安排强调天主教的宗教信仰，更经常以口头、教义问答、游戏、视觉艺术和赞美诗等形式进行教学，通过阅读进行教学的机会较少。不过，该法令的成效极为有限。1781 年，奥地利和波希米亚的人口普查表明，在 776000 个学龄儿童中，只有 208000 个被招收进学校学习。

一场阅读革命？

一些历史学家提出，18 世纪除了在阅读人数上发生了一些重要的改变，人们的阅读方式也发生了变化，即所谓的“阅读革命”。这些论文认为，18 世纪的阅读公众显著拓展，特别是社会非精英群体；与此同时，新兴阅读群体的兴趣超越了“圣经”和灵修刊物，拓展到了旅行文学和小说等新的种类之上。社会中由人文学者提出的相似论据表明，新的文学形式，特别是小说，在中产阶级中赢得了越来越多的读者，尤其是女性读者。她们会通过阅读小说来逃避备受制约的日常生活。根据这种观点，18 世纪的小说体现了中产阶级女性勤勉、自我约束和热爱家庭的道德准则。更进一步说，“阅读革命”的相关文献表明，普通公众为了消遣和自我学习的目的而开始了“广泛”的阅读。

18 世纪用散文体叙述的小说数量显著上升。据估计，英国出版的小说（人们用“小说”来称呼这种厚度到达一本书的虚构类散文体作品）从 1700 年到 18 世纪 80 年代上升了大约 7 倍。莱比锡书展的批发书目表明，从 1740 年到 1800 年，小说在总体书目中的比重从 2.6% 上升到了 12%（其中 13% 仍为宗教书籍）。在法国，“小说”（法语：roman，意为虚构的散文而非韵文作品）数量上升最为明显，从 18 世纪 40 年代中期的每年不到 200 本增长到 18 世纪下半叶的平均每年 500 本），数量翻了 1 倍。此外，一些小说，比如塞缪尔·理查森（Samuel Richardson）广受欢迎的悲情小说《潘

《潘美拉》（*Pamela*）。许多艺术家和雕刻家都描绘过理查森（Richardson）畅销小说中的情节。图为1742年的一版《潘美拉》，又称《贞洁得报》（*Virtue Rewarded*）。图中描绘了傲慢的雇主B先生从年轻貌美的潘美拉手中拿过一封信，迫使她成为自己的“贞洁囚徒”，接受自己的关爱。最后，潘美拉嫁给了这位B先生，她的智慧和美德得到了报偿。（来源：维基共享）

美拉》和《克拉丽莎》(*Clarissa*),以及伯纳丁·德·圣-皮埃尔(Bernadin de Saint-Pierre)的催泪小说《保尔和薇吉尼》(*Paul et Virginie*)同样成了畅销读物。这些小说的初次发行量便超过几万本,后续再版、翻译和翻印量更是高达10余万册。

然而,近期针对西欧阅读情况的调研,却引发了人们对中产阶级对小说的兴趣及阅读革命的质疑。一份荷兰书商的记录显示,绝大多数中产阶级购书者根本不会购买小说,他们偏爱功能性强的书籍,比如与他们职业或工作相关的图书、教堂用书、学校用书、带有实用性信息的书籍,或是关于当地事件的小册子。那些购买少数所谓的"中产阶级图书"的人几乎全部属于社会或知识精英,参与阅读俱乐部的也是相同的群体。据此,我们可以推测,"阅读革命"实际上是一个非常缓慢的发展过程。人们所说的"阅读热"或"小说潮"实际上只表明了对潜在发展趋势的关注,而非实际观察到的现象。[17]在中欧和西欧的一些小型城镇,对私人藏书的研究表明,人们至少对宗教文学类图书的兴趣在持续增长。在18世纪的最后几十年中,图宾根(Tubingen)和莱兴根(Laichingen)这两个说德语的城市中,80%以上的私人图书馆藏为灵修书刊。截至法国大革命前夕,在法国西部的城镇中,私人藏书大部分或全部为宗教图书。[18]

书商的批发目录显示,仍有一些新类别的图书被印刷出来并在市场上流通。而《圣经》、祈祷用书和其他宗教题材的书籍在18世纪的最后几十年却急剧下降。在一年一度的莱比锡图书展销会上,灵修和神学书籍从18世纪中期的40%下降到了1770年的

25%；到了 1800 年，此类书籍的比例已不足此前的八分之一。在法国，从 18 世纪初到 18 世纪中期，宗教书籍占合法出版书籍总数的比例从二分之一跌落至四分之一，到大革命时期已降至十分之一。如果将所有违禁畅销书包括进去，这一比例将变得更低。这些违禁畅销书一部分在法国之外出版，通过走私渠道进入法国，另一部分则是在法国境内非法出版的书籍。历史学家罗伯特 · 达恩顿推测，这样的禁书占全部书目的一半；18 世纪下半叶，在法国境内出售的所有图书中，禁书占 20%。在 18 世纪，书商将此类地下文学称为“哲学作品”，好“遮遮掩掩”地销售。其中不乏促进社会觉醒和具有政治导向的小说，比如梅西耶的乌托邦小说《2440》（*The Year 2440*）。在 18 世纪下半叶，这本书可能是除《圣经》外最畅销的单行本。还有一些书籍将色情描写和物质主义观点结合起来，比如《哲学家泰莱丝》，或者在色情中加入政治导向，比如臭名昭著的关于路易十五情妇奇闻逸事的《杜巴利伯爵夫人》（*Countess du Barry*）。后者被人们称为“诽谤”文学。在法国之外，约翰 · 克莱兰（John Cleland）一部关于妓女的小说《范妮 · 希尔》（*Fanny Hill*）也成了畅销书。在被广泛阅读的书中，虽然有一些是启蒙主义哲学或政治、理论的严肃作品，但在 18 世纪，读者的阅读兴趣并没有大规模地转向小说。那时很少有读者能够获得在今天被认为是启蒙主义文学的正典书籍。

相反，读者会大量购入历书等只有短暂使用价值的书籍，而这类书籍的印刷量高达 10 万到 20 万册。与之形成鲜明对比的是，许多文学和哲学作品的印刷量只有500册。印刷出来的法律诉讼书和戏剧的序文等关于时事的短篇作品可以躲过审查，一夜之间成为轰动一时的著作，这类印刷品的销量有时可以达到1万册。报纸期刊与此类短暂性的著作共存，在特殊情况下销量可达2万册，比如《伦敦时报》（*London Times*）和《旁观者》（*The Spectator*）杂志。然而，大多数报纸的发行和印刷量都在200到500份不等，其中每一份可能会被大约20位读者阅读。

另一类重要的出版物是小而便宜的读物，被称为“廉价书”。在法国，此类读物被叫作“蓝色书”（blue library），因为它们被印刷在廉价的粗糙蓝纸上。这种书籍讲述圣徒的生活和历史故事，由来回兜售图书的小贩销售，尤其是在没有固定书商的乡村小镇上。这些廉价印刷品包括灵修读物、历史、流行戏剧的翻印本，偶尔还有法律、政治和哲学的小册子，它们在欧洲创建了一套信息网络体系。这些廉价印刷品虽远离公共领域的理念，但的确促使信息能够在比之前更为广泛的基础上进行传播。

著作者的身份

虽然在18世纪只有极少数作家能够依靠销售作品在经济上维持生活，但是那时欧洲自称“文人”的人要比之前或之后任何一个时代都多。正如某评论家在1761年指出的那样：“在我们生活的这个时代，几乎每个人都怀有成为作家的激情…… 任何一个能够握笔的人都可以写书。”作家的数量在整个18世纪持续增长。法国文学年鉴的连续记载表明，1757 年至少有大约 1200 人以个人名义出版了至少一本书。12 年之后，这一数字上升了近一倍。截至 1789 年，出过书的作家超过 3000 名。[19] 虽然拥有独立道德观的作家是 18 世纪公共领域至关重要的组成部分，但是大多数作家在经济上都不能独立，在知识领域和政治领域也都不发表意见。1789 年之前，法国出过书的作家中，有三分之一属于特权阶层，其余绝大多数来自职业稳定的家庭，比如律师、医生或熟练的手工业者。此外，在作品中倡导“哲学性”或启蒙思想的作家大多属于某学会的成员，或是拥有荣誉职位和挂名闲职。荣誉职位和挂名闲职在文学生活中的重要性引发了史料性的讨论。正如我们之前所说的那样，受到尊重并被同化的作家构成了上层启蒙（High Enlightenment），并与为他们提供经济赞助和社会保护的社会精英及政治精英之间建立了密切的联系。

无论是否拥有挂名闲职，多数作家都期望以商业方式出版自己的著作。他们通过一次性付款的方式将手稿卖给出版商，以实现作品的商业化。对于没有什么名气的作家来说，他们的第一部作品可能只会从出版商那里获得十几英镑（或其他等额货币）。在英国高度商业化的文学界中，颇有名气的作家或文本，比如一部成功的戏剧剧本，能够卖到几百英镑，甚至极少数情况下能够卖到几千英镑的高价。相比于接受委托为参考书或期刊撰文，法国作家很少能够依靠作品赚钱。一般来说，大多数法国出版商不会向作家预付现金来购买他们的手稿。狄德罗每年的收入仅为 250 里弗，即便像他这样在很大程度上通过写作和编辑来养活自己的作家也是如此。那些编辑大量现行期刊的人收入较为可观。一位商业性质的出版商向启蒙哲士（Philosophes）的主要反对者以利亚–凯瑟琳·弗雷龙（Elie-Catherine Freron）支付一年两万里弗的报酬，雇用他为自己编辑文学期刊。这笔薪水远远超过皇家政府支付给法兰西学会成员和剧作家让弗朗索瓦·德·拉·哈尔普（Jean-Francois de La Harpe）的报酬，政府雇用其担任文化报纸《法国信使》（*Mercure de France*）的编辑。收入最高的作家从多种渠道获得收入，比如挂名职务，包括贵族的家庭教师职务、学会成员，以及皇家史料学家和皇家审查员等政府职务。著名的翻译家和作家让巴蒂斯特·安东尼·胥阿尔是那个时代收入最为丰厚的作家之一，不过他的大部分收入来自稿费。胥阿尔担任皇家剧院和皇家歌剧院的审查员，同时兼任《巴黎日报》（*Paris Journal*）的编辑，每年收入超过两万里弗。

许多当代人认为，剧作家得益于票房收入，经济收入会比作家好得多。但只有在英国，剧作家可以靠写剧本为生。撰写了18世纪下半叶两部在商业上大获成功的法国喜剧的剧作家博马舍（Beaumarchais）从150多场的《塞维利亚的理发师》（Barber of Seville）和《费加罗的婚礼》（*Marriage of Figaro*）中仅获得了大约1万里弗的收入。这笔收入只占他个人财产的很小一部分，他的其余财产均来源于金融和商业投资。在法国这个皇室文化依然在文学生活中拥有至高无上地位的国家，剧作家尤其喜欢拒绝接受出版商或剧院应该支付给他们的报酬。这种姿态意在显示剧作者本人并不在乎金钱，他们的创作动机只是服务大众，但是剧作家本身需要拥有挂名闲职或享受国家津贴，抑或像伏尔泰一样拥有巨额个人财富，才有能力做出这样的举动。

在18世纪，英国作家对自己作品的编辑和所创造的收入拥有更多控制权。英国诗人亚历山大·蒲柏在仿英雄体史诗《夺发记》（*Rape of the Lock*，1712）中，开创性地使用了订阅模式。也就是说，提前向知名读者收取一定数量的支付款，将他们的名字列在认购者名单上。这种安排使作家和出版商能够获得大规模出版和制作精致版本所需的资金。这种商业模式适合应用于系列作品和多卷作品，比如《百科全书》。在18世纪，成功作家的社会地位比过去更高，我们可以从作者在出版物上的署名及作品推广中明显地看出。自中世纪开始，在伦敦和巴黎，剧作家的名字就开始出现在了剧目表上。1710年，在伦敦，威廉·康格里夫（William Congreve）成了首个名字出现在剧目表第一位的剧作家；1784年，在巴黎，喜剧作家博马舍而非主演的名字出现在了《费加罗的婚礼》广告海报上。尽管仍有不少逸名或匿名书籍，出版商还是越来越强调利用知名作家的名字和形象来推销图书。伏尔泰等知名作家几乎可以保证他们的出版物或剧作取得商业成功，伏尔泰甚至需要花费大量时间打击借他名声出名的伪造版本和仿戏。

在那些被我们称为“文人”的人当中，有许多是女性。实际上由女性撰写的小说和戏剧比我们所知道的由18世纪女性作家撰写的著作要多得多。她们在知识领域的贡献主要表现在实验科学、人类学评论、说教小说及重要政治原理上取得的突破。例如，1737

年，沙特莱侯爵夫人（Emilie du Chatelet）出版了《物理学教程》（*Institutions du Physique*）；玛丽·沃特利·蒙塔古夫人广泛阅读了关于奥斯曼帝国宫廷的小说；1778年，范妮·希尔出版了《埃弗琳娜》（Evelina）；1792年，玛丽·沃斯通克拉夫特发表了《女权辩护》（*A Vindication of the Rights of Woman*）。但是，一些人仍将启蒙运动时期视为女性被边缘化和排斥在公共领域之外的时代。该论点指出，在整个18世纪，女性出版的书目数量呈下降趋势。1784

许多人将塞缪尔·约翰逊（Samuel Johnson，1709—1784）视为英国文人的楷模。詹姆斯·鲍斯韦尔（James Boswell），他的密切合作者兼传记作家，在图中描绘了他到乡村旅行的情景。总体而言，约翰逊像同时代大多数作家一样，在主要城市中度过了自己的大部分时间，城市中的社会关系网更可能使他在经济和文化上成为一名被认可的文人。（来源：iStockphoto）

年，法国文学图书馆列出的出版过至少一本书的法国作家有将近3000人，而从1754年到1789年，其中大约只有200名是女性。英国的统计数据表明，女性作家的数量似乎以10年为单位，呈稳定增长趋势。但英国文学中的女性作家仍相对较少，从1750年到1789年，只有不到400人。在这里，使用“似乎”这个词十分必要，因为我们不能确定，出版的逸名图书中有多少为女性作家所创作。[20]然而，我们清楚的是，女性在文学生活中的作用已经远远超过了著作权，还包括组织和举办沙龙，发展人际关系网等。因此，她们能够招募作家，鼓励和帮助作家开创事业，甚至还可以组织著名作家参加学术职位的竞选活动。她们的努力是启蒙运动的主要组成部分，奠定了基于观点的价值而非阶级地位、性别和发言者的讨论基础。德·唐桑夫人（Madame de Tencin）在18世纪20到30年代帮助包括伏尔泰在内的多位知名作家变得名声大震。以她为代表的女性起到了文学世界维护者的作用，在未来她们实际上发挥了代理人、编辑和宣传者的作用，成了18世纪文学品味的定调者。

英国和法国的图书印刷和销售

言论自由权是启蒙运动议程中位列首位的条目，这也符合启蒙哲士的理念和实践考量。在各种观点中，没有任何其他观点能比这项权利更好地代表启蒙哲士从本质上将人类天性视为理性和社会性的了。从实践层面考量，启蒙哲士要求写作、编辑和出版等媒体拥有言论自由的权利。然而，在启蒙运动时期，渴望投身文学事业的作家在成名和暴富的道路上还需要面对一系列障碍。和今天一样，他们面对的第一个问题就是如何让自己的著作得以出版。作家首先需要找到一个愿意出版自己作品的出版商，交换条件是一笔稿费或样书。在欧洲大部分城市中，出版商不仅是英国出版同业工会（Stationer's Company）和法国出版商和书商协会 [Company of Printers and Booksellers，又称图书贸易协会（Book Trade）] 等同业协会的成员，而且还履行销售商的职能。这些同业协会为出版商提供了经济上的保护，保障他们拥有书目的“印刷权”和版权。但是，这些保护权仅覆盖协会权力范围内的区域，通常是一座城市。

作者通常不拥有自己作品的版权，而是通过与出版商签订合同将版权转交给出版方，在 18 世纪上半叶尤为常见。在英国，辉格党下令《授权法案》（*Licensing Act*）在 1695 年失效；之后，出版同业会垄断了印刷品的销售。从那时起，出版商在发行任何 4 页以上的印刷品之前不需要再预先获得许可。1710 年 4 月，一项被称为“安妮女王法令”的新规定对“在未取得图书或作品作者或所有者同意的前提下印刷、重印和出版……图书及其他作品的权利”进行了限制。这项限制在原作问世后 21 年内有效，并极大地刺激了印刷商。1774 年，唐纳森和贝克特诉讼案（Donaldson v. Becket）支持了这项版权保护的新法令。21 年之后，版权失效，作品即属于公共；从那时起，每个人重新印刷和销售作品都无须得到作家或原出版者的许可。至此，英国印刷行业只禁止出版有诽谤、骚乱和淫秽倾向的出版物。然而，英国开始对出售的印刷品的每一页征税，这有效地限制了能够在财政上经营下去的报纸数量，同时还制约了异见者在诸如70年代英国殖民地的激烈政治辩论中发表自己的意见。针对戏剧等口头表演的皇家预审查制度在复辟时期被废除。不过，在整个18世纪，即便剧目已经获得了许可，英国最高的司法官员宫务大臣如果认为演出内容不合礼仪或违背公共秩序，也可以命令剧院经理停止上演该剧目。

在法国，随着时间的推移，审查制度越来越中央集权化了，并与版权建立起了更为紧密的联系。从15世纪中期到18世纪中期，皇家政府，特别是巴黎警察局的陆军中尉办公室，代替了巴黎议会、索邦神学院（Sorbonne）和巴黎书商同业协会等企业和教会，接管了审查权。1757年，新的皇家法令加强了图书审查的力度，被指控“恶意中伤宗教、道德或政府”的作家和出版商可能面临监禁，甚至被判处死刑。皇家审查机构的成员人数在1740年至1760年之间翻了一番，达到124人；面对数量持续增长的新书，皇家审查机构建立起了一套高度层级化的评估、许可和管理流程。每份手稿都必须按照类别和主题交由特定的审查员审查，该审查员会向陆军中将提交一份书面报告，写明该作品是否允许出版，以及在出版前是否需要改动。每部合法印刷的书籍首页都必须刊登该项许可，这样书商同业协会才能够保护出版商的特殊利益（即版权）。因此，出版商在经济利益的驱动下，会确保每本书都通过审查这道流程。截至18世纪60年代早期，审查制度已经涵盖了出版过程的方方面面，以至于书商同业协会的主管克雷蒂安·拉穆瓦尼翁·德·马尔塞布（Chretien

法国审查制度

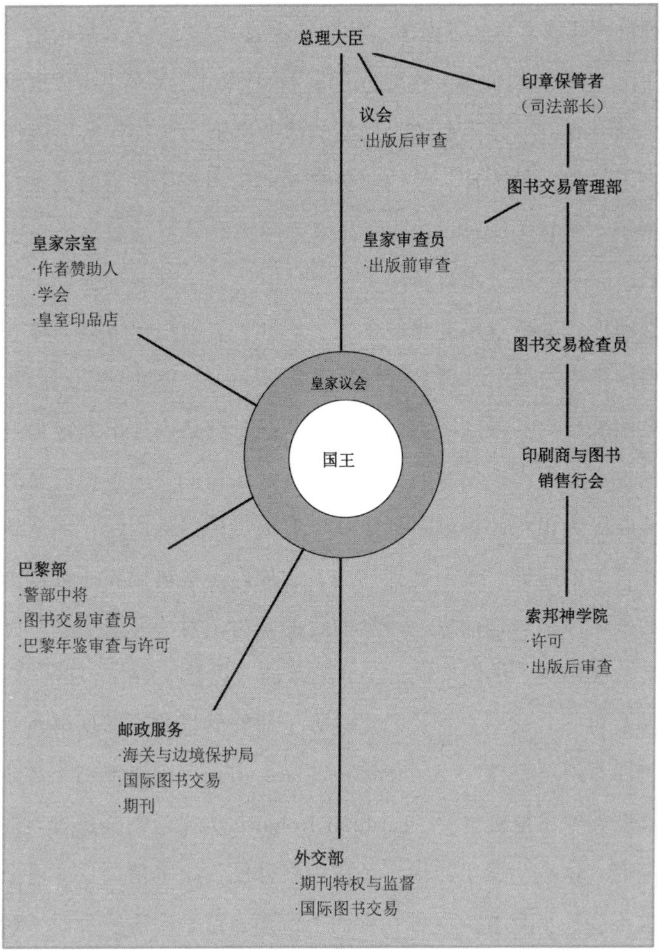

来源：信息源自D. 罗切（D. Roche）的《审查制度》（*La Censure*），见H.-J. 马丁（H.-J. Martin）等编著的《法国出版史》第二卷（*Histoire de l'édition Française*, Vol. II, 1983），第84页。

Lamoignon De Malseherbes）等持自由思想的官员不得不开始与官方审查机构斗智斗勇，下发了一种非正式的个人授权，即所谓的“默示许可”。该许可使得一些被皇家审查机构禁止出版的书得以出版。

由国外出版商和走私贩构成的活跃网络为法国作家出版作品提供了另外一种选择。大约三分之一的法国作家撰写的书籍在布鲁塞尔、列日（Liège）、日内瓦或者阿维尼翁罗马教皇飞地印刷出版。除了非法进出口市场之外，还有一些全部或部分处于法国审查制度之外的印刷和出版形式。比如，一般情况下以一种专业而晦涩难懂的写作形式撰写的诉讼案情摘要在18世纪70到80年代之间展现出一派欣欣向荣的发展状况，这是因为出庭律师可以不经过审查而直接出版名人案件的诉讼案情摘要。这种摘要的内容从农民为租约起诉领主到皇室家庭成员的内部纠纷，甚至到对宫廷官员的起诉，无不囊括在内。这种诉讼案情摘要通常以情景剧的叙述风格写作而成，印刷的目的是为了对“公众法庭”而非法官造成影响。举例来说，臭名昭著的考恩曼（Kornmann）离婚案涉及对一名与皇室有关的年轻妻子通奸的指控（详见第九章），而“钻石项链事件”（diamond-necklace affair）则牵涉到2名涉嫌密谋欺骗罗昂枢机主教（cardinal Rohan）为皇后购买昂贵项链的珠宝商。这些小册子如果不是作为案件的诉讼案情摘要，可能永远也不会经审查官员许可在市面上流通。但是，这些小册子最终得以在市面上流通，而且据估计其中包含的道德故事可能影响了读者对所处社会的认知。

无论是舞台上还是纸页上的戏剧，都在审查制度的空白区域为表达和出版言论提供了另一种方式。以法国剧院为例，包括审查在内的官方剧院监督权掌握在4位贵族手中，他们被称作为“皇家卧室的第一绅士”。皇家剧院成立几年之后的1680年，政府下令首都所有公共剧院的表演都必须由巴黎警察局的陆军中尉负责监督，以保证“阻止骚乱发生”，同时向政府汇报演员“有无偶尔做出任何不礼貌或不敬的举动，或者说出任何不敬的言语”。18世纪初，名叫审查警局的新官方机构负责在戏剧上演之前，审查所有巴黎公共剧院的新戏，以确保戏剧的纯洁性。至少在一开始，这对审查警局意味着受命从体裁上确保一部戏剧不违反法兰西学会的礼仪规定。巴黎审查警局首次干预戏剧演出发生在1702年，当时警察查禁那部戏剧的理由不是它攻击了政府或者宗教，而是因为“两个女演员变装扮演男性”。对巴黎公共剧院之外的审查仍然较不正规。外省的公共剧院受地方军事指挥官或市政府管理，而这些机构对正规的审查丝毫不感兴趣。巴黎“集市”或“大道”上的企业型剧场也不受正规监管，在这些地点上演的戏剧只会被陆军中尉警察局的第7局审查，目的在于确保它们没有过度模仿或严重抄袭官方剧目。

法国和英国政府设立的这种审查制度即使不是滴水不漏，也算得上牢不可破。尽管如此，警察局的领导者还是通过赞助作家和出版商促进了公共领域急速发展。1726年至1742年，辉格党领导者罗伯特·沃波尔担任英国议会主席，他每年耗资数千英镑支持中意的作家和新闻报刊。相反，他的对手托利党人也赞助了一些英国文学黄金时代的著名人物，其中包括诗人亚历山大·蒲柏、讽刺作家乔纳森·斯威夫特和剧作家约翰·盖伊。

在法国，向作家提供赞助的并非政党，而是国王和贵族，他们既可以直接提供赞助，又可以通过学会。这样的赞助对许多接受过教育的年轻人非常有吸引力，他们在18世纪下半叶纷纷前往巴黎。然而，这些人的数量很快超过了赞助的份额，截至18世纪80年代，许多雄心勃勃的作家迫于生活压力，接受雇用为绯闻八卦和色情小报撰写文章，以获得经济收入。他们既没有保护人，又没有可以把自己介绍到精英阶层中的经纪人，导致他们被各大学会拒之门外，无法获得荣誉职位、挂名职位，也没有途径让皇家剧院、经授权的印刷品或科学协会发表自己的著作。雄心勃勃的诗人和后来的改革者法布尔·代格朗汀（Fabre d'Eglantine）等人自称"穷鬼"，他们只能通过撰写下流粗鄙的诽谤文章、色情文学，或者在1789年同样为人不齿的政治新闻来维持自己的文学梦想和"文人"形象。另一些针对未来的改革者，比如让·保罗·马拉（Jean-Paul Marat）和雅克–皮埃尔·布里索，发展出了激进主义政治观，原因可能更多地在于为了反抗自身受到的排挤，而非参与到启蒙运动的公共领域中来。

欧洲其他地方的公共领域及镇压

国家和教廷建立的审查制度对消除启蒙运动在欧洲南部、中部和东部的影响起到了更大的作用。在西班牙、意大利和波兰，审查是表达自己观点的最大障碍。而在奥地利和普鲁士的土地上，进步的专制主义国家政权试图将新思想引向经济和军事改革之上，而非批评国家、教会或贵族。不过在那些地方，相对而言，镇压不那么随意，人们至少能够听到一些开明作家对国家文化觉醒、政府和宗教机构改革、一定程度的公民平等、个人自由和创造更多经济机会的辩论。

西班牙国王卡洛斯三世（1759—1786 年在位）将宗教裁判所收归皇家政府，以确保受到指控的人的辩护能够被良好地倾听，同时受到的惩罚也较为温和。在君主制的庇护下，未向天主教会或社会制度发起挑战的改革派作家仍然能够推动启蒙运动的发展。例如，温和自由派组建了名为“和平之友”的经济改革协会，鼓励兴建学校并在农业、工业和贸易方面有所创新。另一些开明的西班牙人在 18 世纪 60 年代出版了效仿英国《旁观者》的期刊，讽刺无所事事的贵族只会像宣扬迷信的僧侣一样对社会无益且不学无术。1781 年，支持改革的期刊《审查》（*El Censor*）做了第二次尝试，但在 1787 年，它因宗教裁判所起诉其编辑而被迫停刊。

西班牙宗教裁判所在西班牙的宗教、文化和政治生活中依然施加着令人生畏的力量。1776 年，拥护我们之前提及的启蒙运动改革的皇家高级官员帕布罗·奥拉韦德发现自己在国王的许可下被当作异端推上了审判台。他被指控在写给伏尔泰的书信中提倡哥白尼的天文学观点。宗教裁判所强迫奥拉韦德声明放弃自己的学说，还下令查抄了他的财产，将他流放到修道院接受宗教教化。任何一个启蒙主义改革倾向上都笼罩着镇压的阴影，导致西班牙经济、政治、外交和军事在18世纪末及此后的时间里持续下滑。

这种相对自由的状况更多的是源于缺少强大的德语国家，德语国家的牧师普遍致力于使世俗人士也得到知识和精神层面上的发展，而非是由于统治者的放任。此外，在众多中欧小国当中，萨克森-魏玛公爵（Duke of Saxe-Weimar）等一些君主成了包括德意志杰出启蒙作家约翰·沃尔夫冈·冯·歌德（Johann Wolfgang von Geothe）和弗里德里希·冯·席勒（Friedrich von Schiller）在内的作家的赞助人。萨克森-魏玛公爵还为印刷商出版和剧院上演他们的作品提供赞助。相应地，君主国中最大的国家——普鲁士的首都柏林，成了名噪一时的期刊印刷中心。虽然那里仍未设置预审查制度，这些期刊的编辑和印刷商们明白，应该避免公然讨论政治敏感问题，以免他们的保护者腓特烈二世遭受困扰。

然而，正如1769年剧作家戈特霍尔德·莱辛离开柏林时对普鲁士的描述："那里是欧洲最具奴性的国家。"

"别再跟我说你们柏林人写作和思考的自由了。你们只不过是拥有尽情取笑宗教的自由罢了…… 谁敢试试在柏林写一点别的东西…… 让他试试对法庭上的那帮家伙说实话…… 在柏林，谁敢站出来为农民的权利说话？或者像法国人一样捍卫人民免于专制和剥削？这样，经验很快就会告诉你哪个才是欧洲最具奴性的国家。" [21]

莱辛将柏林的制约环境与哈布斯堡君主国的首都维也纳进行了对比。在17世纪晚期和18世纪早期，哈布斯堡的统治王朝极大地限制了言论自由权，但莱辛和其他启蒙主义作家承认，18世纪60年代玛丽娅·特蕾莎女皇的一些政策改变了这种情况。她通过推广新知识帮助哈布斯堡王朝在经济、管理和军事上取得了一定进步。和法国君主一样，玛丽娅·特蕾莎女皇将教会的审查权移交给了由圣职人员和律师组成的中央集权制的国家官僚机构，负责禁止违背信仰、道德或国家政权的书籍出版。中央集权制使审查制度变得更加系统化了，但也更容易被预测。J. T. 特拉特纳（J.T.Trattner）等雄心勃勃的维也纳书商借机印刷了在其他地方出版的盗版德语书籍，其中包括奥地利作家撰写的著作。1765年，刚刚放弃犹太教并被授予贵族爵位的约瑟夫·冯·索南费尔兹在皇家的赞助下，被任命为维也纳大学公共管理学教授，并创办了名为《没有偏见的人》（*Man without Prejudice*）的启蒙主义期刊。三年间，该期刊在国家审查可以允许的范围边缘营运，相继提出了促进农村地区脱贫的经济改革计划，要求在宗教方面给出更大的包容度，还建议通过废除刑讯逼供和死刑来完善司法体系。特拉特纳避免了直接对教堂和政府发起攻击，从而一直在法律允许的范围内，担当了作家们针砭时弊的出口。

玛丽娅·特蕾莎之子约瑟夫在1780年继位后，放松了政府的审查力度，相应地，维也纳的公共领域也得到了极大拓展。他将审查官数量缩减到6人，将禁书书目从4500本减少至900本，保留的主要是一些被认为直接攻击基督教或彻头彻尾的色情读物。但是，他领导的政府对政治和社会改革作品持保护态度，其中包括读者群体广泛阅读的小册子。约瑟夫希望通过这些措施培养出开放的知识氛围，同时他支持改革项目，希望借此克服来自贵族和神职人员等保守派的压力。然而，一些作家开始批评他的政策缺乏足够的远见，约瑟夫很快便意识到，开放和自由的政策并不总会将启蒙作家引导到他的思路上。1789 年，他效仿的法国启蒙运动演变成一场政治革命，使得这类批评变得尤为令人担忧。那时，约瑟夫通过加强警察力量，以维持秩序的名义监督作家、印刷商和出版商，重新强化了审查制度。在西班牙，曾经一度持自由政策的统治者开始压制民众的言论自由权，导致一些人在 19 世纪转向了反对政府、宗教压迫和经济停滞的阵营。

在 18 世纪晚期，在国家对公共知识生活的镇压方面，俄国也见证了一些进步。18 世纪之初，沙皇彼得开始认识到本国缺乏科学、文化和知识本土文化（在 18 世纪早期，俄国每年出版的书籍不到 25 本）。为了解决这个问题，他试图推行引进政策。在之后的几十年中，彼得及其后继者以国家的名义创立了一些学会、专业化学校和大学。这些机构从英国、法国和德意志引进医生、工程师、博物学家、作家和艺术家，保护他们不受信奉保守主义的俄国天主教会的迫害。俄国政府鼓励这些引进专家就当前的问题发表短篇文章，以期帮助俄国培育出一批能够集体产生非正式公共意见的“新人”。为了进一步促进知识的进步，1763 年继位的叶卡捷琳娜女皇建立了新的学校，还向俄国作家和印刷商提供赞助。到其统治末期，俄国图书的出版量增长到了大约每年 350 本。在这段时间内，若干讽刺俄国内陆地区民众愚昧无知并呼吁在农村地区推广礼仪和教化的期刊，成了俄国公共领域形成的另一个标志。

1767 年，叶卡捷琳娜女皇认为，改革的发展已经到了需要颁布倡导启蒙主义改革法令的地步，同时她在全国范围内对如何改进政府和社会征求建议。为了评估递交上来的 1500 余份请愿书，她从俄国社会不同群体中选出了 560 名代表，组成了专门的立法委员会。然而，征集建议的结果并没有让叶卡捷琳娜女皇满意，其中许多请愿书要求政府关注贫困的农村地区，而非聚焦于城市的发展问题。虽然征集建议的结果并没有像女皇预期的效果那样将俄国引向类似于欧洲国家的专制主义、贸易发展和文化觉醒的道路上，但立法委员会的建立的确代表了俄国在历史上向全国性反思迈出的第一步。

然而，这项运动耗尽了叶卡捷琳娜大帝对批评的所有容忍，导致她采取了更为严酷和高效的国家镇压措施。例如，她下令对曾经是她的法律顾问和立法委员会代表的尼古拉 · 诺维科夫（Nikolai Novikov）进行迫害。诺维科夫曾就俄国改革问题出版了传播独立思想的杂志。与之形成对比的是，他在 1789 年被捕入狱。同样，曾经在俄国境内四处旅行的亚历山大 · 拉迪谢夫（Alexander Radischev）也观察到了俄国农村地区存在的一些问题，还就此出版了一本呼吁进行农奴制改革的书籍。1790 年，亚历山大 · 拉迪谢夫遭到逮捕，被关押在条件极为恶劣的环境中。俄国由于知识生活极为匮乏，在公共领域发展初期对其施加了最为彻底的镇压，这导致人们偏离了自由辩论的导向，最终阻碍了俄国改革事业的发展，同时也保留了一片狭小的公共领域，为人们在未来寻求的循序渐进的变化提供了空间。

结论

在 18 世纪，欧洲各国向更加中央集权化的政府和更加独立的公共辩论平台迈出了重要一步。统治者在一些情况下会利用自己的国家权力支持公共领域的形成和发展，并可能会以牺牲拥有土地的特权贵族和牧师的利益为代价来赢得城市商业和专业精英阶层的支持。然而，在另一些情况下，尤其到了 18 世纪末期，随着统治者发现赢得支持需要以承受改革进程缓慢的批评为代价，他们开始利用国家政权镇压公共领域的发展。在奥地利、俄国、普鲁士和英国自上而下的改革引发了全面革命的诉求时，欧洲各国的统治者开始限制或关闭公共领域的机构和媒体。在这种情况下，中央集权制的政府转而选择支持维持社会现状。它们加入到日益壮大的反对改革的牧师的队伍当中，一起反对进行自由派改革，镇压倡导宗教包容和言论自由运动。法国大革命后，这种现象在欧洲南部和中部，甚至更为广阔的欧洲其他地区尤为明显。18 世纪公共领域的发展为知识的自由表达创造了新的机遇，但绝对没有起到颠覆长期存在的政治机构、等级制度和有组织宗教的作用。

不过，18 世纪的欧洲公共领域确实形成了一股合力。从长远角度看，这构建起了许多欧洲人知识和政治生活的框架。如本章中描述的那些公共领域的机构鼓励开明作家放弃乌托邦式的理想主义，转而投身于实证主义的社会和政治现实当中。因此，虽然有人在此后的时代困惑为何 18 世纪的领导者和改革者未能建立起人人平等的观点，我们也不应该将此视为启蒙运动的失败，而应该考虑到当时他们具有的局限性。18 世纪的作家倡导更大程度的平等和自由，号召人们在常识问题上表现出更大的理性，主张取消财富、政治权力和组织化宗教领导地位的继承制；最重要的是，他们对人类道德和物质进步的可能性怀有坚定不移的信念。他们为后世知识分子在写作、印刷、发言、倾听和参与公民生活时留下的真正遗产在于自由的传统。

第八章

教会与宗教生活

1760年，启蒙运动给传统的宗教信仰带来了深远的挑战。当时，英国的一份顶尖杂志称："当前这个时期对基督教的渴求是如此广泛而强烈，之前从未有过。"为了证明这一观点，文章作者这样描述道："各种宗教题材的出版物层出不穷，公众礼拜场所的集会上人潮涌动，各宗派的信徒大量增加。"[1]这些描述仿佛与普遍观点相左，因为18世纪是公认的"理性时代"。这一时期，开明的批判家攻击对《圣经》的教条式解读。他们所追求的目标，曾被一位满怀忧虑的神学家称为"宗教的彻底消亡"。不过，除了激进的唯物主义者和宗教保守势力之外，当时的绝大多数人并不认为18世纪是具有"从根本上反宗教特质"的启蒙运动与恪守传统信仰和宗教仪式的虔诚宗教之间发生冲突的时代。[2]相反，大多数欧洲民众都认为，一个人既可以有宗教信仰，又可以按照理性主义行事。

虽然启蒙运动反对迷信、教条、宗教狂热，宣扬理性、宽容和现世主义，但18世纪仍是宗教历史上的活跃时期，在此期间欧洲的宗教生活出现了新的趋向。当然，最重要的当属对宗教的日渐宽容。由于多种宗教信仰并存于欧洲，一些统治者开始采取宽容的宗教政策。一些神职人员，尤其是英格兰圣公会的高教会派（High Anglican church）神职人员，为宗教宽容寻找到了神学解释，这更促进了宗教宽容政策的推行。在天主教占据优势的国家，尤其是南欧，国家支持的集权改革使教会的等级体系迎来了“黄金时期……这得益于受过良好教育并富于激情的神职人员、虔诚的社会上层人士和壮观的宗教仪式”。

然而，在法国，教区日渐增长的不满和反神学倾向损害了天主教的基础，使教会失去了支持。与此同时，欧洲的新教逐渐发展起来，虔敬派带来了一次转变，相比于外在的礼拜形式，它更推崇直接的、个人体验的“灵魂觉醒”。在中欧，虔敬派在路德信徒和加尔文信徒中兴盛起来。循道宗（Methodism，又称卫斯理宗）也开展了类似的运动，在英格兰及其北美殖民地传播开来。最终，犹太人的宗教生活也得以发展。虽然欧洲有过长期迫害犹太人的历史，但是启蒙运动的改革措施给犹太人的生活带来了巨大的改变。总体来讲，在欧洲宗教历史上这一充满活力的时期，启蒙运动所主张的理性主义与个人灵性通过各种方式实现了相互促进。

宗教多样性：宽容与褊狭

1648 年，《威斯特伐利亚和约》终止了欧洲史上最残酷的宗教战争之一，巩固了路德教派、加尔文教与天主教的宗教和解，使三者得以共存。条约没有给予普通民众选择宗教的机会，而是允许统治者来选择最适合所辖地区的宗教。结果，欧洲出现了众多狭小且奇形怪状的宗教区域。中欧地区尤为明显，分布着300多个神圣罗马帝国的领地，13个瑞士行政区和50多个独立的城市。具有不同宗教倾向的区域相隔不远，因此宗教少数群体能够生活在一个区域，走很短的距离就能到隔壁区域公开做礼拜。但是，在17世纪晚期至18世纪初期，许多统治者和大多数民众对暴力的宗教战争仍心有余悸，因此往往把宗教少数团体视为对公共秩序的威胁，认为他们有可能在公共领域造成负面影响。

启蒙作家，尤其是洛克和伏尔泰，从个人道德自由方面倡导宽容；一些政治领袖则是出于政治利益想要保证稳定和秩序，于是颁布了宗教宽容法令，以维持稳定与秩序。在两股力量对宗教宽容的推动之下，18世纪出现了多种对待宗教少数团体的政策、运动和态度。各地的统治精英，尤其是由密布的小国家组成的神圣罗马帝国的统治者，在经历了一个世纪基本没有间断的冲突后，为了维持和平勉强接受了宗教宽容。自1648年起贯穿整个18世纪，欧洲的宗教版图保持了大范围的稳定。在神圣罗马帝国，主要的天主教区域包括奥地利及其周边领土、巴伐利亚和由大主教统治的小一点的公国，例如美因茨和科隆。路德教派主要分布在萨克森、梅克伦堡、符腾堡、日渐壮大的普鲁士王国和一些拥有独立的路德教派属地教会的国家，教会一般由诸侯掌管。加尔文教仅分布于普法尔茨、与之相邻的莱茵河下游地区和西里西亚东部的部分地区。

哈布斯堡王朝统治着奥地利，而且掌控着神圣罗马帝国境内外的许多领地。哈布斯堡帝国皇帝在18世纪的大部分时间里都努力想要把新教赶出其领地。虽然与信奉路德教和加尔文教的各国有外交往来，并且赞成在皇家议会的委员会中与管理职位上，各宗教代表的数目要保持平衡，但是在内部政策上，王朝热切地追求宗教的统一。虽然加尔文教和路德教派已经在哈布斯堡王朝的某些领地上扎了根，但女皇玛丽娅·特蕾莎仍然将“从属于真正的教会”定为一项重要的政策。她拒绝宗教宽容，认为宽容是对民众灵魂救赎的无理漠视，并强制那些放弃天主教信仰的年轻人参军或参加强制劳动，以此打压新教。此外，她还提倡天主教教育，鼓励神学院和大学将天主教牧师培养成激进的拥护者。

在神圣罗马帝国以外的地区，宗教宽容则表现出不同的形式。在受加尔文教影响并拥有一定程度政治自由的地区，例如瑞士、荷兰和英格兰，牧师以节制闻名，而且赞同对宗教少数群体的宽容政策。不过，只有国教徒才能享有政治权利，例如荷兰归正会教会（Reformed Dutch Church）或者英国国教的信徒。此外，许多英格兰人与荷兰人担心天主教徒会利用国家的宗教宽容，使“罗马天主教”（Romish）或者说“教皇制度”（Papish）* 的暴行重现。这种恐惧激起了广泛的反天主教情绪，在英格兰尤为突出。与此同时，一些路德教的统治者，鼓励政治上的而非教义上的宽容，最值得一提

* Romish 与 Papish 是当时欧洲人对罗马天主教的蔑称，带有贬损之意。——译者注

的就是普鲁士王国的腓特烈大帝。腓特烈大帝将路德教定为国教，但也认同其他的宗教少数群体，尤其是加尔文教徒，因为他们的技艺和资金能够促进王国的经济发展。

直到18世纪末期，宗教宽容才进入信仰天主教的奥地利。正如我们所知，确切时间是1780年约瑟夫二世继位的时候。1781年，约瑟夫二世颁布《宽容法令》（*Toleration Patent*），在很多方面效仿普鲁士王国腓特烈大帝的政策，保留罗马天主教会“公开进行宗教实践的特权”。这就意味着，虽然路德教、加尔文教、东正教

《宽容》。作家和艺术家支持1781年约瑟夫二世颁布的《宽容法令》，引发了人们对基督教精神的自由阐述。（来源：维也纳博物馆）

和犹太教可以立足，但是信徒不能公开举行礼拜仪式。不过，他们与国教徒在法律上享有平等的地位，可以“购买房屋和不动产，成为工艺大师，接受学术职位，以及担任公职”，不必再违背自己的宗教信仰进行宣誓。在约瑟夫二世的政策下，个人可以对政府宣称他们属于任何一个已经授权的宗教。在玛丽娅·特蕾莎的高压统治下谨慎地宣称自己信奉天主教的人，例如数以千计的摩拉维亚人（Moravians），都重新登记为新教徒。因此，他们支持主张宗教宽容的启蒙运动：信仰不应该被强行改变。

然而，一些天主教统治者并没有受到启蒙思想的影响，尤其是在西班牙和意大利，宗教法庭继续打压新教徒、自由思想家、异端天主教徒和（西班牙）秘密的犹太教徒。尽管在18世纪，最令人胆战心惊的迫害形式，例如残酷的公开火刑，即臭名昭著的对异教徒实施的火刑逐渐消失（最后一次执行火刑的时间是1781年），但是在这些天主教统治的地区，宗教少数群体仍会遭受迫害。虽然由于宗教褊狭而面临着激烈的批评，天主教会仍然是欧洲规模最大、最具影响力的宗教组织。实际上，在天主教占据主导地位的地区，天主教会基本上是当地所有组织中规模最大和影响力最强的，与国家权力紧密联结在一起。

18世纪的欧洲天主教会

18世纪初，天主教国家包括西班牙、法国、意大利半岛、奥地利、哈布斯堡君主国的大部分地区、波兰、巴尔干半岛的许多国家和以巴伐利亚为代表的讲德语的欧洲中南部地区。在这些地区，臣民只有加入天主教会是合法的。而且，只有天主教信徒才享有公民权利，才能担任公职等等。凭借由红衣主教和主教构成的等级制度，教皇对这些地区有着巨大的影响。教会拥有广袤的土地，作为社会中的独特团体享有特权。神职人员拥有众多职称和官衔，因此也享有特权。

然而，自 16 世纪开始，随着领土面积不断扩大、中央集权不断加强，天主教国家出现了一种持续多年的趋势：专制的统治者想进一步直接地控制教会。16 世纪晚期的法国，国王路易十四赢得了对天主教神职人员，也就是对高卢教会（Gallican Church）的控制。17 世纪，西班牙和奥地利等天主教国家的君主也有心效仿。西班牙国王卡洛斯三世通过与教皇签订协议或条约，加强了国家对宗教的控制。依据协议，王国政府拥有任免西班牙主教的权力，而且教皇诏书（西班牙称为“教皇训谕”）的发布需要皇室的许可。这与法国国王已有的权利相似。卡洛斯三世也使宗教法庭在一定程度上受控于西班牙政府，这样，宗教法庭的处置不再那么任意和自由，惩罚力度也受到一定限制。作为回报，卡洛斯三世保证保持教会在西班牙的统治地位。

同样的，奥地利哈布斯堡帝国的统治者也想加强国家对神职人员的控制。1748 年奥地利王位继承战争胜利后不久，保住皇位的玛丽娅 · 特蕾莎便颁布了法令，规定由国家控制涉及教会土地与管理的世俗事务。在罗马教廷不愿与女皇协商，不愿赋予女皇更多的权力时，玛丽娅 · 特蕾莎宣告了对奥地利神职人员的征税权，以及对教皇训谕的批准权。为了鼓励经济发展，玛丽娅·特蕾莎限制年轻男女进入修道院，因为修道院不参与生产活动。同时，她还限制初学生进入修道院时所携带的财产数量。1780 年，约瑟夫二世继承了母亲的皇位，并推行了进一步的改革。首先，约瑟夫二世颁布了《闲置机关法令》(*Edict on Idle Institutions*)，关闭了近 700 所沉思默观型的修道院，只保留了致力于教育、慈善和医疗卫生的修道院。这项法令关闭了奥地利将近三分之一的修道院，使哈布斯堡超过三分之二的修道士失去了居所。同时，政府通过这个法令收缴了奥地利教会约五分之一的财富，并将其用于慈善、救济和教育事业。其次，约瑟夫二世重新划分了教区，以此来更好地反映人口的分布。此外，他要求所有来自被关闭的沉思修道院的神职人员担任牧师，积极承担职务，以此弥补牧师和主教的空缺。神职人员的工资更加平等。牧师不允许身兼数职。此外，培养牧师的神学院也被纳入政府的控制范围，如此一来，牧师不仅能接受良好的教育和更好地履职，而且也会支持奥地利政府。最后，约瑟夫二世简化了教堂的礼拜仪式，废除了他认为迷信的教义和仪式，例如当地对圣日的观测和去往神殿的朝圣之旅。这些措施对普通信徒的影响比对神职人员的影响更大，遭到了守旧的农民和乡村居民的激烈反抗，使约瑟夫二世失去了这些群体的支持，进而影响了包括土地改革在内的其他政策的实施。

在国王和教皇争夺对天主教神职人员和教会土地控制的问题上，耶稣会成为了关键的争论点。耶稣会成立于天主教改革期间，信徒直接对教皇负责。18世纪，耶稣会是天主教在欧洲的主要教学修道会，美洲和亚洲殖民地是主要的传教修道会所在地，耶稣会会士也是天主教中受教育水平最高、政治影响力最大的。耶稣会培养了大批中学教师，尤其是在法国和西班牙。有些耶稣会会士还为国王建言献策，例如，耶稣会的彭卢梭神父就是法国国王路易十五的告解神父。天主教内部有一些耶稣会的批评者，他们认为耶稣会之所以产生巨大的影响，是因为它将启蒙运动的理性思想和性善论进行了结合。他们认为性善论会放松道德对人的约束，批评耶稣会对信徒的忏悔要求太过简单，而且很少对信徒提出精神上的要求。

18世纪中期，耶稣会会士激起了三个不同的君主顾问团体的愤怒，分别是启蒙运动中反对神职人员干涉世俗事务的人、天主教内的唯心主义者和国家改革者。由于他们的批判，宗教领袖与政治领袖以及越来越多的大众逐渐意识到，耶稣会信奉教皇至上论，他们对政府的忠心值得怀疑。1759年，葡萄牙国王若泽一世（1750—1777年在位）的首席大臣蓬巴尔侯爵（Marquis de Pombal）声称耶稣会密谋暗杀国王，将耶稣会从葡萄牙及其富饶的南美殖民地上驱逐了出去。在法国，最高法院的地方法官支持与天主教对立的詹森教派，并且不顾1713年的教皇诏书（又称“唯一诏书”）对詹森主义的谴责，为詹森教派的神职人员辩护。1730年，法国皇室把唯一诏书定为律法，巴黎最高法院曾有过反抗。之后数十年，深受耶稣会影响的皇室顾问团体与最高法院因为这一纠纷之间冲突不断。1757年，法国国王路易十五遭遇了刺杀，最高法院和其他皇室顾问（担心耶稣会日渐壮大）将刺杀归结为耶稣会的阴谋。一个半世纪之前，亨利四世便是被天主教极端分子刺杀。因此，为了防止类似事件再次发生，1765 年，路易十五将耶稣会从法国及其殖民地驱逐了出去。

1766 年，西班牙马德里（Madrid）的民众纷纷走上街头，抗议食物价格的上涨。国王卡洛斯三世宫廷中的改革家们得以让他相信，这次抗议是耶稣会的又一场阴谋，是由于中学里的耶稣会教师们向年轻的贵族学生反复灌输反抗国王统治的思想所导致的。第二

斯特拉斯堡圣母大教堂（Our Lady of Strasbourg Cathedral）。这座宏伟的晚期哥特式建筑是18世纪全球最高的建筑。高耸的尖塔引人注目，在法国阿尔萨斯地区和德国黑森林地区都可以看到。和阿尔萨斯地区一样，斯特拉斯堡圣母大教堂的所有权也一直存在争议，直到1682年国王路易十四将它夺回法国，重新成为罗马天主大教堂。18世纪70年代，为了让斯特拉斯堡圣母大教堂更醒目，与之毗邻的建筑都被清走了，它也成为18世纪哥特式建筑复苏的代表性建筑。在18世纪其他一些评论家中，歌德称赞斯特拉斯堡圣母大教堂是“雄伟之地……令人惊叹”。（来源：istockphoto）

年，卡洛斯三世便将耶稣会逐出了西班牙。同年，哈布斯堡王朝的统治者关闭了耶稣会在奥地利和西西里的修道院，并没收其房产，用来建立新的公学体系。最终，1733 年，罗马教皇克雷芒十四世迫于欧洲统治者的压力，解散了耶稣会，强迫耶稣会的会士放弃了他们在罗马的学院。直到 1814 年，教会才恢复了耶稣会作为主要的教学修道会的地位。

18 世纪，天主教生活出现了一项很重要的创新，那就是宗教女性（或者修女）开始在修道院以外的地方从事慈善、教育和卫生保健工作。18 世纪之前，修女进入修道院之后，要宣誓一直留在院内。1634 年仁爱修女会（Daughters of Charity of Saint Vincent de Paul）成立，主要开展慈善工作帮助穷人。但是，直到 1688 年仁爱修女会才作为世俗团体而非修道院被教会承认。1749 年，教皇本笃十四世（Pope Benedict XIV）颁布诏书，承认圣玛利亚学院（Institute of Blessed Virgin Mary）为女性修道院，准许其信徒到修道院外工作。1775 年，霍诺拉 · 纳格尔（Honora Nagle）将这一新事物引入爱尔兰，创立了慈善教学修女会。到 18 世纪末，爱尔兰修女会的人数增长到 120 人。虽然这一数目仅占爱尔兰男性牧师数目的二十分之一，但是这些修女为 19 世纪爱尔兰天主教的发展奠定了基础。

高卢教会：法国天主教

通过研究法国的高卢教会，我们能够进一步了解 18 世纪的天主教。高卢教会拥有大量财富，其中包括法国约十分之一的耕地；

在有些地方，教会占有的耕地比例甚至高达 30%。不仅如此，它在法国还享受免缴皇家税收的特权。尽管波旁王朝认为很多教会土地不过是不毛之地，但法国政府 1789 年仍不惜发动法国大革命，力图将这些财富收归国有。大量教堂土地是以遗赠的方式由封建庄园领主捐给教堂或者修道院的。因此教堂不仅对这些土地征收地租和赋税，还对所有农田的产物征收占总产量十三分之一到十五分之一的什一税。于是，教堂每年可以收入 1 亿里弗到 1.2 亿里弗。这些收益的一大部分要上交给高级神职人员，包括主教、大教堂牧师、男修道院院长和女修道院院长。这些人大多来自贵族家庭，由国王亲自任命，派遣至各个教堂和修道院。这些背景雄厚的教会领袖有时能够获得极为可观的收入，比如斯特拉斯堡主教，他的年收入超过 10 万里弗。与上述神职人员形成鲜明对比的是，很多神父不在教区中收取什一税。在这些教区，天主教堂或修道院的收入掌握在助理牧师手中，神父的收入来自雇用他们的教堂或修道院所发放的薪俸。这种薪俸被称为“适当的份额”，实际上是一种最低薪资，数额为每年 300 里弗，比熟练工匠年收入的三分之一还要多。（在 1768 年神父的年薪被提高到 500 里弗，在 1786 年再次提高到 700 里弗。）教区牧师的薪俸只有神父的一半。不仅如此，作为纳税的替代，神职人员每 5 年要向国王支付一次“礼金”，而以教区牧师们的收入衡量，他们承担的礼金显得负担过重了。

在很多情况下，神父和教区牧师都憎恶主教和大主教，因此导致神职人员之间关系紧张。很多主教以不同的身份收取税费，但事实上他们并未承担相应职务。与此形成对比的是，一个神职人员如果有志于成为神父，他必须立誓入会，在神学院学习两年，作为教区牧师实习至少一年，并且年纪达到最低年龄要求 24 岁——在踏上讲道台之前，他通常要花费十年时间。在此期间，他需要家庭的资助。不仅如此，在年轻神父的授神职礼上，他的家庭还必须同意捐赠给他足够的钱以保证他的年收入至少是 100 里弗。这样的要求让那些出身贫民家庭的人只能对神职望洋兴叹。一份取自 18 世纪 70 年代的样本显示，在重要的主教教区兰斯，神职人员中的大部分（33%）出身商人家庭，25% 出身官宦之家和其他非政府专门职业（如教师和医生）家庭，16% 出身熟练工匠家庭，5% 是贵族之后，只有 19% 的人来自富农家庭。放眼法国，只有 20% 至 25% 的神父出身农村。不仅如此，大城市中薪俸更高、更受人青睐的神职对大部分神父来说都是遥不可及的，原因是这些神职往往由即将退休的现任神父传给指定的继任者的，而这个继任者通常是现任神父的侄子、外甥或表亲。因此，对很多人来说，教区神职是一条下坡路，是他们职业中的挫折。虽然教区牧师是普通人与教堂之间的纽带，但是他们在教堂管理上几乎没有发言权。在教区中，教区公署就是大教堂牧师和其他重要神职人员的寡头统治集团，它管理教会财产，评估内部税的税额，以向国王缴纳由全体神职人员支付的“礼金”。出于这些原因，18 世纪很多牧师开始抱怨主教对其下属牧师实行“行政独裁”。

教区牧师不仅要举行弥撒、主持圣礼，而且要协助行政当局执法。牧师在记录本地信息方面起着重要作用，他们记录教区居民举办洗礼、结婚和死亡的时间，并在他们去外地旅行的时候为他们提供证明，以避免他们因被当作流浪者而被捕。牧师指导当地校长（有时自己担任校长）的工作，并监督教区助产士的接生工作。牧师还为穷人募捐并向他们发放救济，而且常常身体力行地从他自己微薄的收入中拿出钱来捐给穷人。牧师通常是村里唯一受过教育或者最有文化的人，是外界消息的“传声筒”，也是维系村民与地主、收税员及法院和谐关系的“润滑剂”。虽然启蒙作家们经常嘲笑牧师的无知、虚伪、腐败，但其实在宗教改革后，教会已经提高了对牧师的教育和培训标准。对很多法国人而言，牧师是他们的道德楷模，在生活上遇到困难时，是牧师向他们表达善意、给予指导，与他们紧密地联系在一起。

通过观察法国西部的大教堂所在地昂热（Angers），我们可以进一步地理解这些事情。昂热市有三万四千人，其中约六分之一的居民依赖教会救济为生。而且，绝大部分的工匠、商人、技工都为教堂工作。除大教堂外，昂热市内还有17处教区教堂。然而，由于人口迁移，教区的人口分布严重不均：有的教区要为近11000人服务，其中大部分是穷人；而有的教区只为少量的富人服务。昂热市还有12座男修道院住着100多名修道士，以及15座女修道院住着300名修女。这些修道院占有大量城市土地，自17世纪以来国教招聘牧师的数量急剧下降，大部分建筑被闲置。最有钱的本笃会（Benedictine）修道院每年的土地收入高达5万里弗，其中的1.2万里弗属于修道院长，而这位院长根本没有住在修道院中，甚至不住在昂热。一些修道院会为城镇居民提供服务，例如，维持当地小学的天主教兄弟会，开办中学的奥拉托利会（Oratorians）和充当护士的仁爱传教会。但很多其他宗教团体完全没有有利于社会的教育或慈善功能，他们从持有的地产、什一税和慈善捐款获得的庞大收入，主要流向了送子女进入教会的贵族家庭。

大教堂牧师会是昂热市最重要、最富裕、声望最高的宗教组织。牧师会管理大教堂，控制周边地区的什一税。牧师会由30多名牧师组成，他们大都不用工作，每年却可以至少领到3000里弗的薪资（是教区牧师薪资的十倍，而且教区牧师要承担的工作要多得多）。大教堂牧师实际上还垄断了做富人的个人告解神父，或者在私人小教堂布道这样的私人差事。由于对资源和责任安排如此不公，虽然昂热大教堂拥有大量财富和人力，但是并未给当地民众提供很好的服务。

在18世纪的修女会中，我们能找到一些极具奉献精神的法国天主教徒。1700年，法国有近320所女修道院，每所修道院一般有35~40位修女（有的高达80位）。在最活跃的宗教团体中，有一个修道会叫作圣灵救世主姊妹会，又称乌尔苏拉修女会（因圣乌尔苏拉得名），成立于天主教改革期间。进入修道院的见习牧师要宣誓独身、忠诚、放弃个人财产、全心全意担任牧师一职。17世纪，修道院开始不理俗世（修道士不能离开修道院），传教时更加倾向于冥想，而非教学。女性开始见习的平均年龄是20岁。因为见习牧师要上交一大笔费用，所以很多收入拮据的家庭无法送自己的女儿去修道院见习。一项对法国城市图卢兹的乌苏拉尔修女会的研究表明，出于同样的原因，很难在乌苏拉尔修女会中找到出身贵族的女性，因为所有的乌苏拉尔修女都必须放弃姓氏和称号，使用圣名。乌苏拉尔修女要先学习 7 年，为承担教职做准备。然后，年轻的修女会将大部分的时间花在教学上。随着年龄的增长，许多修女不仅会花更多的时间祷告和灵修，而且会在修道院内部从事一些管理工作，比如监督见习修士、带领唱诗班、承担会计工作，或者（通常是 50 岁以后）担任修道院院长或副院长。还有一些修女活跃于艺术领域或者积极募捐购买艺术品，用于装饰修道院或教堂。

18 世纪的法国修女，尤其是乌苏拉尔修女，大力支持海外的天主教传教活动。一些修女为耶稣会会士筹资，帮助他们前往北美布教，支持北美当地的教会。另外一些修女在 17、18 世纪同耶稣会会士和方济会修女一同在美洲向原住民传教，劝说他们信奉天主教。有趣的是，18 世纪修女的平均寿命要比当时的普通女性高 10 岁，这可能是因为她们不会面临怀孕和分娩带来的风险。修女们终其一生严格遵守修道院的规章制度，否定了 18 世纪文学作品和大众文化中一个普遍的观念——修道院里的生活是淫荡放纵的。[3]

法国高卢教会遭遇挑战

尽管高卢教会享有大量的财富和极高的声望，但在 18 世纪其领导地位仍受到了挑战。挑战之一来自于皇室政府。18 世纪 50 年代，法国财政部试图向教会地产征收二十分之一的附加税，掌控教会内部事务的牧师会成功地击败了这一企图；政府同样试图向贵族加收二十分之一的附加税，议会予以拒绝，相比之下教会的举措更加成功。哈布斯堡皇室和法国波旁皇室都认为默观修道院没有充分利用资源，但是与哈布斯堡皇室不同，波旁皇室无法控制这些修道院。直到宗教改革后，法国政府才得以实施变革。

此外，教会还面临着法国残存的胡格诺派教徒（Huguenot）（加尔文教徒）的对抗。1685 年，路易十四不仅废除了赋予法国加尔文教徒信仰自由的《南特赦令》（*Edict of Nantes*），而且强制胡格诺派教徒转变宗教信仰。这一做法导致约一百万接受过良好教育且拥有中等资产的加尔文教教徒逃离法国，去往荷兰、普鲁士、英国或者北美。一些胡格诺派教徒，尤其是法国西南地区的教徒，仍然秘密地保留着自己的信仰。在 18 世纪初的西班牙王位继承战争中，法国南部朗格多克山区信仰胡格诺教的农民和工匠开展了游击战，打击通过此地区前往法西边境的法国军队。法国政府残酷地镇压了这场被称为卡米扎尔叛乱的反抗运动。这个事件不仅使得加尔文教教徒对政府产生不信任和仇恨的情绪，也使得政府开始怀疑宗教信仰不同的人群对国家的忠诚。在整个 18 世纪，由于不被国家的法律认可，留在法国生活的胡格诺派教徒时常担心自己会受到政府和神职人员的压迫。除非是由天主教神父主持，否则新教徒不被允许举行公开的礼拜活动。此外，他们的洗礼、婚礼、葬礼也是不合法的。因此，为了维持自己的信仰，新教教徒在私人住宅中举行各种仪式，并且向瑞士洛桑市的加尔文神学院输送学生，参加牧师培训。

1761年，伏尔泰开始深切地关注胡格诺派教徒和一些启蒙运动者，因为这两派都批评了臭名昭著的卡拉斯事件，指责法国天主教在该事件中不容异教的行为。让·卡拉斯是法国图卢兹市著名的加尔文教徒。一天，有人发现他的儿子悬梁自尽。图卢兹市的法官认为，卡拉斯为了阻止儿子信奉天主教而杀死了他，于是指控卡拉斯犯下谋杀罪。尽管没有任何证据能够证明卡拉斯是凶手，但是由于当时的社会极度歧视新教，图卢兹市最高法院法官（法官都是天主教徒，因为法律规定新教徒无权进入司法机构）判决卡拉斯有罪，并对其处以轮刑。轮刑是一种极其残忍的死刑，先用锤子砸碎受刑者的骨头，然后将尸体焚烧。此外，卡拉斯及其家人的私有财产也被法院没收。伏尔泰原本就对最高法院怀有敌意，认为它是贵族特权的“庇护伞”，是阻碍国王改革进程的“绊脚石”，因此开始为卡拉斯申冤。为了引导大众舆论，伏尔泰书写宣传册，公开抨击地方法官对天主教的狂热追捧。最后，法院重新审理了这桩案件，并且依据证据做出了相应判决：恢复已故卡拉斯的清白并归还其家庭财产。

这一事件引起了整个法国的广泛关注，公众的关注点原本在天主教主教身上，逐渐转移到了对非天主教徒的宽容政策。最终，1787年国王路易十六颁布法令，宣布对非天主教徒实行宗教宽容，从法律上允许胡格诺派教徒在教派神父的主持下进行洗礼和举办婚礼。然而，同犹太教徒一样，加尔文教徒仍然没有资格担任公职。犹太人询问这条法令是否对他们也适用，天主教的神职人员予以否定。1789年大革命之后，法国的宗教生活才发生了重大变化。经过大量的争论，胡格诺派教徒、路德教徒和犹太教徒终于有资格享受全面的公民权。

然而在 1789 年之前，对高卢教会领导地位提出最强烈质疑的却是其内部的教会成员，他们创立的理论派别被称为詹森主义（Jansenism）。在 17 世纪晚期，神学家帕斯基耶尔·克内尔（Pasquier Quesnel）将前主教科尼利厄斯·詹森（Cornelius Jansenius）遗作中的观点编入他的《圣经》集注。克内尔试图使天主教教义更加强调个人信仰和对上帝的忠诚。他认为获得救赎的关键是让信徒们毫无保留地信赖神的恩典。这种观点弱化了牧师或主教的角色，让他们除了在宗教典礼或扬善仪式上宣告赦罪以外没有其他作用。虽然克内尔的教义吸引了诸如布莱士·帕斯卡（Blaise Pascal）等聪慧的追随者，但索本（Sorbonne）神学院的神学学士及后来的神职人员集会，还是对他的教义进行了谴责。1713 年，罗马教皇克雷芒十一世也对此进行斥责，在《唯一诏书》的通谕中声称对支持克内尔的人不施予圣礼，事实上这是谴责所有的詹森派教徒。受这些责难的影响，18 世纪法国天主教中没有正式的詹森派修道会或协会。

即便如此，“詹森派”一词开始被用来形容这些反抗高卢教会主教的神学界人士；在 1730 年路易十五颁布《唯一诏书》作为法国法律后，这个词语也被用于指代那些反抗国王权力的政治界人士。《唯一诏书》成为法律后，包括很多巴黎知名律师在内的詹森主义理念的支持者开始批评高卢教会的主教们，特别是巴黎耶稣会主教克里斯托夫·德·博蒙特公爵（Duke Christope de Beaumont）。人们认为他作为宗教领袖严厉不足，但对待詹森派教徒时却很专横。在1749年，德博蒙特试图将一位詹森派女修道院院长从巴黎主要济贫院的主要管理职位上撤换下来。巴黎议会认为这一举动是教会和国王对议会权威的挑衅，便介入并阻止了德·博蒙特的决定。在之后的几十年里，詹森派理想和主张成了法国法律界的主流，从议会法官到司法部中的低级别官员再到巴黎大法官，都受其影响。无论是路易–阿德里安·勒·佩基这样的知名律师，还是地方议会法官，都不忘在他们的陈诉状和裁决中强调，作为"国民"，宗教信徒团体应享有自治权，并且应该成为道德权威；而神职精英没有"专制"的特权。

圣玛格鲁瓦（Saint Magloire）修道院的詹森教派神学研究者从这些法律辩论中大量取材写成作品。这些神学家将《圣经》看作预言，认为圣经故事中讲述的少数早期基督教徒艰难反抗国家和社会的事迹，预示了他们这些詹森派教徒要在18世纪的法国与耶稣会、国王及《唯一诏书》做斗争。在斗争中，最突出的是詹森派女修道士、皇家港口的詹森女修道院和1749年的医院修女，其中皇家港口的女修道院在1692年被国王下令铲除。同情詹森派信徒的神职人员用《圣经》术语记录下了这些事件，认为这是法国天主教会中善与恶激烈斗争的开端，是控制国王与主教的"假牧师"（暗指耶稣会会士）与真正的信徒团体间的斗争。信奉詹森主义的作家们着重宣传他们所谓的修女的朴素特质，即她们的谦卑、纯洁和相对的弱小，并将此作为修女的美德。他们呼吁所有世俗基督徒对教会采取同样的态度——面对贪腐的强权保持恭敬、忠顺和谦逊，但同时也不放弃自身的奉献与虔诚。这种斗争是对每一位臣服于上帝的信徒的检验。这个受苦受难但仍保持虔诚的修女形象成为詹森派信徒用以批判耶稣会和高卢教会主教制的主要形象。在18世纪晚期，向议会陈情的律师们，乃至议会法官们自己在抗议皇室敕令时，都采用了相似的象征和词汇，将己方描述为无辜、正直但是受到压迫的国民，将对方描述为腐败、强权和专横的上层精英。

天主教徒普遍的宗教习俗

尽管斗争激烈，天主教国家的大多数民众仍然保持着高度的虔诚。作为当地主要宗教的信徒，最直观的宗教习俗就是无论身处何地都按照宗教惯例施行圣礼，例如婴儿的洗礼，由教会批准的婚礼，定期的忏悔，一年一度的复活节圣餐仪式，临终傅油圣事和葬礼。复活节弥撒既是天主教徒必须参加的宗教仪式，又是所有人翘首期盼的社交聚会，因此在很多教区，信徒的出席率可以达到95%。不过普通民众参加周日礼拜的出席率就相对难以统计了。在大多数的小镇和村庄，最有威望的教区居民被任命为世俗的教区委员会委员，负责分配教会长椅、墓地，监督善款和维护教会大楼和场地。

对于那些没有什么名望的天主教徒来说，他们参与教会生活的主要方式是教团。教团是致力于宗教活动、善行和社会福利的世俗组织。在有些情况下，教团的组织者是神父或附近地区的修道会，比如玫瑰经教团（Confraternity of the Rosary）就受到了教区教会的支持，教会人员会鼓励本区的女性教徒参加这个教团。男性教徒更倾向于组成自己的团体，他们往往根据职业组织教团，因此教团成员在本行业内都有一定的名望。教团组织自己的宗教仪式，通常这样的仪式在他们自己的小教堂举行，主持人是他们自己请的牧师。每个教团几乎都有推崇的守护圣徒，这位圣徒一般是与教团成员的职业或与教团所在的城镇有关联的。在小教堂和教团大厅之外，教团成员穿着特殊颜色的长袍，与同教团的人或者同城镇的人站在一个队列里。教团一般也同时兼管丧葬，为教团成员或者已故成员的临终家人准备葬礼。鉴于以上原因，很多教团成员对教团的感情比对教区教会还深。这导致了一些牧师的不满，他们认为教团小教堂为了吸引了那些“匆匆忙忙唱完几首赞美诗和听完一场糟糕的布道”的人，没有遵守天主教完整的宗教仪式流程。[4]

事实上，在许多地方教会的筛选非常严格，至少一位乡村牧师的日记是如此记录的。他对教区居民每周定期参加弥撒感到骄傲，但是对布道中交头接耳和玩笑戏弄的现象颇为不满。虽然大多数居民都喜欢食用圣餐并遵循圣礼，但也有许多人逃避忏悔，并且在自己的罪过上误导牧师。不过最重要的是，这位牧师发现，即便是最贫穷的人也愿意为穷人进行捐赠。

天主教徒对圣徒崇拜，特别是圣母玛利亚的崇拜热情常常让牧师和主教们感到苦恼，自宗教改革以来，教会一直试图改变这种状况，但是收效甚微。牧师们劝告信徒不要再信仰那些没有在《圣经》中出现，也没有被教会承认的地区性的圣人。即便如此，每个教区、行业协会和教团都有自己的守护圣徒。信徒们定期向他们的守护圣徒祷告，祈求圣徒救苦救难。普通民众对圣徒特别是圣母玛利亚的崇敬是天主教宗教习俗的典型，即充满热情和具象化的崇拜对象。农民和村民对天主教的信仰和习俗尤其忠诚，但这种行为的来源很可能并非天主教教义，而是异教文化的残留。比如说周三避免举行结婚典礼，周五避免降生婴儿。在他们逝世的时候要保持直立的姿势，如此一来恶魔取走他们的灵魂就会更为困难。在18世纪盛行的信仰中，对灵魂的恐惧仍然普遍存在。在圣约翰之夜，即仲夏夜，聚会召集人会敲响教堂的钟以驱赶巫女。很多牧师，特别是那些生活在城市，阅读和讨论启蒙评论家对天主教的批评的牧师嘲笑这样的习俗，认为它“与其说是虔诚还不如称为迷信”，并且指责这些做法让天主教徒们看起来像“受过洗礼的拜偶像教信徒”。

牧师和普通教徒中家境更好、受到更多教育的，大部分是居于城市的天主教精英。他们呼吁教会减少这样“不体面”的行为，让天主教的形象更接近圣公会高教会派，即理智信教，仪式有序，名誉良好，广受尊敬。然而，对普通的欧洲天主教徒来说，无论他们生活在城市、乡镇还是农村，最吸引他们的还是参与度高的活动，例如特定节日的游行圣歌，去往圣地的朝圣之旅，以及最受欢迎的敬拜圣徒或圣者遗物的节日（这样的节日常常会举行露天聚餐，让教徒们可以一起吃、喝和跳舞）。这些为圣徒举办的情感外露的集体活动，无论是节日、朝圣之旅还是游行圣歌，虽然并不一定与天主教教义背道而驰，但是它们完全违反了受过教育的牧师们对秩序、礼节和礼仪的要求。尽管如此，与传统的新教教堂相比，天主教教堂实际上更愿意顺应这些习俗惯例。

从某种程度上说，在18世纪，天主教徒外露地表达宗教虔诚的行为呈下降趋势。这种情况的出现远远早于激烈的反教权主义运动、破除圣像迷信主义运动和法国大革命期间的暂闭教堂事件。历史学家米歇尔·伏维尔（Michel Vovelle）通过分析法国南部普罗旺斯地区民众的遗嘱，展现了18世纪普通天主教徒信仰转变的广度和深度。[5] 18世纪上半叶，超过80%的遗嘱要求将钱用于精心安排葬礼、为死者灵魂祷告的弥撒和教堂里点亮的蜡烛上，而且此类遗嘱经常会安排某种形式的纪念。这些形式通常被认为是铺张浪费，因为它只强调虔诚的外在表现，而没有强调个人虔诚（为圣母玛利亚、圣基督或某个圣徒祷告），没有详细的送葬计划，也没有指定具体的宗教团体或慈善机构继承遗嘱财产。

然而在1760年之后，一种不同的风气出现了。南部地区主要城市马赛的富人的遗嘱中，只有不到50%谈到了死者的灵魂，不仅如此，为了悼念亡故的商人或专门职业人士而举行的公开送葬仪式、殡葬弥撒、蜡烛祭奠的数量，和向修道会或教团捐赠遗产者的人数也都相应减少（从 80% 下降到 40%）。这种宗教虔诚表达行为的减少，在工匠、小店店主和城市打工者中更为明显。在 18 世纪初，马赛周边乡镇地区的农民和乡村工匠中超过 80% 的人会在遗嘱中指定举行殡葬弥撒（在 18 世纪中期这个数字上升到近 100%）；但是在 1780 年后，只有不到 30% 的人在遗嘱中要求举行这样的仪式。从这些统计资料中，一些历史学家做出的结论是，在 18 世纪，接受了“去基督教化”潮流的不仅有启蒙思想家，还有富裕的城市居民。另外一些历史学家则认为天主教徒们没有丢失信仰，而是逐渐放弃了过度铺张的显示虔诚的方式，从高度集体化的基督教团体转向更加个人化、内向化的宗教崇拜形式，即便天主教会仍旧将社会化的仪式、正式的宗教行为、系统化的机构和通用的标志作为本宗教的基础。

新教主义复兴

16 世纪的宗教改革席卷了欧洲大部分地区，但到 16 世纪晚期，其势头逐渐减弱。西欧的主要新教国家荷兰和英格兰的政治实力下降，越发难以抵挡法国和奥地利这两个信仰天主教的大国在外交、军事和文化方面对它们施加的影响。中欧的主要路德教国家瑞典开始衰退，普鲁士则已经发展成为主要的外交和军事力量。不仅如此，由于没有统一的改革要点，宗教改革对宗教或神学进步基本没有产生任何推动力。在这种迟滞的大环境下，虔敬主义引入了一股生机勃勃的“在改革中变革”的风气。

普鲁士的虔敬运动

随着英国清教主义的兴起，路德教的虔敬运动以改革的形式在 17 世纪初出现。一些德意志地区的路德教教徒将英文清教书籍、文章翻译成德语；法兰克福的菲利普 · 雅各布 · 施本尔（Philipp Jacob Spencer of Frankfurt）则在黑森地区写下了若干著作，其中包括成为虔敬运动理性基础的《虔敬愿望》(*Pia Desideria*，1675）一书。这些德国新教的路德派信徒反对死板地奉行信条，强调个人的道德和虔诚，力图重新振兴宗教。虽然施本尔的影响力和虔敬运动的传播范围总的来说超越了路德教派，但是他仍旧倾向于将虔敬运动看作新教正统的回归。他认为路德派教会已屈服于“可耻的世俗”，路德教派的神学理论同宗教改革前的天主教一样向“谬误”低头，因此需要被净化。这些或者从英文翻译为德文，或者原本就是用德文写作的书籍引起了牧师和世俗读者的强烈的兴趣；其中的内容——号召每一个信徒用更加热情、“衷心”的方式取悦上帝，更是受到广泛关注。

勃兰登堡选帝侯（即随后登基的普鲁士国王腓特烈一世）在 1692 年创建哈雷大学（University of Halle），成为传播虔敬运动思想的推动力。为了让新大学在其他路德教大学中出类拔萃，普鲁士政府聘用了顶尖的哲学家，包括著名早期启蒙运动理性主义者克里斯蒂安 · 托马修斯（Christian Thomasius），以及路德派神学家施本尔和奥古斯特·赫尔曼·富朗开（August Hermann Francke）。这些哲学家们通过向路德教牧师和在柏林普鲁士宫廷工作的精英分发施本尔的书籍传播他们的思想，其中一些读者随后成了虔敬运动的赞助人。对普通教徒来说，虔敬运动之所以吸引他们，是因为它为他们提供了在世界中开展个人行动的行事原则。虔敬运动思想认为，有改造作用的行动始于自我教育和通过团体活动教育其他人。这样的团体被称为"集会"，其成员为了讨论《圣经》而聚集在一起。虔敬派希望，每个集会成员不仅会比那些仅聆听训诫和在家读《圣经》的人更为深入地理解《圣经》，还将把所学知识教授给家人、同事和邻居。因此，虽然虔敬运动并非信众将宗教信仰内向化的过程，但它奠定了宗教社会化运动的基石；其他信徒通过祷告，但虔敬运动的信徒通过其所在的社区达成了宗教意义上的重生。

腓特烈一世出于神学和政治原因支持虔敬运动。他希望新教能比较宽容地将关注点放在个人虔诚和道德方面，而不总是陷入因解读《圣经》而产生的教条之争，这样就能为路德教和改革派（即加尔文教）教会之间的和解创造条件，并且能够反过来帮助他赢得神圣罗马帝国其他路德教和加尔文教地区民众的支持。德意志境内的其他统治者利用虔敬派来教诲公民遵守社会秩序。在法兰克福、莱比锡（Leipzig）、汉诺威及其他城市，加上路德教所在的一些城市，市政府或者君主号召虔敬派牧师为穷人建立济贫院。这些机构为年轻的虔敬派教徒们提供机会，让他们在做教师和牧师的过程中积累经验，然后借此被当地贵族指派成为乡村牧师。城镇政府和当地贵族还支持虔敬派济贫院向民众灌输服从思想，教他们识字，让他们懂得什么是职业道德，并且吸收其他德语区的移民。

与此同时，很多德意志皇室和诸侯仍对虔敬派保持谨慎态度，因为其教义批判奢华、炫耀性消费和音乐、舞蹈、戏剧这些被看作罪恶的轻浮行为。不仅如此，一些城市精英、宫廷贵族和地方诸侯反对虔敬派想要尽快同化加尔文教和路德教仪式和神学观点的努力。经历了此前长达几个世纪的宗教战争后，在神圣罗马帝国的政治和社会精英的脑海中，告解室中的团结，即路德教教徒只与路德教教徒结盟，加尔文教教徒只与加尔文教教徒结盟的观点已经根深蒂固。出于以上这些原因，在 18 世纪早期，一些统治者想方设法查禁虔敬派。他们禁止虔敬派信徒集会，拒绝给虔敬派学生发奖学金，并且将虔敬派牧师驱逐出学校。在经历了 18 世纪开始的几十年后，这样激烈的反应使得虔敬运动的领导者们放弃让教徒寻求广泛社会转变的企图，转而开始关注转变教派内部成员。通过这种方式，虔敬主义在 18 世纪路德派统治的德国保持了重要的次文化地位。

虽然在上述地区反对虔敬运动的呼声很高，但是在普鲁士，情况却大相径庭。于 1713 年登基的普鲁士国王腓特烈 · 威廉一世欢迎那些从萨克森州及其他地区被驱逐的虔敬派信徒。他的政府也欢迎来自法国的胡格诺派难民，和那些来自其他德意志地区的加尔文教教徒。他本人还支持富朗开在哈雷大学为融合路德派虔敬主义和加尔文派的努力，即要求所有路德教神学家在哈雷大学进行为期两年的研究。这样的要求也增加了富朗开的影响力。即便如此，到

18 世纪中期，虔敬主义对普鲁士神学家的吸引力开始减弱，新的理性思潮，尤其是理性主义开始受到关注，人们对神学改革的要求越发迫切。一位路德教牧师在腓特烈 · 威廉一世的支持下在柏林创立了一座教堂。其初衷是利用《圣公会公祷书》（*Anglican Book of Common Prayer*）和圣公会礼拜仪式将欧洲的三个主要新教教派的信徒联合起来。与此同时，为了免受路德教教徒迫害，大量加尔文教教徒从其他德意志公国逃至普鲁士，一些普鲁士教堂部分出于服务这些难民的考虑，成为"共融"教堂，同时提供路德教礼拜和加尔文教礼拜。然而，融合三个教派的行动还是以失败告终，专门为此建立的教堂也夭折了。虽然很多人努力进行变革，大部分路德教教徒，包括很多虔敬派信徒都拒绝与加尔文教在礼拜仪式或神学系统方面达成任何和解，他们觉得那些加尔文教难民遭受的是"上帝对他们的错误信仰的公正惩罚"。[6]

在 18 世纪更晚些时候，在大学和受过教育的大城市精英之外，在农民和农村工匠之中出现了一种更受欢迎的，也更加激进的虔敬主义。当时出现了大批针对没有受过正规教育的读者的，价格便宜的宗教书籍，受此影响，各教区为农村工匠们成立了集会团体，而自称为先知的约翰 · 乔治 · 拉普（Johann Geog Rapp）就游走于这些集会之间，宣扬基督即将再次降临人世。拉普吸引追随者的方式是尖刻批评路德教神职人员的腐败现象和整个德意志社会。他号召农民不要给孩子施行浸礼，也不要把孩子送到公立学校，要共同持有财产、不缴税、不服兵役（当时普鲁士正与法国交战，并最终被法国入侵）。1803 年，约翰的传教最终引发了克尼特林根（Knittlingen）农民的起义，他也因此被迫逃离到美国避难。之后，他和他的追随者们在美国宾夕法尼亚州和印第安纳州西部建立起了他们所谓的示范社区。

从长远的角度来说，虔敬派教徒对德国的教育产生了深远的影响。富朗开提倡将受教育机会扩展到整个社会，将教育这扇通向精神和物质的“完善之门”向所有人打开。他建议采用教学法，即少用灌输式的教化（但他并没有减少教义问答），更多地利用“基督教的实用智慧”，让学生所学宗教知识可以“在日常生活中学有所用”。要做到这一点，他认为学校不应听从学生的自然意愿，应该教导他们宣布放弃世俗对过去的影响，重生为上帝之子，准备好接受基督教的洗礼，全心全意地信仰上帝，并在上帝的意志下努力工作、无私奉献。富朗开和他的追随者在一些特殊学校，也就是为人熟知的为孤儿和穷人建立的公立学校，尤其强调这一严苛的训导。同时他们为家境富裕的学生建立了学堂（又称为拉丁学校）。这些学堂除了强调学生们的虔诚、道德行为和纪律之外还极为注重古典语言技巧、修辞与口才，以及管理或商业知识的培养。

从一方面来说，这种做法是非常好的，它其中蕴含的是普及初等教育的远见卓识，对提高民众文化程度做出了贡献。同时，它也巩固了普鲁士及其他欧洲中部国家的经济改革、政府改组及军队变革，最明显的便是丹麦和哈布斯堡奥地利，因为这两个国家的统治阶级鼓励虔敬运动。从另一方面来说，这种两种阶级分明的体制和对纪律和服从的灌输将为德意志文化打上标记。除此之外，虔敬主义对普鲁士政府也产生了很大影响，尤其在1713年腓特烈·威廉一世继位之后。在1709年，这位国王开始信奉路德教，随后他开始支持哈雷市的虔敬派牧师，并派遣虔敬派信徒到全国各地担任教师、大臣和教士。虔敬派教徒具有严于律己、自我鼓励和奉献自我的优秀品质，腓特烈一世希望借此提高不断壮大的普鲁士军队和国家官僚的忠诚和效率。他的第一项措施是去视察人口稀少的普鲁士东部各省，在视察过程中，他亲眼目睹了当地落后的教育水平。让普鲁士成为中欧强国的渴望，加上对虔敬主义的信仰，促使腓特烈·威廉在1717年颁布了全民义务教育法令。普鲁士因此建立了欧洲的第一个全民义务教育制度。然而，由于这个制度下既没有建造学校的财政来源，又没有为内陆地区聘请教师的资金保障，法令的颁布仅仅成为一位虔诚教徒的宗教行为，并未能实际地推动教育进步。但无论如何，腓特烈·威廉对虔敬派信徒的支持促成了一门新学科的产生，其中的学校课程设置方法帮助虔敬主义走出普鲁士，越过路德教的障碍进入了玛丽娅·特蕾莎统治下的哈布斯堡帝国。

哈布斯堡帝国的虔敬派

在哈布斯堡帝国，天主教改革者们采纳了很多虔敬派的教义和集体参与宗教活动的形式。哈布斯堡帝国的人主要信仰天主教，直到1781年才正式接受新教。不过，在玛丽娅·特蕾莎统治期间（1740—1780），奥地利政府实施了多项改革，包括对天主教和教会学校的教育方式的改革，这部分反映出虔敬主义对这个天主教国家的影响。在此之前的几十年，虽然耶稣会学校向出身富裕家庭的学生提供读写训练，但是所用的方法一般都是通过问答、图像、音乐和戏剧让学生学习《圣经》。在 1751 年，女皇颁布法令，取缔了数个广受欢迎的宗教庆祝活动；不仅如此，在三年后她开始颁布一系列法令减少宗教节日的数量。这些举动的目的，是希望通过鼓励臣民们勤劳工作，获得更多报酬，减少花在赌博和饮酒上的时间，最终拉动哈布斯堡帝国的经济。减少节庆活动不过是 1754—1771 年间奥地利政府为此所施行的措施的一部分。在这次改革期间，很多宗教领袖公开表示改革势在必行；他们谴责将数不胜数的游行、朝圣、礼拜、节日和宗教假日当作民众宗教生活的核心内容。1774 年，随着《普及教育条例》的出台，玛丽娅·特蕾莎实施的宗教改革达到高潮。《条例》吸取了虔敬主义信仰，即所有的基督教教徒都必须能够直接阅读《圣经》，要求所有年龄在 6 至 13 岁之间的儿童去学校学习读写。

对奥地利天主教改革产生巨大影响的还有路易吉·安东尼奥·穆拉托里。他在《论基督教徒的个人崇拜》(*On the Proper Devotion of the Christian*，1747）一书中抨击民间节日以及很多天主教文学中惯用的形象描述。穆拉托里呼吁将宗教的重点放在不那么外露的个人虔诚上。他认为："每个人都必须认识到，基督教崇拜本质上来源于每个人的内心深处。"在强调天主教弥撒仪式的核心地位的同时，穆拉托里呼吁教会注重保持建设教会活动与天主教精神的一致性，即减少诸如舞台剧这样的世俗活动，减少教堂附近乞丐的数量，和禁止教区教民携带牲畜或犬只进入教堂。要实现他提出的将崇拜形式从外露向内向转变，天主教神职人员需要强调经典书籍特别是《圣经》中明确的教义教条，弱化仪式和圣像。这样的改变完全符合虔敬派的教义。穆拉托里和包括路德教虔敬派教徒在内的其他的天主教改革者一同建立了一个神学研究中心，并以这个中心为基地，在萨尔茨堡推广他们的运动。牧师和主教们通过这个中心相互结识，并通过与其他奥地利城市的类似团体通信，构成了一个联系网络。在普鲁士的虔敬派教徒中，同样有人强调世俗信众应通过阅读和解读《圣经》完成个人宗教仪式。这些奥地利改革派的小圈子与他们也建立了联系。

英国循道宗

虔敬运动（Pietist Movement）的灵感来自 17 世纪的英国清教徒。然而，到了 18 世纪，英国国教的大部分神职人员都被约翰·洛克信奉的“理性”基督教收服了。圣公会的教义不再拘泥于教条，而是在神学领域采取“大帐篷政策”（big-tent approach）*,强调宗教宽容和基于理性的信仰。圣公会的礼拜仪式则强调自我约束。而那些出身于教区中更为富裕家庭的，受过良好教育的圣公会信徒开始受到自然神论的影响，原本的信仰逐渐动摇。因此很多教区的大捐赠人更愿意出于社会声誉而非展示虔诚的考虑为某个宗教捐款，因

* 大帐篷政策：对不同团体和观点持有开放态度的大包容政策。——译者注

为对他们来说，虔诚是与平民的天真和轻信联系在一起的。

这种社会分化同样出现在神职人员中，尤其体现在教会主教与普通神职人员的差异上。首先，纺织业与采矿业的发展吸引了大量的人口流入新兴城镇，而这些地区没有足够的教堂来容纳新增人口。然而，由于这些城镇给教区牧师的薪俸很低，而且位置偏僻、远离伦敦，优秀的神职人员都不愿意去那里就职。于是那些受教育程度最高的和最具野心的神职人员设法身兼多个教区的圣职，在很多教区产生了严重的牧师职位空缺的问题。负责监督管理全国圣公会教会的 26 个主教却将他们所有的精力放在取悦伦敦的统治精英上。这主要是因为主教由国王任命。因此，主教们的首要考虑是与政治领袖保持良好关系，尤其是那些上议院的议员们，因为主教是有权利进入上议院的。那些最擅长玩弄权术的主教通过政治关系可以寻求和获得最好的主教教区，这些教区能给他们带来比其他教区高得多的薪俸，最高可达每年 7000 英镑。与之形成鲜明对比的是教区牧师，他们的年薪只有大约 50 英镑。正如塞缪尔 · 约翰逊所说，一名神职人员"能否成为主教并不取决于他是否学识渊博或足够虔诚，要想获得提拔，在政坛必须要有人撑腰"。[7]

在这种社会氛围下，英国国教无法满足普通民众的精神需求，在小城镇更是如此。这时，约翰 · 卫斯理（John Wesley）的出现弥补了这种缺失。作为一名尽职尽责的神职人员，卫斯理最感兴趣的是神学而非启蒙哲学，他更专注于传教布道而非事业晋升。也正因如此，在牛津读书期间，卫斯理便与其他神学学生格格不入。完成学业之后，卫斯理经历了漫长的自我怀疑时期，怀疑布道的价值何在，怀疑自己能否获得救赎。为了寻求指引，他向一名来自德国的摩拉维亚虔敬派教徒求助，那人教他“信基督一人足可得救”。在卫斯理信奉基督之后，他得到了与上帝直接交流的体验。他这样描述蒙受恩典的生理感受：“上帝给我以安慰，他赦免我了的罪（尽管我是如此渺小），将我从罪恶与死亡中解救出来。我感到心中无比温暖。”事实上，卫斯理认为，他的这种体验正是被理性主义者指责为迷信的一种“热情”。卫斯理对上帝恩典的直接、个人的体验指引他走上了传教之路，让他迫切地想要向世人传播上帝之道。17 世纪初的清教徒受加尔文主义的影响，认为上帝只会救赎选民中的注定之人。与他们不同，卫斯理认为上帝会将“恩典的讯息”传达给每一个准备接收的人。不仅如此，卫斯理还鼓励人们自主地表现对上帝的虔诚，与加尔文相比，他更强调人类自由意志的重要性。尽管这种“普遍得救”的理论被谴责为“阿米尼乌斯异端邪说”（以 17 世纪荷兰神学家阿米尼乌斯之名命名），卫斯理依然鼓励人们去获取这种与神灵交的体验，让所有罪人的心受到神的恩典。

当时，普通民众在英国国教中不受欢迎，所以卫斯理决定先向这些人传播福音教义。于是，他来往于各个乡村，在露天的空地上布道。由于听众是煤矿工人、纺织工人，以及村中的工匠等等，他布道时采用“最底层人民能够明白的方式”。卫斯理没有展开关于自然的知识讨论，以此揭示上帝的完美无缺，而是用手奋力地敲击《圣经》，强调《圣经》向他们提供同那些受过良好教育、生活富足

《马背上的约翰·卫斯理》，绘于1762年前后。为了向普通民众传播他的“循道宗”，即高度虔诚和对上帝恩典的个人体验，约翰·卫斯理骑着马去往乡村。（来源：istockphoto）。

的伦敦精英一样的机会，同样感受上帝的恩典。卫斯理号召听众，要向他人展示自己也能够感知上帝的存在，而不只是在沉默中虔诚地祈求救赎。与虔敬派教徒一样，卫斯理将民众分成一个个小组来研读《圣经》，研读的方法就是现在人们所知晓的卫斯理式的祈祷法。在集会时，组员一起讨论各自的观念和信仰，鼓励彼此正直做人并参与正当的工作。这种方式给予了组员参与感和责任感，让他们更加自律、节制，并且感受到了作为人的价值和尊严。这些组员后来被称作循道宗信徒。他们认为所有人一律平等（但男女要分开做祷告），而且彼此之间是“兄弟姐妹”，具有亲密的感情纽带。带领小组的并非圣公会的牧师，而是由卫斯理和他的助手所挑选出的普通信众。卫斯理派这些世俗布道者巡视祷告小组，因为他们可以不受当地政治团体的制约，只听命于由卫斯理领导的中央循道公会。这种集中化组织形式促进了“卫斯理式的联系”，即循道宗的迅速传播，同时避免了内部的分裂。卫斯理委托他的弟弟查尔斯和另一位亲近的伙伴乔治·怀特菲尔德（George Whitefield）一起去往美洲传教，对美洲的“大觉醒运动”*起到了一定的推动作用。18世纪晚期，循道宗成为美洲宗教的一个重要影响因素。

关于循道宗的牧师在教堂布道之前是否必须就任圣公会圣职的问题，循道宗与圣公会之间斗争了几十年。最终在1791年，循道宗脱离了英国国教，成为了一个独立自主的教派。卫斯理不仅创建了一个新的教派，而且对英国国教产生了巨大的影响。自此以后，英国国教中的福音派也开始关注慈善，劝导穷苦之人信教，提倡节制，遵守安息日不劳作的约定，重视公共生活中的道德，比如推进废奴运动等等。

英格兰民众的宗教褊狭

18世纪，英国国教的主流教派也逐渐向平民主义靠拢。伏尔泰曾经赞扬过英国对宗教多样性的宽容态度，但同时他也知道英国的状况并不理想，他曾在书中描述：在18世纪30年代的英国，新

---

* 大觉醒运动(Great Awakening)：美国基督教历史上的多次复兴运动，对美国思想、文化、社会生活曾有过很大影响。——译者注

教徒若对国教持有异议则无权担任公职或行使政治权利，天主教徒受到的排斥更为严重，穆斯林和犹太教徒得不到法律的承认。根据1699年生效的禁令，“教皇制信奉者”*不得继承和购买土地，不可以开办天主教学校。1778年，议会通过了《天主教救济法》（*Catholic Relief Act*）废除这一禁令。但是，著名的政治家乔治·戈登（George Gordon）勋爵成立了新教徒协会反对这一法案，认为这威胁到了国教。新教徒协会征集了6万人的签名，提交了请愿书，反对通过《天主教救济法》。此外，他们还发动伦敦工人举行大型集会，高呼“不要教皇”。1780年6月，在一场集会中，戈登与几位演讲者对那些支持天主教徒权利的议员表示不满，质疑他们对国家的忠诚。人群攻击并亵渎了伦敦的多个私人的天主教小教堂（因为政府不允许天主教徒建立公共的天主教堂，他们只能在这些私人的小教堂中做礼拜）。大部分小教堂都坐落在伦敦富人的私宅里，其中包括来自天主教国家的使节。于是多个建有私人教堂的民宅被纵火烧毁。接下来的几天里，这场暴乱从伦敦蔓延到了周边城镇，几十栋天主教徒的私宅被毁，285人丧生，另有173人受重伤，超过150家商铺和农场遭受损伤或毁坏，不计其数的公共建筑被烧毁。最终，政府出动了一万余名士兵，逮捕了450名暴徒，其中有25人被判处绞刑，50人被判处长期监禁，城市才得以恢复平静。

* 教皇制信奉者：新教徒对天主教徒的贬称。——译者注

戈登暴乱（Gordon Riots）表明，虽然英国的神职人员和民众有着宽容开放的好名声，但是英国国教已经与他们的民族认同紧密相连。当时，反对派指责首相诺斯勋爵放任暴乱发展以便将责任推给政敌——辉格党，因为辉格党一贯主张对少数派宗教采取宽容态度。但是，政府的支持者认为，暴乱是由美国起义者煽动，由英国的宿敌法国在幕后支持（法国也是天主教国家），意在削弱英国国力和牵制英国军队。反天主教暴乱分子认为，英国军队当时在海外作战是为了捍卫自由，对抗英国在意识形态上的敌人与军事上的竞争对手。所以，赞成宗教宽容的精英分子也在敌人之列，他们对英国国教不够虔诚，同时也缺少保卫国家的献身精神。

女性虔敬派教徒和循道宗教徒

欧洲的新教复兴有一个突出的特点，那就是女性起到了主导作用。路德派教徒往往去教堂，在牧师的主持下进行宗教活动，但虔敬派教徒则不同，他们的宗教集会（专门指非英国国教教徒私下举行的秘密集会）一般都在某个教徒的家中举行。而且，秘密集会欢迎所有的信徒参加，不论男女、不分阶层，大家平等地讨论《圣经》，打破了路德教会中男女分开祷告的传统。所有的基督教神职人员，无论他信仰的是天主教还是新教，一直以来都坚信《圣经》禁止女性布道，虔敬派女教徒主持宗教集会就违反了这条禁令。因此人们对虔敬派团体中女性所起到的作用大加批判。如一位作家写道，这样会使得“女性逐渐不再服从丈夫或照顾家庭”，甚至可能导致更危险的后果，那就是她们可能会不再尊敬其他（男性）权威人物，比如“她们的牧师”和“她们的主”。[8]这些批评特别提到了虔敬运动中的女性先知，比如伊娃·冯·布特勒（Eva Van Buttlar）。布特勒生活在德国哥达（Gotha）的萨克森镇，她从1697年开始参加虔敬派教徒的秘密集会。在这个过程中，她的信仰发生了转变，于是她退出了萨克森的教区，不再参加当地的礼拜仪式，最终离开丈夫迁居到了黑森（Hesse）。她在黑森组织了虔敬派教徒的秘密集会，讲述自己狂热的宗教观念，并劝其他人从上帝那里寻找类似的直观启示。与其他传教的虔敬派教徒一样，布特勒劝说教友不要理睬主流的路德教会的布道，因为那些牧师声称虔敬运动是异教，而且认为女性组织集会的行为打乱了男女分工。在18世纪的前几十年，即便是虔敬派的神学领袖，也与这些具有远见卓识的女性保持距离。

在德意志地区的虔敬运动中，女性在很多方面都发挥了重要的作用。一些女性撰写神学作品，比如约翰娜·冯·梅洛（Johanna von Merlau）。梅洛是一位贵族，丈夫是牧师。她在超过20篇论著中吸收了英国贵格会教徒威廉·佩恩（William Penn）的思想，将其改造成一个带有激进和平等主义色彩的虔敬派品牌，受到了法兰克福人的欢迎。梅洛不仅内心虔诚、坚持苦行，相信上帝的直接启示（信徒可以通过梦境和想象参悟《圣经》，而不需要牧师的讲授），而且为了穷人的利益投身社会活动。在很多情况下，这些女性改革者成为虔敬派的掌门人。她们招收新的信徒，鼓励信徒更热情、更开放地描述上帝直接启示的体验。虔敬派女性特质最突出、最引人注意的例子发生在摩拉维亚，那里的一些虔敬派教徒信奉的是一位女性耶稣。

英国循道宗也是允许女性布道的领航者。虽然循道宗的社交风尚比较保守，男女要分开参加祷告集会，但是卫斯理的“阿米尼乌斯”愿景，所有灵魂都是平等的，都能蒙受神的恩典，鼓励所有有能力布道的信徒担任这份工作，最终女性也加入了这一行列。在此之前，尽管公谊会（又称“贵格会”）17 世纪时曾鼓励女性布道，尽管一些相信千禧年之说*的清教徒派系，比如震教徒**，也曾经追随过女性先知，但不论任何教派的基督教神学家都认为女性布道违反了《圣经》的禁令。不过从 18 世纪 30 年代和 40 年代开始，出现了女性的世俗宗教团体领袖，她们的主要工作是组织和主持会议。格雷斯 · 穆雷（Grace Murray）就是其中之一，她在 1742 年成为伦敦世俗循道宗教徒首领，随后成为纽卡斯尔世俗循道宗教徒首领，并在之后去往爱尔兰建立了女性循道宗祷告小组。女性在循道宗中高度活跃，使得批评者控诉卫斯理所倡导的运动鼓励母亲和妻子抛家弃子。虽然卫斯理最初反对女性布道，但是对于女性在小团体布道的现象，他和循道公会的其他领导者持纵容的态度。1760 年，萨拉 · 克罗斯比（Sarah Crosby）在有过被她称为上帝召唤的体验后，

* 千禧年之说：基督教中的一种说法，认为耶稣会复活并为王一千年。——译者注

** 震教徒：贵格会在美国的一个分支。——译者注

成为了一名循道会教徒。她在德比（Derby）组建了新的循道宗团体并担任牧师。1761 年初，卫斯理正式批准萨拉成为第一位女循道宗牧师。在 18 世纪 70 年代和 80 年代，更多女性成为循道宗牧师，为循道公会的迅速壮大做出了重要贡献。[9]

18世纪欧洲的犹太教与伊斯兰教

犹太教

犹太教徒在欧洲大部分地区都得不到法律的承认，是一个在社会和文化上都与众不同的群体。东欧现有大约 100 万犹太教徒。中世纪晚期被驱逐出西欧之后，他们定居的土地后来分别属于俄罗斯、波兰立陶宛联邦及哈布斯堡帝国。这些德系犹太人又称东欧犹太人，努力地遵从《希伯来圣经》（*Hebrew Scripture*）中的犹太教传统和法则生活。不论在法律上还是在文化上，他们都被外界隔离起来，不允许在其他区域活动，不能够拥有土地，不能从事大部分职业，必须向政府缴纳重税来换取保护，以免遭到非犹太教徒的攻击。但这种保护实际上近似于无，因为各地政府常常由于担心基督徒的生意被犹太人排挤而定期驱逐犹太人，或者采取强硬措施对待他们。1727 年，叶卡捷琳娜一世颁布法令，将犹太人逐出俄罗斯的边界省份。1742 年，她的女儿伊丽莎白一世将驱逐范围扩大到了整个俄罗斯帝国。最终，1791 年叶卡捷琳娜二世下令犹太人改信东正教，否则便要退回到俄罗斯与立陶宛之间的“定居区”* 内，在定居区的犹太人须缴纳重税，并且得按照要求住在小镇，或称犹太镇中。唯一免于执行此项驱逐令的是快速发展的港口城市敖德萨。敖德萨位于黑海北岸的“新俄国”地区，即俄国刚从土耳其获得的土地。为了吸引移民，政府向少数民族（包括高加索农奴、波兰及乌克兰农民）和宗教少数群体（如门诺派、希腊东正教及犹太教教徒）提出，如果他们移居此地区，将给予他们个人自由。同样施行犹太迫害政策的还有玛丽娅·特蕾莎，在 1744 年继承波希米亚公爵爵位后，她下令驱逐犹太人。四年后，玛丽娅·特蕾莎成为奥地利女皇，她允许犹太人留在奥地利，条件是犹太人须每十年缴纳一次被称为“女王的黄金”的特殊税。

尽管政府提供的保护有限，犹太教徒依然会寻求这些庇护。他们惧怕愤怒的天主教徒和新教徒，因为这些人信奉的教义及整个社会环境都对犹太人充满了敌意。自中世纪以来，天主教的教义就宣扬犹太人杀害了基督，导致教徒普遍认为犹太人会定期举行仪式，并将基督徒的孩子作为祭品。除了相信犹太教对基督徒的暴力行为（又称“血液诽谤”）之外，许多基督徒还认为犹太人是顽固的外来者，他们不属于这里，也不愿融入欧洲的文化，不愿为公共福利事业出力，反而用不正当的商业手段占人便宜，比如放高利贷。这种偏见导致了东欧地区在整个 18 世纪频繁爆发针对犹太人的集体性暴力事件。

* 定居区（Pale of Settlement）：又称“栅栏区”，犹太人拥有长期居住权的地区，位于俄罗斯西部边境。——译者注

例如在1736年和1768年，由乌克兰和波兰农民组成的非法军事组织在发动反抗波兰贵族的起义时，将犹太人也当作攻击目标。

西班牙系犹太人，或称西班牙犹太人，是一个不同的群体。他们普遍受过良好的教育，在商业活动中较为活跃，而且比德系犹太人更好地融入了欧洲文化。他们的祖先在15世纪被逐出西班牙，此后便定居在一些商业城市，诸如阿姆斯特丹、威尼斯、伦敦、波尔多和法兰克福等地。与流散在法国的加尔文教徒一样，西班牙系犹太人与世界各地的犹太教徒都保持着联系，这个联络网为他们的贸易提供了支持。借助犹太人的关系网络以及由此所积累的财富，“宫廷犹太人”开始在欧洲中部崛起。他们的工作是帮助想要扩充军队的王侯寻找资金来源。虽然一些宫廷犹太人家族因此获得了巨大利益，并与欧洲的一些统治家族建立了密切联系，但是这些富有犹太银行家的令人瞩目的成功再次加深了民众的偏见，特别是德意志地区的农民，他们将所有犹太人看作自私自利的社会寄生虫。

18世纪，欧洲经常出现类似的反犹太主义。英格兰生活着一小群犹太人，那里的人对他们的接受程度相对高一些。1753年，英国议会通过了一项名为《犹太法典》的法案，允许国外出生的犹太人加入英国国籍（允许他们在进行臣服宣誓时略去“以一个基督徒的真正信仰”这样的语句），这引发了英国民众的广泛抗议。抗议者担心一旦实行此法典，犹太人就会与自己竞争，损害自身经济利益。于是他们组织起来，强制要求撤销该法典。启蒙运动中的一些作家，如洛克和莱辛，呼吁接纳犹太人，以展现英国人的宽容大度；但也有一些作家，如伏尔泰、霍尔巴赫，则批评犹太教是落后的、迷信的宗教组织。伏尔泰取笑犹太教的仪式，例如割礼及洁食规定，认为它们是古怪荒诞的；他还认为犹太人对《圣经》中所述历史的信仰是不合常理的。此外，“犹太人是上帝的选民”这一犹太教义也违背了理性主义和自然神论的宽容精神。

犹太人坚持遵循本族的法律传统，坚持使用希伯来与意第绪语，即便对于倡导宗教宽容的约瑟夫二世，这也是很难容忍的。他颁布的《宽容特许状》(*Toleration Patent*)* 要求犹太人在填写法律文件中包括名字在内的内容时都使用官方语言（德语），并且服从君王而不是宗教教规。《宽容特许状》虽然无意解决犹太人在某些方面仍旧受到排斥的现状，例如犹太人仍然不得在首都维也纳定居，不得拥有土地，不得掌管同业公会，不得在公共场合做礼拜，但是试图“通过同化犹太人的下一代，让他们接受更好的科学、艺术和手工艺方面的指导和启蒙，让犹太人变为对国家更有用和服从性更强的群体”。约瑟夫二世希望犹太人能舍弃自己独立的文化传统，融入奥地利文化，继而从事新的职业，服务社会（包括服兵役）。为了达到这一目的，犹太人受到了比以往更加严苛的限制，例如一定要留胡子，礼拜日中午之前不能出门，行踪要受到限制，以及在办理行政和司法事务时要上交特别费用。

总的来说，东欧地区的犹太人拒绝响应融入奥地利文化的号召。

* 约瑟夫二世于 1781 年颁布《宽容特许状》(*Patent of Toleration*)，于 1782 年颁布《宽容令》(*Edict of Tolerance*)。——译者注

但是，一些犹太教的领导，尤其是那些家境较好的、受过较高教育且在城市生活的犹太人，他们呼吁社区内的犹太人改变信仰、风俗和习惯，以达到哈布斯堡王朝和普鲁士王国改革者的期望。越来越多的犹太人开始广泛接触当代、世俗、社会和政治思想，这种潮流引发了后来的犹太启蒙运动。该运动的倡导者试图创造一个宗教，它集神学、伦理学和宗教教规于一体，与理性保持一致，而且他们想要效仿基督教教徒沃尔夫和莱布尼茨，让犹太教成为全人类的信仰之源。

犹太启蒙运动中最著名的作家当属摩西·门德尔松（Moses Mendelsohn）了。他早年学习犹太教法典《塔木德经》中的学问。在18世纪50年代中期，他来到柏林广泛学习基督教和世俗哲学知识，并遇到了莱辛、康德这些著名的德语作家。最终，他得到了腓特烈国王的赞助和庇护。门德尔松在作品中描述了一个在人性问题上宽大仁慈的上帝，并讲述了天启论，如世界是怎么创造出来的，而这一切都与英国自然神论者的学说不谋而合。在之后的18世纪80年代，一些辩论家攻击门德尔松，指责他拥护犹太教的至尊地位，否认欧洲文化的基督教基础。于是他写下了他最著名的作品《耶路撒冷：论宗教权利与犹太教》（*Jerusalem, on the Religious Power and Judaism*）。在书里，门德尔松没有抨击宗教组织，也没有提倡消灭信仰或习俗。相反，他呼吁制定宽容政策，反对政府和宗教领袖遏制个人信仰的做法。他认为每个人都应该理性地追求个人宗教信仰，并由此找到他们所认同的合适的世俗法律。门德尔松这一著作鼓励人们选择个人宗教信仰，呼吁国家不要官方承认或支持某一个宗教。因此，他所倡导的宽容这一概念比洛克所提倡的范围更加宽广。与那些英国辉格党成员和法国哲学家相比，门德尔松在很多方面的活动更为积极，倡导为宗教共存和政治自由创造条件；在随后的几个世纪，这种思想成为政教分离理论产生的温床。

伊斯兰教的形象和现实

在 18 世纪的欧洲中南部地区还生活着大量穆斯林。在此前不久的 1653 年，奥斯曼帝国就曾威胁占领哈布斯堡帝国的首都维也纳，而且在 18 世纪初始的几年里，如今的匈牙利，以及整个巴尔干地区和希腊半岛都被土耳其人控制着。在这些土地上居住的人包括罗马天主教徒、东正教教徒、新教徒和犹太人；沿达尔马提亚海岸还生活着大量转信伊斯兰教的奥斯曼帝国政府工作人员。18 世纪的伊斯兰教与新教和天主教一起，见证了一股持狭隘道德观的改革风潮的兴起，即瓦哈比派（Wahhabism）的产生。一位名叫穆罕默德 · 伊本 · 阿卜杜勒 · 瓦哈比（Muhammad ibn-Abdul Wahhab）的阿拉伯神职人员宣称他感知到奥斯曼帝国宗教和政治精英们已经滑向软弱和腐败的深渊，因此倡导采用新的宗教形式。这场宗教运动主要影响了阿拉伯和北非地区，但对欧洲的穆斯林也产生了重要的间接影响，原因是瓦哈比派迫使奥斯曼帝国政府把主要精力用于保护伊斯兰教圣地麦加和麦地那，导致帝国从 17 世纪中叶开始，直至 18 和 19 世纪期间，逐渐失去其欧洲领土。

然而，哈布斯堡帝国天主教徒和俄罗斯帝国的东正教徒在继续谴责“异教土耳其人”的同时，对他们还抱有一定的恐惧心理。他们认为“异教土耳其人”是异端邪说支持者，是“错误宗教”的信奉者，会对欧洲基督教造成威胁。开明宗教和自然宗教（包括自然神论）的拥护者，用两种截然不同的方法来描写伊斯兰教：一方面，伊斯兰教代表了核心信仰，即一神论和理性主义的普遍性；另一方面，伊斯兰教被视为18世纪欧洲启蒙运动的威胁，因为其神职人员在文化、社会和政府占据着中心地位。对18世纪的基督徒而言，特别是那些深受英国文化影响的基督徒，他们对“天主教徒”会威胁到“新教真理”和政治自由的担忧是公开的秘密，但穆斯林的出现让他们更加不安。有些人曾提倡宽容政策，提出在教徒任职时免除宗教评估。但是他们随即面临的问题是：得以获得国家统治权的人“会不会是一名犹太人”，更令人忧惧的问题是，这个人“会不会是一名穆斯林”？对那些支持启蒙运动宗教宽容思想的人，和那些坚持本人的宗教信仰是唯一真正的信仰的人来说，伊斯兰教无疑是，并将永远是宗教冲突的象征，它带来的威胁将使得自由和富裕的人们遭受冲突、暴政或腐败之苦。

宗教信仰，宗教改革和废除奴隶贸易

本章已经讲述了宗教生活如何随着18世纪最重要的思想运动——启蒙运动的进行而蓬勃发展。二者在某种程度上不仅共存而且相互促进。其中最明显的一个例子就是英国废奴运动的兴起。该运动由启蒙运动的理性主义者和基督教福音派改革家提出，并提供大力帮助。福音派改革家来自循道宗和其他一些持异议的清教宗派（非圣公会），如贵格会、浸信会。后来随着时间不断推移，越来越多的圣公会神职人员也加入进来。这些改革家倡导形成一种基督教义，使之能够更有效地向普通人传播宗教思想，鼓励信徒面对罪恶不要轻易宽恕，并为恢复良好的道德秩序和社会秩序做出努力。比如，一些神职人员和非神职人员在布道时、在书中、在报纸上呼吁进行道德改革，以打击公娼、酗酒等恶习。

在参加废奴运动的人当中，有一位名叫约翰·牛顿。他是一名船长，负责运送奴隶去往南卡罗来纳州、加勒比海等英国殖民地。在一次运送航行中，他遇到了另一艘船的船长。这位船长是一名牧师，他向牛顿布道，告诫他要忏悔自己的罪恶，并传播教义。后来，牛顿成为了奥尔尼镇的福音派乡村牧师。在那里，他因反对奴隶买卖的罪恶行径而出名。牛顿的赞美诗，如《耶稣这名甜美芬芳》（*How Sweet the Name of Jesus*）、《奇异恩典》（*Amazing Grace*），气势恢宏、情感真挚，诗中呼吁基督徒拥抱和平，为社会正义而奋斗，是英文赞美诗中最著名的几首。牛顿在其人生的最后 30 年，自费在英格兰各处布道千余次并出版了 6 本著作，以呼吁停止奴隶买卖。如果只有他一个人为废除奴隶买卖制度奋斗，人们可能会觉得他是个怪人。但事实上，他是 18 世纪反对奴隶买卖的领军人物，是著名的历史学家。那时，奴隶制盛行，在很多人看来（尤其是一些牧师），为奴隶争取自由简直是天方夜谭。但牛顿的经历向我们展示了宗教信仰如何激起世界第一次人权运动，即废除奴隶买卖制度运动。[10]

1783 年，第一次有组织的宗教激进主义运动爆发。当时英国贵格会成立了一个六人委员会，在报纸上刊登文章，发放宣传册，谴责“奴隶买卖”。他们还把这些文章寄给皇室、议员、精英学校的学生（这些学生的父母有的从奴隶买卖或者苦役奴隶中获益）。在人们看来，甚至在福音派基督徒的眼中，贵格会这样做是将自己置身于主流之外。尽管如此，贵格会的宣传册还是起到了鼓励人们寻求社会进步的作用。贵格会的文章影响了一大批人。例如，一个笔名为奥拉达 · 艾奎亚诺（Olaudah Equiano）的人，曾经也是一名奴隶，后来居住在伦敦。他出了本自传，在书中描写了贩奴船和奴隶劳工的相关情况，吸引了成千上万的读者。贵格会的一本册子还引起了一位名叫托马斯 · 克拉克森（Thomas Clarkson）的剑桥大学学生的注意。托马斯的经历和生活在 18 世纪早期的约翰 · 卫斯理十分相似，他改变自己的信仰并投身于废除奴隶交易的行动中。托马斯 · 克拉克森曾写过一篇引人深思的短论，名为《论奴隶制和人种买卖》（*On the Slavery and Commerce of the Human Species*）。他联合呼吁废除奴隶买卖制度的贵格会，对奴隶买卖的程度和情况进行了广泛研究，为废除奴隶买卖制度做出更大的贡献。

随后，1787 年，克拉克森与其他 11 个人在伦敦共同建立了废除奴隶交易委员会。他们的小团体以贵格会的社团模式为模板，后来成了地区性独立团体的国际联合会。所有联合会的成员团体都完全致力于废除奴隶贸易的相关教育和行动。他们的运动在五年内吸引了 30 万名英国会员，占英国人口的三十分之一。这些会员加入运动的原因并不一致，有些是出于对上帝的虔诚信仰，认为所有上帝的信徒都是平等的；有些则是受启蒙运动影响的理性主义者，主张宗教宽容和天赋自由。无论出于什么原因，他们一致向政府施压，要求政府约束奴隶贸易，哪怕这一行业是英国经济最重要的组成部分。而且，他们做出了一个明智的政治决策：不求一蹴而就地达到解放英国殖民地的全部奴隶的目标，而是先走出迈向目标的第一步，从法律上宣布在殖民地买入奴隶为非法行为。

联合会通过多种方式增加影响力：会议、集会、演讲、手册、海报，以及创新性的方式——通过邮件发出筹资请求，以及通过销售特制的袖扣、帽针、胸针，让普通民众也能表达他们的支持。最终他们成功组织了一场运动向众议院施加压力，要求废除奴隶贸易。很多民众道德信仰的产生来自于循道宗的布道。这场废除奴隶贸易运动将个体的道德信仰同“政治走出去”，即组织那些原本没有资格在议会投票的人采取有效的集体行动，结合在一起。同时，该运动得以顺利发展的另一个原因是，在英国和美国的报纸广泛报道了法国殖民地瓜德罗普（Guadeloupe）和圣多明各发生的奴隶暴乱后，政府害怕再度发生奴隶起义。1792 年，英国议员威廉·威尔伯福斯（William Wilberforce）提出了一项将奴隶买卖认定为非法的提案，尽管该提案直到 1807 年才被通过并成为法律，这仍被看作是废除奴隶贸易运动的第一个胜利。哲学家孔多塞也是废奴运动的支持者，他在1789年创建了一个法国废除奴隶贸易社团。他预想，纸质媒体将使得观念的传播范围变得更广，传播速度变得更快，而社会将因此进步。他还预言，理性的传播将带来社会的进步，而代价是宗教信仰和宗教习俗的弱化。

第九章

民主革命的前夜

整个18世纪，欧洲的统治阶级，即传统贵族、农村士绅和城市新贵族，与国王及诸侯们共享权力，他们彼此之间钩心斗角，但整个统治体系在1770年前还是相对稳定的。在这种权力架构下，普通民众的要求无论多么合理，苦难何等深重，统治阶级都置若罔闻。然而在18世纪的最后20年，就连最为独裁专横的君主也感受到了整个社会的巨大压力。欧洲许多国家的军费以及其他各项费用开支不断增长，但由于贵族拥有免税特权，财政问题日益恶化。非贵族阶层不断呼吁国家政府顺应民心，改弦更张。在大西洋彼岸，美国独立革命向欧洲各国展示了变革的力量，但彻底颠覆欧洲传统权力金字塔的则是1789年的法国大革命。本章主要阐述欧洲各国的旧制度是如何分崩离析的，而一部分历史学家认为，君主专制体系的瓦解正是18世纪晚期欧洲民主革命风起云涌的原因。

旧秩序的崩溃

早在 18 世纪之前，欧洲社会便一直动荡不安。但除了少数几次重大变革，如 18 世纪 40 年代的和 1688—1689 年的英国资产阶级革命，欧洲现代社会早期的大部分动乱影响范围都很小。参与动乱的普通民众也没有推翻国家政府的意图，而是希望以行动促进社会的变化与进步，让平等的观念深入人心。

直到 18 世纪 70 年代，欧洲传统式的反抗与暴动依然此起彼伏，而发生在哈布斯堡帝国波希米亚农村地区的一连串暴动事件影响力最大。长期以来，波希米亚地区的农民一直坚持反抗教会与地主们的剥削，并在 17 世纪举行了几次大规模起义。18 世纪 50 年代，波希米亚地区渐趋稳定，但哈布斯堡帝国其他地区（特兰西瓦尼亚、匈牙利、斯洛文尼亚和西里西亚）的农民因贵族、教会与国家的强制征税行为再度发起暴动。农民们最反感的就是为贵族领主们服劳役。为平息社会动乱，玛丽娅·特蕾莎女皇统治下的帝国政府于 18 世纪 60 年代实施土地改革，并向农民承诺削减劳役。但由于地方贵族掌控了波希米亚国会，所有土地改革政策都寸步难行。与此同时，贵族地主们大量出口粮食以牟取暴利，结果农民没有足够的食物维持生活，缺粮情况日益恶化，最后导致饥荒蔓延。一位受过良好教育的农民马赛厄斯·周沃贾科（Mathias Chwojka）发动起义，反抗贵族地主们的劳役，但斗争的矛头却没有对准封建庄园制度。一座又一座村庄响应这次起义，整个波希米亚的农民们拒绝为贵族地主服劳役，一部分农民甚至开始向波希米亚的首府布拉格进军，攻击破坏沿途的贵族庄园。这次起义是传统式的农民暴动，没有提出任何政治口号与目标，但帝国政府依旧派遣近4万名士兵对其进行镇压。[1]虽然政府军最终获胜，但这次起义的影响力却是不容忽视的。1780年，约瑟夫二世继承了哈布斯堡帝国的皇位，随即便大刀阔斧地进行了土地改革（详情见第三章）。

尽管农民起义此起彼伏，但18世纪70年代的欧洲社会比之前的任何一个时期都要稳定。正如一位历史学家所说，生活在欧洲的人们“确信自己已经迎来改革的时代”，在经历了文化与政治的觉醒阶段之后，他们不想再进行任何深层次的变革。[2]然而稳定只是假象，18世纪末，欧洲各国的政府体系已经出现明显的问题，即将迎来前所未有的重大政治变革。政府的软弱与变革的压力源于两个相互关联的因素：首先，君主无力建立一个高效运作的集权政府；其次，拥有特权的精英们无法对民意视而不见。在这种压力下，产生了两种形式的政治变革：循序渐进式与暴力对抗式。循序渐进式的改革主要表现为宪政改革，即建立或者强化一些地区和国家的代表机构，在某种程度上满足公众的社会需求。但改革也可以通过暴力对抗的方式来进行，因为普通民众在经济、文化与政治领域都对精英阶层极为不满。我们首先以18世纪末的波兰、俄罗斯与荷兰为例，来研究这次变革。在上述三个国家，君主的权力受到多方面制约，这其中包括外部势力、本国社会精英，以及持有不同政见并声称为老百姓说话的“爱国者们”。之后，本章将深入研究导致欧洲旧社会解体的重要历史事件，包括18世纪70年代英属北美殖民地的独立革命和1789年的法国大革命。

第二次瓜分波兰

1772年，波兰首次遭到瓜分（详见第一章），波兰的爱国者们（包括贵族与非贵族成员）无不引以为耻。他们在启蒙思想中普世主义、宽容理念与重商主义的影响下，掀起了大规模的国家复兴运动。波兰国会采取各种措施对地方议会进行限制，强化中央政府的权力，并授予国王发行货币和对进出口商品征税等特权，同时采取其他措施重振波兰的经济。18世纪80年代，这些改革政策令波兰政府的财政收入增加了一倍。1788年，俄罗斯与奥斯曼帝国之间爆发战争，大批俄军从波兰边境撤退，这为波兰提供了一个深入改革的机会，国内的改革呼声及民族主义思想也更加强烈。波兰国王斯坦尼斯瓦夫二世（Stanislaus Ⅱ）看到了一个实现加速改革的机会，他一方面颁布法令限制贵族地主对农奴的暴力行为，另一方面又积极鼓励地主们参与工商业贸易活动。在国会里，国王的支持者指责传统的波兰政治体系，其中包括自由否决权（即对王国各省的否决权）、政治特权（如贵族免税权）及软弱而又散漫的君主制。这些爱国者呼吁颁布一部正式的宪法，内容应包括组建一个更为强大的国民议会，以及训练一支善战的军队，他们认为这是保证波兰外交独立的必不可少的条件之一[3]。

1791年5月3日，呼吁政治改革的声音终于得到了回应，波兰国会颁布了新宪法。新宪法赋予国会立法权；撤销地方议会（地方否决权也一并废除）；取消无地贵族的投票权，因为这些贵族往往会受到豪强势力的支配；在国会里为中小城镇设立席位。最后，新宪法也授予君主有限的行政权力。但与约瑟夫二世在哈布斯堡帝国所推行的改革措施相比，波兰的新政策显得过于温和，农奴制度并未完全废除。新宪法维护了社会的基本秩序，传统精英阶层的权力几乎毫发未损。但即便如此，波兰的一些地方豪强认为这种民主改革措施十分危险，呼吁俄罗斯女皇叶卡捷琳娜二世对波兰进行干涉。1793 年 3 月，俄罗斯结束了对土耳其的战争，随即派兵再次入侵波兰，与普鲁士联手将波兰的民主革命扼杀在萌芽状态。

之后，波兰再次被瓜分，而第二次瓜分比第一次更为残酷。在瓜分行动初期，美国独立战争中的一位英雄撒迪厄斯 · 科修斯科将军领导波兰爱国者发动起义，旨在从俄罗斯的统治下解放波兰，并恢复 1791 年改革的各项政策。但到 1795 年，科修斯科领导的起义军遭到镇压，波兰被第三次瓜分，也是最后一次被瓜分。这个曾经的欧洲大国在改革自救的道路上半途而废，在欧洲的版图上彻底消失了。

俄罗斯的普加乔夫起义

波兰因国力软弱而灭亡，但这并非 18 世纪的欧洲国家陷入政治动荡的唯一原因，甚至也不是最主要的原因。事实上，专制集权的俄罗斯帝国也爆发了一场大规模起义，即 1774 年的普加乔夫起义。叶卡捷琳娜二世统治期间，俄罗斯在超过十年的时间里一直实行高度分散制国家管理政策，由于种族与宗教的多样化，除核心地区的莫斯科大公国外，俄罗斯帝国其余的领土基本各自为政。在农业经济方面，俄罗斯边远地区的贵族领主与中心地区一样，对农民拥有极大的支配权。俄罗斯帝国的疆域不断向东南方向扩张，占领了之前向波斯帝国索要的地区，之后帝国政府开始在伏尔加地区南部，尤其是在少数民族和宗教少数派地区实施“内部殖民”政策。这些少数民族包括与俄罗斯一同反对奥斯曼帝国的鞑靼人和哥萨克人，但他们不愿意加入俄罗斯军队。伏尔加河河谷也吸引了大批没有土地的农奴，或是通过参军作战恢复自由之身却没有土地的农民。他们迁移到边境地区建立家园，而当地的哥萨克人试图在部落长老的领导下建立自治区。

叶卡捷琳娜二世与俄罗斯贵族们一直在寻找控制伏尔加河流域以及当地民众的方法。贵族领主们试图重新建立封建统治，并强迫农民进行义务劳动。而帝国政府则强迫哥萨克部落的长老们服从帝国的权威，并命令全体哥萨克人为俄罗斯服务。服务内容包括缴纳捕鱼税与义务兵役等。任何拒绝为帝国服务者都会被逮捕，例如抗税不交等。一些哥萨克人因此被沙皇的士兵们鞭打甚至处决。其他少数民族以及宗教少数派试图维护自己的权利，比如鞑靼人，结果俄罗斯政府强迫所有鞑靼人改信东正教。鞑靼人是游牧民族，以牧牛放羊为生，俄罗斯政府试图强制他们定居在某个地区并从事农业生产，以便征收农业税。为了控制伏尔加河流域，俄罗斯政府修建了一座名叫奥伦堡的城市作为该地区的首府，这个举动引起了当地鞑靼人、哥萨克人及其他少数民族的敌视。为了商业出口，俄罗斯政府采取各种措施提高经济生产，特别是18世纪中叶在伏尔加河河谷北方的乌拉尔山地区大力发展采矿与加工业，使伏尔加地区受到剧烈冲击。帝国政府和矿山的业主们征召大量农民为他们工作，其中包括不少哥萨克人，他们的待遇与其他地区的农奴毫无差别。这些举措使得伏尔加河河谷地区的人民对俄罗斯帝国更加反感。这种不满最终在1773年爆发，哥萨克人埃米利安·伊万诺维奇·普加乔夫（Emillian Ivanovich Pugachev）发动了一场规模空前的起义。

《普加乔夫》。这幅现代风格的版画描绘的是1775年普加乔夫起义失败后的情景，普加乔夫本人最终被俘，关进牢笼，手脚都戴上了镣铐。（来源：阿拉米图片库）

普加乔夫几乎不识字，之前曾是俄罗斯军队的一员，但受到军官羞辱之后便逃离了军队，随后投奔哥萨克人，自称是沙皇彼得三世。彼得三世统治了俄罗斯不久便被他的妻子，即后来的女沙皇叶卡捷琳娜二世废黜并监禁，在狱中被杀。这位沙皇深受农奴、农民以及一些宗教抗议者的爱戴，因为他在位时间虽短，却推行了各种改革措施。彼得三世死后，所有改革政策都被废除，直接引发了俄国中部地区的农民大起义，仅在 1760—1770 年间就爆发了大约 30 次农民起义，许多贵族与地主在起义中被杀。彼得三世的理想化政策让农民们认为他是一位“救世主沙皇”，能将自己从压迫中解放出来。1773 年秋，普加乔夫组建了一支组织松散、缺乏训练的农民军队，并向奥伦堡进军，进而控制了从乌拉尔到伏尔加河流域的大部分草原地区。他宣布建立一个“万民称颂的沙皇国”，答应解放农奴、废除税收和义务兵役，并收回贵族地主的权力。[4]

虽然这次起义并未对俄罗斯帝国构成严重威胁，而且草原地区的控制权依然掌握在帝国手中，但这场起义证实了叶卡捷琳娜二世和她的顾问所担心的问题：俄罗斯国内有许多人，特别是边疆地区的少数民族及宗教少数派，正在成为帝国崛起的障碍。此外，叶卡捷琳娜还担心国外势力支持普加乔夫的叛乱。1774 年初，叶卡捷琳娜派遣一支全副武装的军队镇压这次起义。在广阔的草原上，普加乔夫与他的追随者们一直避免与政府军正面作战，并于 1774 年 7 月占领喀山，喀山周边地区的许多贵族地主及其家庭成员被起义军处决。

普加乔夫在喀山建立政权，并向该地区的农民发布公告，免除他们的赋税与兵役，并保证他们的宗教信仰自由。他敦促自己的追随者攻打贵族庄园，处决贵族及其家庭成员。[5]普加乔夫起义军的队伍超过了两万人，但这些人没有接受过军事训练，不遵守普加乔夫撤往哥萨克人聚居区进行休整的命令，俄罗斯政府军又紧追不舍。1774年夏末，普加乔夫回到自己的家乡顿河谷，但当地的哥萨克人开始反抗他的统治。这些反对者有不少都是当地的地主，他们认为这次起义破坏了本地的经济，几乎引起饥荒；此外，他们也担心政府军会对起义者进行残酷的清洗。普加乔夫的部下们决定将自己的领袖抓住交给政府军，以换取自己活命的机会。普加乔夫被俘后，政府军把他关在一座铁笼子里运回莫斯科，他受到严刑拷打，之后被处决。这次起义说明俄罗斯边疆地区的民众对帝国政府的统治极为不满。宗教少数派、少数民族、农奴、矿山和工厂的工人们都十分憎恨政府的征兵制度、苛捐杂税、贵族特权，以及强制信奉东正教的规定。为了缓解人民的敌对情绪，叶卡捷琳娜二世很快颁布了一项温和政策：限制死刑，用人道的方式处决反叛分子，而非按照旧传统对其五马分尸。[6]但她的其他政策则更为冷酷果断。为了避免更多的起义动摇俄罗斯帝国对伏尔加地区的统治，叶卡捷琳娜二世与奥斯曼土耳其帝国签订了《库楚克–开纳吉条约》(*The Treaty of Kuchuk Kainarji*)，通过这个条约，俄罗斯获得了在黑海上自由航行的权利。在漫长的一段时期内，叶卡捷琳娜政府着手强化边境地区的官僚行政系统，由当地的地主们作为代表行使各种职权，提高了各种法律规章的实施效率。此外，叶卡捷琳娜颁布了一项影响力更为深远的法令，即 1785 年的《贵族宪章》(*Charter of the Nobility*)，该法令强化了贵族地主们对农奴的控制，并禁止以任何方式将土地分配给农民。

如果普加乔夫起义预示俄罗斯帝国的旧制度行将崩溃，那么帝国政府的镇压与扼杀则表明独裁顽固势力已经掌握了整个国家。随着新的行政机构与制度的建立，帝国政府及贵族们手中的权力得到了巩固，努力争取自治权的边境地区人民只能在强权的铁蹄下挣扎、呻吟。

荷兰爱国者的革命运动

18 世纪 80 年代，荷兰爆发爱国革命运动，其结果是代议制政府取代了日益衰落的君主政权。荷兰共和国是一个联邦国家，其领土由 7 个位于欧洲西北部的低地行省共同组成，其中荷兰省的面积最大，商业最为发达，而且政治影响力也最为深远。16 世纪晚期，这 7 个加尔文教派占优势的行省为了独立，与哈布斯堡帝国的西班牙天主教势力英勇作战，最终于 1580 年赢得自治权。荷兰共和国独立后，以宗教宽容、权力节制以及高度发达的商业经济闻名整个欧洲大陆。17 世纪的荷兰成为欧洲商业最为发达的国家，其首都阿姆斯特丹是欧洲大陆进口贸易的最大港口。17 世纪初，荷兰在最高执政的高效治理下受益颇多，最高执政一职类似于执行官，由各行省的上层人物共同选出；荷兰政府的历任最高执政都大力发展商业，利用自己的威望及民众的尊敬统治整个荷兰，并欢迎欧洲各地的宗教少数派来荷兰定居。17 世纪晚期，荷兰由威廉国王及其妻子玛丽王后共同统治。威廉是奥兰治家族的成员，信奉加尔文教；而玛丽是英国斯图亚特皇室的远亲，信奉新教。1688 年，威廉与玛丽在辉格党人的支持下成为英国的国王与王后，荷兰的未来似乎一片光明。但事实正好相反，荷兰在 18 世纪开始走下坡路，并于 18 世纪末爆发了史上最严重的一次政治动荡。

威廉国王和玛丽王后离开荷兰前往伦敦时，他们并未留下子嗣，或者指定合法继承人，荷兰最高执政职位成为空缺。1747 年前，荷兰共和国一直处于群龙无首的状态，直到 1747 年的改革运动恢复了奥兰治－拿骚家族的统治，威廉四世成为荷兰最高执政和荷兰军队总司令。这次复兴运动使荷兰再度成为欧洲政治格局中的一方霸主，尤其是在奥地利王位继承战争以及与法国人的一连串较量中表现突出。但法国的侵略令荷兰的诸多城镇饱受战火洗劫，对威廉四世的民心与威望均造成了不利影响。威廉四世在位仅仅四年便匆匆辞世，他的儿子兼王位继承人威廉五世却只有三岁，一直到 1766 年成年后才宣布亲政。在此之前，荷兰最高执政之位形同虚设。但威廉五世亲政之后，他也未能成为荷兰真正意义上的最高统治者。荷兰皇室是英国皇室的远亲，后来又与普鲁士王国联姻，但最终都未能结成联盟。由于荷兰国内局势的复杂，政府机构的财政收入与开支均受到限制，但不管威廉五世还是各行省的摄政官，从未采取过任何措施去强化国家权力。结果，无论是面对国内强大政治集团（奥兰治党，the Orangists）要求改革的呼声，还是城市商人阶层要求更多政治权利的运动，荷兰政府都毫无作为。[7]

在荷兰动荡的岁月里，奥兰治党人宣称要重建一个强大的荷兰，使它的力量足以在外交及战场上维护荷兰的利益，并复兴荷兰的商业。但行省摄政官们却反对这项改革方案，理由是集权政策将会使君权凌驾于“共和”制度之上。反对者主要来自三级会议，三级会议的成员主要由荷兰7个行省的代表及各行省社会秩序机构的成员组成。这些行省代表，特别是荷兰省的代表们，背后都是一些支持寡头政治的贵族世家。摄政官们自命为行省利益的捍卫者，而为了捍卫这些利益，他们向内陆的农业省份征收重税，用来补贴沿海各省。与此同时，来自各个城镇的公民代表们形成了第三股政治势力。一方面，公民代表与最高执政合作，优先发展工商业（但同时也支持政府资助那些拥有土地的摄政贵族，并保护他们的特权）。但另一方面，公民代表也会和执政官们合作，反对政府在城镇的商品贸易上征收更多的税款。

三股政治势力的冲突导致荷兰政坛“三足鼎立”，直到1780年英国向荷兰宣战，理由是荷兰从阿姆斯特丹向北美殖民地的革命者出售武器。英国此举的目的，显然是为了阻止荷兰加入俄罗斯女皇叶卡捷琳娜二世建立的武装中立同盟，转而支持英国。荷兰无法抵御英国海军的攻击，数以百计的荷兰商船被英军俘虏，大片殖民地也被英国占领。荷兰三级会议中一批自诩为爱国者的人士不断在各种期刊、海报及小册子里批判最高执政，呼吁实现“祖国自由”，

荷兰的摄政官们。这些摄政官并非真正意义上的世袭贵族，但他们却拥有与传统贵族同等的特权，直接掌握着荷兰各个城市与行省的行政权力。以上画作由科内利斯·特罗斯特（Cornelis Troost）完成。（来源：阿姆斯特丹国立博物馆）

并督促最高执政尽快恢复宪政体制。

荷兰爱国者们分发的宣传册将行省与中央政府之间的纠纷激化为两大阵营之间的一场政治冲突，一方高举民权的旗帜，而另一方坚持贵族特权。这些小册子把最高执政和贵族们描述成一帮腐败分子，他们沉迷于阿姆斯特丹的时尚生活，身着华服，头顶精致的假发，眼中只有时髦的商品而非自己的责任与义务。爱国者以普通民众的美德对比政府官员们的软弱无能，说他们都是一群娘娘腔、自以为高人一等的废物及毫无道德的渣滓。这些宣传册在某种程度上反映了市民们的主要目的，例如降低消费税等。但实际上宣传册的内容太过粗浅，无法全面概括城市工商业阶层的利益需求。爱国者们的主要目标是，首先支持摄政官们督促最高执政确立三级议会统治地位的要求；而作为回报，摄政官们将答应各市镇的市民议会拥有自治权。但不管他们采用了什么样的手段，18 世纪 80 年代的荷兰爱国者们走的是一条天下共治的民主之路。[8]

荷兰全国的行会、军队、共济会团体、城市社会组织以及中产阶级社会成员，纷纷阅读并讨论爱国者们出版的报纸与宣传册。1784 年，英荷战争以荷兰的惨败宣告结束，这些爱国观点常常在荷兰民间引发民族主义情绪。城市商人、手工业者与商铺店主们恢复了昔日的城市民兵制度，并建立了名为“自由军”的武装组织抵抗政府军以及外国侵略者。城市中的各种典礼与仪式，例如新议员的选举、宣誓就职等场合，成为这些爱国组织活跃的舞台，他们以植树、张贴海报，以及在烟草罐与蛋糕盒上印刷自由女神肖像等方式，宣传爱国主义思想并承诺解放人民。最高执政的支持者，还有赞同法荷结盟对抗英国的人，建立了由奥兰治党人控制的出版社和反游行示威组织。奥兰治党人利用自己的标志（如奥兰治家族的橘子树）进行一系列宣传，表示支持最高执政，中央政府的权力应高于各行省。

18 世纪 80 年代末，荷兰两股政治力量之间的冲突更加激烈。1787 年，一支爱国者民兵组织在乌得勒支击败了奥兰治军队。同年夏，荷兰爱国者在格尔德兰省再下两城，奥兰治军队进行反击，荷兰陷入全面内战。为了把冲突控制在最小规模，荷兰行省议会宣布褫夺威廉五世总司令的头衔，并接管其驻扎在该省境内的所有军队。荷兰省首府阿姆斯特丹的市民们赶走寡头政府，洗劫奥兰治议会和摄政官的住宅。随后，爱国者们控制了共和国首都海牙，皇室家族的一部分成员被迫逃亡到边境地区。爱国者的领袖们还计划进行国家议会的选举，而这一举措将彻底推翻旧有的政治秩序。

威廉五世国王似乎并不在意自己的权力，但他的妻子威尔明娜王后（Princess Wilhelmina，普鲁士国王腓特烈 · 威廉三世的姐姐）担起了这份职责。普鲁士王国派遣了 26000 名士兵帮助威廉五世平定内乱，这支军队的总指挥是不伦瑞克公爵（Duke of Brunswick）。他是一位有名的将军，也是普鲁士国王腓特烈 · 威廉三世的表兄，英国国王乔治三世的姐夫。在英国与荷兰国内奥兰治派的支援下，普鲁士军队迅速击败了乌得勒支的爱国者军队并夺回海牙，威廉五世得以回国复位。到了 1787 年 9 月底，胜负已成定局，法国因国内政治危机无力为荷兰爱国者提供支援，普鲁士军队继续进军并攻占阿姆斯特丹。同年 10 月上旬，奥兰治党人重新控制了市议会、行省议会及三级会议。虽然奥兰治党于 11 月宣布全国大赦，但爱国者当中的领袖人物依然遭到残酷报复，约有 4 万名爱国者被迫逃离荷兰。[9]

与荷兰共和国南部接壤的是奥属尼德兰（也就是现如今的比利时），这些低地国家在荷兰独立之后依然被哈布斯堡帝国所统治。1787 年，奥属尼德兰地区也发生了类似于荷兰共和国的政治动荡，10 个行省的比利时贵族和市政官员集体反对哈布斯堡帝国皇帝约瑟夫二世的集权改革，他们认为改革措施将威胁本地区的传统与自由。这次政治动荡导致奥属尼德兰"议会党"（Estate Party）的诞生，议会党人赶走了奥地利统治者，并重建传统的三级议会。这次宪法革命的目标十分有限，其结果是比利时的"民主派"（democrats）成员于 1789 年发起了一场民主改革运动，一位名叫让－弗兰索瓦·冯克（Jean-Francois Vonck）的律师担任运动领袖。

但掌控三级会议的比利时贵族精英拒绝了冯克的温和建议，不愿增设下议院以便市民阶层有更多机会参政。相反，议会党人煽动农民围攻支持民主运动的律师和商人，结果比利时的反奥地利阵营出现分裂：一方是受天主教农民支持的当地贵族，他们希望通过哈布斯堡帝国政府获得自治权，对宪政改革态度暧昧；另一方是民主思想较强的律师、商人和市民，他们追求个人解放，并建立一个没有贵族的政府。这场内部冲突以比利时民主党人全部被驱逐而告终，独立运动大受打击，奥地利政府于 1790 年重新控制了奥属尼德兰，但几年之后，奥地利势力又被法国革命军扫荡一空。

民主党派的改革要求，以及贵族与寡头分子拼命维护既得利益，在低地国家引发了两次大规模的政治冲突。但总体来看，民主运动的过程相对温和，例如荷兰自由军的请愿活动，冯克等民运领袖也希望改革议会而不是将其推翻，但旧贵族势力却拒绝妥协。1789年后，以埃德蒙·伯克为代表的保守派作家攻击法国大革命残忍血腥，滥杀无辜，以暴力而非和平方式实现国家变革。但18世纪80年代后，低地国家的保守派掌握了政权，他们拒绝放弃任何权力与利益，与昔日的那些贵族老爷们没有任何区别。[10]

民主革命的转折点

英帝国的民众和改革者

英格兰保皇派叛乱者与荷兰及波兰的爱国者有所不同，其主要成员并非地主贵族，同时也拥有合法的政治渠道来散布不满言论。1688年光荣革命之后，英国政治精英达成共识，要建立一个强有力的中央政府，但直到1760年乔治三世即位时，英国的政局依然十分混乱。1715年与1745年，詹姆斯二世党人两次企图推翻汉诺威皇室，其阴谋均被粉碎，但英国议会的“党争”催生了“门外解决”（out-of-doors，即在议会之外）式的政治文化。伦敦的舆论媒体多数认为现任政府腐败无能又不负责任。受这些负面报道的影响，到了18世纪60年代，越来越多的英国人认为乔治三世和其顾问们是故意无视民意。

约翰·威尔克斯（John Wilkes）是一位国会议员，同时也是一名言辞犀利的记者，他成为民众发泄对政府不满情绪的时代先锋。1763 年，威尔克斯在出版的文章中攻击国王和比特勋爵，皇室下令以恶意诽谤的罪名逮捕他，威克尔斯逃往法国。下议院投票解除其议员职务，取消其议会豁免权。四年后，威克尔斯重返英国，并在伦敦附近的米德塞克斯郡（Middlesex）以候选人的身份参加国会议员选举，他的民主思想给当地的手工业者与商铺店主们留下了深刻

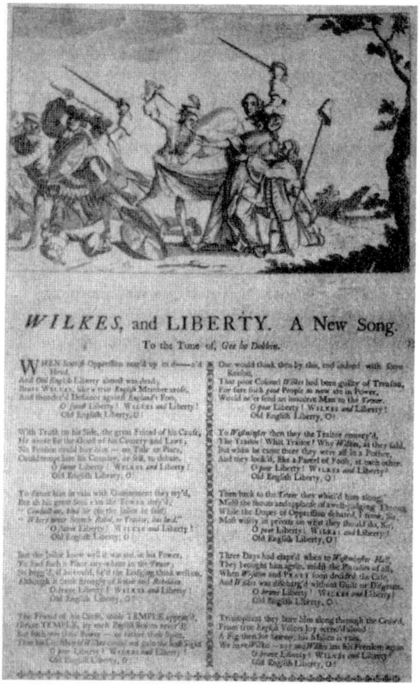

这幅画报上是一首支持威尔克斯运动的歌，插画上的民众举起手杖和长矛，戴上象征自由的帽子，所有人物的形象与装束都取材于法国大革命。（来源：美国国会图书馆）

印象。威克尔斯赢得了选举，但国会拒绝授予他议员资格；他两次提出质疑均遭否决，最后国会指定他的竞争对手担任议员。威尔克斯遭受的不公待遇正是国会漠视民意的表现。

威尔克斯的落选激起了轩然大波，最终演化为一场国家动乱。威尔克斯支持者的主力军并非议会的反对党，而是“门外”（即议会外）那些中层阶级成员，包括商铺店主、小商贩、手工业者带头人与技术工（他们当中有一部分人可以在米德塞克斯或伦敦参加投票），还有一部分人来自“民众”，包括普通工人和没有投票权的临时工。大批群众拉起写着“威尔克斯与自由”的横幅，发起声势浩大的抗议活动。1768 年 5 月，在伦敦的圣乔治广场上集会的民众超过 2 万人，英国当局认为这次集会严重破坏了公共秩序，于是派遣军队去驱赶示威者。士兵们向示威者开枪射击，12 人被打死。在这起流血事件当中，皇室与议会狼狈为奸，破坏自由的传统，坚持维护专制制度，令民众的不满与愤恨情绪更加高涨。与政府意见相左的媒体同示威者合作，使“威尔克斯与自由”抗议运动产生了深远的影响。威尔克斯获得了广大民众的支持，不仅赢得了议会席位，而且先后当选为伦敦市司法长官（1771）和伦敦市市长（1774）。

威尔克斯运动继续发展，最终于 1774 年成立了“权利法案保护协会”。该协会开展了一种全新的斗争方式，首先书写一份请愿书，然后收集支持者的签名，这种方式后来成为英国以及其他欧洲国家政治斗争的不可或缺的一环。在当时的政府反对党辉格党罗金汉派的声援下，来自英国15个郡的共38000余名土地拥有者在保护协会的请愿书上签名，此外还得到了其他十几个地区共17000余名民众的支持，总人数占全体合法选民的五分之一到四分之一。尽管这次请愿未能产生决定性的改变，却变成了一场全民运动的开端，其目的不再局限于帮助威尔克斯本人获得议会席位，而是要求对现行选举制度实施全面改革：国会议员任期由7年缩短为3年；废除只有少数人参与投票且腐败现象严重的选区；对于人口增长速度较快的郡，可适当增加其代表席位；限制政府对养老金的支配权及政治庇护权。虽然威尔克斯运动的支持者只有少数对上述改革政策感兴趣，但这些举措正是这场民主政治运动的意义所在。至少就当时形势而言，辉格党的罗金汉派不介意给乔治三世政府找点麻烦。

英国政府成员大多数认为“威尔克斯与自由”运动给整个社会

《威尔克斯鼻烟盒》。这幅鼻烟盒上的图画证明威尔克斯当时大受民众欢迎。威尔克斯的画像印在鼻烟盒盖上，烟盒的主人每次吸鼻烟时都能看到这个画像，以增强对威尔克斯的认同感。这个鼻烟盒同时表明，对奢侈品的痴迷与消费是当时上流人士的标志。（来源：大英博物馆管理者）

带来了不安。对于“暴民”骚乱的担忧在1780年急剧升温，当时一位名叫乔治·戈登的顽固派贵族收集了4.4万份民众签名，抗议政府对天主教实施宽容政策，结果在伦敦引发了长达一周的戈登骚乱事件。同年，英格兰中部地区出现了一场更为温和理性的政治改革运动，教士克里斯托弗·怀韦尔（Christopher Wyvill）成立约克郡改革者协会（Yorkshire Freeholders Association），并申请经济改革，呼吁终止国家赞助，成立更为民主的议会组织。1784年，当约克郡改革正在进行时，伦敦市民选举小威廉·皮特（William Pitt the Younger）及其盟友担任国会领袖。这是英国有史以来首次由普通民众投票选举议会的成员，而不是由议会本身的成员来决定。小威廉·皮特宣布了一项改革法令，废除36个腐败选区，并将原有的席位分配给人口较多的郡。这项法令相当温和，但依然遭到辉格党与托利党的联合反对，托利党担心“暴民”在政治上的影响力会不断扩大；辉格党则害怕政治制度的进一步民主化将导致议会成员只顾关注选民的利益，而非埃德蒙·伯克描述的“全国繁荣”。小皮特很快放弃了所有改革措施。但无论如何，1760年至1785年间，英国的政治制度业已摆脱了贵族博弈的旧模式。

北美殖民地的暴动

美国独立革命引发的民主政治改革是英国无法相比的，这次暴动的性质也完全不同。它是一场反抗帝国强权的起义，同时也带来了经济、社会与政治等多方面的重大变革。大部分美国人都认为独立革命是为了反抗英国政府的暴政，但实际上这次革命的起因与结果与大英帝国效率低下的统治体系密切相关，这套体系无法公平地维护商业及公共秩序。[11]

事实上，自18世纪40年代末起，历任英国首相都承认北美殖民地的行政管理体系需要进一步改革，以适应快速增长的人口、土地及财富。北美殖民地的人口增长速度十分惊人，1750—1770年，纽约殖民地的人口增加了一倍以上，而北卡罗来纳殖民地的人口则增加了5倍。许多人由沿海地区向内陆迁徙，寻找更多的土地（18世纪中期的北美殖民地是最为红火的土地投机交易市场之一）并建立新城镇（18世纪前四分之三的时间里，北美殖民地建立的新城镇共计264座）。在殖民地自动向西的扩张过程中，第一要务便是修建各种公共设施，比如设立法院裁决土地纠纷、修建公路以供行人来往和各种商品的流通，建立防御设施来对付当地印第安人的骚扰。但在这个扩张过程中，各类行政机构的建设总是漏洞百出，因此犯罪现象屡见不鲜，殖民地居民往往认为这是政府不负责任的结果。

北美殖民地商业贸易的增长速度十分可观，1747—1767年，殖民地对英国本土的出口额翻了一番，而进口额的增长更加迅速。18世纪60年代末，对北美殖民地的贸易额占英国海外贸易总额的四分之一以上。随着英国国内农产品价格的攀升（特别是烟草价格），以及从殖民地大量进口各类食品，18世纪中期北美殖民地经济形势一片大好：波士顿、纽约和费城等中心城市发展迅速，二线港口如巴尔的摩、诺福克、亚历山大、弗吉尼亚等也奋起直追，甚至连偏远的农业地区如马萨诸塞、宾夕法尼亚和南、北卡罗来纳等也不甘落后。殖民地经济的繁荣促进了工业产品的消费，许多人把钱投向信贷领域。到1772年，殖民地零售商欠英国本土商人的债款总额已达400万英镑，消费债10年间便增加了一倍。

与此同时，英国殖民地的管理和维护成本一路飙升，1763年英法七年战争即将结束时，英国国债总额已突破1.37亿英镑，这笔债务光是年利息就至少有500万英镑。虽然英国的国内消费税是一个稳定的财政收入来源，但年税收总额只有800万英镑，仅仅是偿还国债年利息就要花去大半。此外，英国在七年战争期间大幅度提高了殖民地商品的进口税，因为陆军要保卫国土，海军则大半在远洋作战，英国本土的消费税都花在了军费开销上。18世纪60年代，英国皇室与议会颁布了一系列针对北美殖民地的新政策，将殖民地贸易所创造的巨大财富视为国家财政收入的重要来源之一。以当时的标准来看，英国政府的这种做法并非专制暴政。英国首相沃波尔下台之后，英国政局变得十分脆弱而敏感，一些旨在增加国家收入的措施往往会造成政治动荡。议会的反对党常常使用“国家”这一字眼批评政府的腐败与暴戾。1760年乔治三世加冕后废除了威廉三世与玛丽女王时代的各项传统政策，也不再像他的前任（乔治一世和乔治二世）那样，在任命首相以及宣布各项重要国策之前，先努力赢得议会当中大多数人的支持。乔治三世先后任命比特勋爵与乔治·格伦威尔为首相，这两人不仅才能有限，而且威望不足，他们都试图对殖民地进口的消费品进行征税，但收效甚微，反而引起议员们的极大敌意。这种敌意不但降低了格伦威尔政府的效率，而且殃及包括诺斯爵士（Lord North）在内的好几位继任首相，令他们的殖民地管理政策屡屡碰壁。

英国的殖民政策依然倾向于重商主义，其核心内容为控制殖民地的商业贸易，从殖民地尽可能地榨取更多的财富。在数十年前，这种政策意味着要强化《航海条例》（*Navigation Acts*）以保证对各个殖民港口的控制。但到了18世纪60年代，英国政府的政策重点转为增加海外驻军的军费，在殖民地设置新的税收项目并规定新的义务。1764年，英国政府颁布《糖税法》（*Sugar Act*），对从英属西印度群岛进口的糖，以及酿制朗姆酒所用的甘蔗等原料进行征税。第二年，英国又颁布了《印花税法》(*Stamp Act*)，对殖民地的报纸、宣传册、各种合法文件及执照征收税款。仅仅几个月之前，殖民地还处于战争的威胁之下，而和平刚刚到来，英国政府就把殖民地人民的任何反抗行为都视作扰乱公共秩序。当北美殖民地人民进行抗议时，英国政府便调集军队实施镇压，继续维持新的税收与贸易制度，同时逮捕那些触犯了新税法的人，把他们押到殖民地海事法院（不设陪审团的军事法庭）受审。

英国政府越是武力镇压，北美殖民地人民的反抗就越激烈，和英国本土的民众一样，殖民地的老百姓特别反感当局调动军队来维持治安。1770年，殖民地发生了有史以来规模最大的一次暴动，一小队英国军人在波士顿向抗议者开火，5 名游行者被打死，结果殖民地的各类报纸及大量小册子对英国政府进行了猛烈攻击。这次抗议活动可以看成美国独立革命的先声，它借鉴了启蒙运动思想中的自然法则理论，强调通过社会契约来保障个人的权利。

在殖民地流行的各种政治思想当中，最受欢迎的当属约翰·洛克的社会政治理论与古典共和主义，后者一度流行于 18 世纪的英格兰，被称为“联邦”思想（详情参考本书第一章）。[12] 古典共和主义认为，全体公民应当对外国势力的入侵及国内执政者的腐败保持高度警惕，因为无论前者还是后者，都会剥夺他们自由的权利。在古典共和主义的早期理论体系当中，一个完美的共和国由一群独立自主的土地所有者组成，他们辛勤劳动，自给自足，不受城市商业社会腐朽思想的禁锢。但到了 18 世纪，这种理论便演变为一种具有城市手工业者特色的激进思想。新闻报纸和宣传册站到了政府的对面，将国会的大部分议员都斥为君权的应声虫。政府当局屡次出尔反尔，让殖民地人民担心自己的自由有一天会受到威胁，催生了殖民地“怀疑一切”式的政治文化，即将国家权力当成洪水猛兽。许多历史学家将其称之为“偏执”，因为在 18 世纪的欧洲，那些深受启蒙思想影响的国家所进行的一系列改革，与最为顽固的君主专制国家并没有什么不同。新教的福音派思想在 18 世纪的北美殖民地传播开来，包括卫斯理宗循道会运动和殖民地本土浸礼派思潮的兴起等，这些宗教思想令殖民地人民明白，自由与美德正日益受到威胁，想捍卫这些宝贵的事物，唯

《波士顿大屠杀》。1770年，波士顿公民们与当地驻扎的英军部队发生流血冲突，这是殖民地反英运动的导火线。（来源：美国国会图书馆印刷品与相片部）

有团结一致起来反抗。

18 世纪 60 年代到 70 年代，殖民地民众对英国统治者的反抗日益强烈，他们认为任何一个具有美德、勇气及诚信的人，都应当起来反对那个滥用权力、挥霍无度、毫无廉耻以及远在天边的政府。就像伦敦民众认为政府漠视他们应得的权利一样，在波士顿与费城这些繁荣的殖民地商业城市，人们对于消费品、法律文件和报纸的需求量直线上升，对腐败的英国当局所颁布的新税收政策自然大为不满，并拒绝缴税。而且，殖民地的人民并不认为那些在英国本土当选的议员们能够代表自己的利益。他们还发现，如果选举自己的殖民地议会，参加投票的成年男性数量将是英国本土议会大选的两倍。殖民地发行的一本宣传册声称，印花税之类的税收政策侵犯了“一个人不可或缺的自由，以及身为英格兰人的合法权利——如果民众并非自愿，不得强征税金”。[13]

和英国政治反对派不同，美国殖民者对英国皇室及议会始终疑虑难消，虽然后者自中世纪以来一直被认为是保护英国人民的自由权利免遭暴君侵害的功臣。然而北美殖民地的民众认为，议会专横霸道的态度与那些皇室任命的殖民地总督不无关系，殖民地的爱国者们如马萨诸塞的约翰·亚当斯，以及弗吉尼亚州的托马斯·杰斐逊都认为，无论皇室任命的总督还是英国国会，都缺乏治理殖民地的能力，殖民地人民必须建立属于自己的立法机关。

自18世纪60年代末至70年代初，殖民地居民对英国当局的抵制由政治演说升级为公开对抗，包括对征税商品的抵制。在殖民地的各座城镇，特别是东部和东北部沿海地区，之前的各种社会组织都变成了政治抗议团体，例如“自由之子”（Sons of Liberty）。有时这些抗议活动会演变成暴力事件，比如攻击英国税官、焚烧海关办公室等。殖民地的骚动迫使英国议会于1766年废除印花税法案，但第二年政府又颁布了另一项进口货物关税，这无疑大大地激怒了殖民地的消费者与商人，他们联合起来集体抵制当局的所作所为。1773年，一群波士顿人袭击了一艘停靠在波士顿港的货船，将船上运输的茶叶倾入大海。他们在行动时将自己伪装成印第安人，并用当地土著的手势动作进行联络。这次倾茶事件令冲突升级，英国政府在1774年数次颁布《高压法令》（*Coercive Acts*）强行镇压，而愈加愤怒的殖民者将这些法令称之为《不可容忍法令》（*Intolerant Acts*）。最终波士顿港关闭，英国议会取代了马萨诸塞殖民地议会行使管理权，殖民地的城镇集会受到严格限制，官员们在议会授权下可征用空置建筑物作为军营，将英国士兵送到其他殖民地或英国本土。这一系列措施实际上将马萨诸塞殖民地置于英国的军事管理之下。而殖民地人民针锋相对，他们建立了名为"一分钟人"的民兵组织，以从英国军队的枪口下保护当地同胞。[14]

1774年，英国议会通过了《高压法令》，英属殖民地的所有政治组织闻讯后立即联合行动。各种城镇级别的委员会先后成立，任命各级官员来掌控殖民地内部贸易、签发许可证明，甚至征收税款。1775年9月，殖民地民众联合发动起义，并派遣代表到费城参加第一次大陆会议。与会代表宣布以"全体人民的利益"为宗旨，而不是家乡殖民地的私利。第一届大陆会议反对《高压法令》，并明确宣布建立殖民地的新政权。在大陆会议的影响下，不到一年的时间，北美殖民地全境暴动，起义民众不断袭击英国驻军。1775年4月，马萨诸塞殖民地打响了反对英国统治者的第一枪，但这一行动却未能得到积极的响应，第二次大陆会议也在是否组织一支"大陆军”进行武装斗争的问题上举棋不定。

一场真正的独立战争与大规模的抗议活动有天渊之别。1776年1月，托马斯·潘恩（*Thomas Paine*）的作品《常识》（*Common Sense*）出版，这是整个18世纪当中影响力最大的政治宣传作品。潘恩公开呼吁殖民地摆脱英国殖民统治，实现真正意义上的独立，他的思想震撼了整个北美殖民地，使第二次大陆会议柳暗花明。半年后，以托马斯·杰斐逊为首的大陆会议委员会起草了一份文件，这份文件将自然法则的基本概念，以及启蒙思想中人类掌握自己的命运并建立新世界的观点结合为一。文件里描述了当前的紧张局面，并列举了一系列源于英国反暴政传统的自由与解放的信条。这份文件诞生于1776年7月4日，它的名字就是《独立宣言》（*Declaration of Independence*），这份宣言揭开了全世界殖民地人民争取独立自由斗争的序幕。[15]

法国大革命的到来，1774—1789

社会冲突日益尖锐

路易十六统治时期，法国的贵族阶级业已失去土地专卖权和政治领导权，并在连绵不断的内斗中日益衰落，大批老牌贵族生活窘迫，布列塔尼省一半以上的贵族家庭由锦衣玉食变得捉襟见肘。在法国，有2000多个贵族家庭居住在凡尔赛，他们与农村贵族阶级没有任何共同语言。“长袍贵族”（“Robe” nobles，连续几代人都在最高法院担任法官的世袭贵族）开始与“佩剑贵族”（“Sword” nobles，家族历史更为悠久，世代从军卫国的贵族家庭）通婚。但“长袍”贵族在经济与知识领域逐渐崭露头角，在国家政治问题上也日益独立于皇权之外。整体上来看，法国的贵族阶级比过去更加开明。18 世纪，法国约有 6500 人通过购买皇室官职或由国王晋封而获得贵族地位，而且这批人的数量越来越多。1774—1789 年间，又有 2500 人被封为贵族。新财富与新成员令贵族阶层重振活力，同时也令一些老牌贵族世家大为不满，不断强调高贵血统对于社会地位的重要性。最典型的例子莫过于 1781 年《塞居尔条例》（*Segur Ordinance*），它限制出售军事委员会职位给世袭四代以上的贵族（见本书第二章）。皇室官员制定这一条例是为了提升军官的军事素养，将纯粹为了提高名望而购买军职的富人排除在外。这一条例主要是针对富有的新贵族，但富有的平民也遭了池鱼之殃。之前的《塞居尔条例》表明，来源庞杂与一盘散沙是法国贵族阶级的两大特点。18 世纪 70 年代后，贵族们愈加排斥新晋者，想方设法阻止其地位的提升。[16]

最近对 18 世纪欧洲社会的研究有了新的发现，当时法国的世袭贵族、新贵族及较有影响力的中产阶级家庭的投资方式十分相似，都抱持着“绅士”一般的心态。传统社会精英如地主、官员、收租者等对新兴产业兴趣寥寥，为了确保收入稳定，他们宁愿选择更稳妥的投资方式，如土地租赁、皇家职位和年金。这些投资途径不但可靠，而且更符合传统绅士的风格。贵族阶级拥有诸多社会特权，包括税收豁免权与列席地方三级会议的权力（前提是该地区的三级会议尚未废除）。一些富裕的非贵族成员也可以在皇室机构或市级地方政府购买次一级的职位，以拥有各种特权。

总的来说，非贵族精英对贵族没有什么怨言，而是努力融合彼此，他们与贵族一同分享土地所有权和社会特权。他们忠于皇室（除非失去耐心），因为他们个人资产的价值与皇室的偿付能力息息相关。18 世纪 70 年代末，法国第三等级（即平民阶层）开始在咖啡馆、阅览室、文学院、科学院、共济会分会以及启蒙运动时代的其他社交场所讨论公共事务，并公开发表看法。在这些场合，贵族和非贵族阶层可以相互交流，而且在大多数情况下这两个阶层之间没有什么偏见，这无疑强化了城市精英团体之间潜在的凝聚力。

研究表明，在法国旧制度统治的最后几十年间，贵族与城市平民精英之间的距离不断缩小，主要证据来自法国南部蒙特利埃市一名中等阶层公民于 1768 年所著的一篇文章，细致地描绘了他心爱的城市。在文章的开头，他按照地位的次序描述了城里的大人物们：神职人员、贵族官员、城市顾问、律师、公证人和执达吏。在他的作品里，这座城市声望最高的居民是处于第一等级的当地贵族，但有关中产阶层的描述却占据了大部分篇章，包括专业技术人员（医生和律师）、管理者（税收官员、私人房地产经理等），还有收租者（靠固定年金维持生活）。这篇文章认为上述人物都是“资本家”，构成了社会的“第二阶梯”——一个文化素质较高的社会阶层，与“第三阶梯”的工人及手工业者截然不同。这篇文章分析了社会经济总体状况，同时也描述了法国大革命前夕社会阶级的变迁。[17]

无论身份是贵族还是平民，那些从投资和知识当中获得收入的人，与以生产运输为业的人（店主、工厂主、技工或雇工）是不一样的。普通劳动阶层的经济情况差别也很大，唯一的共同点就是都有一个家庭需要照顾，尤其在经济衰退的时候，食物短缺但物价飞涨，这些人要含辛茹苦才能养家糊口。食品与日用品的贸易中介人是这些老百姓最害怕和仇恨的对象，特别是那些粮商，因为他们经常低价购进大量谷物，而后囤积居奇，导致物价飞涨。

在农村地区，农民们拥有的土地和承担的劳役都各不相同，但他们同样憎恨地主贵族及城市精英阶层，因为农民们从这些人手里拿到的除了贫瘠的土地，便是沉重的债务。许多农民一辈子都被束缚在土地上，首先为贵族地主尽各种义务（通常都和金钱相关），而后是缴纳什一税、皇室税收和债务利息等。法国大革命前夕，35%~40% 的农民依然拥有自己的土地，但贵族与债主们时刻威胁着他们的生活，如果某个农民无法还清债务，他就会失去自己的土地。此外，以买卖与出租小块土地为生的农民有时不得不将其名下的田地转为商业耕地，专门为市场提供商品。地主和农民出现财产纠纷时，案子会提交至当地的采邑法庭进行裁决，而法院的法官基本都是贵族。即便如此，18 世纪后期的法国农民依然坚持在皇家法庭上反对贵族强加的劳役，以及地主们对土地的巧取豪夺。农民们一般都是团结起来应对这些诉讼，他们不仅得到了城里律师的帮助，同时一些急于将贵族们手中的土地转到皇室名下的官员们也答应全力协助。[18]

18 世纪 80 年代中期，法国的经济低迷激化了城市精英阶层与平民之间的矛盾。严冬、粮食歉收与食物短缺导致物价飞涨，大量民众的失业更是雪上加霜。这一切最后都升级为皇室与最高法院之间的政治冲突，双方就国债问题一直争执不休。

法国大革命的文化源头

法国大革命期间，宣传册数量暴增，内容也变得越来越尖锐，对于当时的政治冲突来说无异于火上浇油。这些小册子让越来越多的人开始关注用心良苦的“爱国者”与腐败自私的城市精英之间的冲突。第一波冲突发生在 18 世纪 70 年代，当时的司法大臣莫普（Maupeou）的某些“专制”改革措施遭到许多律师的反对，结果莫普下令解散最高法院。反对者们从修辞、哲学和神学等各个方面攻击腐败的专制集权，同时将遭罢黜的法官描绘成“国家自由”的捍卫者。但其他律师则借着莫普改革的机会，将多个城市的寡头体制一扫而空，律师这个职业从此也不再边缘化。这些人站在改革队伍的前列，坚决反击卫道士们的污蔑。此类政治冲突及其在民间引起的反响，共同组成了大革命的前奏曲。[19]

如果从文化角度去研究这些冲突，我们就能更深刻地理解当时的民众对经济领域一系列变化的看法。他们不像历史学家一样从阶级角度出发分析社会争端，而更多的是将这些冲突理解为一群善良的年轻人正在对抗强大的传统恶势力，而且恶势力一方财大气粗、寡廉鲜耻。这种片面而简单的观点在18世纪晚期以各种方式流行，比如廉价的私人剧院常常上演以此为主题的情景剧。与此同时，各种具有社会以及政治影响力的名人诉讼案印刷品广为流传，许多人都认同了这个观点。

这里有一个例子，当时的一位宫廷大臣、银行家纪尧姆·考恩曼（Guillaume Kornmann）与他年轻的瑞士妻子的离婚案闹得沸沸扬扬。这场官司的一个环节是如何处理考恩曼夫人结婚时带过来的36万里弗嫁妆。考恩曼先生曾因银行经营不善损失了一笔30万里弗的投资，而法庭指控他在家乡斯特拉斯堡让妻子与一名市政官员发生婚外情。根据案情记录，纪尧姆·考恩曼污蔑妻子与他人通奸，想借此获得皇室逮捕令，进而夺取妻子的财产；而考恩曼夫人则反诉自己的丈夫，试图在他丰厚的皇室年金里捞上一笔。1787年，这对夫妇在子女和财产等问题上针锋相对，成为当时社会的一段“佳话”，许多小说和戏剧均以此为题材。这是一场传统美德与腐朽奢靡的上流社会的较量。18世纪关于道德的著作、受欢迎的书籍、剧作、雕刻作品等都把通奸行为视作贵族阶级的特权，贵族们利用权势、金钱与见识罔顾道德准则，放纵欲望而不顾社会责任。

离婚案双方都雇用了著名作家描述自己的基本情况，考恩曼先生聘请了一位名叫尼古拉斯·贝尔加斯（Nicolas Bergasse）的律师，考恩曼夫人则请来了剧作家博马舍。双方作者采用的故事情节及人物形象，都是当时的法国读者所喜闻乐见的：颓废堕落的贵族与奋进向上的资本家。他们之间的相互争执成为读者了解上流社会金融和政治生活的大门。贝尔加斯不光是一名能力超群的律师，也是瑞士“卖空”金融投机者的一员（比如，在法国债券下跌时趁机进行投资）。而博马舍则站在财政大臣卡隆和诸多债券投资者一边，他们更乐意看到本国债券上涨。例如，博马舍将手中的债券都投在了卡隆主持的一项工程即巴黎市的公共用水系统工程上；而其竞争对手贝尔加斯及其盟友则对一些具有竞争力的私人自来水公司进行投资。18 世纪 80 年代末，博马舍与贝尔加斯之间关于考恩曼离婚案的宣传册大战，最终演变为法国的国策之争，关键问题是：法国政府是否利用公款进行传统贵族式的享乐（贝尔加斯在争论中曾如此抨击考恩曼夫人和财政大臣卡隆）？金融资本家们是不是在践踏国家公益事业（博马舍曾如此抨击考恩曼并为卡隆辩护）？[20] 这一场世纪争论并非阶级冲突，甚至连政治观念之争也不算，就其本质而言，不过是腐败和道德的交锋。18 世纪 80 年代晚期，法国人正是通过这场纷争才开始意识到当时社会的政治冲突和经济危机。

改革的失败

某些从文化角度出发的观点，可以帮助我们了解 18 世纪 70 年代法国司法大臣莫普改革最高法院却最终失败的原因，即皇室合理的税收政策遭到反对，民众当中的政治积极分子也纷纷心灰意冷。宣传册的作者们曾以宗教口吻诋毁高级神职人员，说他们不负责任，如同尘世的俗人。他们批评国王顾问们的管理方式专制霸道，并赞扬反对国王统治的地方官员。这些喜欢唱反调的“爱国者”们还通过无数书籍与印刷品抨击政府当局。这些宣传品不仅反对莫普，而且呼吁法国人从国家政治堕落中苏醒，并警告读者不要忘了七年战争的失败以及连年的财政赤字所带来的后果，呼吁建立一个更有责任感与行动力的皇室政府。[21]

年轻的国王路易十六试图安抚批评者，并重新赢得民心。在正式加冕之前，路易十六重组议会，召回流亡在外的国家官员；他将自己看作一个以国家人民利益为先的君王。路易十六鼓励政治宣传册及历史作品的创作，推广将其美化为英雄国王亨利十六（16世纪法王亨利十六在经历长期的宗教战争之后统一法国）化身的话剧。1776年，他任命安内·罗伯特·雅克·杜尔哥（Anne Robert Jacque Turgo）为新的财政大臣，同时推行重农主义政策。路易十六希望，实现粮食自由贸易以提高农业生产率；废除公会经济特权；将农民修建皇家道路的义务劳动（又称强迫劳役）变为现金税，由地主们支付；同时增加二十分之一的附加财产税（贵族土地也属于加税范围）。但这些改革措施遭到了以巴黎议会为首的反对派的猛烈抨击，他们攻击杜尔哥新税收政策，还这样威胁：“出身与地位象征特权……任何以人性及全民利益为名、企图破坏传统秩序以实现所谓人人平等的政策，迟早会令国家陷入混乱。”[22]

在宫廷大臣和杜尔哥政敌们的合谋下，法国最高法院首先发难。杜尔哥任财政大臣两年后，路易十六厌倦了国内的政治冲突，最终将其免职。法国的贵族阶级则欢欣鼓舞，他们的家族传统及个人特权得以延续。路易十六执政的第一年，这位“太阳王”的继承者，臣民眼中专制君王的模范，很快便暴露了性格上举棋不定的弱点。法国日益严重的财政危机需要国王采取强有力的改革措施，但具体措施应当如何制定，却一直未能达成统一意见。[23]

法国财政部累积了巨额国债，但与英国的国债情况又不相同，后者可依靠消费税来抵消国债，法国则依赖占财政总收入的40%以上的土地税来解决国债问题。但这种方法收效甚微，因为法国有四分之一的土地拥有免税特权。而消费税方面，特别是盐税，地区差异以及缴纳不力也无法获得足够的收入。皇室征收的消费税（占总税收的16%）大部分并非直接从纳税人手中获得，而是由名为“皇家大农场”的金融资本家集团经手，这个垄断集团购买了征税权。但不管是“大农场”还是负责监督土地税征收工作的皇室检察官，均不听命于任何代表纳税人的议会机构。这些包税人并非政府官员，但对政府的敌意却日渐高涨，因为他们总是多征税款，余钱装进自己口袋，结果政府不得不采取措施限制其收入。这种敌对情绪不仅削弱了国王对议会的控制，而且令皇家财政部的信用一落千丈，有时甚至不得不以年金或官职为代价，向金融资本家、私人及城市的行会公司借贷。国王对国家管理日益缺乏信心，只能以高于市场的利率偿还债务，尤其是在处理大量短期贷款时往往不得不答应借款方提出的各种条件。

但当时所有人都没有意识到问题的严重性。1781年，路易十六命财政大臣雅克·内克尔（Jacque Necker）公开国家财政收支情况，这在法国历史上尚属首次。内克尔希望提高政府的信用度，但仅仅是40亿里弗国债的年利息就远远超出了他的估计。事实上，利息总额已经超过3亿里弗，几乎相当于国家年度财政开支的一半！18世纪70年代，在皇室总管的吩咐下，内克尔最终也未能公布皇室的总开支。但由历史数据可知，法国皇室每年的开销高达1亿里弗，远超其收入，为了维持开销需要到处借贷，以及支付高额利息。内克尔只能这样安慰自己：法国不需要新税收政策或财政体系的全面改革。

大革命的前夜，1787—1789

尽管内克尔一直表示乐观，但法国的财政状况并没有任何好转。1786年，新任财政大臣夏尔·卡隆（Charles Calonne）禀报国王，国家即将破产。卡隆建议国王对所有土地进行征税，拥有免税权的贵族和地区都不能例外。卡隆还建议成立新的“省级议会”，以推动地方贵族与中央政府合作。为了避免最高法院从中作梗，他还建议国王召开贵族会议（Assembly of Notables），以获得法国统治阶层的全面支持。1787年2月，国王精心挑选了150位杰出人物，代表法国社会三个阶层的民众参加在巴黎召开的大会。卡隆希望贵族会议支持自己的提案，制定一个没有传统豁免权、真正公平公正的土地税收新政策。但结果却出乎意料，贵族会议反而驳斥他的建议，认为这种新政策是暴政，是对“国家自由”的侵犯。更糟糕的是，贵族会议的代表们坚持要求皇室公开财政账目，并撤销卡

《贵族会议》。1787年法国召开贵族会议，希望卡隆的改革能够获得这些社会精英们的支持，但出乎意料的是，与会代表们驳回了这套改革方案。（来源：爱拉米图片库）

隆财政大臣的职位。

国王急需贷款保障政府运作，只能撤销卡隆的职务以表妥协。但反对者并不就此罢休，他们呼吁重新设立三级会议——这个政治组织自 1614 年后就变成了一个历史名词。国王新任命的财政大臣卢米尼 · 德 · 布里耶纳（Lomenie de Brienne）从一开始就不赞同这个想法，并于 1788 年初建议国王颁布全新的税收与司法系统法令，该法令在历史上又称为《五月法令》（*May Edicts*）。最高法院自然全力反对这项法令，并指责国王破坏国家的基本法律，法院对此不能容忍，而国王则将反对自己的官员们全体流放。但爱国者们长达数月的激烈批评，以及迫在眉睫的财政危机，最终迫使国王于 1789 年 5 月在凡尔赛重新召开三级会议。为了在新法令的推行上获得支持，国王不得不俯身倾听民众的声音。

法国社会的三大阶层（教士、贵族与平民）于 1788 年末分别选举出自己阶层的代表。其中第三等级采用了一套双层制度：国王颁布通用规则，有能力纳税的农民与工匠获得投票权，首先在当地议会中推出候选人，这些候选人则于 1789 年底在全国的 600 多个地区继续竞选三级议会的代表。选举过程中要求一些富裕且受过良好教育的平民，比如律师与公务员等为家境贫寒、目不识丁的农民、店主和工匠的利益考虑。结果大批出身第三等级的社会精英极为不满，他们认为自己的财富与知识应当得到与之相称的社会地位与政治影响力。

无论教士、贵族还是平民，当地议会都为他们起草了一份怨声载道的请愿书，以备三级会议讨论。第三等级的地区请愿书反映的往往是中产阶级的意见，而非底层农民的看法，但它确实表现了法国大革命前夕不同阶层社会成员的态度。而农村地区的请愿书里，农民们因长期受到不公平待遇而要求补偿，说地主老爷们总是专横霸道，颐指气使，肆意增加他们的负担。[24] 除此之外，农村地区的请愿书还对贵族地主强加的义务提出抗议，并抱怨税收分配的不公平。

贵族阶级关注的话题正好相反，他们想要知道的是三级会议将达成什么样的政治目标，尤其是如何制定新的社会秩序。贵族们似乎更关心如何保障自己的地位与特权。令人吃惊的是，当谈到三级会议如何与国王合作的问题时，贵族们居然赞成进行改革。在贵族们看来，18 世纪法国的各种危机是由于极权政治导致君主武断、独裁和管理不当而引起的。贵族们在请愿书里抨击秘密逮捕令、国家审查制度，以及卖官鬻爵行为。他们呼吁对刑法审判程序和刑法典进行改革，禁止企业的垄断行为，这样才有益于社会的发展。在一份贵族请愿书里，我们可以找到一段颇有影响力，但同时也备受争议的记录：

“比起抱残守缺，贵族们更乐意破旧立新……遇到问题时，他们也不像过去那样目光狭窄，固执己见，而是如深受……启蒙思想影响的社会精英一样认真思考。贵族和平民阶层的精英们之间的矛盾逐渐淡化，双方都意识到彼此之间有着共同的理想与利益。大部分贵族阶级成员与中产阶级的意见基本一致，那就是彻底粉碎国家官僚体系。”[25]

贵族与平民精英们或许在某些方面取得了一致意见，但 1788 年末至 1789 年初，在选举代表与起草请愿书的过程中，双方的分歧依然很大。大部分贵族听从国王的旨意，要求在三级会议核心成员当中增加一批尚未通过贵族身份认证的人。三个等级都有一些人以个人身份公开竞选会议代表，这些人在请愿书里也不断呼吁实施改革。所有等级的内部都出现了分裂现象：第一等级的高级教士与普通牧师；第二等级的宫廷贵族与乡村贵族；第三等级的启蒙运动改革派与传统保守派。1789 年春，法国几乎所有地区及各个阶层都卷入了这场政治争端。特别是在第三等级内部，许多代表将三级议会的恢复看作社会体制改革的一个大好时机，而不仅仅是解决短期内的财政问题。而第二等级的代表们意见正好相反，他们发觉第三等级的代表们在请愿书里所提出的计划，已经对自己的利益构成了严重威胁。[26]

除了阅览请愿书之外，国王也就即将召开的三级会议认真听取了广大民众的意见，同时也放宽了审查制度。这一动作使得大量宣传册出现，许多小册子都在呼吁进行一次大规模的社会改革，取消法律规定的所有特权与免税权。其中最激进的一份请愿书是要求制定一部新的宪法，其用意不明。一部分人希望能借鉴最新起草但尚未正式出台的美国宪法，但这些人对美国并不了解。1789 年，由于制定《权利法案》的原因，美国弗吉尼亚州宪法引起了法国的关注。

在三级会议召开之前，有一个基本问题需要解决：会议中应该以什么样的方式进行对话？当时的公共舆论深受激进爱国者的思想影响，这引起了巴黎最高法院的警惕，决定在三级会议上采取“1614 年模式”以消除这种影响。这一决定意味着每份决议都会经过所有等级全体代表的商讨，任何政策的颁布都需要至少两个等级的代表同意才能生效。但这个决定容易让教士与贵族们坚持维护自己的特权。一批“爱国者”建议大会应按照人数进行投票，这意味着三级议会的所有代表在国家事务上均享有投票权。由于 90% 以上的人口都属于第三等级，爱国者们要求给第三等级双倍的席位，目的是确保教士和贵族们赢得的选票不会超过平民代表。

这个时期最有名的爱国宣传作品是埃贝·西哀士（Abbe Sieyes）的《什么是第三等级》（*What is the Third Estate*）。在这篇文章里，他明确提出第三等级的人民才是国家生产力的来源，而腐朽的贵族和教士们以抢夺他人劳动果实为生，享受各种特权，甚至企图将其发扬光大。这篇作品问世后，1789 年春贵族精英和皇室之间的宪法之争迅速发展为皇室、第三等级爱国者及拥有特权的贵族之间的三方斗争。[27]

国王最终选择妥协，同意将三级会议中第三等级的席位“翻一番”，但同时也宣布维持原有的投票机制不变。几经曲折反复，法国三级会议于 1789 年 5 月 5 日在凡尔赛召开，全体法国人民希望三个等级团结一致，在开明的国王领导下最终实现国家的繁荣富强。内克尔被召回管理三级议会，并呼吁各个等级团结合作。然而一些爱国者对国王仍持怀疑态度，担心皇室顾问们会操控甚至强迫会议代表，阻碍任何形式的改革。

在会议选举的问题上僵持了几周，几位大胆的代表于 6 月 17 日提议，第三等级的代表不仅是本地区的代言人，而且也代表了全国民众。在这种思想的指导下，第三等级的代表们组成了一个全新的

国王万岁！法国万岁！ 这幅版画描绘了一名穿着得体的女子，象征着法国的第三等级，她正在照顾一个健康的孩子。这名女子骑在一位衣着华丽的贵族女子的背上，而贵族女子靠在一位修女的肩上。这幅画作以女性为象征，揭露了1789年法国社会等级情况。当时第三等级的社会地位开始提高，大街小巷都流传着一句话：“我们的好日子就要来了！”（来源：美国国会图书馆印刷品与相片部）

政治组织，即国民议会，并邀请其他两个等级的代表参加。但三天之后，国王便下令关闭国民议会。代表们只能避其锋芒，将会议地点转移至凡尔赛唯一的开放建筑场地——皇家室内网球场。他们宣称，自己的权利并非来自国王，而是来自国家和人民。宣言之后，代表们继续进行会议，并起草了一份国家宪法文件。一些思想开明的教士和贵族也决定加入国民议会。国王一开始还想扭转局面，后来见代表们意志坚定，态度便软化下来，允许所有议会代表联合为一个团体，按照人数而非等级进行投票。实际上，在法国人民直接推翻国家宪法之前，当时的宪法制度从本质上已经开始发生了改变。

民众骚乱与革命的爆发

1789 年夏，当巴黎和凡尔赛的政治风波愈演愈烈时，一场农作物歉收导致粮食短缺，面包价格随之飞涨；同时，经济衰退导致失业现象激增。面包是法国人最为重要的主食，巴黎民众希望国王与政府采取措施，阻止投机商大发国难财。从市场上采购食品的妇女们一片愤怒恐慌。按照惯例，一旦面包等生活必需品价格涨幅超出普通百姓可以忍受的范围，他们便会聚众抗议或者发起暴动（详情参考第五章）。“限价法令”事件（又称“面包暴动”）发生的时候，大批民众袭击当地面包店，强行以低价购买面包，或干脆进行抢夺，以传统的道德秩序取代一切。夏季是粮食短缺现象最严重的时候，因为春天的存粮已经用光，而秋收的时候尚未到来。1789 年 7 月的第二周，连续两次的粮食歉收导致巴黎面包价格急速上升，为 1715 年以来的最高点。

在出现粮食短缺现象之前，三个等级都选举出了三级议会代表，并起草了请愿书。他们就生存和公共秩序问题进行讨论，并怀疑国王正在调动军队进驻巴黎以强行解散国民议会。政治危机与经济困难引发了恐慌。同年 7 月 12 日晚，关于军事镇压的谣言传遍了巴黎王宫。一位名叫卡米尔·德穆兰（Camille Desmoulins）的爱国记者呼吁巴黎民众组成民兵团，保护自己及凡尔赛的国民议会。

巴黎的男人们也加入妇女们的队伍，要求提供正常价格的面包和建立民兵组织所需的武器。7 月 14 日清晨，大批民众聚集在市政厅重申这些要求，结果遭到拒绝，于是他们向巴黎荣军院（即路易十四统治时期成立的退伍军人救济院）进发，并抢夺大炮和步枪。紧接着他们又奔赴巴黎东郊的一座堡垒夺取火药，这座堡垒就是巴士底狱。

这座巨型建筑是几百年前巴黎旧城墙的残余。在 18 世纪，它被改造为军火库，同时也是一座用来监禁皇室钦犯的监狱。1789 年，巴士底狱周边的圣安东尼郊区，成为生产壁纸、高档家具和其他奢侈商品的手工业区。巴黎市政府曾计划翻修巴士底狱周边地区，这座堡垒一直是一座监狱及军火库，负责守卫的是一小队皇室士兵。但对于巴黎民众而言，巴士底狱是皇室政府随意侵犯人身自由的象征和整个巴黎的耻辱。在 7 月 14 日前几天，巴士底狱周边地区的紧张气氛让守军也变得十分神经质。守军指挥官放下吊桥迎接起义民众代表，但一名惊慌失措的士兵却向人群开枪，结果群情激愤。起义者冲进巴士底狱，杀死大部分守军，之后折回市政厅，将不肯合作的市长也杀掉。[28]

第二天早晨，皇室军队撤出巴黎，凡尔赛的国民议会无疑大大地松了一口气。巴黎周边地区的议会召集民兵维持秩序，并派遣代表参加新成立的革命政府。巴黎起义的消息传遍了法国，攻占巴士底狱成为普通的爱国民众捍卫自身政治利益的标志。接下来的两周内，法国 30 个最大的城市当中就有 26 个爆发反政府起义。

在农村地区，城市的起义给当地居民拉响了警报。农民们担

《突袭巴士底狱》。这幅水彩画描绘了7月14日下午巴士底狱被焚毁时的情景。堡垒守军指挥官洛奈侯爵被俘，当天下午遭民众处决。法国大革命正式开始。作者让–皮埃尔·胡优（Jean–Pierre Houel, 1735—1813）。（来源：维基共享）

心，城里人抗议食品价格过高，政府就会派军队强迫自己低价卖出粮食。同时，农民担心贵族们准备合谋将国民议会扼杀在摇篮里，接着消灭整个第三等级。在偏远的农村地区谣言四起，说贵族们开始花钱雇用强盗袭击农场，烧掉尚未收割的庄稼，或者毁掉已经打好的粮食。农民们相互团结，展开自卫行动。在法国某些地区，一些武装农民开始袭击当地的地主并声讨其特权，而之前他们在请愿书里曾十分唾弃这种行为。谣言令暴动规模扩大，最终发展为“大恐慌”（Great Fear）现象。与此同时，农民们破坏风向标和天平等封建领主的标志（贵族专用），拆毁贵族们用来圈地的篱笆，夷平地主的庄园，最关键的是拒绝承认贵族地主们强加的所有义务。因此，这次农民起义最常见的方式并不是攻击人，而是烧毁文件。[24]

回顾前文可知，历史学家记录了一系列的社会变革事件。首先，最高法院的贵族官员与贵族会议的成员们谴责皇室实施的“行政专制”（ministerial despotism）措施，并要求获得相应的政治权力。中产阶级的爱国者们（以及第一等级和第二等级的自由同盟），尤其是律师、作家和官员们一致反对贵族特权和皇室专制统治。他们在凡尔赛掀起了一场司法改革运动，三级会议在这场运动中变为国民议会，并代行国家权力。在法国广大民众——工匠、店主、雇工以及职员们的帮助下，新生的国民议会在皇室的抵制与武力威胁下，在 7 月 14 日的巴黎起义中有惊无险。最后一点，广大乡村地区为保卫劳动成果而起义的农民，也是国家变革过程中的代表之一。

面对希望、恐惧和动荡所形成的巨大浪潮，国民议会尽一切可能安定民心，确立自己的合法地位。大批来自三个等级的国会代表见证了国家的一系列巨变，并准备着手进行更深层次的改革。改革的对象包括传统贵族特权、等级制度及旧秩序的中心——专制政府。8 月 4 日，一些贵族和教士代表表示，为了国家的利益，将放弃自己包括免税权在内的所有特权。这个善举鼓励了更多第三等级的代表放弃自己在城镇或地区的特权。在最后，为了安抚暴动的农民，国民议会投票决定“彻底推翻封建专制体系”。改革措施中特别指出，封建时代的标志性特权（如贵族狩猎权、庄园司法权、地役权等）应当立即废除。但其他部分，例如租税上的特权，由于国民议会考虑到个人财产的不可侵犯，未将其全部废除。议会重新制定了一项税收政策，让农民有能力支付这些租税，但之后不久，由于负担过于沉重，农民往往拒交税款。8 月 4 日颁布的法令还消灭了“野蛮封建体制”的其他部分，包括地区与个人特权、卖官鬻爵及教会什一税。虽然听起来不可思议，但 8 月 4 日法令取消了贵族们的世袭头衔，教士也不再属于特权阶级。这些变化后来由国民议会于 1790 年夏立法确认。

国民议会开始制定国家宪法，但这个过程会长达数月，议会希望首先终结旧制度，创立新规则。1789 年 8 月 26 日，议会颁布《人权和公民权宣言》（简称《人权宣言》），宣布政府将由自由平等的个人所组成，为全民福祉服务。《人权宣言》从天赋自由的理念出发，申明自由属于所有人，包括宗教信仰自由、思想意识自由、法律程序正当，以及私有财产“神圣不可侵犯”。但自由必须由法律进行约束。政府拥有对国家领土的绝对主权，所有公民应遵守法律并拥有选举权与被选举权。这些法规条例适用于所有人，任何人不得凌驾于法律之上。不同于美国的《权利法案》（同年颁布），《人权宣言》主张国家与集体的利益优先于个人的自由。相反，“法律至上”为最终原则。国民议会希望自由平等社会下的公民为共同的利益履行自己的义务。

在颁布了8月4日法令与《人权宣言》后，法国爱国革命者希望能够彻底终结极权主义思想，建立君主立宪制，彻底改变传统社会秩序，以“共同利益”和“人类自然而不可侵犯的权利”重塑社会发展秩序。经过竞选，法国最终组建了一个代表政府行使立法权；税收与公共管理以透明、平等、公开的原则进行。1789年《人权宣言》将两种思想融为一体：一是英美传统立法原则，确保个人自由；二是人类事务应遵循理性指导的启蒙思想。1789年的法国大革命目的是在全国范围内落实各项新政策。因此国民议会制定了一份宣言，并将其如启蒙思想一般传播到世界的各个角落。从这个层面上来说，《人权宣言》彻底打破了欧洲传统封建制度，成为推动世界历史进程的最大动力。[30]

注 释

再版序言

[1] Lynn Hunt et al., *The New Cultural History*(1989)and *Beyond the Cultural Turn: New Directions in the Study of Society and Culture*(1999); Roger Chartier,*On the Edge of the Cliff: History, Language, and Practices*(1997).

[2] Jürgen Habermas, *The Structural Transformation of the Public Sphere*(1989); James Van Horn Melton, *The Rise of the Public in Enlightenment Europe*(2001), especially " What is the Public Sphere," pp. 1-15.

初版前言

[1] Roy Porter, *The Creation of the Modern World - the Untold Story of the British Enlightenment*, 2001; John Lyons, *The Invention of the Self: The Hinge of Consciousness in the Eighteenth Century*(1978); Jerrold Seigel, *The Idea of the Self: Thought and Experience in Western Europe since the Seventeenth Century*(2005), chaps. 3-7.

[2] Paul Schroeder, "The 'Long-Duration' International History, in *Systems, Stability and Statecraft*, ed. David Wetzel, Robert Jerris and Jack S. Lery(2004), pp. 248-252.

[3] Kenneth Pomeranz, *The Great Divergence: China, Europe, and the Making of the Modern World Economy*(2000).

[4] R. R. Palmer, *The Age of Democratic Revolution* (1959).

第一章 政府和政治文化

[1] 这些选举人是波希米亚(在18世纪由奥地利国王所控制。国王所属的哈布斯堡家族在长达一个世纪的时间中一直占据着帝位)、萨克森、巴伐利亚、普法尔茨(直

到王朝在1777年陷落，普法尔茨被巴伐利亚吞并）、勃兰登堡（即之后的普鲁士）和汉诺威（这个领地的统治者家族在1714年成为英国的统治家族）的统治者，加上美因茨、特里尔和科隆的主教。

[2] Wolfgang Reinhart ed., *Power Elites and State Building* (1996).

[3] 例如，在1765年，法国的财政总长弗朗索瓦·德·拉维尔第(François de L'Averdy)建议将整个王国内的城市政府的征税政策标准化。

[4] Peter Sahlins, *Boundaries: The Making of France and Spain in the Pyrénées* (1989),p. 30.

[5] Richard Bonney, "Absolutism: What's in a Name? *French History,* 1.1 (1987): 93-117.

[6] Joel Cornette, *Absolutisme et Lumières*(2000), p. 50.

[7] William Doyle,*Venality: The Sale of Offices in Eighteenth-Century France* (1996), p. 48.

[8] Doyle，*Venality*，第33至35页。之间的差额5000万里弗大部分被出售了自己的职位的，或作为中间人转卖职位的人据为己有。按照法律，这样的转卖行为是违法的。在1715年路易十四死后，法国成立了特别法庭用来结清账目。这个法庭向超过4000名销售过几千个不同种类职位的中间人处以罚金。亦可参考James B. Collins，*The State in Early Modern France*（1995），第163—175页。

[9] Michael Kwass，*Privilege and the Politics of Taxation in Eighteenth-Century France*（2000），第2页，引用米什莱(Michelet）语。

[10] Rudolf Vierhaus，*The Prussian Bureaucracy Reconsidered*，in J. Brewer and E. Hellmuth，*Rethinking Leviathan: The Eighteenth-Century State in Britain and Germany*（1999），第149—165页。腓特烈最终在*Essay on the Form of Government*（1781）中发表了对普鲁士政府的观点。

[11] Evgenii Anisimov,*The Reform of Peter the Great: Progress through Coercion in Russia* (1993), pp. 144–169.

[12] Marc Raeff,*Political Ideas and Institutions in Imperial Russia* (1994), pp. 89–105.

[13] Tim Knudsen and Bo Rothstein, "State Building in Scandinavia, *Comparative Politics*, 26.2(1994): 203–220.

[14] 这不仅仅是英国历史学家刘易斯纳米尔爵士(Sir Lewis Namier）在*The Structure of Politics at the Accession of George* Ⅲ（1939）一书中所提到的观点，很多欧洲大陆的观察家也认为，作为一个为人民利益服务的政府，英国议会过于混乱和充满对立。这种解读的当代版本可以在约翰劳伦斯(Jon Lawrence）的*Electing Our Master:The Hustings in British Politics from Hogarth to Blair*（2009）一书中的14—42页中找到。

[15] Eliga Gould, *The persistence of Empire: British Political Culture in the Age of the American Revolution*(2000), p. 74.

[16] Gould, *The persistence of Empire*, p. 118.

[17] John Brewer, *Sinews of Power: Wat, Money and the English State 1688–1783*(1989), pp. 90-91.

[18] 需要注意的是，虽然英国的税率已经如此之高，但它不仅维持在高位，而且居然还继续上升了。在 19 世纪早期的拿破仑战争时，英国的人均税额增加到了人均收入的 35%。

[19] Brewer, *Sinews of Power*, p. 91.

[20] Boyd Hilton, *A Mad Bad and Dangerous People: England, 1783–1846* (2006).

第二章　战争、外交与国际竞争

[1] Paul Schroeder, *The Transformation of European Politics,* 1763–1848(1994), p. 52.

[2] 卡尔冯克劳塞维茨(Carl von Clausewitz) 的 *On war* 最初发表于 1832 年，虽然他的军事理论在启蒙运动后期遭到质疑，但在拿破仑战争期间他曾担任军官。

[3] James R. Sofka, The Eighteenth-Century International System, in Michael Cox et al., *Empires, Systems and States* (2001), p. 150.

[4] 沃德勒伊侯爵菲利普 · 里戈(Marquis Philipe de Rigaude de Vaudreuil) 于 1716 年 2 月致奥尔良公爵(Duke of Orléans) 的信件，及威廉雪利(William Shirley) 于 1749 年 5 月 10 日致贝德福德公爵(Duke of Bedford) 的信件。引于索夫卡论文 *The Eighteenth Century International System*，第 155 页。

[5] Norman Davies, God's Playground: A History of Poland, vol. 1 (2005), pp. 3–101.

[6] François de Callières，原著名 *De la manière de négocier avec des souverains* (1716)，引用来自 1919 年的英文译本，第 10 页。关于卡利埃对十八世纪文化的影响，见皮埃尔博勒佩尔(Pierre Beaurepaire) 的论文 *Le Mythe de l'Europe française au XVIIIe siècle*（2007），第 12—16 页。

[7] 关于施普林和阿尔萨斯的世界文化请参考 David A. Bell，*Nation-Building and Cultural Particularism in Eighteenth-Century France: The Case of Alsace*，刊于 1988 年出版的 *Eighteenth-Century Studies*，第 88 页；关于外交学院，请参考 Beaurepaire，*Le Mythe de l'Europe Française au* ⅩⅧ *e siècle*，第 148—159 页。

[8] Gary Kates, *Monsieur d'Eton Is a Woman: A Tale of Political Intrigue and Sexual Masquerade* (2001); Dror Wahrman, *The Making of the Modern Self: Identity and Culture in Eighteenth-Century England* (2004), pp. 29–32.

[9] Brewer，*Sinews of Power*，第 199 页。若想继续研究军事历史和历史上关于军事改革的争议，可参考 Jeremy Black，*European Warfare,* 1660–1815（1994），第 3–10 页，以及第 234—237 页。

[10] James C. Riley, *The Seven Years War and the Old Regime in France: The Economic and Financial Toll* (1986), p. 57, 88–89.

[11] Black, *European Warfare*, pp. 218–224.

[12] John Keegan, *A History of Warfare* (1993), p. 343.

[13] Rafe Blaufarb, *The French Army*，1750–1820 (2002), p. 40.

[14] Black, *European Warfare*, pp. 39–45.

[15] Armstrong Starkey, *War in the Age of Enlightenment* (2003), pp. 105–132.

[16.Ken Alder, *Engineering the Revolution: Arms and the Enlightenment in France, 1763–1815* (1997), pp. 39–51.

[17] 若想了解17世纪晚期和18世纪早期欧洲随军生活的士兵妻子、女商贩和其他女性情况，请参考John A. Lynn，*Women, Armies, and Warfare in Early Modern Europe* (2008)。

第三章 社会秩序

[1] 20世纪90年代前苏联档案被公开，西方学者得以阅读相关资料。这帮助我们进一步加深了对俄国农奴制度及俄国的农村中的农民社会的内部王朝的研究，请参考David Moon，"Reassessing Russian Serfdom，"刊于*European History Quarterly 26*（1996），第483—526页。

[2] 关于货币替代劳作的改革，请参考Edgar Melton，"*Enlightened Seigniorialism and Its Dilemmas in Serf Russia,* 1750–1830，"刊于*Journal of Modern History* 62.4（1990年12月），第675—708页；或参考Jerome Blum，*Russia from the Ninth to the Nineteenth Century*（1961），第394页，以及第444—452页。

[3] Jonathan Dewald，*The European Nobility* 1400–1800（1996），第65—96页，该作者主要描述法国贵族开始进行改革；Robert Forster，*The House of Saulx-Tavanes: Versailles and Burgundy,* 1700–1830（1971）则大致描述了一群先进的庄园领主。

[4] Marc Bloch, *French Rural History: An Essay on Its Basic Characteristics* (1966), chaps. 2 and 5.

[5] Pierre Goubert, *Histoire économique et sociale de la France*, vol. 2, ed. by C. E. Labrousse and F. Braudel (1970), p. 587.

[6] Thomas F. Sheppard, *Lourmarin in the Eighteenth Century: A Study of a French Village* (1971), p. 18.

[7] 关于联合执政，请参考Derek Beales，*Joseph II: In the Shadow of Maria Theresa*，1741—1780（1987），第134—240页；关于18世纪80年代约瑟夫二世的统治，请参考T. C. W. Blanning，*Joseph II*（1994）。

[8] Jerome Blum, *The End of the Old Order in Rural Europe* (1978), pp. 219–220, 267–271.

[9] Jerzy Lukowski, *The European Nobility in the Eighteenth Century* (2003); Pierre

Serna, "The Noble, in Michel Vovelle, ed., *Enlightenment Portraits*(1992), pp. 30–84.

[10] Dewald, *European Nobility*, 第 1—59 页。图表摘自 Jean Meyer, *Noblesses et pouvoirs dans l'Europe d'ancien régime*（1973），第 27—34 页。

[11] Jay Smith, *Nobility Reimagined: The Patriotic Nation of Eighteenth-Century France* (2005).

[12] Amanda Vickery, *The Gentleman's Daughter: Women's Lives in Georgian England* (1998).

[13] 实现个人价值而非成就社会地位是法国激进修正主义作品的重点，其中包括 Guy Chaussinand-Nogaret, *The French Nobility in the Eighteenth Century*（1985；第一版出版于 1976 年），以及史密斯的着眼更细致的著作 *Nobility Reimagined*。

[14] Hans Rosenberg, *Bureaucracy, Aristocracy, and Autocracy: The Prussian Experience* 1660–1815 (1958).Richard L. Gawthorp, *Pietism and the Making of Eighteenth-Century Prussia*, pp. 223–246.

[15] Jonathan Israel, *The Dutch Republic: Its Rise, Greatness, and Fall,* 1477–1806 (1998), pp. 998–1018.

[16] Goubert, *Histoire économique et sociale de la France*, p. 584.

[17] 更多详细资料请参考 Louis Bergeron, "The Businessman," 选自 Michel Vovelle, *Enlightenment Portraits*, 第 122—141 页。18 世纪英国最大规模的商业中产阶级形成于伦敦，具体研究请参考 Paul Longford, *A Polite and Commercial People*（1989），第 123–182 页，以及第 565—676 页。在巴黎，非贵族精英相对较少投入商业活动，主要直接参与国家项目，具体参考 David Garrioch, *The Formation of the Parisian Bourgeoisie,* 1690–1830（1996）。

[18] Christine Adams, *A Taste for Comfort and Status: A Bourgeois Family in Eighteenth-Century France* (1999).

[19] 关于爱国精神请参考 John Shovlin, *The Political Economy of Virtue: Luxury, Patriotism, and the Origins of the French Revolution*（2006），以及 Sarah Maza, "Luxury, Morality, and Social Change: Why There Was No Middle-Class Consciousness in Prerevolutionary France," 刊于 *Journal of Modern History*（1997），第 199—229 页。

[20] 若想更多了解法国的城市政治，请参考 Hilary Bernstein, "The Shadow of the Revolution: Continuities in Society and Politics in Early Modern France," 刊于 *Journal of Urban History*（2002 年 9 月），第 769—777 页。想了解具体案例兰斯和特鲁瓦，参考 Lynn Hunt, *Revolution and Urban Politics in Provincial France: Troyes and Reims,* 1786–90，第二章。

[21] George Rud, *Hanoverian London,* 1714–1808, chaps. 7–8.

[22] Mack Walker, *German Home Towns: Community, State, and General Estate,* 1648–1871 (1971), part I.

[23] 苏是一种法国货币单位，是一个里弗的十二分之一，相当于英国的一先令(一英镑的十二分之一)。

[24] Michael Sonenscher, *Work and Wages: Natural Law, Politics, and the Eighteenth-Century French Trades* (1989)；如果想更多了解关于18世纪法国工会的历史，请参考 Cissie Fairchilds, "Three Views on Guilds," 刊登在 *French Historical Studies* 15 (1988)，第688—692页；此外，相关案例研究请见 Steven Kaplan and Cynthia Koepp, *Work in France* (1986)，第13—286页。

[25] 想了解关于女性裁缝等女性工作者在工会内外务工的案例研究，请参考 Clare Haru Crowston, *Fabricating Women: The Seamstresses of Old Regime France,* 1675–1791 (2001)。

[26] Cynthia Truant, *The Rites of Labor: Brotherhoods of Compagnonnage in Old and New Regime France* (1994).

[27] Robert Darnton, "Workers Revolt: The Great Cat Massacre of the Rue Saint-Séverin," in *The Great Cat Massacre and Other Episodes of Franch Cultural History* (1984), pp. 75–106.

[28] Steven Kaplan, *La fin des corporations* (2001).

[29] William Sewell, *Work and Revolution in France: The Language of Labor from the Old Regime to* 1848 (1980).

第四章　人口与经济变化

[1] Jean Meuvret, "Demographic Crisis in France from the Sixteenth to the Eighteenth Century, in D. V. Glass and D. E. C.Eversley (eds.), *Population in History* (1965).

[2] Andr Armengaud, Population in Europe, 1700–1914, in *Fontana Economic History of Europe: The Industrial Revolution* (1973).

[3] Pierre Goubert, *Cent Mille Provinciaux au XVIIe Siècle* (1973), p. 62.

[4] Goubert, *Cent Mille Provinciaux*.

[5] E. LeRoy Ladurie, *Time of Feast, Times of Famine: A History of Climate since the Year* 1000, pp. 90–95.

[6] Jean-Pierre Goubert, *Malades et médecins en bretagne* 1770–1790(1974), and "Le Phenomène Epidémique en Bretagne la fin du XVIIIe Siècle, in J. P. Desaive et al., *Médecins, climat ei épidémies la fin du XVIIIe siècle* (1972).

[7] 教会关于洗礼、婚礼及葬礼的教区记事录首先由法国人口学家路易亨利(Louis Henry) 和英国人口学家 E. A. 雷格利(E. A. Wrigley) 用来进行家庭重构。雷格利关于18世纪英格兰的诸多结论见于 *English Population History from Family Reconstituion, 1580-*

1837（1997），他对英国与法国及其他欧洲国家的比较见于 *Poverty, Progress and Population*（2004）。约翰 E. 克内德尔(John E. Knodel）的 *Demographic Behavior in the Past*（1998）通过对十四个德意志村庄的家庭重构，研究了几代人的时间里家庭结构的变化。

[8] Lawrence Stone, *The Family, Sex and Marriage in England, 1500-1800* (1977); Louis Flandrin, *Families in Former Times: Kinship, Household, and Sexuality*(1979).

[9] Pierre Goubert, Legitimate Fecundity and Infant Mortality in France during the Eighteenth Century: A Comparison, *Daedalus* (Spring 1968): 593–603; Maurice Garden, *Lyon et les lyonnais au XVIIIe siècle*(1975)，part I, chap 2.

[10] David Weir，"Life under Presure: France and England, 1670–1830，" *Journal of Economic History* 44（1984）:21–41。有关法国人口出生率的统计数据出自 Jacques Dupaquier，*Histoire de la population française*（1995），该数据还出现在 John J. McCusker，*Essays in the Economic History of the Atlantic World*，第 293—296 页；以及 E. LeRoy Ladurie，"Demography and 'Sinful Secrets': The Case of Languedoc in the Late Eighteenth and Early Nineteenth Centuries"，选自 *The Territory of the Historian*（1979），第 239—253 页。

[11] Andr Burguiere, From Malthus to Max Weher: Belated Marriage and the Spirit of Enterprise," in R. Forter and O. Ranum (eds.), *Family and Society: Selections from the Annales* (1976); Flandrin, *Families in Former Times*, chap. 4.

[12] Labrousse，*Histoire économique et sociale de la France,* 1660–1789（1970） 第三卷记录了这些研究成果。而最近的文献著作，请参考 Phillip T. Hoffman and Jean-Laurent Rosenthal，"New Work in French Economic History，" 收录于 *Franch Historical Studies* 23.3（2000），第 439—453 页。

[13] Jan De Vries, *The Economy of Europe in an Age of Crisis,* 1600–1750(1978), chap. 7.

[14] 想了解该部分内容的概况，请参考 J. H. Parry，*Trade and Dominion: European Overseas Empire in the Eighteenth Century* 第二版(2000)，以及 David Abernathy，*The Dynamics of Global Dominance: European Overseas Empires*，*1415-1980*（2000），第 45—80 页。

[15] Kenneth Maxwell, *Pombal, Paradox of the Enlightenment* (1995), pp. 37–49.

[16] 文森特哈洛(Vincent Harlow）在 *The Founding of the Second British Empire,* 1763–1793（1952）中提出第二个非正式帝国(informal empire）的概念。C. A. 贝利(C. A. Bayly）在 *The Second British Empire*、罗宾温克斯(Robin Winks）等(编者）在 *The Oxford History of the British Empire, Vol.5: Historiography*（2001），第 60—64 页中引用了哈洛的论点，并就其进行讨论。P. J. 马歇尔(P. J. Marshall）在 *The Oxford History of the British Empire, Vol. II: The Eighteenth Centruy*（2001）中对于大英帝国历史所作论述是比较近期的。

[17] Malachy Postlethewayt, *The National and Private Advantages of the African Trade* (1746).

[18] Phillip Curtin, *The Atlantic Slave Trade: A Census* (1969).

[19] Robin Blackburn, *The Making of New World Slavery: From the Baroque to the Modern,* 1492–1800 (1997).

[20] Laurent Dubois, *Avengers of the New World: The Story of the Haitian Revolution* (2004); David Geggus, *Haitian Revolutionary Studies* (2002).

[21] M. Franginals，*The Sugarmill: The Socioeconomic Complex of Sugar in Cuba*，1760–1860（1976）。更多关于海地革命对加勒比海地区的深远影响，参见 David P. Geggus，*The Impact of the Haitian Revolution in the Atlantic World*（2001）。

[22] J. Chambers and G. Mingay，*The Agricultural Revolution*，1750–1880（1966）。有关提升粮食产量的耕作方法，参见 M. E. Turner，J. V. Beckett，and B. Afton，*Farm Production in England*（2001）。

[23] Robert C. Allen, Tracking the Agricultural Revolution in England, *Economic History Review* 52.2 (1999): 209–235; Gregory Clark, Too Much Revolution: Agriculture in the Industrial Revolution, 1700–1860, *in* Joel Mokyr (ed.), *The British Industrial Revolution: An Economic Perspective,* 2nd ed. (1999), pp.206–240.

[24] J. M. Nesson, *Commoners: Common Right, Enclosure and Social Change in England,* 1700–1820 (1993).

[25] John Brewer and Roy Porter (eds.), *Consumption and the World of Goods* (1993）.

[26] David Landes, *The Unbound Prometheus,* 2nd ed. (2003) and David Landes, The Fable of the Dead Horse: or the Industrial Revolution Revisited, in Mokyr, *The British Industrial Revolution*, pp. 128–159.

[27] Dvid Mitch, The Role of Education and Skill in the British Industrial Revolution, in Mokyr, *The British Industrial Revolution*, pp. 241–279.

[28] Kenneth Pomeranz, *The Great Divergence: China, Europe, and the Making of the World Economy* (2000), pp. 29–108.

[29] E. A. Wrigley, *Continuity, Chance and Change: The Character of the Industrial Revolution in England* (1988).

第五章　贫困和公共秩序

[1] Louise A. Tilly and Joan W. Scott, *Women, Work and Family,* 2nd ed. (1987); Deborah Simonton, *A History of European Women's Work* (1998), pp.11–84.

[2] 引用自 Olwen Hufton，*The Poor of Eighteenth Century France*（1974），pp.21. 意大利贫困情况请见 Stuart Woolf，*The Poor in Western Europe in the Eighteenth and Nineteenth Centuries*（1986）。

[3] 有关18世纪的法国，可参考锡西费尔柴尔德(Cissie Fairchilds)，*Poverty and*

Charity in Aix-en-Provence, 1640–1789（1976）。有关其他欧洲国家的案例分析，可参看由 O. P. 格雷尔(O. P. Grell)、A. 坎宁安(A. Cunningham) 和 B. 洛埃克(B. Roeck) 所编纂的论文集 *Health Care and Poor Relief in 18th and 19th Century Northern Europe*（2003），*Health Care and Poor Relief in 18th and 19th Century Southern Europe*(2005)。

[4] Jeffry Kaplow, *The Names of Kings: The Parisian Laboring Poor in the Eighteenth Century* (1972), p.134.

[5] Lynn Hollen Lees，*Solidarities of Strangers: The English Poor Laws and the People*，1700–1948（1998）；若想了解英国更多的穷人救济措施，请参考 Patricia McQueen，*Order, Industry and Virtue: Count Rumford and Eighteenth-Century European Poor Relief*(2001)。

[6] Jacques Depaux，"Illicit Sexual Activity and Society in Eighteenth-Century Nantes，" in Family and Society，R. Forster and O. Ranum（ed.)（1976）；想要了解更多关于英国城市社会的历史，请参考 Tanya Evans，"'Unfortunate Objects': Londons Unmarried Mothers in the Eighteenth Century，" 出自 Gender History 17.1（2005）：127–153，以及 Nicholas Rogers，"Carnal Knowledge: Illegitimacy in 18th-century Westminster，" 摘自 *Journal of Social History*（1990）：355–375。

[7] G. D. Sussman，*Selling Mother's Milk: The Wet Nursing Business in France*，1715–1914（1982）；法国里昂的数据来源于 Garden，*Lyon et les Lyonnais*，第 59—84 页。

[8] 麦科姆森(R. W. Malcolmson) 研究了上述情况，详情见《18 世纪的杀婴罪：1550–1800 年》(Infanticide in the Eighteenth Century, 1550–1800)；马克·杰森(Mark Jackson) 的著作《谋杀新生婴儿：女性、私生子和 18 世纪英国的法院》(*New-Born Child Murder: Women, Illegitimacy, and the Courts in Eighteenth-Century England*，1996 年) 从经济和法律视角下解析这一现象。

[9] Richard Mowery Andrews, *Law, Magistracy, and Crime in Old Regime Paris*, 1735-1789: *The System of Criminal Justice*（1994）.

[10] John H. Langbein, *Torture and the Law of Proof: Europe and England in the Ancien Regime* (1977); Frank McLynn, *Crime and Punishment in Eighteenth-Century England* (1989).

[11] 18 世纪刑法是边际人的监禁的这种说法主要来源于哲学家米歇尔傅科(Michel Foucault) 的早期作品 *Discipline and Punish: The Birth of the Prison*（1977）。

[12] McLynn，*Crime and Punishment*，pp. 83–95；Peter Linebaugh，*The London Hanged: Crime and Civil Society in the Eighteenth Century*（2003）；Douglas Hay，"Property, Authority and Criminal Law，" in *Albion's Fatal Tree*（1975）。该文章在当时遭到社会争议，却成为财产罪行这一分支最重要的参考文献。

[13] 西维尔·卢梭(Xavier Rousseaux) 在论文"From Medieval Cities to National States"中总结出社会犯罪的变化趋势，摘自克莱夫埃姆斯利(Clive Emsley) 和路易斯卡夫卡(Louis Kafka) 的合著作品 *Crime History and Histories of Crime* 第 14–18 页。妮可卡斯坦(Nicole Castan)，"Summary Justice"一文仔细研究教区法院犯罪案件，摘自福斯特(Forster) 和拉农(Ranum) 编辑的 *Deviants and the Abandoned in French Society*（1978）。

[14] 安德烈·扎斯伯格(Andre Zysberg)，*Les galiriem: vies et deslins de 60 000 forçats sur les galères de France* 1680–1748（1987），书中观点总结在"Galley Rowers in the Mid-Eighteenth Century"一文中，见于福斯特和拉农的著作 *Deviants and the Abandoned in French Society*。

[15] 上文数据取自安德鲁(Andrews) 的著作 *Law, Magistracy and Crime*，第 539–551 页，该文主要依据来自一名法国学者波菲利(Porphyre Petrovitch) 的历史研究。

[16] Andrew, Law, *Magistracy and Crime*, pp.219–319; Hafton, *The Poor*, chap. 9.

[17] 比蒂(J. M. Beattie)，*Crime and the Courts in England*，1660–1800（1986），这些研究发现主要是基于刑事法庭对两个城市的文件摘要：苏塞克斯和萨里。

[18] 麦可林(McLynn)，*Crime and Punishment*，第 202 页至 217 页。道格拉斯·海(Dougla Hay) 关于偷猎是对贵族权威的挑战的最著名言论，"Poaching and the Game Haws on Cannock Chase"，见 Albion's Fatal Tree；汤普森(E. P. Thompson) 发表作品 *Whigs and Hunters: The Origin of the Black Act*（1975）。

[19] Steven Kaplan，*Provisioning Paris: Merchants and Millers in the Grain and Flour Trade during the Eighteenth Century*（1984）；Elizabeth Fox-Genovese，*The Origins of Physiocracy: Economic Revolution and Social Order in Eighteenth-Century France*（1976）；了解道德经济和群众运动，请参考 E. P Thompson，*Customs in Common: Studies in Traditional Popular Culture*（1991），第 185—350 页。

[20] Thompson, *Customs in Common*, p.220.

第六章　启蒙运动

[1] Gabriel François Venel, *"Philosophe"*, Encyclopédie ou dictionnaires rasisonné des sciences, des arts et des métiers..., de Doderot-d' Alembert (1765).

[2] *Voltaire, "Gens de letter," Encyclipédie, vol. 8* (1757).

[3] Marquis Antoine de Condorect, *Reflections on Negro Slavery* (1781).

[4] Robert Darnton, *The Business of Enlightenment*（1797）.

[5] William Womack, "Eighteenth-Century Themes in the *Historie Philosophique et Politique des Deux Indes* of Guillaume Raynal", *Studies on Voltaire and the Eighteenth*

Century 96 (1972): 129–265.

[6] 他的这篇获奖文章加上他的第二篇文章《论人类不平等的起源》（*On the Origins of Inequality*，1754），便成为后来我们所熟知的《第一篇论文》（*First Discourse*，1750）。

[7] 引自 *Émile*，出自 Mary Trouille，*Sexual Politics in the Enlightenment*（1997），第 17 页。

[8] Jacques Savary, *Le Parfait Négociant* (1665).

[9] 《国富论》（Wealth of Nations），第四卷，第二章和第九章。

[10] 《国富论》，第一卷，第八章。

第七章 启蒙运动中的世界：公共领域

[1] Charles-Gabriel Lemonnier，"In the Salon of Mademe de Geoffrin in 1755"，绘于 1812 年。

[2] Lawrence Klein, Gender and the Public/Private Distinction in the Eighteenth Century: Some Questions about Evidence and Analytic Procedure, *Eighteenth-Century Studies* 29 (Fall 1995): 97–109, 104–105.

[3] 伊曼努尔·康德(Immanuel Kant)，《什么是启蒙主义？》（Was ist Äufklarung?，1784）。请注意，康德的用法与现在我们一般所说的公共与私人的含义正好相反。他说的公共，指的是为所有民众服务的由国家赞助的实体；私人则指的是出于特定原因建立的，属于一个独立的人或团体的实体。请参考詹姆斯·范霍恩·梅尔顿(James Van Horn Melton）的 *Rise of the Public in Enlightenment Europe*（2001），第 8 页。

[4] Lawrence E. Klein, *Shaftesbury and the Culture of Politeness*(1994).

[5] Antoine Lilti, *Le Monde des salons: Sociabilité et mondainité à Paris au XVIIIe siècle* (2005), p. 63.

[6] Elizabeth Goldsmith, *Exclusive Conversations: The Art of Interaction in Seventeenth-Century France* (1988); Dena Goodman, *The Republic of Letters: A Cultural History of the French Enlightenment* (1993).

[7] 引自 Deborah Heller，"Bluestocking Salons and the Public Sphere，" *Eighteenth-Century Life* 22.2（1998），第 63 页。另可见于 Anthony La Vopa，"Women, Gender and the Enlightenment，" *Journal of Modern History 80*（2008），第 332—357 页。

[8] Dror Wahrman, *Making of the Modern Self*, p. 179.

[9] Robert Darnton，"The High Enlightenment and Low-Life of Literature" 和"A Spy in Grub Street"，发表在 *The Literary Underground of the Old Regime*（1982），第 1–121 页。想要了解不同的解读，可以参考 Haydn Mason，*The Darnton Debate: Books and Revolution in the Eighteenth Century*（1993）。

[10] James E. McClellan Ⅲ, *Science and Colonialism in the Old Regime* (1992), p. 113.

[11] G. 勒龙(G. Lerond) 语，由麦克莱伦在 Science and Colonialism 中引用，第 189 页。

[12] 约瑟夫·冯·索南费尔兹(Josef von Sonnenfels)，*Institutions of Eloquence*（1787），由 K. 特赖布(K. Tribe) 在"Cameralism and the Science of Government" 一文中引用，文章刊登于 Journal of Modern History 56.2（1984），第 263—284 页。

[13] Margaret Jacob, *Living the Enlightenment* (1991)，p. 5.

[14] 引自《雅各书》(Jacob) 第 105 页，共济会文句(Masonic texts)。

[15] James Van Horn Melton, "School, Stage, Salon: Musical Cultures in Haydn's Vienna," Journal of Modern History 76 (2004): 251–279.

[16] 孔多塞(Marquis de Condorcet)，*Esquisse d'un tableau historique des progress de l'esprit humain*（1791），"第 10 时代"（10th époque）的说法见于基思·M. 贝克(Keith M. Baker) 编辑的《孔多塞精选文集》(*Condorcet: Selected Writings*，1976）一书中的翻译。

[17] J. Kloeck, "Reconsidering the Reading Revolution," *Poetics* 26.5–6 (1999): 289–307.

[18] Melton, "School, Stage, Salon," p. 87.

[19] Robert Darnton, "Facts of Literary Life in Eighteenth-Century France," in Baker, *Political Culture of the Old Regime* (1991).

[20] Darnton, "Facts," and Cara Hesse, *Other Enlightenment* (2001), pp. 37–39.

[21] G. Kavallar, "Kant's Judgement on Frederick's Enlightened Absolutism," *History of Political Thought* 14.1(1993): 103–132.

第八章 教会与宗教生活

[1] *The Court Magazine* 1（1761）第 126 页，乔纳森·希恩(Jonathan Sheehan) 引用 于"Enlightenment,Religion, and the Enigma of Secularization"，*American Historical Review* 108.4（2003），第 1001—1080 页。

[2] Darrin McMahon, *Enemies of the Enlightenment* (2001).

[3] Sherri Klassen, "Greying in the Cloister: The Ursuline Life Course in Eighteenth-Century France," Journal of Women's History 12.4 (2001) pp. 87–112.

[4] Dale Van Kley, *The Religious Origins of the French Revolution, from Calvin to the Civil Constitution*, 1560–1791 (1999).

[5] Michel Vovelle, *Piété baroque et déchristianisation en Provence au XVIIIe siècle* (1973).

[6] Richard L. Gawthorp, *Pietism and Making of Eighteenth-Century Prussia* (1993), p. 63.

[7] Van Horn Melton, *Absolutism and the Eighteenth Century Origins of Compulsory Schooling in Prussia and Austria* (1988), p. 77.

[8] James Van Horn Melton, "Pietism, Politics and the Public Sphere in Germany," in J.Bradley and D. Van Kley (ed.), *Religion and Politics in Enlightenment Europe* (2001), p. 319.

[9] 1791 年脱离圣公会后，循道公会自 1880 年开始任命女牧师(在英国是 1974 年)，而圣公会直到 20 世纪 70 年代才开始任命女牧师。

[10] Adam Hochschild, *Bury the Chains: Prophets and Rebels in the Fight to Free an Empire's slaves* (2005).

第九章 民主革命的前夜

[1] Charles W. Ingrao, *The Habsburg Monarch,* 1618–1815 (2000), pp. 185–187.

[2] Sara Maza, "Secreting History: The Mémoires secrets as a Postrevolutionary Document," in Jeremy Popkin and Bernadette Fort (eds.), *The Mêmoires Secrets and the Culture of Publicity in Eighteenth Century France* (1998), pp. 175–180.

[3] Norman Davies, *God's Playground: A History of Poland,* vol. 1 (2005), pp. 3–101.

[4] M. Raeff, "Pugachev' s Rebellion," in R. Forster and J. Greene (eds.) *Preconditions of Revolution in Early-Modern Europe* (1970).

[5] Paul Avrich, *Russian Rebels, 1600–1808* (1972), chap. 4.

[6] Michael Streeter, *Catherine the Great* (2007), pp. 90–96.

[7] E.H. Kossman, "The Dutch Republic in the Eighteenth Century," in Margret C. Jacob and Vijnand W. Mignhardt, *The Dutch Repubilic in the Eighteenth Century* (1992), pp. 19-31.

[8] Nicolas C.F. van Sas, "The Patriot Revolution," in Jacob and Mignhardt, *The Dutch Republic*, pp. 91–119.

[9] 1795 年，爱国者借助法国共和党的支持重返荷兰，对抗奥兰治党和英国同盟军，同时成立巴达维亚共和国 (the Batavian Republic)。详情请阅读 Simon Schama, *Patriots and liberators: Revolution in the Netherlands,* 1780–1813（1977），第 2 章至第 3 章。

[10] R.R. Palmer, *The Age of Democratic Revolution*, Vol. I: *The Struggle* (1959), chap. 11.

[11] Gordon Wood, *The American Revolution: A History* (2002), p. 4.

[12] Bernard Bailyn, *Ideological Origins of the American Revolution* (1967); Pocock, "The Americanization of Virtue," in *Machiavellian Moment*, pp. 506-552.

[13] 取自伍德(Wood) 作品《美国独立战争》(*American Revolution*) 的"1765 年，美国国会颁布印花税法案。"

[14] Gordon Wood, *Radicalism of the American Revolution* (1993).

[15] David Armitage, *Declaration of Independence, A Global History* (2007).

[16] Jay Smith, *The French Nobility in the Eighteenth Century: Reassessments and New Approach* (2008).

[17] 罗伯特·达莱顿 (Robert Darnton),《资本家可以让天下太平》(*A Bourgeois Puts His World in Order*),摘自《屠猫记》(*The Great Cat Massacre*)(1984),第 107—140 页。

[18] Hilton Root, *Peasants and Kings in Burgundy* (1987), pp. 155–203.

[19] David Bell,"Lawyers into Demagogues: Chancellor Maupeou and the Transformation of Legal Practice in France, 1771–1774," Past & Present 130(1991)。若想全面了解,请参考 Roger Chatier,*Cultural Origins of the French Revolution*(1991)。

[20] Sarah Maza, *Private Lives and Public Affairs: The Causes Célèbre of Pre-revolutionary France*, pp. 282–311.

[21] Dale Van Kley, "From Religious to Ideological 'Parties'," in *Religious Origins of the French Revolution* (1996), pp. 249–302.

[22] Douglas Dakin, *Turgot and the Old Regime of France* (1939), p. 249.

[23] Kwass, *Privilege and the Politics of Taxation*, pp. 88–95.

[24] John Markoff, *The Abolition of Feudalism: Peasants, Lords and Legislators* (1996), pp. 16-64, especially pp. 21–42.

[25] Guy Chaussinand-Nogaret, *The French Nobility in the Eighteenth Century: From Feudalism to Enlightenment* (1985), pp. 137–144.

[26] Timothy Tackett, *Becoming a Revolutionary* (2006), pp.94–116.

[27] William Sewell,*A Rhetoric of Bourgeois Revolution: The Abbe Sieyes and* What is the Third Estate?(1994);该宣传册的影响,第 185—197 页。

[28] Rolf Reichardt and Hans-Jurgen Lusebrink, *The Bastille: History of a Symbol of Despotism and Freedom* (1997); George Rude, *The Crowd in the French Revolution* (1959), chap. 4.

[29] George Lefebvre, *The Great Fear of* 1789*: Rural Panic in Revolutionary France* (1973).

[30] Lynn Hunt, *Inventing Human Rights* (2007), pp. 113–145.

推荐阅读

历史文献

American Historical Association，*Guide to Historical Literature*（2 vols.，1995）

Anderson，M. S，*Historian and Eighteen-Century Europe*，1715–1789（1979）

Burke，Peter（ed.），*New Perspectives on Historical Writing*（1991）

Hunt，Lynn（ed.），*The New Cultural History*（1989）

通俗读物

Anderson，M. S，*Europe in the Eighteenth-Century*，1713–1783（1976）

Behrens，C. B. E，*The Ancien Régime*（1967）

Christie，Ian，*Wars and Revolutions*：*Britain* 1760–1815（1982）

Cobban，Alfred（ed.），*The Eighteenth Century*：*Europe in the Age of the Enlightenment*（1969）

——，*History of Modern France*，*Vol. 1* 1715–1799（1966）

Davies，Norman，*Heart of Europe*：*A Short History of Poland*（1984）

Doyle，William，*The Old European Order* 1660–1800（1978）

——（ed.），*Old Regime France* 1648–1788（2001）

Freeze，Gregory，Russia：A History（1997）

Goodwin，Albert（ed.），*The American and French Revolutions*，1763–1793（1965）

Herr，Richard，*The Eighteenth-Century Revolution in Spain*（1958）

Hilton，Boyd，*A Mad*，*Bad and Dangerous People*：*England* 1783–1846（2006）

Holborn，Hajo，*A History of Modern Germany*，*Vol. II* 1648–1840（1964）

Israel，Jonathan，*The Dutch Republic*：*Its Rise*，*Greatness*，*and Fall*，1477–1806（1998）

Jacob，Margaret and Wijnand W. Mijnhardt（eds.），*The Dutch Republic in the Eighteenth Century*：*Decline*，*Enlightenment*，*and Revolution*（1992）

Jones, Colin, *Great Nation : France from Louis XIV to Napoleon* (2002)
Kors, Alan (ed.), *Encyclopedia of the Enlightenment* (4 vols., 2002)
Kossman, E. H., *The Low Countries : 1780–1940* (1978)
Langford, Paul, *A Polite and Commercial People : England 1727-1783* (1989)
Lindsay, J. O. (ed.), *The Old Regime*, 1713–1763 (1957)
Lynch, John (ed.), *Bourbon Spain*, 1700–1808 : *A History of Spain* (1989)
Roberts, Michael (ed.), *Essays in Swedish History* (1968)
Roche, Daniel, *France in the Enlightenment* (1998)
Sheehan, James, *German History*, 1770–1866 (1989)
Speck, W. A., *Stability and Strife : England*, 1714–60 (1977)
Wangermann, Ernst, *The Austrian Achievement*, 1700–1800 (1973)

政府和政治文化

Alexander, John T., *Catherine the Great : Life and Legend* (1989)
Avrich, Paul, *Russian Rebels*, 1600–1800 (1972)
Barker, Ernest, *The Development of Public Services in Western Europe*, 1660–1930 (1944)
Beales, Derek, *Enlightenment and Reform in Eighteenth-Century Europe* (2005)
——, *Joseph II*, *vol I : In the Shadow of Maria Theresa*, 1741–1780 (1987)
——, *Joseph II*, *vol II : Against the World*, 1780–1790 (2009)
Behrens, C. B. A., *Society, Government, and the Enlightenment : The Experience of Eighteenth-Century France and Prussia* (1985)
Bell, David., *The Cult of the Nation in France : Inventing Nationalism*, 1680–1800 (2001)
Bernard, Paul, *From the Enlightenment to the Police State : The Public Life of Johann Anton Pergen* (1991)
——, *Joseph II* (1968)
Black, Jeremy, *The Politics of Britain* 1688–1800 (1993)
Blanning, T. C. W., *Joseph II* (1994)
Brewer, John, *The Sinews of Power : War, Money, and the English State*, 1688–1783 (1990)
Brewer, John and J. Styles (eds.), *An Ungovernable People : The English and Their Laws in the Seventeenth and Eighteenth Centuries* (1980)
Brooke, John, *The House of Commons*, 1754–90 : *Introductory Survey* (1968)
Butterfield, Herbert, *George III and the Historians* (1957)
Campbell, Peter R., *Louis XIV* 1661–1715 (1993)

——, *Power and Politics in Old Regime France* 1720–1745 (1996)
Carsten, F. L., *Princes and Parliaments in Germany* (1959)
Clark, Christopher, *Iron Kingdom : the Rise and Downfall of Prussia*, 1600–1947 (2006)
Colley, Linda, *Britons : Forging the Nation* 1707–1837 (1992)
Collins, James B. *The State in Early Modern France* (1995)
Dickson, P. G. M., *Finance and Government under Maria Theresa*, 1740–1780 (1987)
Dukes, Paul, *Catherine the Great and the Russian Nobility* (1967)
Ehrman, John, *The Younger Pitt* (2 vols., 1969–1983)
Ergang, Robert, *The Potsdam Fuhrer : Frederick William I, Father of Prussian Militarism* (1941)
Evans, Robert J., *Austria, Hungary, and the Habsburgs : Essays on Central Europe*, 1683–1867 (2006)
——, *The Making of the Habsburg Monarchy* 1500–1700 (1979)
Gagliardo, John, *Reich and Nation : The Holy Roman Empire as Idea and Reality*, 1763–1806 (1980)
Goubert, Pierre, *Louis XIV and Twenty Million Frenchmen* (1970)
Gould, Eliga H., *The Persistence of Empire : British Political Culture in the Age of the American Revolution* (2000)
Gruder, Vivian, *The Royal Provincial Intendants : A Governing Elite in Eighteenth-Century France* (1968)
Hargreaves-Mawdsley, *N.*, *Eighteenth-Century Spain*, 1700–1788 *: A Political, Diplomatic, and Institutional History* (1978)
Johnson, Hubert C., *Frederick the Great and His Officials* (1975)
Kerner, Robert, *Bohemia in the Eighteenth Century* (1932)
Klang, Daniel, *Tax Reform in Eighteenth-Century Lombardy* (1977)
Kwass, Michael, *Privilege and the Politics of Taxation in Eighteenth-Century France : Liberté, Egalité, Fiscalité* (2000)
LeDonne, J., *Absolutism and Ruling Class : The Formation of the Russian Political Order*, 1700–1825 (1991)
——, *Ruling Russia : Politics and Administration in the Age of Absolutism*, 1762–1796 (1984)
Lerbel, Helen, *Enlightened Bureaucracy versus Enlightened Despotism in Baden*, 1750–92 (1965)
Macartney, C. A. (ed.), *The Habsburg and Hohenzollern Dynasties in the Seventeenth and Eighteenth Centuries* (1970)
De Madariaga, Isabelle, *Russia in the Age of Catherine the Great* (1981)
Maxwell, Kenneth, *Pombal, Paradox of the Enlightenment* (1995)

McBride, Ian, *Eighteenth-Century Ireland: The Isle of Slaves* (2009)
McDowell, R. B., *Ireland in the Age of Imperialism and Revolution*, 1760–1801 (1979)
Mousnier, Roland, *The Institution of France under the Absolute Monarchy, Vol. I: Society and the State* (1979)
Myers, A. R., *Parliaments and Estates in Europe to* 1789 (1975)
Namier, Lewis, *The Structure of Politics at the Accession of George III* (1929)
O'Dea, M. and K. Whelan (eds.), *Nations and Nationalisms: France, Britain, Ireland and Eighteenth-Century Context* (1995)
O'Gorman, Frank, *Voters, Patrons and Parties: The Unreformed Electoral System of Hanoverian England*, 1734–1832 (1989)
Pamuk, Q., "Institutional Change and the Longevity of the Ottoman Empire, 1500-1800," *Journal of Interdisciplinary History* 35.2 (2004): 225–247
Pares, Richard, *King George III and the Politicians* (1953)
Paret, Peter (ed.), *Frederick the Great, a Profile* (1972)
Pick, Robert, *Empress Maria Theresa: The Earlier Years* 1717–1757 (1966)
Plumb, J. H., *The Origins of Political Stability in England*, 1675–1725 (1967)
——, *Sir Robert Walpole* (2 vols., 1956–1961)
Potter, M., *Corps and Clienteles: Public Finance and Political Change in France*, 1688–1715 (2003)
Raeff, Marc, *The Well-Ordered Police State: Social and Institutional Change through Law in the Germanies and Russia*, 1600–1800 (1983)
——, *Understanding Imperial Russia: State and Society in the Old Regime* (1984)
Riasanovsky, Nicholas V., *The Image of Peter the Great in Russian History and Thought* (1985)
Ritter, Gerhard, *Fredrick the Great: A Historical Profile* (1968)
Rosenberg, Hans, *Bureaucracy, Aristocracy, and Autocracy: The Prussian Experience*, 1660–1815 (1958)
Rule, John (ed.), *Louis XIV and the Craft of Kingship* (1970)
Sahlins, Peter, *Boundaries: The Making of France and Spain in the Pyrénées* (1989)
Scott, H. M. (ed.), *Enlightened Absolutism: Reforms and Reformers in Later Eighteenth-Century Europe* (1990)
Shennan, James, *The Parlement of Paris* (1968)
Stone, Bailey, *The Parlement of Paris*, 1774–1789 (1981)
Swann, Julian, *Politics and the Parlement of Pairs under Louis XV*, 1754–1774 (1995)
Szabo, Franz, *Kaunitz and Enlightened Absolutism*, 1753–1780 (1994)
Tilly, Charles (ed.), *The Formation of National States in Western Europe* (1975)
Todorva, M. N., *Imaging the Balkans* (1997)
——, "The Ottoman Legacy in the Balkans," in *Imperial Legacy: The Ottoman Imprint*

on the Balkans and Middle East, ed. L. C. Brown, (1995), pp. 45–77
Vann, James Allen, *The Making of a State*: *Wurttemberg*, 1593–1793 (1984)
Werth, P. W., *At the Margins of Orthodoxy*: *Mission*, *Governance*, *and Confessional Politics in Russia' s Volga-Kama* (2002)
Wolf, John B., *Louis XIV* (1968)
Zagorin, P. (ed.), *Culture and Politics from Puritanism to the Enlightenment* (1980)

战争、外交和国际竞争

Barker, Thomas, *Army*, *Aristocracy*, *Monarchy*: *Essays on War*, *Society*, *and Government in Austria* 1618–1780 (1982)
Baxter, Stephen (ed.), *England's Rise to Greatness*, 1660–1763 (1983)
Black, Jeremy, *Britain as a Military Power* 1688–1815 (1999)
——, *European Warfare*, *1660-1815* (1994)
——, Natural and Necessary Enemies: Anglo-French Relations in the Eighteenth Century (1986)
——, *The Rise of the European Powers*, 1679–1793 (1990)
Blaufarb, Rafe, *The French Army*, 1750–1820 (2002)
Boxer, C. R., *The Dutch Seaborne Empire*, 1600–1800 (1965)
——, *The Portuguese Seaborne Empire*, 1415–1825 (1969)
Butterfield, Herbert, *The Reconstruction of an Historical Episode* (1951)
Corvisier, André, *Armies and Societies in Europe*, 1494–1789 (1979)
Dehio, Ludwig, *The Precarious Balance*: *Four Centuries of the European Power Struggle* (1962), chap. 3
Duffy, Christopher, *The Army of Frederick the Great* (1974)
Elliott, J. H., *Empires of the Atlantic World*: *Britain and Spain in America*, 1492–1830 (2006)
Howard, M. and P. Paret (eds.), *Carl von Clausewitz on War* (1984)
Kaplan, Herbert, *The First Partition of Poland* (1962)
Kennedy, Paul, *The Rise and Fall of the Great Powers*: *Economic Change and Military Conflict from* 1500–2000 (1987)
Kennett, Lee B., *The French Armies in the Seven Years' War*: *A Study in Military Organization and Administration* (1967)
Lynn, John, *Giant of the Grand Siècle*: *The French Army* 1610–1715 (1997)
—— (ed.), *Tools of War*: *Instruments*, *Ideas*, *and Institutions of Warfare*, 1445–1871 (1990)
Marshall, P. J., *The Making and Unmaking of Empires*: *Britain*, *India*, *and America*,

1750–1783 (2005)
—— (ed.), *The Oxford History of the British Empire*, *Vol. II*: *The Eighteenth Century* (1998)
Murphy, Orville, *Charles Gravier*, *Comte de Vergennes*: *French Diplomacy in the Age of Revolution* 1719–1787 (1982)
Olivia, L. Jay, *Misalliance*: *French Policy in Russia during the Seven Years' War* (1964)
Parker, Geoffrey, T*he Military Revolution*: *Military Innovation and the Rise of the West*, 1500–1800 (1988)
Pares, Richard, *War and Trade in the West Indies*, 1739–1763 (1936)
Paret, Peter (ed.), *The Makers of Modern Strategy*: *From Machiavelli to the Nuclear Age* (1986)
Parry, J. H., *The Spanish Seaborne Empire* (1966)
Riley, J. C., *The Seven Years War and the Old Regime in France*: *The Economic and Financial Toll* (1986)
Schroeder, Paul, *The Transformation of European Politics*, 1763–1848 (1994)
Scott, H. M. *British Foreign Policy in the Age of the American Revolution* (1982)
Sofka, J. R., "The Eighteenth-Century International System: Parity or Primacy," i*n Empires*, *Systems and States*: *Great Transformations in International Policy*, eds. Michael Cox and Ken Boothe (2001)
Walker, Geoffrey, *Spanish Politics and Imperial Trade*, 1700–1789 (1979)

社会秩序

Blum, Jerome, *The End of the Old Order in Rural Europe* (1978)
——, *Lord and Present in Russia from the Ninth to the Nineteenth Century* (1961)
Bruford, W. H., *Germany in the Eighteenth Century*: *The Social Background of the Literary Revival* (1935)
Cannon, John, *Aristocratic*, *Century*: *The Peerage of Eighteenth-Century England* (1985)
Chaussinand-Nogaret, Guy, *The French Nobility in the Eighteenth Century*: *From Feudalism to Enlightenment* (1985)
Christiansen, P. O., "Culture and Contrasts in a Northern European Village: Lifestyles among Manorial Peasants in 18th-Century Denmark," *Journal of Social History* 29.2 (1995): 275–294
Clark, J. C. D., *English Society*, *1688-1832*: *Ideology*, *Social Structure*, *and Political Practice during the Ancien Regime* (1985)

Coffin, Judith, The *Politics of Women's Work : The Paris Garment Trades*, 1750–1915 (1996)
Corfield, P. J., *The Impact of English Towns* 1700–1800 (1982)
Crowston, C. H., *Fabricating Women : The Seamstress of Old Regime France*, 1675–1791 (2001)
Davidoff, L. and C. Hall, *Family Fortunes : Men and Women of the English Middle Class*, 1780–1850 (1987)
De Vries, Jan, *European Urbanization*, 1500–1800 (1984)
Dewald, Jonathan, *The European Nobility* 1400–1800 (1996)
——, *Pont-St-Pierre, 1398-1789 : Lordship, Community, and Capitalism in Early Modern France* (1987)
Dobson, C. R., *Masters and Journeymen* (1979)
Fairchilds, Cissie, *Domestic Enemies : Servants and Their Masters in Old Regime France* (1984)
Farge, Arlette, *Fragile Lives : Violence, Power and Solidarity in Eighteenth-Century Paris* (1993)
Ford, Franklin L., *Strasbourg in Transition*, 1648–1789 (1958)
Forster, Robert, *The House of Saulx-Tavanes : Versailles and Burgundy, 1700-1830* (1971)
——, *Merchants, Landlords, Magistrates : The Depont Family in Eighteenth-Century France* (1980)
——, *The Nobility of Toulouse in the Eighteenth Century* (1960)
Freeze, Gregory, *From Supplication to Revolution : A Document Social History of Imperial Russia* (1988)
Garrioch, David, *The Formation of the Parisian Bourgeoisie, 1690-1830* (1996)
——, *Neighborhood and Community in Paris*, 1740–1790 (1986)
Goubert, Pierre, *The Ancien Régime : French Society*, 1600–1750 (1973)
Hagen, William, *Ordinary Prussians : Brandenburg Junkers and Villagers*, 1500–1840 (2002)
Hecht, Jean, *The Domestic Servant in Eighteenth-Century England* (1956)
Higonnet, Patrice, *Pont-de-Montvert : Social Structure and Politics in a French Village* 1700–1914 (1971)
Hoffman, Philip, *Growth in Traditional Society : The French Countryside*, 1450–1815 (1996)
Hohenberg, Paul and Lynn Lees (eds.), *The Making of Urban Europe*, 1000–1950 (1985)
Hufton, Olwen, *Bayeux in the Late Eighteenth Century : A Social Study* (1968)
Huggett, Frank, *The Land Question and European Society since 1650* (1975)
Huppert, George, *After the Black Death : A Social History of Early Modern Europe* (1986)
Jackson, Gordon, *Hull in the Eighteenth Century*, 1750–1789 (1972)

Jenkins, Philip, *The Making of a Ruling Class : The Glamorgan Gentry* 1640–1790 (1983)
Jones, Robert E., *The Emancipation of the Russian Nobility*, 1762–1785 (1973)
Kaplan, Steven and C. Koepp (eds.), *Work in France : Representation, Meaning, Organization, and Practice* (1986), chaps. 5–6.
Kiraly, Bela, *Hungary in the Late Eighteenth Century* (1969)
Koditschek, Theodore, *Class Formation and Urban Industrial Society : Bradford*, 1750–1850 (1990)
Ladurie, Emmanuel LeRoy, *The Peasants of Laguedoc* (1974)
LeGoff, T. J., *Vannes and Its Region : A Study of Town and Country in Eighteenth-Century France* (1981)
Link, Edith M., *The Emancipation of the Austrian Peasantry*, 1740–1789 (1949)
Maza, Sarah, *The Myth of the French Bourgeoisie* (2003)
——, *Servants and Masters in Eighteenth-Century France : The Uses of Loyalty* (1983)
Ménétra, J.-L., *Journal of My Life*, ed. D. Roche (1987)
Mingay, G. E., *English Landed Society in the Eighteenth Century* (1963)
Porter, Roy, *English Society in the Eighteenth Century* (1990)
Potofsky, Allan, *Constructing Pair in the Age of Revolution* (2009)
Raeff, Marc, *The Origins of the Russian Intelligentsia : The Eighteenth Century Nobility* (1966)
Revel, Jacques and Arlette Farge, *The Vanishing Children of Pairs : Rumor and Politics before the French Revolution* (1991)
Roche, Daniel, *The People of Pairs : An Essay on Popular Culture* (1987)
Root, Hilton, *The Fountain of Privilege : Political Foundations of Markets in Old Regime France and England* (1994)
——, *Peasants and Kings in Burgundy : The Agrarian Foundations of the Absolute State* (1987)
Rosenthal, J.-L., *The Fruits of Revolution : Property Rights, Litigation, and French Agriculture*, 1700–1860 (1992)
Rudé, George, *Hanoverian London*, 1714–1808 (1971)
Schneider, Robert, *Public Life in Toulouse, 1463-1789 : From Municipal Republic to Cosmopolitan City* (1989)
Scott, T. (ed.), *The Peasantries of Europe : From the Fourteenth to the Eighteenth Centuries* (1988)
Sheppard, Thomas, *Lourmarin in the Eighteenth Century* (1971)
Smith, Jay, *The Culture of Merit : Nobility, Royal Service, and the Making of Absolute Monarchy in France* 1660–1789 (1996)
Sonenscher, Michael, *The Hatters of Eighteenth-Century France* (1987)
——, *Work and Wages : Natural Law, Politics, and the Eighteenth-Century French*

Trades (1989)
Tilly, Louise A. and Joan W. Scott, *Women, Work and Family* (1978)
Truant, Cynthia, *The Rites of Labor : Brotherhoods of Compagnonnage in Old and New Regime France* (1994)
Vardi, Liana, *The Land and the Loom : Peasants and Profit in Northern France 1680–1800* (1993)
Walker, Mack, *German Home Towns : Community, State, and General Estate, 1648–1871* (1971)
William, Alan, *The Police of Paris*, 1718–1789 (1979)
Woloch, I., "French Economic and Social History," *Journal of Interdisciplinary History*, 4.3 (1974) : 435–457
Wright, William E., *Serf, Seigneur and Sovereign : Agrarian Reform in Eighteenth-Century Bohemia* (1966)

人口和家庭

Ariès, Philippe, *Centuries of Childhood : A Social History of Family Life* (1965)
Burguière, André, et. al., *A History of the Family, Vol. 2 : The Impact of Modernity* (1996)
Cody, L. F., "Sex, Civility, and the Self : Du Coudray, d' Eon, and Eighteenth-Century Conception of Gender," *French Historical Studies* 24.3 (2001) : 379–407
Crawford, K., *Perilous Performances : Gender and Regency in Early Modern France* (2004)
Darrow, Margaret, *Revolution in the House : Family, Class, and Inheritance in Southern France*, 1775–1825 (1989)
Dupaquier, Jacques, "French Population in the 17th and 18th Centuries," in *Essays in French Economic History*, ed. R. Cameron (1970)
Flandrin, Jean-Louis, Fam*ilies in Former Times : Kinship, Household and Sexuality* (1979)
Flinn, Michael, *The European Demographic System* 1500–1820 (1981)
Forster, Robert and O. Ranum (eds.), *Family and Society : Selections from the Annales* (1976)
Gager, Kirstin, *Blood Ties and Fictive Ties : Adoption and Family Life in Early Modern France* (1996)
Gelbart, Nina R., The King' s Midwife : A History and Mystery of Madame du Coudray (1998)
Glass, D. V. and D. E. C. Eversley (eds.), *Population in History* (1965)

Goody, Jack, J. Thirsk, and E. P. Thompson (eds.), Family and Inheritance : Rural Society in Western Europe, 1200–1800 (1976)
Goubert, Pierre, "Historical Demography and the Reinterpretation of Early Modern French History," *Journal of Interdisciplinary History* 1.1 (1970) : 37–48
Hollingsworth, T. H., Historical Demography (1969)
Kaplan, Steven, *Provisioning Paris : Merchants and Millers in the Grain and Flour Trade during the Eighteenth Century* (1984)
McManners, John, *Death and the Enlightenment : Changing Attitudes to Death among Christians and Unbelievers in Eighteenth-Century France* (1981)
Merrick, Jeffrey, *Homosexuality in Modern France* (1996)
Post, John D., *Food Shortage, Climatic Variability, and Epidemic Disease in Pre-industrial Europe : the Mortality Peak in the Early 1740s* (1985)
Sabean, David, *Property, Production, and Family in Neckarhausen, 1700-1870* (1991)
Spierenburg, P. C., *Broken Spell : A Culture and Anthropological History of Preindustrial Europe* (1991)
Staves, Susan, *Married Women' s Separate Property in England*, 1660–1833 (1990)
Stone, Lawrence, *The Family, Sex, and Marriage in England*, 1500–1800 (1977)
Traer, James F., *Marriage and Family in Eighteenth-Century France* (1980)
Troyansky, David, *Old Age in the Old Regime : Image and Experience in Eighteenth-Century France* (1989)
Wrigley, Edward A., *Population and History* (1969)
Wrigley, E. A. and R. S. Schofield, *The Population History of England*, 1541–1871 : *Studies in Social and Demographic History* (1981)

经济史

Ashton, T. S., *An Economic History of England : The Eighteenth Century* (1961)
——, *The Industrial Revolution*, 1760–1830 (1962)
Berg, Maxine, *The Age of Manufactures : Industry, Innovation and Work in Britain*, 1700–1820 (1986)
Braudel, Fernand, *Capitalism and Material Life*, 1400–1800 (1973)
Brewer, John (ed.), *Consumption and the World of Goods* (1993)
Brewer, John, N. Mckendrick and J. H. Plumb, *Birth of a Consumer Society : The Commercialization of Eighteenth-Century England* (1982)
Chambers, J. D. and G. E. Mingay, *The Agricultural Revolution*, 1750–1880 (1966)
Cheney, Paul, *Revolutionary Commerce : Globalization and the French Monarchy* (2010)

Cipolla, Carlo (ed.), *The Fontana Economic History of Europe*, vols. 3 & 4.
Clarke, John G., *La Rochelle and the Atlantic Economy during the Eighteenth Century* (1981)
Coleman, D. C., *Revisions in Mercantilism* (1969)
Crafts, N. F. R., British Economic Growth during the Industrial Revolution (1985)
Craton, Michael, Sinews of Empire : A Short History of British Slavery (1974)
Daudin, G., "Profitability of Slave and Long Distance Trading in Context : The Case of Eighteenth Century France," *Journal of Economic History* 64.1 (2004) : 144–171
Davis, David B., *The Problem of Slavery in Western Culture* (1988)
Davis, Ralph, *The Rise of the Atlantic Economies* (1973)
Deane, Phyllis, *The First Industrial Revolution* (1965)
De Vries, Jan, *The Economy of Europe in an Age of Crisis*, 1600-1750 (1976)
Dickson, P. G. M., *The Financial Revolution in England : A Study in the Development of Public Credit*, 1688–1756 (1967)
Finn, Margot, *The Character of Credit : Personal Debt in English Culture*, 1740–1914 (2003)
Floud, R. and D. McCloskey (eds.), *The Economic History of Britain since 1700*, *Vol. 1*:1700–1860 (1981)
Froster, Robert, "France in America," *French Historical Studies* 23.2 (Spring 2000) : 239–258
Gutmann, Myron, *Toward the Modern Economy : Early Industry in Europe* (1988)
Henderson, W. O., *Britain and Industrial Europe*, 1750–1850 (1966)
Hobsbawn, E. J., *Industry and Empire* (1969)
Hoffman, Philip, "New Work in French Economic History," *French Historical Studies* 23.2 (Summer 2000) : 439–453
——, *Priceless Markets : The Political Economy of Credit in Paris*, 1600–1870 (2000)
Hudson, Pat, *The Genesis of Industrial Capital : A Study of the West Riding Wool Textile Industry*, c. 1750–1850 (1986)
Jones, Eric L., *Agriculture and Economic Growth in England*, 1650–1815 (1967)
Kahan, Arcadius, *The Plow, the Hammer, and the Knout : An Economic History of Eighteenth-Century Russia* (1985)
Klein, Herbert, *The Atlantic Slave Trade* (1999)
Lach, Donald, et al., *Asia in the Making of Europe* (1965–1993)
Landes, David, *The Unbound Prometheus : Technological Change and Industrial Development in Western Europe from 1750 to the Present* (1969)
Lang, James, *Portuguese Brazil* (1979)
Mathias, Peter, *The First Industrial Nation : An Economic History of Britain* 1700–1914 (1983)

——, *The Transformation of England : Essays in the Economic and Social History of England in the Eighteenth Century* (1979)
McNeill, John R., *Atlantic Empires of France and Spain : Louisbourg and Havana*, 1700–1763 (1985)
Miller, Judith, *Mastering the Market : The State and the Grain Trade in Northern France* 1700–1860 (1998)
Mintz, Sidney, *Sweetness and Power : The Place of Sugar in Modern History* (1985)
Morineau, Michel, "Was There an Agricultural Revolution in 18th Century France?" in *Essays in French Economic History*, ed. R. Cameron (1970)
Pagden, Anthony, *Lords of All the World : Ideologies of Empire in Spain, Britain, and France*, 1500–1800 (1995)
Parry, J. H., *Trade and Dominion : European Overseas Empires in the Eighteenth Century* (1971)
Pocock, J. G. A., "The New British History in Atlantic Perspective : An Antipodean Commentary," *American Historical Review* 104.2 (April 1999) : 490–500
Pomeranz, Kenneth, *The Great Divergence : China, Europe, and the Making of the Modern World Economy* (2000)
Postma, Johannes Menne, *The Dutch in the Atlantic Slave Trade*, 1600–1815 (1990)
Price, Jacob, *France and the Chesapeake*, 2 vols. (1973)
Price, Roger, *The Economic Modernisation of France*, 1730–1880 (1975)
Randall, Adrian, *Before the Luddites : Customs, Community, and Machinery in the English Woolen Industry*, 1776–1809 (1991)
Rediker, Marcus, *Between the Devil and the Deep Blue Sea : Merchant Seamen, Pirates, and the Anglo-American Maritime World*, 1700–1750 (1987)
——, *The Slave Ship : A Human History* (2007)
Riley, James, *International Government Finance and the Amsterdam Capital Market*, 1740–1815 (1980)
Ringrose, David, *Transformation and Economic Stagnation in Spain*, 1750–1850 (1970)
Shammas, Carole, *The PreIndustrial Consumer in England and America* (1990)
Sheridan, Richard, *Sugar and Slavery : An Economic History of the British West Indies*, 1623–1755 (1974)
Stein, Robert, *The French Slave Trade in the Eighteenth Century : An Old Regime Business* (1979)
Stein, Stanley and Barbara, *Apogee of Empire : Spain and New Spain in the Age of Charles III*, 1759–1789 (2003)
Uglow, Jennifer, *The Lunar Men : Five Friends Whose Curiosity Changed the World* (2002)
Valenze, Deborah, *The First Industrial Woman* (1995)

Vilar, Pierre, *A History of Gold and Money*, 1450–1920 (1976)
Vicens Vives, Jaime, *An Economic History of Spain* (1969)
Wallerstein, Immanuel, *The Modern World-System*, *Vol. III*: *The Second Era of Great Expansion of the Capitalist World Economy*, 1730–1840s (1989)
Wilson, Charles, *England' s Apprenticeship*, 1603–1767 (1965)

贫困和公共秩序

Andrews, Richard Mowery, *Law*, *Magistracy*, *and Crime in Old Regime Paris*, 1735–1789 (1994)
Beattie, J. M., *Crime and the Courts in England*, 1660–1800 (1986)
Boyer, George, *An Economic History of the English Poor Law*, 1750–1850 (1990)
Bouton, Cynthia, T*he Flour War*: *Gender*, *Class*, *and Community in Late Ancien Régime French Society* (1993)
Cameron, Ian, *Crime and Repression in the Auvergne and the Guyenne*, 1720–1790 (1981)
Cockburn, J. S. (ed.), *Crime in England 1550-1800* (1977)
Cockburn, J. S. and Thomas Green (eds.), *Twelve Good Men and True*: *The Criminal Trial Jury in England*, 1200–1800 (1988)
Delacey, Margaret, *Prison Reform in Lancashire*, 1700–1850: *A Study in Local Administration* (1986)
Fairchilds, Cissie, *Poverty and Charity in Aix-en-Provence*, 1640–1789 (1976)
Fissell, Mary, *Patients*, *Power and the Poor in Eighteenth-Century Bristol* (1991)
Forster, R., and O. Ranum. (eds.), *Deviants and the Abandoned in French Society*: *Selections from the* "*Annales*" (1978)
Foucault, Michel, *Discipline and Punish*: *The British of the Prison* (1977)
——, *Madness and Civilization* (1973)
Freedman, Jeffrey, *A Poisoned Chalice* (2002)
Hay, Douglas, et al., *Albion's Fatal Tree*: *Crime and Society in Eighteenth-Century England* (1975)
Heath, J. (ed.), *Eighteenth Century Penal Theory* (1963)
Hoffer, Peter and N. E. H. Hull, Murdering Mothers: Infanticide in England and New England, 1558–1803 (1981)
Hufton, Olwen, *The Poor of Eighteenth-Century France* (1974)
Ignatieff, Michael, *A Just Measure of Pain*: *The Penitentiary in the Industrial Revolution*, 1750–1850 (1980)
Jones, Colin, *Charity and Bienfaisance*: *The Treatment of Poor in the Montpellier*

Region, 1740–1815（1982）
Jones, Kathleen, *Lunacy, Law, and Conscience*, 1744–1845（1955）
Kaplan, Steven, *The Bakers of Paris and the Bread Question*, 1700–1775（1996）
——, *Bread, Politics, and Political Economy in the Region of Louis XV*（1976）
Langbein, John, *Torture and the Law of Proof*：*Europe and England in the Ancien Régime*（1977）
Lindemann, *Mary*, *Patriots and Paupers*：*Hamburg*, 1712–1830（1990）
Longmate, Norman, *The Workhouse*（1974）
Munshce, P. B., *Gentlemen and Poachers*：*The English Game Laws*, 1671–1831（1981）
Norberg, Kathryn, *Rich and Poor in Grenoble*, 1600–1814（1985）
Oxley, G. W., *Poor Relief in England and Wales*, 1601–1834（1974）
Reinhardt, Steven, *Justice in the Sarladais*, 1770–1790（1991）
Rudé, George, *The Crowd in History*：*A Study of Popular Disturbances in France and England*, 1730–1848（1964）
——, *Paris and London in the Eighteenth Century*：*Studies in Popular Protest*（1973）
Schwartz, Robert, *Policing the Poor in Eighteenth-Century France*（1988）
Shelton, W. J., English Hunger and Industrial Disorders：A Study of Social Conflicts during the First Decade of George Ⅲ's Reign（1973）
Thompson, E. P., "The Moral Economy of the English Crowd in the Eighteenth Century," *Past & Present* 50（1971）：76–136
——, *Whigs and Hunters*：*The Origin of the Black Act*（1975）

文化和公众领域

Bailey, Charles, *French Secondary Education*, 1763–90：*The Secularization of Ex-Jesuit Colleges*（1978）
Bate, Walter Jackson, *From Classic to Romantic*：*Premises of Taste in Eighteenth-Century England*（1949）
Beik, William, "Searching for Popular Culture in Early Modern France," *Journal of Modern History* 49.2（1977）：266–281
Bell, David, *Lawyers and Citizens*：*The Making of a Political Elite in Old Regime France*（1994）
Berlanstein, Lenard, *The Barristers of Toulouse in the Eighteenth Century*（1975）
Bertrand, Mark（ed.）, *Popular Traditions and Learned Culture in France*：*From the Sixteenth to the Twentieth Century*（1985）
Bill, E. G. W., *Education at Christ Church Oxford*, 1660–1880（1988）

Boime, Albert, *A Social History of Modern Art, Vol. I : Art in an Age of Revolution*, 1750–1800 (1987)
Brennan, Thomas, *Public Drinking and Popular Culture in Eighteenth-Century Paris* (1988)
Brewer, John, *The Pleasures of the Imagination : English Culture in the Eighteenth Century* (1997)
Brockliss, L. and C. Jones, *The Medical World of Early Modern France* (1997)
Brown, Gregory, *A Field of Honor : Writers, Court Culture, and Public Theater in French Literary Life, from Racine to the Revolution* (2002)
Bruford, W. H., *Culture and Society in Classical Weimar*, 1775–1806 (1962)
Burke, Peter, *Popular Culture in Early Modern Europe* (1978)
Butterfield, Herbert, *The Origins of Modern Science* (1957)
Capp, Bernard, *English Almanacs, 1500-1800 : Astrology and the Popular Press* (1979)
Censer, Jack and Jeremy Popkin (eds.), *Press and Politics in Pre-Revolutionary France* (1987)
Chartier, Roger, *The Cultural Origins of the French Revolution* (1991)
——, *The Cultural Uses of Print in Early Modern France* (1987)
Clifford, J. L. (ed.), *Man Versus Society in Eighteenth-Century Britain* (1968)
Cochrane, Eric, *Tradition and Enlightenment in the Tuscan Academies*, 1690–1800 (1961)
Crow, Thomas, *Painters and Public Life in Eighteenth-Century Paris* (1985)
Darnton, Robert, *The Forbidden Best-Sellers of Pre-Revolutionary France* (1995)
——, *The Great Cat Massacre and Other Episodes in French Cultural History* (1984)
——, *The Literary Underground of the Old Regime* (1982)
Darnton, R. and D. Roche (eds.), *Revolution in Print : The Press in France*, 1775–1800 (1989)
Duindam, J., *Myths of Power : Norbert Elias and the Modern European Court* (1995)
Eisenstein, Elizabeth, *Grub Street Abroad : Aspects of the French Cosmopolitan Press from the Age of Louis XIV to the French Revolution* (1992)
——, "An Unacknowledged Revolution Revisited," *American Historical Review* 107.1 (2002) : 87–105
Foucault, Michel, *The Birth of the Clinic* (1975)
Furet, François and Jacques Ozouf, *Reading and Writing : Literary in France from Calvin to Jules Ferry* (1982)
Gelbart, Nina R., *Feminine and Opposition Journalism in Old Regime France : Le Journal des Dames* (1987)
Gillispie, Charles, *The Edge of Objectivity* (1966)
——, *Science and Polity in France at the End of the Old Regime* (1980)
Goodman, Dena, "Public Sphere and Private Life : Toward a Synthesis of Current

Historiographical Approaches to the Old Regime," *History and Theory* 31.1 (1992): 1–20

——, *The Republic of Letters: A Cultural History of the French Enlightenment* (1994)

Gordon, Daniel, *Citizens without Sovereignty: Equality and Sociability in French Thought*, 1670–1789 (1994)

Habermas, Jurgen, *The Structural Transformation of the Public Sphere: An Inquiry into a Category of Bourgeois Society* (1989)

Hahn, Roger, *The Anatomy of a Scientific Institution: The Paris Academy of Sciences, 1666-1803* (1971)

Hankins, Thomas, *Science and the Enlightenment* (1985)

Hesse, Carla, *The Other Enlightenment: How French Women Became Modern* (2001)

Hufbauer, Karl, *The Formation of the German Chemical Community*, 1720–1795 (1982)

Isherwood, Robert, *Farce and Fantasy: Popular Entertainment in Eighteenth-Century Paris* (1986)

Jacob, Margaret, *Living the Enlightenment: Freemasonry and Politics in Eighteenth-Century Europe* (1991)

Joeres, Ruth-Ellen and Mary Jo Maynes (eds.), *German Women in the Eighteenth and Nineteenth Centuries* (1986)

Jones, Colin, *Charitable Imperative: Hospitals and Nursing in Ancien Régime and Revolutionary France* (1989)

Jones, M. G., *The Charity School Movement* (1964)

Kagan, Richard, "Law Students and Legal Careers in Eighteenth-Century France," *Past & Present* 68 (1975): 38–72

King, Lester, *The Medical World of the Eighteenth Century* (1958)

LaVopa, Anthony, "Conceiving a Public: Ideas and Society in Eighteenth-Century Europe," Journal *of Modern History* 64.1 (1992): 79–116

Malcolmson, Robert, *Popular Recreation in English Society, 1700-1850* (1973)

Marker, Gary, *Publishing, Printing and the Origins of Intellectual Life in Russia*, 1700–1800 (1985)

Mason, H. (ed.), *The Darnton Debate: Books and Revolution in the Eighteenth-Century* (1998)

Maza, Sarah, *Private Lives and Public Affairs: The Causes Célèbres of Pre-Revolutionary France* (1993)

McClellan, James, *Science Reorganized: Scientific Societies in the Eighteenth Century* (1985)

McClelland, Charles, *State, Society and University in Germany*, 1700–1914 (1980)

Melton, James Van Horn, *Absolutism and the Eighteenth-Century Origins of Compulsory Schooling in Prussia and Austria* (1988)

——, *The Rise of the Public in Enlightenment Europe* (2001)
Mohl, Mary and Helene Koon (eds.), *The Female Spectator : English Women Writers before* 1800 (1977)
Paulson, Ronald, *Hogarth : His Life, Art and Times* (1974)
Peters, Edward, "Religion and Culture, Popular and Unpopular, 1500-1800," Journal of Modern History 59.2 (1987) : 317–330
Ramsey, Matthew, *Professional and Popular Medicine in France*, 1770–1830 (1988)
Revel, Jeffrey, *Contested Parterre : Public Theater and French Political Culture*, 1680–1791 (1999)
Reader, W. J., *Professional Men : The Rise of the Professional Classes in Nineteenth-Century England* (1966)
Robson, Robert, *The Attorney in Eighteenth Century England* (1959)
Roche, Daniel, *France in the Enlightenment* (1998)
Simon, Brain, *Studies in the History of Education*, 1780–1870 (1969)
Spencer, Samia (ed.), *French Women and the Age of Enlightenment* (1984)
Stafford, Barbara M., *Voyage into Substance : Art, Science, and Nature and the Illustrated Travel Account*, 1760–1840 (1984)
Stone, Lawrence, "Literacy and Education in England, 1640-1900," *Past & Present* 42 (1969) : 69–139
—— (ed.), *Schooling and Society* (1976)
—— (ed.), *The University in Society* (1974)
Sutherland, James, *A Preface to Eighteenth-Century Poetry* (1948)
Turnovsky, G., "Marginal Writers and the Literary Market : Defining a New Field of Authorship in Eighteenth-Century France," *Studies in Eighteenth-Century Culture* 33 (2004) : 101–123
Vincent, David, *Literacy and Popular Culture : England*, 1750–1914 (1989)
Ward, A., *Book Production, Fiction and the German Reading Public*, 1740–1800 (1985)
Warner, M., *Letters of the Republic : Publication and the Public Sphere in Eighteenth Century America* (1990)
Watt, Ian, *The Rise of the Novel : Studies in Defoe, Richardson, and Fielding* (1957)

启蒙运动

Baker, Keith, *Condorcet, from Natural Philosophy to Social Mathematics* (1975)
Bernard, Paul, *Jesuits and Jacobins : Enlightenment and Enlightened Despotism in Austria* (1971)

Birn, Raymond, *Pierre Rousseau and the Philosophes of Bouillon* (1964)
Brunschwig, Henri, *Enlightenment and Romanticism in Eighteenth-Century Prussia* (1974)
Buchan, J., *Crowded with Genius: The Scottish Enlightenment: Edinburgh's Moment of the Mind* (2003)
Camic, Charles, *Experience and Enlightenment: Socialization for Cultural Change in Eighteenth-Century Scotland* (1983)
Cassirer, Ernst, *The Philosophy of the Enlightenment* (1955)
——, *The Question of Jean-Jacques Rousseau* (1954)
Chisick, Harvey, *The Limit of Reform in the Enlightenment: Attitudes Toward the Education of the Lower Classes in Eighteenth-Century France* (1981)
Coleman, P., *The Legacy of Rousseau* (1997)
Craddock, Patricia, *Edward Gibbon, Luminous Historian*, 1772–1794 (1989)
Cranston, Maurice, *The Noble Savage: Jean-Jacques Rousseau* 1754–1762 (1991)
Crocker, Lester, *An Age of Crisis: Man and World in Eighteenth-Century Thought* (1959)
Darnton, Robert, *The Business of Enlightenment: A Publishing History of the Encyclopedia* (1979)
——, *Mesmerism and the End of Enlightenment in France* (1968)
Elliott, N. (ed.), *Adam Smith's Legacy* (1990)
Epstein, Klaus, *The Genesis of German Conservatism* (1966)
Fox-Genovese, Elizabeth, *The Origins of Physiocracy* (1976)
Gay, Peter, *The Enlightenment: An Interpretation* (2 vols., 1966–1969)
——, *Voltaire's Politics: The Poet as Realist* (1959)
Grimsely, Ronald, *Jean D'Alembert*, 1717–83 (1963)
Gunn, J. A. W., *Beyond Liberty and Property: The Process of Self-Recognition in Eighteenth-Century Political Thought* (1983)
Hampson, Norman, *A Cultural History of the Enlightenment* (1968)
Herr, Richard, *The Eighteenth-Century Revolution in Spain* (1958)
Hertz, F., *The Development of the German Public Mind: A Social History of German Political Sentiments, Aspirations and Ideas* (1957)
Hont, Istvan and Michael Ignatieff (eds.), *Wealth and Virtue: The Shaping of Political Economy in the Scottish Enlightenment* (1984)
Hulliung, M., *The Autocritique of Enlightenment: Rousseau and the Philosophes* (1994)
Israel, Jonathan, *Enlightenment Contested: Philosophy, Modernity, and the Emancipation of Man*, 1670–1752 (2006)
Jacob, Margaret, *The Radical Enlightenment: Pantheists, Freemasons and Republicans* (1981)

Kann, Robert A., *A Study in Austrian Intellectual History : Late Baroque to Romanticism* (1960)
Kelly, Christopher, *Rousseau's Exemplary Life : The Confessions as Political Philosophy* (1987)
Kors, Alan, *D'Holbach's Coterie : An Enlightenment in Paris* (1976)
Krieger, Leonard, *The German Idea of Freedom* (1957)
Levy, Darlene, *The Ideas and Careers of Simon-Nicholas-Henry Linguet : A Study in Eighteenth-Century French Politics* (1980)
Mackie, J. L., *Hume's Moral Theory* (1980)
Mackrell, J., *The Attack on "Feudalism" in Eighteenth Century France* (1973)
Manuel, Frank, *The Eighteenth Century Confronts the Gods* (1967)
McMahon, Darrin, *Enemies of the Enlightenment : The French Counter-Enlightenment and the Making of Modernity* (2001)
Meek, Ronald (ed.), *The Economics of Physiocracy : Essays and Translations* (1963)
Miller, James, *Rousseau : Dreamer of Democracy* (1984)
O' Brien, Connor Cruise, *The Great Melody : A Thematic Biography ... of Edmund Burke* (1992)
Payne, Harry, The Philosophes and the People (1976)
Pocock, J. G. A., *The Machiavellian Moment : Florentine Political Thought and the Atlantic Republican Tradition* (1995)
——, *Virtue, Commerce, and History : Essays on Political Thought and History, Chiefly in the Eighteenth Century* (1985)
Porter, Roy and Mikulas Teich (eds.), *The Enlightenment in National Context* (1981)
Rothschild, Emma, *Economic Sentiments : Adam Smith, Condorcet and the Enlightenment* (2001)
Seigel, Jerrold, *The Idea of the Self : Thought and Experience in Western Europe since the Seventeenth Century* (2005)
Shackleton, Robert, *Montesquieu : A Critical Biography* (1961)
Shovlin, John, *The Political Economy of Virtue : Luxury, Patriotism, and the Origins of the French Revolution* (2006)
Smith, David W., *Helvétius, a Study in Persecution* (1965)
Swensen, J., *On Jean-Jacques Rousseau : Considered as One of the First Authors* (2000)
Todd, Janet, *Mary Wollstonecraft : A Revolutionary Life* (2000)
Turnovsky, G., "The Enlightenment Literary Market : Rousseau, Authorship, and the Book," *Eighteenth-Century Studies* 36.3 (2003) : 387-410
Venturi, Franco, *Italy and the Enlightenment : Studies in a Cosmopolitan Century* (1972)
——, *Utopia and Reform in the Enlightenment* (1971)
Vyerberg, Henry, *Historical Pessimism in the French Enlightenment* (1958)

Wade, Ira O., *The Intellectual Development of Voltaire* (1969)
Wahrman, Dror, *The Making of the Modern Self: Identity and Culture in Eighteenth-Century England* (2004)
Wangermann, Ernst, *The Austrian Achievement* 1700–1800 (1973)
Wilson, Arthur, *Diderot* (1972)
Wright, J. Kent, *A Classical Republican in Eighteenth-Century France: The Political Thought of Mably* (1997)

教会和宗教生活

Baker, F., *John Wesley and the Church of England* (1970)
Bien, David, *The Calas Affair* (1960)
Callahan, William, *Church, Politics, and Society in Spain*, 1750–1874 (1984)
Choudhury, M., "Despotic Habits: The Critique of Power and Its Abuses in an Eighteenth-Century Convent," *French Historical Studies* 23.1 (Winter 2000): 33–65
Coreth, A., *Pietas Austriaca* (2004)
Cragg, Gerald R., *The Church and the Age of Reason*, 1648–1789 (1966)
Drummond, A. L., *German Protestantism since Luther* (1951)
Felsenstein, F., *Anti-Semitic Stereotypes: A Paradigm of Otherness in English Popular Culture*, 1660–1830 (1995)
Freeze, Gregory, *The Russian Levites: Parish Clergy in the Eighteenth Century* (1977)
——, "Subversive Piety: Religion and the Political Crisis in Late Imperial Russia," *Journal of Modern History* 68.2 (June 1996): 308–350
Garrioch, David, "Sacred Neighborhoods and Secular Neighborhoods: Milan and Paris in the Eighteenth Century," *Journal of Urban History* 27 (1986): 405–419
Gawthrop, R. L., *Pietism and the Making of Eighteenth-Century Prussia* (1993)
Grell, O. P. (ed.), *Toleration in Enlightenment Europe* (2000)
Gross, Hans, *Rome in the Age of Enlightenment: The Post-Tridentine Syndrome and the Ancien Régime* (1990)
Halévy, Elie, *The Birth of Methodism in England* (1971)
Hess, J. M., *Germans, Jews, and the Claims of Modernity* (2002)
Hertzberg, Arthur, *The French Enlightenment and the Jews* (1968)
Hoffman, Philip, *Church and Community in the Diocese of Lyon, 1500-1789* (1984)
Israel, Jonathan, *European Jewry in the Age of Mercantilism* 1550–1750 (1985)
Juster, S., "Demagogues or Mystagogues? Gender and the Language of Prophecy in the Age of Democratic Revolutions," *American Historical Review* 104.5 (1999): 1560–1581

Katz, Jacob, *Out of the Ghetto: The Social Background of Jewish Emancipation, 1770–1870* (1973)
Klier, John D., *Russia Gathers Her Jews: The Origins of the "Jewish Question" in Russia 1772–1825* (1986)
McCagg, William, Jr., *A History of Habsburg Jews, 1670–1918* (1989)
McManners, John, *Church and Society in Eighteenth-Century France* (1998)
——, *French Ecclesiastical Society under the Ancien Régime: A Study of Angers in the Eighteenth Century* (1960)
O'Brien, C. H., *Ideas of Religious Toleration at the Time of Joseph II* (1969)
Palmer, R. R., *Catholics and Unbelievers in Eighteenth-Century France* (1939)
Poland, Burdette, *French Protestantism and the French Revolution, 1685–1815* (1953)
Schechter, Ronald, "The Jewish Question in Eighteenth-Century France," *Eighteenth-Century Studies* 32.1 (Autumn 1998): 84–91
Semmel, Bernard, *The Methodist Revolution* (1973)
Stroup, John, *The Struggle for Identity in the Clerical Estate: Northwest German Protestant Opposition to Absolutist Policy in the Eighteenth Century* (1984)
Sykes, Norman, *Church and State in England in the Eighteenth Century* (1934)
Tackett, Timothy, *Priest and Parish in Eighteenth-Century France … in a Diocese of Dauphiné, 1750–1791* (1977)
Van Kley, Dale, "Christianity as Casualty and Chrysalis of Modernity: The Problem of Dechristianization in the French Revolution," *American Historical Review* 108.4 (2003): 1081–1104
——, *The Jansenists and the Expulsion of the Jesuits from France, 1757–1765* (1975)

改革之路

Alexander, John T., *Autocratic Politics in a National Crisis: The Imperial Russian Government and Pugachev's Revolt, 1773–1775* (1969)
Bailyn, Bernard, *The Ideological Origins of the American Revolution* (1967)
——, *The Ordeal of Thomas Hutchinson* (1974)
Baker, Keith (ed.), *The Political Culture of the Old Regime* (1987)
Black, Eugene, *The Association: British Extraparliamentary Political Organization, 1769–1793* (1963)
Blanning, T. C. W., *Reform and Revolution in Mainz, 1743–1803* (1974)
Bosher, John, *French Finances 1770-1795: From Business to Bureaucracy* (1971)
Bossenga, Gail, *The Politics of Privilege: Old Regime and Revolution in Lille* (1991)
Brewer, John, *Party Ideology and Popular Politics at the Accession of George II* (1976)

Butterfield, Herbert, *George III, Lord North, and the People* (1949)
Campell, Peter R. (ed.), *Origins of the French Revolution* (2006)
Christie, Ian, *Crisis of Empire: Great Britain and the American Colonies*, 1754–1783 (1966)
——, *Wilkes, Wyvill, and Reform: The Parliamentary Reform Movement in British Politics*, 1760–1785 (1962)
Dakin, Douglas, *Turgot and the Ancien Régime in France* (1939)
Doyle, William, *The Origins of the French Revolution* (1999)
Egret, Jean, *The French Pre-Revolution*, 1787–1788 (1978)
Fitzsimmons, Michael, *The Night the Old Regime Ended: August 4, 1789 and the French Revolution* (2003)
Furet, François, *Interpreting the French Revolution* (1981)
Gruder, Vivian, *The Notables and the Nation: The Political Schooling of the French*, 1787–1788 (2007)
Hardman, John, *French Politics*, 1774–1789 (1995)
——, *Louis XVI* (1993)
Harris, Robert, *Necker and the Revolution of* 1789 (1986)
——, *Necker, Reform Statesman of the Ancien Régime* (1979)
Hyslop, Beatrice, *A Guide to the General Cahiers of* 1789, *with the Texts of Unedited Cahiers* (1936)
Johnes, Peter, *The Peasantry and the French Revolution* (1988)
Kiraly, Bela, *Hungary in the Late Eighteenth Century* (1969)
Kramnick, Issac, *Republicanism and Bourgeois Radicalism: Political Ideology in Late Eighteenth-Century England and America* (1990)
Lefebvre, George, *The Coming of the French Revolution* (1947, 1989)
——, *The Great Fear of 1789* (1973)
Lucas, Colin (ed.), *The Political Culture of the French Revolution* (1988)
Maier, Pauline, *From Resistance to Revolution: Colonial Radicals and the Development of American Opposition to Britain* 1765–1776 (1972)
Markoff, John, *The Abolition of Feudalism: Peasants, Lords, and Legislators in the French Revolution* (1996)
Maza, Sarah, "Politics, Culture, and the Origins of the French Revolution," *Journal of Modern History* 61.4 (1989): 704–723
Merrick, Jeffrey, *The Desacralization of the French Monarchy in the Eighteenth Century* (1990)
Middlekauff, Robert, *The Glorious Cause: The American Revolution* 1763–1789 (1982)
Morgan, Edmund, *The Challenge of the American Revolution* (1976)

——, *Inventing the People : The Rise of Popular Sovereignty in England and America* (1988)
——, *The Stamp Act Crisis* (1963)
Palmer, R. R., *The Age of the Democratic Revolution : A Political History of Europe and America*, 1760–1800 (1959)
Raphael, R., *A People's History of the American Revolution : How Common People Shaped the Fight for Independence* (2001)
Rudé, George, *Wilkes and Liberty* (1962)
Schama, Simon, *Patriots and Liberators : Revolution in the Netherlands*, 1780–1813 (1977)
Sewell, William, *A Rhetoric of Bourgeois Revolution : The Abbé Sieyès and* What Is the Third Estate ? (1994)
Shy, John, *Toward Lexington : The Role of the British Army in the Coming of the American Revolution* (1965)
Sonenscher, Michael, *Before the Deluge : Public Debt, Inequality, and the Intellectual Origins of the French Revolution* (2007)
Stone, Bailey, *The French Parlements and the Crisis of the Old Regime* (1986)
——, *The Genesis of the French Revolution : A Global-Historical Interpretation* (1994)
Stone, Daniel, *Polish Politics and National Reform*, 1775–1788 (1976)
Tackett, Timothy, *Becoming a Revolutionary : The Deputies of the French National Assembly and the Emergence of a Revolutionary Culture* 1789–1790 (2006)
Taylor, George, "Revolutionary and Nonrevolutionary Content in the Cahiers of 1789," *French Historical Studies* 7.4 (1972) : 479–502
TeBrake, Wayne, *Regents and Rebels : The Revolutionary World of an Eighteenth-Century Dutch City* (1989)
De Tocqueville, Alexis, *The Old Regime and the French Revolution* (1955)
Van Kley, Dale, *The Damiens Affair and the Unraveling of the Ancien Régime*, 1750–1770 (1984)
—— (ed.), *The French Idea of Freedom : The Old Regime and the Declaration of Rights of* 1789 (1994)
Venturi, Franco, *The End of the Old Regime in Europe* (trans. R. Burr Litchfield), 1768–1776 : *The First Crisis* (1989)
——, 1776–1789 : *The Great States of the West* (1991)
——, 1776–1789 : *Republican Patriotism and the Empires of the East* (1991)
Vovelle, Michel, *The Fall of the French Monarchy*, 1787–1792 (1984)
Wangermann, Ernst, From Joseph II to the Jacobin Trials (1959)
Wills, Gary, *Inventing America : Jefferson's Declaration of Independence* (1978)
Wood, Gordon, *The Radicalism of the American Revolution* (1993)

数字资源

DoHistory：Online Companion to Laurel Thatcher Ulrich's A Midwife's Tale（Center for History and New Media）http://dohistory.org/

Eighteenth-Century Collections Online（Gale Digital Publications，subscription required）http://mlr.com/DigitalCollections/products/ecco/

Electronic Enlightenment（Oxford University Press，subscription required）http://www.e-enlightenment.com/

The Encyclopedia of Diderot and D'Alembert：Collaborative Translation Project（U of Michigan）http://quod.lib.umich.edu/d/did/

Liberty，Equality，Fraternity：Exploring the French Revolution（Center for History and New Media）：http://chmn.gmu.edu/revolution

Mapping the Republic of Letters（Stanford Humanities Center）http://shc.stanford.edu/collaborations/supported-projects/mapping-republic-letters

专有名词对照表

A Vindication of the Rights of Man 《男权辩护》
A Vindication of the Rights of Woman 《女权辩护》
Abbé Castel de Saint-Pierre 阿博特·卡斯特尔·圣皮埃尔
Abbé Guillaume Raynal 阿贝·纪尧姆·雷纳尔
Abbé Terray/ L'abbé Terray 泰雷神父
Abraham Darby 亚伯拉罕·达比
Academy of Dijon 第戎文学院
Act of Settlement 《王位继承法》
Adam Smith 亚当·斯密
Alexis 阿列克谢(彼得一世之子)
Amazing Grace 《奇异恩典》
American Revolutionary War 美国独立战争
André-Hercule de Fleury 安德烈-赫丘勒·德·弗勒里
Anna 安娜一世
Anne Robert Jacques Turgot 安内·罗伯特·雅克·杜尔哥
Barbados 巴巴多斯
Baron d'Holbach 霍尔巴赫男爵
Barthélemy Reymond 巴特尔米·雷蒙
Baruch Spinoza 巴鲁赫·斯宾诺莎
Battle of Fontenoy 丰特努瓦战役
Benedictine 本笃会
Bernard de Mandeville 伯纳德·德·曼德维尔
Bill of Rights 《权利法案》
Bishop Bossuet 波舒哀主教
Candide 《老实人》
Cardinal Fleury 主教弗勒里
Carlos Ⅲ 卡洛斯三世

Casimir Pulaski　卡齐米日·普瓦斯基
Catherine Ⅱ　叶卡捷琳娜二世（凯瑟琳二世）
Cercle des Philadelphes　费拉戴尔菲斯会所
Charles Ⅱ　卡洛斯二世
Charles Ⅵ　查理六世
Charles Albert of Bavaria　巴伐利亚的查理·阿尔贝特
Charles Blount　查尔斯·布朗特
Charles de Secondat, the baron de Montesquieu　夏尔·德·塞孔达·孟德斯鸠男爵
Charter of the Nobility　《贵族特许状》
chevalier d'Eon　双面骑士迪安
Christianity Not Mysterious　《基督教并不神秘》
Church of England　英国国教
Claude-Adrien Helvétius　克洛德·阿德里安·爱尔维修
Company of the Indies　印度公司（法国殖民贸易公司）
Confessions　《忏悔录》
Congress of Vienna　维也纳会议
Convention of Westminster　《威斯敏斯特条约》
Council of Commerce for domestic commerce　国内贸易商贸委员会
Council of Dispatches for domestic affairs　内政要事委员会
Council of State for finances　国家财政委员会
Count Kaunitz　考尼茨伯爵
Count Vergennes　弗金斯伯爵
Cornelius Jansenius　科尼利厄斯·詹森
Daniel Roche, Roche　丹尼尔·罗切，罗切
David Hume　大卫·休谟
Death of Lucretia　《卢克蕾提亚之死》
deism　自然神论
Denis Diderot　德尼·狄德罗
dépôt de mendicité　流浪者救济院
Description of the Plants of America　《美洲植物图鉴》
Discouse on Method　《方法论》
Duke d'Aiguillon　艾吉永公爵
Duke de Choiseul　舒瓦瑟尔公爵
Duke of Newcastle　纽卡斯尔公爵
earl of Shaftesbury　沙夫茨伯爵
Edict of Nantes　《南特敕令》

Edict of Toleration　《宽容法令》

Edmund Cartwright　埃德蒙德·卡特莱特

Edward Jenner　爱德华·詹纳

Elizabeth　伊丽莎白一世

Elizabeth Shackleton　伊丽莎白·谢克尔顿

Encyclopedia Britanica　《大英百科全书》

English Militia　《英国民兵法》

Essay Concerning Human Understanding　《人类理智论》

Estates-General　三级会议

Etienne Bonnot de Condillac　埃蒂耶纳·博诺·德·孔狄亚克

Exclusif　《垄断法》

Fable of the Bees　《蜜蜂的寓言》

four-chamber assembly　四级议会

Franche-Comté　弗朗什－孔泰

Francis Ⅰ　弗朗茨一世

Francis Becon　弗朗西斯·培根

Francis Rákóczy　费伦茨·拉科齐

Francis Stephen　弗朗茨·斯蒂芬

François de Callières　弗朗索瓦·德·卡利埃

François Quesnay　弗朗斯瓦·魁奈

Frederick Ⅰ　腓特烈一世

Frederick the Great　腓特烈大帝，腓特烈二世

Frederick William Hohenzollern　腓特烈·威廉·霍亨索伦

Frederick William Ⅰ　腓特烈·威廉一世

French Royal Siociety of Medicine　法国皇家医学院

Friedrich von Schiller　弗里德里希·冯·席勒

Fronde　投石党

Gallican Church　高卢教会

General Edward Braddock　布雷多克将军

General James Wolfe　詹姆斯·沃尔夫将军

General Regulation　《总法典》

George Ⅰ　乔治一世

George Grenville　乔治·格伦维尔

Georges Buffon　乔治·布封

Glorious Revolution　光荣革命

Gottfried Leibniz　戈特弗里德·莱布尼茨

Grand Alliance　大联盟
Great Northern War　大北方战争
Hercules Ⅱ　赫克里斯二世
Hermitage Museum　艾尔米塔什博物馆
High Council for war and diplomacy　战争和外交高级委员会
Historical and Critical Dictionary　《历史与批判辞典》
Hohenzollern　霍亨索伦
Holy Roman Empire　神圣罗马帝国
How Sweet the Name of Jesus　《耶稣这名甜美芬芳》
Huguenot　胡格诺派教徒
Immanuel Kant　伊曼努尔·康德
Imperial Diet　皇家议会
Jacques Savary　雅克·萨瓦里
Jacques-Benigne Bossuet　雅克－贝尼涅·波舒哀
Jacques-Louis David　雅克－路易·大卫
Janissary　耶尼切里(土耳其禁卫军)
Jansenism　詹森主义
Jean Calas　让·卡拉斯
Jean Daniel Schöpflin　让·丹尼尔·施普林
Jean LeRond d'Alembert　让·勒朗·达朗贝尔
Jean-Baptiste Colbert　让－巴普蒂斯特·柯尔培尔
Jean-Baptiste de Gribeauval　让－巴蒂斯特·德·格里博瓦尔
Jean-Jacques Rousseau　让－雅克·卢梭
Jerusalem, on the Religious Power and Judaism　《耶路撒冷：论宗教权利与犹太教》
Jesuit　耶稣会会士
Johann Wolfgang von Geothe　约翰·沃尔夫冈·冯·歌德
John Kay　约翰·凯
John Law　约翰·劳
John Toland　约翰·托兰德
John Wesley　约翰·卫斯理
John Wilkes　约翰·威尔克斯
Josef Haydn　约瑟夫·海顿
Josef von Sonnenfels　约瑟夫·冯·索南费尔兹
Joseph Ⅱ　约瑟夫二世
Jules Michelet　儒勒·米什莱
Julien de la Mettrie　朱利安·德·拉美特利

Kapudan　卡普丹(土耳其海军上将)
King Charles Ⅻ　查理十二世
King Christian Ⅶ　克里斯蒂安七世
King Gustavus Ⅲ　古斯塔夫三世
King James Ⅱ　詹姆斯二世
King José Ⅰ　若泽一世
King Stanislaus Ⅱ　斯坦尼斯瓦夫二世
Kingdom of Sardinia　萨丁尼亚王国
La Censure　《审查制度》
laissez faire　自由放任主义
Lanson　岚颂
Laxton　拉克斯顿
League of Augsburg　奥格斯堡联盟
Lemberg　伦贝格
Leopold Ⅰ　利奥波德一世
Leopold in Tuscany　托斯卡纳大公利奥波德
Livonia　利沃尼亚
Lord Bute　比特勋爵
Lord Chatham　查塔姆勋爵
Lord North　诺斯勋爵
Lord Shelburne　谢尔本伯爵
Louis XIV　国王路易十四
Louis Sébastien Mercier　路易斯·塞巴斯蒂安·梅西耶
Louisbourg　路易斯堡
Lourmarin　卢尔马兰
Madame de Geoffrin　乔芙兰夫人
Magdeburg　马格德堡
Man,a Machine　《人是机器》
Maria Theresa　玛丽娅·特蕾莎
Marquis de Condorcet, Condorcet　孔多塞
Marquis de Pombal　庞巴尔侯爵
Marshal Ségur　塞居尔元帅
Martinique　马提尼克岛
Mary Wollstonecraft　玛丽·沃斯通克拉夫特
Masonic lodge　麦逊共济会
Methodism　循道宗

Methuen Treaty 《梅休因条约》
Metz 麦茨
Meuse R. 默兹河
Mogul Empire 莫卧儿帝国
Monadology 《单子论》
Moravia 摩拉维亚
Nancy 南锡
Nantes Chamber of Commerce 南特市商会
Naples 那不勒斯
Napoleonic War 拿破仑战争
Natural History of Religion 《宗教的自然史》
Natural History of the Earth 《自然史》
Nature and Causes of the Wealth of Nations 《国民财富的性质和原因的研究》(《国富论》)
Navarre 纳瓦拉
Navigation Acts 《航海法》
Necker 内克尔
Netherlands 尼德兰
Niemen R. 涅曼河
Novum Organon 《新工具》
Ohio Company of Virginia 弗吉尼亚俄亥俄公司
Okhotsk 鄂霍次克
Olaudah Equiano 奥拉达 · 艾奎亚诺
Oliver Cromwel 奥利弗 · 克伦威尔
On Crimes and Punishments 《论犯罪与刑罚》
On the Mind 《论精神》
On the Slavery and Commerce of the Human Species 《论奴隶制和人种买卖》
Oratorians 奥拉托利会
Ottoman Empire 奥斯曼帝国
Our Lady of Strasbourg Cathedral 斯特拉斯堡圣母大教堂
over Ijssel 上艾瑟尔省
Pablo Olavide 帕布罗 · 奥拉韦德
Papal States 教皇国
Parma 帕尔马
Pasquier Quesnel 帕斯基耶尔 · 克内尔
Peace of Westphalia 《威斯特伐利亚和约》
Persian Letters 《波斯人信札》

Peter Ⅰ　彼得一世

Philosophical Letters　《哲学通信》

Philosophy and Political History of the European Colonies and Commerce in the two Indies　《欧洲殖民地的哲学、政治史和东西印度的贸易》

Piedmont　皮埃蒙特区

Pierre Bayle　皮埃尔·贝尔

Pierre Goubert　皮埃尔·辜柏特

Pietist Movement　虔敬运动

Pietmont　皮埃蒙特

Polish Diet　波兰议会

Polish-Lithuanian Commonwealth　波兰－立陶宛联邦

Politics Drawn from the Words of Holy Scripture　《从圣经原文中得到的政治理念》

Pomerania　波美拉尼亚

Pope Clement Ⅺ　教皇克雷芒十一世

Prince Esterházy　埃斯特哈齐王子

Principle of Population　《人口论》

Privy Council for justice　司法枢密院

Problem of Evil　《邪恶的问题》

Project for Perpetual Peace in Europe　《争取欧洲永远和平的方案》

Prussian General Code　《普鲁士普通邦法》

Quaker　贵格会

Quiberon Bay　基伯龙湾

Raab system　拉布体系

Renaissance　文艺复兴

René Descartes　勒内·笛卡尔

René Maupeou　勒内·莫普

Republic of Venice　威尼斯共和国

Revenue Act　《税收法案》

Richard Arkwright　理查德·阿克赖特

Robert Darnton　罗伯特·达恩顿

Robert Walpole　罗伯特·沃波尔

Romanovs　罗曼诺夫家族

Safavid Empire　萨法维帝国

Safavid Persian Empire　萨法维－波斯帝国

Salic Law　《撒利克法典》

Sans Souci　无忧宫

Sardinia　萨丁尼亚
Saxony　萨克森
Saxony Thuringia　萨克森－图林根
secretary of state for Foreign Affairs　外交大臣
secretary of state for the Royal Household　内政大臣
secretary of state for War　陆军大臣
Seville　塞维利亚
siege of Belle-Île　贝勒岛攻城战
Sisters of Charity　慈善修女会
Società dei Pugni　普尼协会
South Sea Bubble　南海泡沫事件
South Sea Company　南海公司(英国殖民贸易公司)
Spanish Cortes　西班牙科特法院
St. Croix　圣克鲁瓦
St. Thomas　圣托马斯
St. Vincent de Paul　圣文森特·德·保罗
Stamp Act　《印花税法案》
Stanislaus Poniatowski　斯坦尼斯瓦夫·波尼亚托夫斯基
Steppe Region　西伯利亚荒原
Stuart dynasty　斯图亚特王朝
Sublime Porte　高门
Succession Act　《嗣位法》
Sultan Suleiman the Magnificent　苏丹苏莱曼大帝
the duchy of Moscovy　莫斯科大公国
the Enlightenment　启蒙运动
the Hanoverian　汉诺威家族成员
The Idea of Patriot King　《一位爱国君主的观念》
The Oracles of Reason　《理性的神谕》
the Potockis　波托茨基家族
The Practice of Diplomacy　《外交实践》
the Radziwills　拉齐维尔家族
The Reasonableness of Christainty　《基督教的合理性》
The Royal Law　《皇室法》
The Social Contract　《社会契约论》
The Spirit of the Laws　《论法的精神》
Theodicy　《神义论》

Theory of Moral Sentiments 《道德情操论》
Thirty Years War 三十年战争
Thomas Malthus 托马斯 · 马尔萨斯
Thomas Pelham 托马斯 · 佩勒姆
Tories 托利党
Treaties of Human Nature 《人性论》
Treatise on Sensation 《感觉论》
Treaty of Aix-la-Chapelle 《第二次亚琛和约》
Treaty of Hubertusburg 《胡贝图斯堡条约》
Treaty of Kuchuk Kainarji 《库楚克 - 开纳吉和约》
Treaty of Nystadt 《尼斯塔德条约》
Treaty of Paris 《巴黎条约》
Treaty of Versailles 《凡尔赛和约》
Unigenitus 《唯一诏书》
United Provinces 尼德兰联省共和国
Valerie d'Estaing 瓦莱瑞 · 德斯坦
Vilna 维尔纳
V*irginia Bill of Rights* 《弗吉尼亚州权利法案》
Viscount Bolingbroke 博林布鲁克子爵
Vizier 维齐尔
Voltaire 伏尔泰
Wahhabism 瓦哈比派
War of Austrian Succession 奥地利王位继承战争
War of Jenkins'Ear 詹金斯的耳朵战争
War of Polish Succession 波兰王位继承战争
War of the Spanish Succession 西班牙王位继承战争
Wenzel Anton von Kaunitz 文策尔 · 安东 · 冯 · 考尼茨
What is Enlightenment? 《什么是启蒙主义？》
Whig 辉格党人
William of Orange 奥兰治亲王威廉
William Pitt 威廉 · 皮特
William Pitt the Younger 小威廉 · 皮特
William Wilberforce 威廉 · 威尔伯福斯